LA DELEGATION DE COMPETENCES DES ORGANISATIONS INTERNATIONALES

Collection « Droit international »

Collection fondée et dirigée par Gérard Teboul, professeur à l'université Paris-Est

Au regard du champ disciplinaire qu'elle couvre, la collection « Droit international » présente un caractère transversal : si elle accueille des ouvrages de droit international public ou de droit international privé, elle est ouverte également à des études portant sur des thématiques – nouvelles et de plus en plus nombreuses – se situant au confluent de ces deux disciplines. Par ailleurs, la collection « Droit international » n'entend aucunement privilégier des travaux de nature théorique ou de nature pratique : toute théorie maîtrisée doit reposer sur une connaissance sérieuse de la pratique tandis que toute analyse pratique ne saurait valablement éclairer une problématique juridique sans une compréhension de ses fondements théoriques. Ainsi, la présente collection se propose de contribuer à la connaissance de tous les aspects du droit international, branche du droit qui, au fil des ans, tient une place croissante au sein des disciplines juridiques.

Déjà parus

Yoleth Laínez Calderón, *L'attente légitime en droit international économique*, 2023.

Alejandra Blanquet, *Le contrôle de régularité internationale des jugements étrangers, Étude comparée de droit international privé français et colombien*, 2023.

Ira Lymperopoulou, *L'européanisation du secteur de l'énergie. dans le contexte de crise de la dette Volume I, Les mutations structurelles : La création des marchés de l'énergie*, 2023.

Ira Lymperopoulou, *L'européanisation du secteur de l'énergie. dans le contexte de crise de la dette Volume II. Les mutations fonctionnelles : La nouvelle régulation des marchés de l'énergie*, 2023.

Hélène Sabalbal, *Le choix du droit applicable dans l'arbitrage d'investissement. Expérience euro-arabe*, 2022.

Bienvenu Okiemy, *La justice pénale internationale au prisme du parcours judiciaire de Jean-Pierre Bemba Gombo*, 2022.

Sinem Yargiç, *La visibilité des femmes au Parlement turc. Ordre juridique international et ordre juridique turc*, 2022

Abdelbasset IBRAHIM

LA DELEGATION DE COMPETENCES DES ORGANISATIONS INTERNATIONALES

Préface de Daniel DORMOY

L'Harmattan

5-7, rue de l'Ecole-Polytechnique, 75005 Paris
http://www.editions-harmattan.fr
ISBN : 978-2-336-41394-5
EAN : 9782336413945

A mes parents
A Florence, Alice, Norah et Adam.

Avant-propos

Cet ouvrage est issu d'une thèse soutenue le 26 janvier 2022 à l'Université Paris 1 Panthéon-Sorbonne, intitulée *La délégation de compétence des organisations internationales*. Pour le besoin d'édition, cet ouvrage présente une version remaniée et réduite de la thèse[1].

[1] IBRAHIM, A., *La délégation de compétence des organisations internationales,* thèse soutenue le 26 janvier 2022, Université Paris 1 Panthéon-Sorbonne, 418 p.

PRÉFACE

Les organisations internationales, dans l'exercice de leurs compétences, qu'elles soient explicites (prévues expressément par leur acte constitutif) ou implicites (sur la base d'une interprétation large de leur acte constitutif) peuvent agir elles-mêmes (exercice centralisé des compétences, ce qui n'exclut pas une délégation entre organes à l'intérieur de l'organisation) ou faire agir (exercice décentralisé des compétences par des tiers habilités à cet effet, le plus souvent Etats membres ou organisations internationales).

À cet égard, il convient, dans la mise en œuvre des compétences des organisations internationales de distinguer les compétences normatives des compétences opérationnelles. L'exécution des premières relève en principe des membres de l'organisation, celle-ci pouvant contribuer à leur exécution ou, le plus souvent, contrôler leur mise en œuvre alors que les compétences opérationnelles sont le domaine privilégié du « faire faire » selon l'expression du Professeur Marie-Françoise Labouz reprise par l'auteur de cet ouvrage.

L'étude de l'exercice décentralisé ou indirect de compétences par les organisations internationales auquel correspond la délégation de compétence n'est pas une *Terrae incognitae* dans les études de droit international mais on doit reconnaitre que la doctrine s'est surtout intéressée aux autorisations de recourir à la force données par le Conseil de sécurité de l'Organisation des Nations Unies sans chercher à élaborer une véritable théorie de la délégation de compétences par les organisations internationales.

C'est le mérite du travail de recherche réalisé par Monsieur Abdelbasset Ibrahim d'essayer de systématiser une pratique qui va au-delà du seul cas des délégations du Conseil de sécurité, alors que la pratique de l'exercice décentralisé des compétences par les organisations internationales n'a cessé de se développer. Comme le souligne l'auteur, « La délégation par l'organisation internationale est [...] une technique parfois indispensable pour pallier l'absence de moyens à sa disposition en vue de l'exercice de ses compétences, et une méthode de décentralisation de l'ordre juridique international permettant de consolider l'idée d'une solidarité internationale entre les différents acteurs de droit international ».

Certes tous les cas de délégations de compétences n'ont pas été étudiés et on peut aussi considérer que les cas retenus pour l'étude ne sont pas tous du même intérêt, n'ont pas tous la même importance. La tâche n'était pas de ce fait aisée mais Monsieur Abdelbasset Ibrahim a su relever ce défi par une recherche sérieuse, bien documentée, méthodique et des analyses juridiques rigoureuses.

Son travail permet d'avoir désormais une vue plus claire sur un certain nombre de questions théoriques et pratiques concernant le régime juridique de la délégation dans ses modalités d'établissement et de réalisation, ces deux questions correspondant aux deux parties de l'ouvrage. Grâce au travail de Monsieur Abdelbasset Ibrahim, aux analyses rigoureuses qu'il a conduites, nous disposons désormais d'un outil permettant de mieux analyser et comprendre ce phénomène.

Assurément ce travail stimulant et riche est un travail utile et on doit remercier son auteur pour sa contribution à une meilleure compréhension d'un aspect important du droit des organisations internationales.

Paris le 30 août 2023

Daniel Dormoy
Professeur émérite de
l'Université Paris-Saclay

REMERCIEMENTS

Le présent ouvrage est issu d'une thèse de doctorat soutenue à l'Université Paris 1 Panthéon-Sorbonne sous la direction de Monsieur le Professeur Jean MATRINGE à qui j'adresse mes plus vifs et sincères remerciements pour m'avoir accompagné durant les années de rédaction de ma thèse. Qu'il trouve ici l'expression de ma gratitude pour sa très grande disponibilité, la pertinence de ses conseils et critiques, ses précieuses orientations, son écoute et son soutien sans faille tout au long de ces années.

Je souhaite remercier également les Professeurs Pierre BODEAU-LIVINEC, Daniel DORMOY, Evelyne LAGRANGE et Philippe LAGRANGE qui m'ont fait l'honneur d'accepter de siéger et de juger mes recherches et pour les vives et constructives discussions autour de l'idée de la délégation de compétence.

Merci à mes amis Antoine Caron, Modou Kamara, Imen Gharsallah, Hicham Moutawakkil, et Abdelkarim Zefizef pour leurs encouragements, leur aide et la qualité de leur relecture.

Une attention particulière à mon épouse pour son soutien indéfectible, sa patience et ses encouragements tout au long de ce travail.

Je remercie mes parents et mes beaux-parents qui ont toujours cru en moi, pour leur affection et leurs précieux encouragements.

Enfin, le présent ouvrage n'aurait pu être publié sans l'opportunité que m'a offerte le Comité du prix scientifique des éditions L'Harmattan ; qu'il trouve ici l'expression de ma reconnaissance et mes remerciements pour l'intérêt que les membres du comité ont exprimé au regard de mes recherches.

SOMMAIRE

SOMMAIRE

TABLE DES SIGLES ET ABRÉVIATIONS

A.C.D.I.	Annuaire de la Commission de droit international
A.F.D.I.	Annuaire Français de Droit international
A.I.E.A.	Agence internationale de l'énergie atomique
A.I.F.M.	Autorité internationale des fonds marins
A.J.I.L.	*American Journal of International Law*
A.J.N.U.	Annuaire juridique des Nations Unies
A.M.G.I.	Agence Multilatérale de Garantie des Investissements
A.P.D.	Archives de Philosophie du Droit
A.S.D.I.	Annuaire Suisse de Droit International
A.S.E.	Agence Spatiale européenne
AFDA.	Association française pour la recherche en droit administratif
BIRD.	Banque Internationale pour la reconstruction et le Développement
C.E.C.A.	Communauté européenne du charbon et de l'acier
C.G.C.T.	Code général des collectivités territoriales
C.I.J.	Cour International de Justice
C.J.C.E.	Cour de justice des communautés européennes
C.J.U.E.	Cour de justice de l'Union européenne
C.N.U.D.M.	Convention des Nations Unies sur le droit de la mer
C.P.I.	Cour pénale internationale
C.P.A.	Cour Permanente d'Arbitrage
C.P.J.I.	Cour Permanente de Justice internationale
E.J.I.L.	*European Journal of International Law*
EULEX	Kosovo Mission d'état de droit de l'Union européenne au Kosovo
FISCR	Fédération internationale des Sociétés de la Croix-Rouge et du Croissant-Rouge
H.C.R.	Haut-Commissariat des Nations Unies pour les réfugiés
I.L.A.	*International Law Association*
Isr. Y.H.R.	*Israel yearbook on human rights*
KFOR	Force de sécurité de Kosovo de l'OTAN
MINUK	Mission intérimaire des Nations Unies au Kosovo

N.J.I.L.	*Nordic Journal of International Law*
O.I.A.C.	Organisation pour l'interdiction des armes chimiques
O.I.F.	Organisation internationale de la francophonie
O.I.T.	Organisation internationale du travail
ONU	Organisation des Nations Unies
PARE	Projet de la C.D.I. sur la responsabilité des États pour fait internationalement illicite
PAROI	Projet de la C.D.I. sur la responsabilité des organisations internationales pour fait internationalement illicite
PIE	Perspectives internationales et européennes
R.B.D.I.	Revue Belge de Droit international
R.C.A.D.I.	Recueil des Cours de l'Académie de Droit International de La Haye
R.D.I.D.C.	Revue de droit international et de droit comparé
R.D.P.	Revue de droit public
R.G.D.I.P.	Revue générale de Droit international public
R.I.C.R.	Revue internationale de la Croix-Rouge
R.T.D. Civ.	Revue trimestrielle de droit civil
S.D.N.	Société des Nations
S.F.I.	Société financière internationale
SFOA	*Status of Force Agreement*
SOMA	*Status of Mission Agreement*
T.F.U.E.	Traité sur le fonctionnement de l'Union européenne
T.P.I.C.E.	Tribunal de première instance de la Communauté européenne
UIP	Union interparlementaire
UNICEF	Fonds des Nations Unies pour l'enfance
UNRWA	Office de secours et de travaux des Nations unies pour les réfugiés de Palestine dans le Proche-Orient.

INTRODUCTION

1. La prolifération des organisations internationales[1] est une caractéristique du droit international moderne. Le droit des organisations internationales n'a cessé de se développer, notamment depuis la création de l'Organisation des Nations Unies et de ses diverses institutions spécialisées. Aujourd'hui, les organisations internationales sont amenées, par la diversité de leurs domaines d'intervention, à adapter l'exercice de leurs compétences pour répondre au mieux aux fonctions qui leur sont confiées par les États créateurs. Cet exercice des compétences d'une organisation internationale s'avère difficile sans le recours à certains moyens de mise en œuvre qui permettent à cette organisation d'atteindre son but[2].

2. Trois grands moyens auxquels ont recours les organisations internationales. Il existe trois grands moyens auxquels ont recours les organisations internationales pour exercer leurs compétences. Premièrement, les compétences sont directement exercées par l'organisation elle-même, *via* ses agents et organes ou encore des agents et organes mis à sa disposition. C'est le cas par exemple du secrétaire général d'une organisation internationale, qui va négocier et ratifier des accords pour son compte ou encore effectuer des achats en son nom. L'organisation agit et exerce directement ses compétences, et par conséquent, les actes de ses agents ou organes lui sont imputables. Deuxièmement, les compétences peuvent être exercées par le biais d'un partenariat, d'une coopération ou d'une coordination de l'organisation avec un autre sujet de droit international ou interne. Ce partenariat, cette coopération ou coordination a pour objet de réaliser la compétence de l'organisation de manière efficace, de poursuivre des objectifs communs, de favoriser la consultation des sujets sur des questions d'intérêt mutuel, de valoriser un échange d'expériences, d'informations ou de personnels. Tel est le cas de la coopération entre l'ONU et l'Organisation pour l'interdiction des armes chimiques relative à l'élimination du programme d'armes chimiques de la République arabe

---

[1] BLOKKER, N. M., SCHERMERS, H. G., (dir.), *Proliferation of international organizations : legal issues,* The Hague, London, Boston, Kluwer Law International, 2001, 592 p.

[2] A propos de l'exercice des compétences des organisations internationales, Voy. *ex multis*, ROUYER-HAMERAY, B., *Les compétences implicites des organisations internationales*, Paris, L.G.D.J., 1962, Paris, 110 p ; AUDEOUD, O., *La détermination des compétences des organisations internationales*, thèse, Université Paris 1 Panthéon-Sorbonne, 1982, 693+XLIX p, pp. 68-91.

syrienne[1]. Troisièmement, les compétences de l'organisation sont exercées indirectement, l'organisation internationale demandant l'intervention d'une personne ou entité distincte pour exercer la compétence pour son compte et/ou en son nom. Il s'agit dans ce cas de conférer une compétence à un autre sujet de droit. Ce dernier mode d'exercice de compétence est le sujet de notre étude.

3. Objet de l'étude. Le « *faire faire* », pour reprendre l'expression du Professeur Marie-Françoise LABOUZ[2], est un des moyens d'exercice d'une compétence d'une organisation internationale, qu'il faut tenter de traduire en un vocable juridique[3]. Quel peut-il être ? Le verbe « faire » se définit au sens littéral comme signifiant « accomplir », « exécuter » ou encore « agir »[4]. Le « *faire faire* » serait donc faire accomplir, faire exécuter ou faire agir. Il peut correspondre à plusieurs vocables juridiques : représentation[5], externalisation[6],

---

[1] Voy. Résolution du Conseil de sécurité relative à la situation en Moyen-Orient, doc. off., S/RES/2118 (2013).

[2] LABOUZ, M.-F., *in* « Table ronde sur le recours à la force comme moyen de faire respecter le droit », *in* STERN, B. (dir.), *Les aspects juridiques de la crise et de la guerre du Golfe : aspects de droit international public et de droit international privé. Actes du colloque des 7 et 8 juin 1991*, Paris, Montchrestien, 1991, 495 p., pp. 144-147, sp. p. 146.

[3] L'importance du vocabulaire en droit international a été signalée à plusieurs reprises par la doctrine, voy. notamment : REUTER, P., « Quelques réflexions sur le vocabulaire du droit international », *in Mélanges offerts à M. le doyen Louis Trotabas*, Paris, L.G.D.J., 1970 ; SALMON, J., « Le concept de raisonnable en droit international public », *in Mélanges offerts à Paul Reuter*, Paris, Pedone, 1981, pp. 447-478.

[4] Dictionnaire *Le Petit Robert*, entrée « Faire ».

[5] Selon le professeur Angelo Piero SERENI, « [l]e terme « représentation » a [...] une signification technique : il définit une situation juridique caractérisée par l'intervention d'une personne, le représentant, agissant pour autrui (le représenté) sans être elle-même touchée par les actes faits [...] en qualité de représentant », *in* SERENI, A. P., « La représentation en droit international », *R.C.A.D.I.*, 1948, vol., 73, pp. 69-162, sp. pp. 76-77.

[6] L'externalisation est définie comme « l'ensemble des situations dans lesquelles des autorités publiques confient des tâches qui leur incombent à un organisme extérieur, sur lequel elles gardent un certain contrôle : ce dernier élément est essentiel pour distinguer l'externalisation de la privatisation, dans laquelle l'activité perd son caractère de tâche publique pour devenir une activité privée, plus ou moins régulée », *in* AUBY, J.-B., « Quelques considérations comparatives autour du droit suisse de la délégation d'activités étatiques », *in* FAVRE, A-C., MARTENET, V., POLTIER, E., *La délégation d'activités étatiques au secteur privé*, Gèneve/Zurich, Schulthess édition Romandes, 2016, 315 p., pp. 285-304, p. 288.

mandat[1], concession[2], privatisation[3], sous-traitance[4], habilitation[5], ou délégation. Ces termes, connus en droit interne et à certains égards en

[1] Une notion essentiellement de droit privé et codifiée par le Code civil français dans son ancien article 1984. Selon cet article, le mandat a pour fonction de faire agir le mandataire pour le compte du mandant et surtout en son nom. Le mandat de droit privé a ainsi pour fonction l'accomplissement des actes juridiques par le mandataire au nom du mandant, il est donc son représentant. Il est à noter cependant que le droit privé connaît également des mandats sans représentation permettant au mandataire d'agir pour le compte du mandant mais en son propre nom et qui s'engage personnellement à l'égard des tiers. Pour plus de développements, Voy. LE TOURNEAU, Ph., « Mandat (Civ.) », *Répertoire civil*, Dalloz, 2017, point 4.

[2] La concession est une notion fondamentale en droit public français. C'est autour de la concession de service public que le droit des contrats administratifs s'est construit et s'est développé. Elle est généralement définie comme « un contrat par lequel une collectivité publique confie à un tiers la gestion d'un service public », *in* LLORENS, F., « La définition actuelle de la concession de service public en droit interne », *in* BRECHON-MOULENES, Ch., (dir.), *La concession de service public face au droit communautaire*, Paris, Sirey1992, 126 p., pp. 15-58, p. 15.

[3] QUIGLEY, J., "The 'Privatization' of Security Council Enforcement Action: A Threat to Multilateralism", *Michigan Journal of International Law*, vol. 17, n° 2, 1996, pp. 249-283, sp. p. 250 : "*By turning the use of force over to member states, the Security Council has relinquished its Charter defined role. To analogize to government policy in a domestic context, what the Security Council has done is to follow the trend toward privatization. Instead of carrying out military actions itself, the Council hires the work out to individual states* [...]" ; BONAN, S., *La Privatisation en droit international public*, thèse, Université Paris Nanterre, 2002, 589 p.

[4] Le terme de sous-traitance désigne le mode d'exécution d'une part d'un marché confié par le maître d'ouvrage à une entreprise. L'article premier de la loi française n° 75-1334 du 31 décembre 1975 définit la sous-traitance comme « l'opération par laquelle un entrepreneur confie par un sous-traité, et sous sa responsabilité, à une autre personne appelée sous-traitant, l'exécution de tout ou partie du contrat d'entreprise ou d'une partie du marché public conclu avec le maître de l'ouvrage ». Le contrat de sous-traitance est en principe un contrat de droit privé, bien qu'il puisse également être un contrat de droit public, notamment lorsque le titulaire est lui-même une personne publique. Pour plus de détails voy. VALENTIN, G., *Les contrats de sous-traitance*, Paris, Librairie technique, 1979, 304 p. Le terme a été utilisé par la doctrine pour exprimer la délégation par l'ONU de ses compétences coercitives aux États et aux organisations régionales. Voy., LAGRANGE, Ph., *La sous-traitance de la gestion coercitive des crises par le Conseil de sécurité des Nations Unies*, thèse, université de Poitiers, 1999, 899 p ; BETTATI, M., « L'usage de la force par l'ONU », *Pouvoirs*, 2004/2, n° 109, pp. 111-123, *passim*.

[5] Une habilitation est définie comme une « investiture légale ou judiciaire en vertu de laquelle une personne reçoit le pouvoir d'accomplir un ou plusieurs actes juridiques, soit en son nom personnel, soit par représentation d'autrui », *in* CORNU, *Vocabulaire Juridique*, Paris, PUF, entrée « Habilitation ». Elle désigne également le fait

droit international, peuvent ainsi potentiellement correspondre par analogie au mécanisme de l'exercice indirect de compétence[1].

4. On ne peut se satisfaire d'un aussi grand éventail de dénominations. Il a été justement affirmé que « [t]oute science a besoin, pour se développer, d'un ensemble de concepts et d'un vocabulaire qui lui soient propres, afin d'effectuer correctement les classifications nécessaires et d'établir avec fermeté les relations qu'elle a pour mission de découvrir. Dans les sciences juridiques, comme dans toutes les autres disciplines, les formules floues aux contours incertains, les notions mal définies, sont extrêmement dangereuses » [2]. Il est donc nécessaire de choisir un terme adéquat et unique pour pouvoir comprendre les enjeux et les effets de l'exercice indirect de compétence d'une organisation internationale.

5. Fort de ce raisonnement, on a considéré que le vocable « délégation » était celui qui concordait au mieux avec l'exercice indirect d'une compétence. En effet, et pour reprendre les propos du Professeur Pierre Delvolvé, « [c]onfier [une activité] à autrui correspond à l'idée de délégation au sens général : [l'autorité délégante] n'abandonne pas l'activité ; au contraire elle veut qu'elle soit réalisée ; en faisant intervenir une autre personne, elle a à la fois l'initiative et le contrôle »[3]. Certes, les autres termes précités peuvent aussi répondre à

« d'autoriser à accomplir un acte ou une démarche », *in* PUIGELIER, C., *Dictionnaire Juridique*, Bruxelles Larcier, 2015, entrée « Habilitation ». Voy. par exemple les professeurs DUPUY et KERBRAT qui parlent d'une technique d'habilitation pour qualifier l'intervention sur autorisation du Conseil de sécurité sur le fondement du Chapitre VII de la Charte, *in Droit international public*, Paris, Dalloz, 15ème éd., 2020, p. 702.

[1] L'analogie est ici fondée sur une ressemblance de fonction. Voy. SALMON, J., « Le raisonnement par analogie en droit international public », *in Mélanges offerts à Charles Chaumont, Le droit des peuples à disposer d'eux-mêmes. Méthode d'analyse du droit international*, Paris, Pedone, 1984, pp. 495-525, reproduit *in* SALMON, J., *Droit international et argumentation*, Bruxelles, Bruylant, 2014, pp. 275-306, p. 276.

[2] PERROT, R., *De l'influence de la technique sur le but des institutions*, Paris, Sirey, 1947, 215 p., p. 36.

[3] DELVOLVE, P., « Préface », *in* COSSALTER, Ph., *Délégations d'activités publiques dans l'Union européenne*, Paris, L.G.D.J., 2007, 871 p., pp. V-VIII, p. VI. De même, Léon Blum a écrit, à propos de la concession du service public de transports, que « [l]a concession représente une délégation, c'est-à-dire qu'elle constitue un mode de gestion indirecte, elle n'équivaut pas à un abandon, à un délaissement [...] », *in* Conclusions sur l'arrêt CE., 11 mars 1910, *Compagnie générale française des tramways*, reproduit *in* DE GAUDEMAR, H., MONGOIN, D., (dir.), *Les grandes conclusions de la jurisprudence administrative. Volume 1 :1831-1940,* Issy-les-Moulineaux, L.G.D.J., 2015, 951 p., pp. 463-476, p. 466.

ces mêmes critères. Toutefois, le vocable délégation nous semble le plus adéquat pour plusieurs raisons. D'abord, il est essentiellement un vocable de droit public[1]. Ensuite, ce terme est d'usage dans le discours international pour décrire une méthode d'exercice indirect de compétence[2]. Enfin, le terme délégation a un sens précis et bien connu, tant en droit interne qu'en droit international, pour désigner l'opération par laquelle un sujet confère une partie de ses compétences à un autre. En droit interne, la délégation est définie de manière générale comme une « [a]ction par laquelle le dépositaire d'un pouvoir délègue un tiers pour agir à sa place »[3], ou encore une « commission en vertu de laquelle on agit pour un autre »[4]. En droit international, le terme délégation désigne également l'« [o]pération par laquelle un sujet du droit international ou un organe de celui-ci charge un autre sujet du droit international ou un autre organe d'exercer une de ses compétences ou des pouvoirs déterminés »[5].

6. **Périmètre de l'étude.** La présente étude n'a pas pour objet d'appréhender toute manifestation de la délégation en droit international. D'abord, seule la délégation en tant que mécanisme de *faire faire* est traitée. Il a donc été exclu de la recherche la délégation au sens de groupe de personnes mandaté au nom d'une collectivité[6].

---

[1] Contrairement à « mandat », qui est un terme de droit privé, voy. en ce sens, CANEDO, M., *Le mandat administratif*, *op. cit.*, p. 7.

[2] Le terme délégation est en effet utilisé par plusieurs juridictions internationales ; on peut également noter que le discours sur le droit a privilégié le choix du vocable « délégation » pour désigner le mécanisme de *faire faire*. La présente étude n'a pas pour ambition de proposer une nouvelle notion qu'ignore le droit international mais plutôt d'expliquer le contour de ce concept et de déterminer son régime juridique.

[3] *Grand Larousse de la langue française*, tome 2, entrée « Délégation ». Voy. également la définition de CORNU, G., *Vocabulaire juridique*, *op. cit.*, entrée « Délégation » : « Opération parfois permise par le Droit par laquelle le titulaire d'une fonction (ou, plus rarement, l'autorité qui le contrôle) en transfère l'exercice à une autre personne ».

[4] Grand Larousse de la langue française, tome 2, entrée « Délégation » ; CALVO, Ch., *Dictionnaire de droit international public et privé, tome I.*, 1885, pp. 234-235.

[5] SALMON, J., *Dictionnaire de droit international public*, *op. cit.*, entrée « Délégation » ; BASDEVANT, J., *Dictionnaire de la terminologie du droit international*, Paris, Sirey 1960, 654 p., p. 193.

[6] Voy. en ce sens notamment, le paragraphe 1 de l'article premier de la Convention de Vienne sur la représentation des États dans leurs relations avec les organisations internationales de caractère universel du 14 mars 1975 : « L'expression « délégation » s'entend, selon le cas, d'une délégation à un organe ou d'une délégation à une conférence; 10) L'expression « délégation à un organe » s'entend de

Ensuite, nous nous sommes focalisés sur la délégation pratiquée par les organisations internationales. Il convient de préciser toutefois que si les délégations effectuées par les États sont exclues de notre recherche[1], leur étude peut s'avérer ponctuellement utile pour comprendre les spécificités de l'objet d'étude ou apporter un éclairage particulier au raisonnement[2]. Enfin, les délégations étudiées se limitent strictement à celles adressées par une organisation internationale à un sujet qui lui est extérieur (État, organisation internationale, ou entité et personne privées). En effet, dans notre étude, le délégataire est toujours une entité distincte de l'organisation internationale délégante[3]. Il n'est ni un de ses organes ou agents ni un agent mis à sa disposition. Il possède une volonté propre, et une personnalité juridique distincte de celle de l'organisation internationale délégante. Les délégations qui sont examinées sont donc des délégations horizontales, par opposition aux délégations verticales, pratiquées par l'organisation internationale dans son propre ordre juridique.

---

la délégation envoyée par un Etat pour participer en son nom aux travaux de cet organe; 11) L'expression « délégation à une conférence » s'entend de la délégation envoyée par un Etat pour participer en son nom à la conférence; [...] ».

[1] Ce qui amène à exclure l'étude de la délégation dans la pratique des *international institutional law* au sens large et à se limiter à l'étude des organisations internationales formelles. Voy. FROMAGEAU, E., *La théorie des institutions du droit administratif global : étude des interactions avec le droit international public*, Bruxelles, Bruylant, 2016, 275 p., pp. 123-124 : l'auteur oppose les organisations internationales formelles, caractérisées par une personnalité juridique internationale, et les institutions dépourvues de la personnalité juridique internationale, tel l'ICANN.

[2] Nous y ferons référence dans la mesure où cette démarche peut faciliter la compréhension du sujet.

[3] Pour une approche similaire, mais à propos de l'*Agency relationship* en droit international, Dan Sarooshi écrit: « *The establishment of an agency relationship in international law depends [...] on the principal and agent being separate entities, the relationship being consensual, and the principal being able to exercise control over the acts of its agent* », *in* SAROOSHI, D., "Some Preliminary Remarks on the Conferral by States of Powers on International Organizations", *Jean Monnet Working Paper*, 2003, n° 4/03, New York University School of Law, New York, 69 p., p. 51.

Les approches jurisprudentielle et doctrinale de la notion de délégation en droit international

7. La pratique étatique. L'usage de la délégation par les États depuis longtemps dans les domaines de la conclusion des traités[1], des relations diplomatiques et consulaires[2], de la coopération judiciaire[3], ainsi que du droit de la mer[4], permets de l'identifier comme un procédé

---

[1] Voy. par exemple le traité de Fès du 30 mars 1912 pour l'organisation du protectorat français au Maroc ; Voy. également l'accord conclu par échange de notes, entre les États-Unis d'Amérique et la République Fédérale d'Allemagne relatif à la restitution du câble télégraphique sous-marin Emden-Cherbourghorta à ses propriétaires allemands : Washington, 4 novembre 1959 et 16 mars 1960, *R.T.N.U.*, 1960, vol. 371, pp. 10-107. Dans cet accord, « [l]e Gouvernement des États-Unis *en son nom et au nom du Gouvernement du Royaume-Uni de Grande-Bretagne et d'Irlande du Nord et du Gouvernement français* renonce à tous droits sur le câble Emden-Cherbourg-Horta [...] et restitue ledit câble à ses propriétaires allemands [sous réserve de certaines conditions] ».

[2] Voy. par exemple l'article 39. 1 du traité du 25 juillet 1921 instituant l'Union douanière entre le Royaume de Belgique et le Grand-Duché de Luxembourg : « [d]ans les circonscriptions consulaires où le Grand-Duché de Luxembourg ne possède pas de consulat, la défense des intérêts luxembourgeois dans les domaines économique et commercial *est confiée* aux consulats belges ». Voy. également, l'article 27, de la Convention de Vienne sur les relations consulaire de 1963, *R.T.N.U.*, vol. 596, n° 8638, p. 261, et l'article 45 la Convention de Vienne sur les relations diplomatiques de 1961, *R.T.N.U.,* vol. 500, n° 7310, p. 95.

[3] La coopération judiciaire internationale en matière pénale inclut quatre formes de collaborations étatiques, en l'occurrence l'extradition, l'entraide, l'exécution de décisions pénales étrangères et la délégation de poursuite, nommée également transfèrement. Voy. pour plus de détails ZIMMERMANN, R., *La coopération judiciaire internationale en matière pénale*, Berne, Bruxelles, Stampfli, Bruylant, 4ème éd., 2014, 941 p., *passim* ; DAVID, E., « La Convention sur le transfèrement des personnes condamnées », *in Mélanges offerts à Robert Legros*, Bruxelles, Édition de l'Université de Bruxelles, 1985, 783 p., pp. 103-122 ; DAVID, E., *Éléments de droit pénal international et européen*, Bruxelles, Bruylant, 2ème éd., 2018, 2 volumes, vol. II. pp. 649-654.

[4] Voy. par exemple l'article 13 de la Convention internationale sur les lignes de charge, adoptée le 5 avril 1966 et entrée en vigueur le 21 juillet 1968, *R.T.N.U.*, vol. 640, n° 9159, p. 133 ; la règle 6 partie B du chapitre I, de la Convention internationale pour la sauvegarde de la vie humaine en mer du 1er novembre 1974, *R.T.N.U.*, 1981, n°18961, p. 214. Voy. également BETTATI, M., *Le Droit international de l'environnement*, Paris, Odile Jacob, 2012, 303 p., pp. 245-246.

permettant de confier une ou des compétences habituellement souveraines à un sujet de droit international[1].

8. La délégation de compétence d'une organisation internationale dans la jurisprudence. Avant de commencer notre analyse, il est essentiel d'exposer l'évolution de la délégation en droit des organisations internationales, qui a suivi une trajectoire parallèle à celle des États. En effet, la technique de délégation de compétence par une organisation internationale a été progressivement reconnue par la jurisprudence internationale. Cette évolution jurisprudentielle coïncide avec une meilleure caractérisation de cette notion dans l'ordre juridique international.

9. En 1954, dans une affaire relative à *l'effet de jugements du tribunal administratif des Nations Unies accordant indemnité*[2], la Cour internationale de Justice (ci-apres, C.I.J.) a été la première à utiliser explicitement le terme « délégation » tout en refusant cette qualification pour la création d'un organe subsidiaire[3]. En effet, selon elle, l'Assemblée Générale des Nations Unies, n'ayant pas de compétences juridictionnelles, ne pouvait en déléguer[4]. Suivant un raisonnement similaire, le Tribunal pénal international pour l'ex-Yougoslavie (ci-après, T.P.I.Y.), dans l'affaire *Tadic* de 1995, a rejeté la qualification de délégation de compétence concernant sa propre création par le Conseil de sécurité[5]. La défense avait soutenu que « le Conseil de

---

[1] Cela confirme la compatibilité du procédé de la délégaiton avec l'ordre juridique international.

[2] C.I.J., *Effet de jugements du tribunal administratif des Nations Unies accordant indemnité,* 13 juillet 1954, Rec., p. 61.

[3] Un organe subsidiaire est un organe qui doit son existence à une décision de l'organisation et non pas à un accord entre les États. Voy. en ce sens SALMON, J., *Dictionnaire de droit international public*, *op. cit.*, entrée « Organe subsidiaire », p. 792. Voy. également REUTER, P., « Les organes subsidiaires des organisations internationales », *in Hommage d'une génération de juristes au Président Basdevant,* Paris, Pedone, 1960, pp. 415-440 ; SAROOSHI, D., « The Legal Framework governing United Nations Subsidiary organs », *B.Y.I.L.*, 1996, vol. 67, pp. 413-478 ; BURGORGUR-LARSEN, L., « Article 22 », *in* COT, J.-P., PELLET, A., FORTEAU, M., (dir.), *La Charte des Nations Unies. Commentaire article par article*, Paris, Economica, 3ème éd., 2005, pp. 851-866.

[4] C.I.J., *Effet de jugements du tribunal administratif des Nations Unies accordant indemnité,* 13 juillet 1954, Rec., sp. p. 35 : « cette création ne provenant pas d'une *délégation de compétence* ».

[5] Les tribunaux pénaux internationaux avaient, en effet, été fondés en vertu d'une résolution du Conseil de sécurité prise sur le fondement du Chapitre VII de la Charte

sécurité, n'étant pas doté de pouvoirs judiciaires, ne p[ouvait] pas créer un organe subsidiaire qui en serait pourvu »[1]. La Chambre d'appel du tribunal a validé la légalité de sa création sans utiliser l'argument de délégation, expliquant que : « [l]e Conseil de sécurité a recouru à la création d'un organe judiciaire sous la forme d'un tribunal pénal international comme un instrument pour l'exercice de sa propre fonction principale de maintien de la paix et de la sécurité, c'est-à-dire comme une mesure contribuant au rétablissement et au maintien de la paix dans l'ex-Yougoslavie »[2]. Dans ces précédentes affaires, la qualification d'une délégation de compétence n'a pas été retenue, cependant, les juges n'ont pas non plus rejeté l'idée d'une possible délégation de compétence par une organisation internationale.

10. La Cour de Justice des Communautés européennes (ci-après, C.J.C.E.) a été la première à aborder les conditions de la délégation en droit des organisations internationales. C'est dans son arrêt *Meroni*[3] que la Cour a examiné le mécanisme de délégation de compétence et a élaboré son régime juridique, qui a ensuite servi de référence pour le juge international et la doctrine. L'affaire portait sur la possibilité pour la Haute Autorité de la C.E.C.A. de conférer à un organisme privé des pouvoirs exécutifs[4]. Cela permit à la Cour d'examiner l'existence d'une

---

de l'ONU. Voy. Résolution n° 827 du Conseil de sécurité portant création du T.P.I.Y. du 25 mai 1993, doc. off., S/RES/827 ; Résolution n° 955 portant création du T.P.I.R. du 8 novembre 1994, doc. off., S/RES/955. Sur le caractère autoritaire de la création de ces juridictions internationales, voy. R. MAISON, *La responsabilité individuelle pour crime d'État en droit international public*, Bruxelles, Bruylant, 2004, pp. 372-376.

[1] T.P.I.Y., *Le Procureur c/ Dusko Tadic, alias « Dule »,* exception préjudicielle d'incompétence, décision de la Chambre d'appel, 2 octobre 1995 § 37.

[2] La Chambre d'appel s'était auparavant déclarée compétente pour juger de sa propre compétence, *ibid.* § 22.

[3] C.J.C.E., *Meroni,* aff., n° 9-56, 13 juin 1958, Rec., 1958, pp. 9-48 ; C.J.C.E., *Meroni*, aff., n° 10-56, 13 juin 1958, Rec., 1958, pp.51-86. Voy. également les conclusions de l'avocat général M. Karl Roemer dans les deux affaires, *Rec,* 1958, pp. 87-127.

[4] Une société, du nom de son propriétaire M. Meroni, avait intenté un recours afin de s'opposer à une décision de la Haute autorité lui imposant de verser un certain montant à la Caisse de péréquation des ferrailles importées. La décision constituant ce titre exécutoire avait été « prise en application des décisions n°22-54 du 26 mars 1954 et n°14-55 du 26 mars 1955 qui instituent un mécanisme de péréquation de la ferraille importée des pays tiers » (C.J.C.E., 13 juin 1958, *Meroni*, aff. 9/56, *Rec*. p. 20). La mise en œuvre de l'opération avait été « confiée à l'Office commun des consommateurs de ferraille et à la Caisse de péréquation des ferrailles importées » (*idem.*) dénommés « organismes centraux de Bruxelles » (il s'agit de « sociétés

éventuelle délégation, ses conditions et son étendue. Elle jugea, sur le fondement du traité C.E.C.A., que « *l'on ne peut exclure la possibilité* que la mise en œuvre des « mécanismes financiers communs à plusieurs entreprises » prévus à l'alinéa (a) de l'article 53 *soit confiée à des organismes de droit privé, dotés d'une personnalité juridique distincte et investis de pouvoirs propres* »[1]. La Cour admit ainsi que « la décision [litigieuse était] génératrice d'une véritable *délégation de pouvoirs* »[2]. Elle admit sa possibilité, dans le cadre de la Communauté européenne, « même en l'absence de dispositions explicites du traité constitutif »[3], mais la restreignit aux « pouvoirs d'exécution, exactement définis, et entièrement contrôlés, dans l'usage qui en est fait »[4]. En l'espèce, elle réfuta « la délégation de pouvoirs consentie aux organismes de Bruxelles »[5]. L'apport de cette jurisprudence est toujours pertinent à la fois au sein de la gouvernance et de l'administration de l'Union européenne.

11. L'affaire *Behrami et Behrami* c. *France*[6] a conduit la Cour européenne des droits de l'homme (ci-après, la C.E.D.H.) à se pencher sur la question de l'attribution à l'ONU des comportements d'agents des forces autorisées au Kosovo [Force internationale de sécurité au Kosovo (KFOR)] ou d'agents mis à sa disposition [Mission d'administration intérimaire des Nations Unies au Kosovo (MINUK)][7].

---

coopératives de droit commercial belge », *Conclusions de l'avocat général Roemer*, C.J.C.E., 13 juin 1958, *Meroni*, aff. 9/56, *Rec.* p. 93). La société *Meroni* considérait que la Haute Autorité avait irrégulièrement délégué « aux organismes de Bruxelles des pouvoirs qu'elle tenait du Traité » (C.J.C.E., 13 juin 1958, *Meroni*, aff. 9/56, *Rec.* p. 35), et en conséquence dénonçait la demande de paiement qui lui avait été faite.

[1] C.J.C.E., *Meroni*, aff., 10-56, ECLI:EU:C:1958:8.

[2] C.J.C.E., 13 juin 1958, *Meroni*, aff. 9/56, Rec. p. 40.

[3] SIMON, D., *L'interprétation judiciaire des traités d'organisations internationales. Morphologie des conventions et fonctions juridictionnelle*, Paris, L.G.D.J., 1981, p. 294.

[4] Comme le souligne D. Simon, la Cour avalise la délégation « jugée nécessaire à l'exécution des missions conférées à l'Haute Autorité et compatibles avec les dispositions du traité », *in idem*.

[5] C.J.C.E., 13 juin 1958, *Meroni*, aff. 9/56, Rec. p. 44.

[6] C.E.D.H., *Behrami et Behrami c. France et Saramati c. France, Allemagne et Norvège,* Décision (Grande Chambre), 2 mai 2007, recevabilité, req., n° 71412/01 et n° 78166/01.

[7] La Résolution 1244 prévoyait l'établissement de la KFOR sous l'égide de l'Organisation des Nations Unies, avec une « participation substantielle de l'Organisation du Traité de l'Atlantique Nord sous commandement et contrôle

La Cour reconnut en la MINUK un organe subsidiaire de l'ONU à qui elle attribua ainsi directement ses comportements[1]. Elle qualifia l'autorisation de la KFOR de « délégation », la définissant comme « la situation dans laquelle le Conseil de sécurité confère à une autre entité le pouvoir d'exercer ses fonctions »[2] et attribua sur ce fondement les comportements litigieux à l'ONU[3].

12. La jurisprudence a donc abordé la délégation dans le cadre de la création d'organes subsidiaires, l'autorisation de recourir à la force ou encore dans le cadre des relations interinstitutionnelles en droit européen. Elle reconnaît dans ces deux derniers cas la possibilité d'une délégation. Toutefois, la jurisprudence, aussi pertinente soit-elle, ne saurait établir une théorie générale de la délégation en droit des organisations internationales.

13. La délégation de compétence des organisations internationales dans la doctrine. La doctrine de droit interne, français[4] et étranger[5], a étudié à plusieurs reprises la délégation comme un mécanisme juridique propre d'exercice de compétence. Tel n'est pas

---

unifiés ». Chaque brigade multinationale a un commandant national qui dispose de pouvoirs disciplinaires sur les troupes et applique les règles nationales d'engagement. Toutefois, chaque brigade relève de la chaîne de commandement de la KFOR, qui conserve le contrôle et le commandement opérationnels.

[1] C.E.D.H., *Behrami et Behrami c. France et Saramati c. France, Allemagne et Norvège, op. cit* § 129.

[2] *Ibid. §* 144.

[3] *Idem.*

[4] Voy. *ex multis*, BILLIAU, M., *La délégation de créance : essai d'une théorie juridique de la délégation en droit des obligations,* Paris, L.G.D.J., 1989 ; MARMOZ, F., La délégation de pouvoir, Paris, LITEC, 2000 ; FERRIER, N., *La délégation de pouvoir, technique d'organisation de l'entreprise*, Paris, LITEC, 591 p ; MALLIAVIN, R., *La délégation en droit public*, thèse Paris, 1920 ; ZILEMENOS, C., *Substitution et délégation en droit administratif français*, Paris, L.G.D.J., 1964, 68 p ; FONBAUSTIER, L., « Délégation », *in* ALLAND, D., RIALS, S., (dir.), *Dictionnaire de la culture juridique*, Paris, PUF, Paris, 2003, pp. 354-361 ; MAISL, H., *Recherches sur la notion de délégation de compétences en droit public,* thèse Paris II, 1972 ; GUILHEUX, G., *La notion de délégation en droit public,* thèse Rennes I, 1996 ; GROSHENS, J.-C., « La délégation administrative de compétence », Dalloz, 1958, pp. 197-204.

[5] BOGDAN, I., *Legislative Delegation. The Erosion of Normative Limits in Modern Constitutionalism*, Berlin, Springer, 2012, 289 p ; DONNELLY, C.- M., *Delegation of governmental power to private parties : a comparative perspective*, New York, Oxford University Press, 2007, 457 p ; ANDENAS, M., TÜRK, A., (dir.), *Delegated legislation and the role of committees in the EC*, The Hague, London, Boston, Kluwer Law international, 2000, 428 p.

le cas en droit international. Est en cause, probablement, l'absence de définition claire de ce mécanisme et son apparition récente dans les litiges internationaux, ce qui a conduit les auteurs à ne s'intéresser qu'aux questions relatives à la responsabilité internationale des États et/ou des organisations internationales[1], sans analyser la délégation comme une catégorie juridique *per se*.

14. L'analyse doctrinale du mécanisme de délégation en droit international a toutefois évolué, comme l'indique sa prévalence dans les écrits doctrinaux et la clarification de son contenu notamment dans le cadre du droit des organisations internationales. C'est d'abord au travers de la notion de représentation que le terme de délégation a été abordé. Citons le professeur Sereni qui, s'il n'évoque pas les organisations internationales, établit une première définition de la représentation en droit international extrêmement pertinente[2]. Selon l'auteur, « [i]l y a représentation (*agency, rappresentanza, Stellvetretung*) lorsqu'une partie à un acte juridique agit pour le compte d'une autre personne, de sorte que les effets de l'acte juridique se produisent directement sur la tête de la personne pour laquelle l'acte a été accompli comme si cette dernière avait elle-même passé l'acte ou comme si l'acte s'adressait à elle directement »[3]. Cette définition s'apparente à celle de la délégation de compétence[4]. Toutefois, selon cet auteur, la « représentation est un procédé qui intéresse seulement les manifestations de volonté ; [en ce cas] un Etat peut déléguer à un autre la fonction de manifester une volonté valable pour lui »[5]. Le Professeur R. Daoudi poursuivit l'étude de la représentation tout en se distinguant

---

[1] Voy. par exemple, CAICEDO, J. J. *La répartition de la responsabilité internationale entre les organisations internationales et leurs Etats membres*, thèse, Université Paris 1, 2005, 689 p, *passim*.

[2] SERENI, A. P., « La représentation en droit international », *op. cit.*, pp. 73-166.

[3] *Ibid.*, p. 75.

[4] *Ibid* p. 103 : « Un Etat peut déléguer ses pouvoirs à un autre Etat qui agit alors comme représentant du premier ». L'auteur fait référence à la protection déléguée, qui serait d'après lui « [u]ne hypothèse assez fréquente de représentation », signifiant « qu'un Etat se charge de la protection, vis- à-vis d'un Etat tiers, des citoyens et des intérêts d'un autre Etat en vertu d'un mandat conféré par ce dernier », *in ibid.*, p. 112. Il est vrai que toute délégation comporte nécessairement une représentation. En délégant sa compétence, le délégataire agit comme un représentant du délégant. Cela ne signifie pas pour autant qu'il y ait toujours synonymie entre délégation et représentation en droit international. Nous verrons par la suite qu'il est possible de voir une représentation sans lien de délégation entre le représentant et le représenté. C'est l'exemple de la représentation dans le système de mandant international.

[5] *Ibid.*, p. 128.

de A. P. Sereni. Il présenta cette notion comme un principe général de droit commun aux différents systèmes juridiques nationaux et transposable au droit international[1]. Il constata aussi, à la différence du Professeur Sereni, que la représentation peut avoir pour objet non seulement l'accomplissement d'actes juridiques, mais aussi d'autres activités[2]. Il semble assimiler les termes représentation et délégation dans son application aux relations externes des organisations internationales, notamment dans la conclusion de traités au nom et pour le compte d'une organisation internationale[3].

15. La généralisation du mécanisme de délégation dans le cadre du droit des organisations internationales est un apport d'Abou-El-Wafa[4], qui utilise toutefois le terme représentation pour évoquer la délégation à des sujets externes à l'organisation internationale[5] et le terme délégation pour désigner le transfert de compétence entre les différents organes d'une même organisation[6].

16. Un autre courant doctrinal intègre la délégation comme notion de droit des organisations internationales et moyen d'exercice de leurs compétences par un sujet extérieur. Le cadre est d'abord le droit européen. Le Profeseur Paul Reuter fut le premier auteur à unifier le mécanisme de délégation en tant que notion générale et universelle en droit des organisations internationales[7]. A cette fin, il s'appuya sur la jurisprudence *Meroni* de la C.J.C.E., sans cesser de s'interroger sur la

---

[1] DAOUDI, R., *La représentation en droit international public*, *op. cit.*, pp. 17-43.

[2] *Ibid.*, pp. 292-370.

[3] *Ibid.*, pp. 321-335.

[4] ABOU-EL-WAFA, A., *Recherches sur les traités conclus par les organisations internationales inter se ou avec des Etats : contribution à l'étude d'une théorie de l'acte juridique en droit international public*, thèse, Université Lyon III, 1981, pp. 111-114.

[5] La délégation vaut représentation d'après ses écrits, *ibid.*, p. 40, p.43 et p.111, et serait selon lui définie « pour décrire la situation dans laquelle une personne internationale peut prendre des actes juridiques pour le compte d'autres sujets du droit international », *ibid.*, p. 38.

[6] Une telle utilisation est d'ailleurs maintenue par l'auteur dans ses écrits postérieurs, voy. ABOU-EL-WAFA, A., *A manual on the law of International Organizations*, Cairo, Dar-Al-Nahda Al Arabia, 1997, 407 p, p. 137 et 310.

[7] REUTER, P., « Les organes subsidiaires des organisations internationales », *in Hommage d'une génération de juristes au Président Basdevant*, *op. cit.*, pp. 415-440.

notion[1] et d'en déterminer les limites[2] d'après les règles constitutionnelles de chaque organisation[3]. Citons aussi Y. Gautier dont la thèse offre une vue d'ensemble du mécanisme de délégation en droit communautaire en le présentant comme « une technique de représentation créant un effet de substitution entre le délégant et le délégataire »[4].

17. L'autorisation de recours à la force par le Conseil de sécurité fut finalement le cœur du développement de la notion de délégation en droit des organisations internationales. Le professeur A. Pellet évoqua ainsi, à propos du recours à la force autorisé par la résolution 678 (1991), une délégation du pouvoir de sanction de l'ONU[5]. De même, G. Abi-Saab écrivit : « même là où il y a eu action, [...] cette action n'a pas été

---

[1] Voy. à ce propos, REUTER, P., *in* « Procès-verbaux des séances tenues du 10 au 14 juin et le 13 juillet 1954 », exposé oral devant la C.I.J. dans l'affaire Effet de jugements du Tribunal administratif des Nations Unies accordant indemnité, p. 338 : « l'idée d'une délégation de pouvoir [...] en droit international public, [n'est pas] une notion qui soit parfaitement claire ». Néanmoins, le Professeur Reuter évoque l'hypothèse d'une délégation de fonctions par des organisations internationales à « des organismes qui ont été créés en dehors de leurs cadres », mais sans la détailler, in « Principes de droit international public », *R.C.A.D.I.*, 1961, t. 103 p. 525. Le représentant des États-Unis, M. Phleger, devant la même Cour, avançait que : « *[i]n any event, to sustain the existence of such an implied power of delegation, two conditions must be met. First, the power to delegate must be consistent with the other provisions of the Charter and must not be precluded by them. Second, the power to delegate must be necessary to the performance of the duties and functions of the General Assembly* », *in* PHLEGER, H., « Procès-verbaux des séances tenues du 10 au 14 juin et le 13 juillet 1954 », exposé oral devant la C.I.J. dans l'affaire, *Effet de jugements du Tribunal administratif des Nations Unies accordant indemnité*, p. 316 : « Dans tous les cas, pour qu'un pouvoir puisse être délégué, deux conditions doivent être respectées. D'abord, le pouvoir de déléguer doit être compatible avec les autres dispositions de la Charte [des Nations Unies] et ne doit pas être écarté par elles. Deuxièmement, le pouvoir de déléguer doit être nécessaire pour l'exécution des devoirs et des fonctions de l'Assemblée Générale » (traduction personnelle).

[2] « Il n'est pas de système juridique dans lequel la délégation de compétence ne se heurte pas à des obstacles qui conduisent parfois à l'interdire, et en tout cas à la limiter », *in* REUTER, P., « Les organes subsidiaires des organisations internationales », *in Hommage d'une génération de juristes au Président Basdevant*, Paris, Pedone, 1960, *reproduit in* REUTER, P., *Le développement de l'ordre juridique international. Ecrits de droit international*, Paris, Economica, 1995, p. 181.

[3] *Ibid.,* p. 184.

[4] GAUTIER, Y., *La délégation en droit Communautaire*, Thèse, Université Robert Schuman de Strasbourg, 1995, 538 + XXXI p., p. 42.

[5] PELLET, A. « La formation du droit international dans le cadre des Nations Unies », *E.J.I.L.*, vol. 6, 1995, pp. 401-425, p. 422.

entreprise par l'organisation elle-même, mais par délégation à l'Etat ou à la coalition ou groupement d'Etats qui proposaient de le faire »[1].

18. Ce fut le professeur Dan Sarooshi qui construisit une théorie de la délégation de pouvoir afin d'expliquer l'exercice par d'autre(s) entité(s) des compétences coercitives du Conseil de sécurité sur le fondement du Chapitre VII. L'autorisation de recours à la force est d'après lui une délégation de pouvoir présentée comme un principe général de droit au sens de l'article 38 (1) (c) du statut de la C.I.J.[2]. Selon lui, la délégation : « *[takes] place whenever an organ of an international organization which possesses an expressed or implied power under its constituent instrument conveys the exercize of this power to some other entity*»[3]. L'argumentaire développé par Sarooshi inscrit définitivement la délégation dans la doctrine internationaliste ; il influença les écrits doctrinaux postérieurs, suite notamment à sa diffusion et sa référence expresse lors de l'affaire *Berhami* de la C.E.D.H. Certains auteurs, sans nier la possibilité d'une théorie de la délégation en droit international public, ont rejeté la qualification donnée par Sarooshi de l'autorisation du recours à la force[4]. D'autres n'ont pas remis en cause la qualification de la délégation en soi, mais

---

[1] ABI-SAAB, G., « La « communauté internationale » saisie par le droit : essai de radioscopie juridique », *in Boutros Boutros-Ghali amicorum discipulorumque liber : paix, développement, démocratie*, Bruxelles, Bruylant, 1998, pp. 81-108, sp. pp. 105-106.

[2] SAROOSHI, D., *The United Nations and the Development of Collective Security. The Delegation by the UN Security Council of its Chapter VII Powers*, Clarendon press, Oxford, 1999, 311 p, p. 16.

[3] *Ibid.*, pp. 4-5.

[4] THIELEN, O., *Le recours à la force dans les opérations de maintien de la paix contemporaine*, LGDJ., 2013, 437 p. ; De HOOGH, A. J. J., « Attribution or Delegation of (Legislative) Power by the Security Council? The Case of the United Nations Transitional Administration in East Timor (UNTAET) », *International peacekeeping : The Yearbook of International Peace Operations*,2001, pp. 1-41, sp. Pp. 13-30 ; VILLANI, U., « The Security Council's Authorization of Enforcement Action by Regional Organizations », *Max Planck Yearbook of United Nations Law*, vol. 6, 2002, pp. 535-557 ; BLOKKER, N., « Is the Authorization Authorized? Powers and Practice of the UN Security Council to Authorize the Use of Force by "Coalitions of the Able and Willing"», *E.J.I.L*, 2000, vol. 11, n° 3, pp. 541-568. Voy. également KREIPE, N., *Les autorisations données par le Conseil de sécurité des Nations Unies à des mesures militaires*, Paris, L.G.D.J., Paris, 2009, 316 p, p. 134 : « [l]a Charte ne permet pas au Conseil de sécurité de déléguer ses compétences de coercition militaire » Voy. également, *ibid.*, p. 29.

ont contesté sa validité[1]. Au-delà de cette minorité doctrinale qui s'oppose à la position de Dan Sarooshi, le raisonnement qualifiant de délégation le recours à la force autorisée reçut un écho favorable auprès de la doctrine internationaliste[2].

19. Le Professeur Philippe Lagrange a, concomitamment aux travaux de Dan Sarooshi, analysé le recours à la force autorisée[3]. Il a explicité le système de coercition militaire prévu par la Charte, y voyant une « méthode originale »[4] utilisée par le Conseil au travers « de l'habilitation ou de l'autorisation de la coercition »[5]. Il s'interrogea « de savoir si le Conseil de sécurité est en droit de déléguer [...] son pouvoir de contrainte au regard du texte qui fonde ses pouvoirs : la Charte des

---

[1] CHEMILLIER-GENDREAU, M., *Droit international et démocratie mondiale : les raisons d'un échec*, Paris, Les éditions Textuel, 2002, 270 p., p. 27. Dans le même sens mais bien avant, voy. l'article du même auteur : « La notion de sanction en droit international », *in Droit public. Mélanges en l'honneur du professeur Gustave Peiser,* Grenoble, P.U.G., 1995, pp.115-126, p. 122 : « l'article 42 [...] donne au Conseil de sécurité un pouvoir d'action [...], mais n'indique pas qu'il puisse le déléguer en vrac à tous les Etats prêts à le relayer ».

[2] Voy. KRITSIOTIS, D., « International Law and the relativities enforcement », *in* CRAWFORD, J., KOSKENNIEMI, M., (dir.), *The Cambridge companion to International Law*, New York, Cambridge University Press, 3ème éd., 2013, pp. 245-268, p. 257 ; BESSON, S., *Droit international public. Abrégé de cours et résumés de jurisprudence*, Stämpfli, 3ème éd., 2016, p. 463 ; Voy. également T. FLEURY GRAFF qui alterne successivement autorisation de recourir à la force et délégation de compétence sans justifier cette synonymie : « Le système de sécurité collective [fait] de la compétence de l'État de recourir à [la force] une compétence déléguée. [...]. Même s'il est vrai que les résolutions du Conseil de sécurité autorisent généralement les États à recourir à « toutes les mesures nécessaires », ce qui leur laisse une importante marge d'appréciation – aucun cas de condamnation d'un État pour avoir excédé les termes de sa délégation n'a d'ailleurs été recensé – il n'en demeure pas moins que cette délégation illustre avec une particulière acuité, [...] l'internationalisation des compétences de l'État », *in Manuel de droit international public, tome 2*, Paris, Pedone, 2016, p. 78.

[3] Le Professeur Lagrange a initialement écarté la notion de délégation de pouvoir au sens du droit administratif, à savoir « lorsqu'une autorité se dessaisit d'une partie de ses pouvoirs et les transmet à une autorité subordonnée », parce qu'il faudrait alors « préciser que [les États membres] ne représentent nullement les subordonnées du Conseil de sécurité, en ce sens qu'aucun lien hiérarchique ne les relie », *in* LAGRANGE, Ph., *La sous-traitance de la gestion coercitive des crises par le Conseil de sécurité des Nations Unies*, *op. cit.,* p. 46.

[4] LAGRANGE, Ph., « Sécurité collective et exercice par le conseil de sécurité du système d'autorisation de la coercition », *in* S.F.D.I., *Les métamorphoses de la sécurité collective. Droit, pratique et enjeux stratégiques*, Paris, Pedone, 2005, pp. 55-94, p. 58.

[5] *Ibid.*, p. 59.

Nations Unies »[1], et identifia les conditions juridiques cumulatives nécessaires à la caractérisation du transfert de pouvoir, qu'il nomme délégation ou autorisation, sans faire de distinction dans ses développements[2].

20. La doctrine majoritaire s'est largement accordée sur les restrictions à imposer en cas de délégation de compétence(s). Citons le professeur Olivier Corten, qui a perçu la nécessité de poser des bornes à la délégation, « [qui] ne peut s'entendre qu'à des aspects limités de l'exercice de certaines compétences »[3]. Citons, également, Le professeur L.-A. Sicilianos, pour lequel l'équilibre institutionnel est un élément fondamental de la validité de la délégation[4]. La notion de supervision revient aussi pour plusieurs auteurs comme un élément essentiel de la délégation du recours à la force[5]. Il reste que les

---

1 *Ibid.*, p. 65.

2 Ces trois éléments sont : « [u]n préalable nécessaire à l'autorisation du Conseil de sécurité », *in idem.*, p. 59 ; « [d]es éléments subsidiaires : nature, commandement, et financement de la force habilitée », *in idem*, p. 69, et « [u]n élément déterminant : le contrôle de l'opération militaire », *idem.*, p. 72.

3 CORTEN, O., *Le droit contre la guerre. L'interdiction du recours à la force en droit international contemporain,* Paris, Pedone, 2ème éd., 2014, p. 534. Voy. également la précision de R. KOLB à propos de la délégation par le Conseil en spécifiant que « la décision des mesures à prendre [au terme des articles 41et 42 de la Charte] ne peut être délégué ou laissé à des Etats », in, *Introduction au droit des Nations Unies,* Bruxelles, Bâle, Bruylant, Helbing & Lichtenhanhn, 2008, 350 p., p. 96. Voy. aussi KOLB R., « Does Article 103 of the Charter of the United Nations apply only to decisions or also to authorizations adopted by the Security Council ? », *in Zeitschrift für ausländisches öffentliches Recht und Völkerrecht* : ZaöRV 1/2004, pp. 21-35.

4 « Si le Conseil de sécurité peut déléguer certains de ses pouvoirs au titre du chapitre VII, il ne saurait en aucun cas déléguer le pouvoir de qualification qui lui accorde l'article 39 », *in* SICILIANOS, L.-A., « L'autorisation par le Conseil de sécurité de recourir à la force : une tentative d'évaluation », *R.G.D.I.P.,* tome 106, 2002, pp. 5-48, sp. p. 9. En effet, « [d]éléguer ce pouvoir [rapporté par l'article 39 de la Charte], que ce soit à des Etats ou à des organismes régionaux, bouleverserait l'équilibre institutionnel instauré par la Charte – y compris le droit de veto – et aboutirait à terme à l'auto-suppression de l'organe ayant la responsabilité principale pour le maintien de la paix et de la sécurité internationale », *in ibid.*, p. 10.

5 CORTEN, O., *Le droit contre la guerre, op.cit.*, p. 534 : « le Conseil doit non seulement encadrer sa délégation par l'énoncé d'objectifs précis, reliés au maintien ou au rétablissement de la paix, mais aussi instituer des mécanismes de supervision et de contrôle qui lui permettront de vérifier que l'opération soit bel et bien menée sous son égide ». Voy aussi SICILIANOS, L.-A., « L'autorisation par le Conseil de sécurité de recourir à la force : une tentative d'évaluation », *op. cit.,* p. 12 : « [Le Conseil de sécurité] ne saurait en aucun cas se désister de son pouvoir d'exercer un

fondements de ces éléments de restriction ne sont jamais explorés pour le recours à la force, encore moins pour d'autres délégations de compétences, et que la nature du contrôle qui doit être observé est floue.

21. Des essais d'approfondissement de la caractérisation de la nature de l'autorisation des mesures coercitives du Conseil de sécurité se sont poursuivis. J.J. Caicedo a sans équivoque assimilé autorisation et délégation[1]. Les professeurs L. Boisson-Chazournes et B. Conforti tentèrent quant à eux de distinguer la délégation de l'autorisation en se fondant sur une base conventionnelle[2] ou sur son objet[3].

22. Les sociétés savantes ont également discuté du procédé de délégation par une organisation internationale. L'*International Law Association* (ci-après, I.L.A.) le voit ainsi comme un moyen qui permet à l'organisation d'atteindre ses objectifs et le distingue de l'autorisation par la nature des compétences transférées, des objectifs à atteindre[4], de

---

certain contrôle sur le déroulement des opérations qu'il autorise, faute de quoi la validité de l'habilitation elle-même serait mis en cause ». Voy. également BLOKKER, N., « Is the Authorization Authorized ? Powers and Practice of the UN Security Council to Authorize the Use of Force by 'Coalitions of the Able and Willing' », *E.J.I.L.*, vol. 11, n°3, 2000, pp. 541–568.

[1] La représentation serait alors issue de cette délégation de compétences d'après l'auteur, *in* CAICEDO, J.J., *La représentation de la responsabilité internationale entre les organisations internationales et leurs Etats membres*, *op. cit.*, 266-292.

[2] BOISSON DE CHAZOURNES, L., « Les relations entre organisations régionales et organisation universelle », *R.C.A.D.I.*, t. 347, 2010, p. 264. Voy. aussi *ibid.*, pp. 271-272, et notamment la doctrine citée en notes de bas de page n° 550 à 552.

[3] CONFORTI, B., *The Law and Practice of The United Nations. Legal Aspects of International Organization*, Leiden/ Boston, Martinus Nijhoff Publishers, 3ème ed., 2005, 328 p, p. 298 : « *a delegation of power implies a discretionary power of decision-making on the part of the delegated entity. However, what is delegated is in fact just a mere power of implementation. The authorization is more limited than the delegation of powers, since it consists of carrying out a specified objective* ».

[4] I.L.A., "Accountability of international organisations", *Conférence de New Delhi, Troisième Rapport, 70ème Rapport, I.L.A.*, 2002, p. 800 : « *It should be noted that there is a distinction between the delegation of powers to an entity and authorisation to a particular entity to carry out a specified objective. The latter is more limited than the former both in terms of the specification of the objectives to be achieved and the qualitative nature of the powers transferred to achieve the designated objective* ». Voy. également I.L.A., "Accountability of international organisations", *Conference de Berlin, Rapport final, 71ème Rapport, I.L.A.*, 2004, p. 204 et p. 205.

la supervision[1] et dans l'engagement de la responsabilité[2]. L'Institut de droit international (ci-après, I.D.I.), peu prolixe sur le sujet, est plus ambigu[3]. Nous pouvons cependant noter l'affirmation du rapporteur Raúl Emilio Vinuesa qui définit l'autorisation comme la mise en œuvre d'une décision déjà prise par le Conseil de sécurité, et la délégation qui implique la possibilité d'user d'un pouvoir discrétionnaire dans la manière dont les décisions vont être mises en œuvre[4].

23. La Commission du droit international (ci-après C.D.I.) a quant à elle reconnu la possibilité de déléguer la conclusion d'actes juridiques d'un sujet à un autre[5], mais une telle délégation se confond avec la représentation internationale[6]. En effet, dans ce cas, « les effets de l'acte

---

[1] I.L.A., "Accountability of international organisations", *Conférence de Berlin, op. cit.*, p. 180. Voy. également, *ibid.*, p. 204 : « *the legality of such process is conditioned upon the IO retaining the right to change at any time the decisions taken or actions carried out pursuant to that process* ».

[2] I.L.A., "Accountability of international organisations", *Conférence de New Delhi, op. cit.*, pp. 800-801. Mais cette différenciation reste ambigüe à la relecture du Point 3, section 3, Troisième partie du rapport final, I.L.A., "Accountability of international organisations", *Conférence de Berlin, op. cit.* : "*In case of a delegation or authorization to a State or a group of States, the IO is under a duty to keep itself duly informed about the way in which the delegation or authorization is being carried out, and, if need be, to modify or countermand the delegation or authorisation. Failure to do so may give rise to the secondary responsibility of the IO for any illegal act committed under the delegation or authorization*".

[3] Voy. I.D.I., « Problèmes actuels du recours à la force en droit international. Sous-groupe : L'autorisation du recours à la force par les Nations Unies. Rapporteur : Raúl Emilio Vinuesa », Session de Naples, 2009, *Annuaire de l'I.D.I.*, Vol. 73, 2009, pp. 231-296.

[4] « *To "authorize" is to allow implementation of decisions already taken by the Security Council. To "delegate" implies the possibility to display a discretional power in the way decisions are going to be implemented* », *in ibid.*, p. 273.

[5] Le rapporteur spécial de la C.D.I., Fitzmaurice, a reconnu cette hypothèse de délégation de la conclusion d'un traité à un autre sujet de droit international : « L'Etat tiers qui n'est pas originairement partie au traité est tenu par ses dispositions : [...] si les dispositions du traité lui sont étendues par le truchement d'un autre Etat auquel il a délégué le droit d'agir en son nom pour conclure des traités », doc. off., A/CN.4/130, 1960, art. 15, *cité par* ABOU-EL-WAFA, A., *Recherches sur les traités conclus par les organisations internationales inter se ou avec des Etats : Contribution à l'étude d'une théorie de l'acte juridique en droit international public, op. cit.*, p. 40.

[6] Voy. notamment l'interrogation de la C.D.I. de savoir si certains États peuvent réagir, selon le principe de contre-mesures collectives en dehors du cadre institutionnel de maintien de la paix, sur le fondement d'une « délégation de pouvoir » de la Communauté internationale : « Il ressort des travaux de la Commission qu'il est

juridique en cause se produisent directement à l'égard de la personne pour le compte de laquelle l'acte a été accompli, et cela comme si cette dernière avait elle-même passé l'acte ou comme si l'acte s'adressait à elle-même directement »[1]. Le projet d'articles adopté par la C.D.I. ne comporte aucune référence expresse au vocable délégation en tant que mécanisme de transfert de compétence.

24. Certains courants doctrinaux ont poursuivi la réflexion pour présenter la délégation comme une notion de droit international qui dépasse le périmètre de la seule action coercitive du Conseil de sécurité. R. Kolb, fervent partisan de la théorie de la délégation dans l'ordre public international, a consacré, dans son manuel *Ius contra bellum, Le droit international relatif au maintien de la paix*, une analyse développée des pouvoirs coercitifs du Conseil de sécurité et de la relation entre le Conseil et les États autorisés qu'il qualifie de délégation[2]. Il donne une définition générale de ce mécanisme qui

---

difficile d'accepter la notion de contre-mesures individuelles par opposition à celle de contre-mesures collectives, parce qu'il est difficile de légitimer la conduite de l'État lésé face à l'État responsable, d'en évaluer la proportionnalité et d'en déterminer toutes les conséquences qui en découlent. Le débat en cours a fait apparaître un aspect que l'on ne peut négliger : quand sont attaqués les intérêts juridiques protégés par la communauté internationale tout entière, une sorte de *délégation de pouvoir est donnée à certains États pour que, dans le cadre d'alliances ad hoc, ils défendent les valeurs de cette communauté*, en dehors des mécanismes institutionnels de maintien de la paix et de la sécurité internationales. M. Opertti Badan se demande si c'est bien ainsi que l'on renforce ces mécanismes institutionnels. N'est-ce pas plutôt une façon de légitimer des conduites non seulement individuelles mais aussi collectives ou partiellement collectives, au nom de la communauté internationale, notion mal définie et généralement englobée dans celle d'organisation internationale bien qu'il s'agisse de deux choses différentes ? », *in A.C.D.I.*, 2000, Vol., I, p. 352 § 48. Voy. également *A.C.D.I.*, 2000, Vol., II, p. 63 § 366 : « [l]'idée de contremesures collectives ne pouvait être défendue que dans le contexte de l'action d'organisations internationales compétentes, qu'il s'agît d'organisations régionales ou universelles ; il était très difficile d'admettre que le droit de réagir pût être délégué sur une base ad hoc à un groupe de pays agissant en dehors de tout cadre institutionnel ».

[1] En ce sens, voy. ABOU-EL-WAFA, A., *Recherches sur les traités conclus par les organisations internationales inter se ou avec des Etats : Contribution à l'étude d'une théorie de l'acte juridique en droit international public, op. cit.*, p. 37. Voir aussi doc. off., A/CN.4/167 (art. 60), *cité par ibid.*, p. 39.

[2] KOLB., R., *Ius contra bellum. Le droit international relatif au maintien de la paix*, Helbing Lichtenhahn & Bruylant, 2ème éd., 2009, pp. V- IX. L'auteur fait usage expressément du terme délégation dans ses intitulés : « La qualification de l'article 39 comme pouvoir non délégable du Conseil » ; « La délégation des pouvoirs militaires du Conseil à des Etats membres » ; « Problèmes en relations avec la délégation des

existe, selon lui, « à chaque fois qu'un organe ou une entité juridique cède un pouvoir à un autre organe ou à une autre entité afin que celle-ci l'exerce en son nom »[1]. Citons également le récent *Traité de droit des organisations internationales*, publié sous la direction des Professeurs Evelyne Lagrange et Jean-Marc Sorel, qui inclut une référence « Délégation de pouvoir » dans son index alphabétique[2], fournissant par là même la preuve de l'intégration de ce mécanisme dans l'ordre public international. Le professeur Pierre Klein a exposé, dans sa contribution à cet ouvrage, sa vision du mécanisme de « délégation de pouvoir » en tant que modalité d'aménagement général des compétences et pouvoirs d'une organisation internationale[3]. Il observe ainsi « un recours relativement fréquent à la pratique des délégations de pouvoirs »[4], inscrivant la délégation comme une réponse à une nécessité « d'ordre pratique »[5], s'inscrivant dans les relations entre l'organisation et d'autres sujets, mais aussi « au sein de l'organisation elle-même, l'exercice de certains pouvoirs étant alors confié par un organe à un autre »[6]. P. Klein promeut « l'admissibilité de la délégation [qui] paraît pouvoir être fondée sur un principe général de droit »[7]. Ce faisant, sa vision de la délégation est la même que celle du droit interne. Il reprend à son compte les mêmes conditions de validité de la délégation[8]. Citons également le cours du Pieter Jan Kuijper à l'Académie de droit international de La Haye en 2015 qui a fait l'objet d'une récente publication en 2022[9].

---

pouvoirs vers des Etats » ; « Le problème des délégations impropres, implicites ou post hoc » ; « La délégation de pouvoirs coercitifs à une organisation régionale (article 53 de la Charte) » ; « La délégation de pouvoir à une organisation régionale » ; « La pratique de délégation à une organisation régionale ».

[1] *Ibid.,* p. 128.

[2] LAGRANGE, E., SOREL, J-M., *Traité de droit des organisations internationales, op.cit.,* p. 1160.

[3] KLEIN, P., « Les compétences et pouvoirs de l'organisation internationale », *op.cit.,* p. 725.

[4] *Ibid.,* p. 732.

[5] *Ibid.,* p. 733.

[6] *Idem.*

[7] *Idem.*

[8] *Ibid.,* p. 734.

[9] KUIJPER. P. J., « Delegation and International Organizations », *R.C.A.D.I.,* vol. 462, 2022, pp. 9-239. Je tiens à remercier l'auteur qui m'a aimablement fait parvenir ses diapositives du cours. Le professeur P. J. KUIJPER définit la délégation comme suit : "*transfer of a power from an organ of an international organization to another*

25. Intérêt de l'étude. A la lecture de ce qui précède, il serait faux de dire qu'aucune réflexion n'a été effectuée ; elle reste pourtant toujours envisagée sous le prisme d'une seule action déléguée, très souvent le recours à la force, ou par transposition de la délégation de droit interne. Notre étude a donc vocation à répondre à une lacune dans la littérature francophone et anglophone : la pratique de la délégation des compétences par les organisations internationales n'a jamais été analysée dans toute sa complétude. L'intérêt grandissant des organisations pour cette manière d'opérer se heurte à l'absence de cadre général dédié à ces opérations. Aucune étude, à notre connaissance, n'a jusqu'à aujourd'hui été publiée à ce propos. Cet intérêt n'est pas que théorique ; la multiplication des délégations soulève des interrogations sur leurs effets entre délégataire et délégant et également vis-à-vis des tiers.

26. L'évocation d'une recherche relative à l'exercice indirect de compétences par une organisation internationale est d'ailleurs tout à fait paradoxale[1]. La finalité de la création d'une organisation internationale est en effet d'exercer une compétence et non de la faire exercer par d'autres sujets. Si l'exercice d'une compétence d'une organisation internationale est finalement effectué par un ou des États fondateur(s) de celle-ci, le mécanisme conduit à un retournement de situation qui nous interpelle : pourquoi l'État exerce-t-il une compétence transférée au préalable à l'organisation ? Cette interrogation, qui appelle des réponses distinctes selon l'organisation et la compétence examinées, reflète parfaitement l'opacité de l'usage de ce mécanisme par les organisations internationales et les carences de sa compréhension en droit international.

27. Problématique. La présente étude porte sur la caractérisation du régime juridique de délégation de compétences des organisations internationales. À cette fin, il examine plusieurs questions clés : dans quelles conditions et selon quelles modalités une organisation internationale peut-elle déléguer ses compétences à un sujet qui lui est

---

existing organ or a newly created body of this organization, or of another organization (of a Member State), or a private party ", *ibid.*, p. 22. Cette définition est révélatrice de la diversité des formes de délégations pour le fonctionnement de l'organisation internationale.

[1] Un tel paradoxe est déjà mis en lumière par, MANIN, Ph., « La substitution des Etats à l'organisation », *in* S.F.D.I., *Les Organisations internationales contemporaines. Crise, mutation, développement. Colloques de Strasbourg*, Paris, Pedone, 1988, pp. 161-175, sp. p. 161.

extérieur ? Quels sont les effets d'une telle délégation dans les rapports entre l'organisation délégante et son délégataire, mais aussi entre ce dernier et les tiers ? En cas de violation éventuelle du droit international, quel est l'impact de la délégation sur la responsabilité internationale de l'organisation délégante ?

28. Méthode de recherche. La réalisation de l'étude nécessite d'identifier dans la pratique des organisations internationales tout procédé permettant de conférer une partie de leurs compétences à un sujet ou une entité extérieur(e). Cette recherche des concrétisations de la délégation dans l'éventail des relations extérieures des organisations internationales a toutefois nécessité d'établir au préalable une définition de la délégation. C'est une définition fonctionnelle de la délégation qui nous a permis d'amorcer la présente étude. Nous avons décidé, au regard des éléments du discours doctrinal et jurisprudentiel international, que nous jugions trop fragmentés, d'énoncer volontairement une définition de la délégation suffisamment succincte pour élargir le champ de notre étude. La définition fonctionnelle choisie est formulée comme suit : « le fait de confier une compétence à autrui ».

29. Partant de cette définition, a été analysé un large choix de situations susceptibles de constituer des délégations de compétence. Néanmoins, nous avons identifié six cas d'intervention du procédé de délégation dans la pratique des organisations internationales. Il est à noter que cette étude ne prétend pas à l'exhaustivité des situations dans lesquelles l'organisation recourt au mécanisme de délégation. Il existe d'autres cas de délégation de compétence qui semblent répondre à nos critères de sélection, mais nous avons fait le choix de ne pas les inclure dans la présente étude par manque de documentation, celle-ci étant parfois confidentielle. Les mécanismes reconnus comme constituant des délégations et analysés au cours de cette étude sont :

1. Le mandat de la Société des Nations (S.D.N.)[1] ;
2. L'autorisation du recours à la force sur le fondement des Chapitres VII et VIII de la Charte ;

[1] En ce sens, voy. BENTWICH, N., « Le système des mandats », *in R.C.A.D.I.*, vol. 29, 1929, pp. 115-186, p. 130 et *passim* : « Les droits de souveraineté qu'exerce le mandataire lui sont délégués par la Société, et il est responsable envers cette Société pour l'exercice de ces droits » ; FURUKAKI, P.T., *Les mandats internationaux de la Société des Nations*, thèse, Université de Lyon, 1923, 230 p., p. 180.

3. L'exécution des peines prononcées par les juridictions pénales internationales[1] et le contrôle de cette exécution[2] ;
4. L'administration de territoire pour le compte de l'Organisation des Nations Unies (ONU)[3] ;
5. La conclusion de traités pour le compte d'une organisation internationale[4], notamment dans les relations entre la Société

---

[1] MULGREW, R., ABELS, D., (dir.), *Research Handbook on the International Penal System*, Cheltenham, Edward Elgar, 2016, p. 191 : "*International sentences of imprisonment are typically enforced by cooperating States. To facilitate this cooperative endeavour, the international courts must transfer convicted persons to national prison systems. In so doing, these courts delegate responsibility for enforcing international sentences of imprisonment to national authorities*" ; SCHABAS, W. A., *The International Criminal Court : A Commentary on the Rome Statute*, Oxford, Oxford university press, 2ème éd., 2016, 1589 p., p. 1374 : "*When the Security Council established the ad hoc tribunals, it delegated enforcement of sentences to national justice systems, subject to some supervision by the international tribunals*" ; PENROSE, M. M., « Spandau Revisited : The Question of Detention for International War Crimes », *New York Law School Journal of Human Rights*, vol. XVI., 2000, pp. 553-591, p. 572 : "*Due to the structure of the ICTY and ICTR, both institutions must rely on "willing states" to assist in the enforcement of criminal sentences. The United Nations does not maintain any permanent or international prison facility. Rather, the task of actual enforcement of ICTY and ICTR sentences is delegated to individual countries that may have no nexus to or interest in the underlying hostilities that served to create these juridical bodies*". La doctrine a déjà retenu le procédé de délégation pour expliquer que l'exécution d'une peine d'emprisonnement décidée par un État ou une juridiction internationale telle que la C.P.I. est effectuée dans un État dit d'exécution. Voy. ALT-MAES, F., *La délégation de compétence en droit pénal international*, thèse Paris, 1975, *passim* ; LUDWICZAK, M., *La délégation internationale de la compétence pénale*, Genève, Schulthess, 2013, *passim* ; REBUT, D., *Droit pénal international*, Paris, Dalloz, 2ème éd., 2015, 659 p., pp. 412-414.

[2] SNACKEN, S., KIEFER, N., "Oversight of international imprisonment : the Committee for the Prevention of Torture" *in* MULGREW, R. ABELS, D., (dir.), *Research Handbook on the International Penal System*, *op. cit.*, pp. 322-355, p. 329 : "*Following this possibility provided by the combined reading of Article 27 ICTYSt and Rule 104 ICTY RPE, the Exchange of Letters between the ICTY and the CPT indicates that the task of inspecting detention conditions has been delegated to the CPT in those cases where a BEA has been concluded in which the CPT is appointed as the inspecting authority*".

[3] Voy. STAHN, C., *The Law and Practice of International Territorial Administration. Versailles to Iraq and Beyond*, Cambridge, Cambridge University Press, 2008, 828 p., sp. pp. 450-453.

[4] Par exemple, la France et l'Italie ont conclu des traités au nom et pour le compte de la Communauté européenne, voy. la *Convention monétaire entre la République italienne, au nom de la Communauté européenne, et l'État de la Cité du Vatican,*

financière internationale (S.F.I.) et la Banque Internationale pour la Reconstruction et le Développement (BIRD) ;

6. L'autorisation d'exploitation des fonds marins donnée par l'Autorité internationale des fonds marins (A.I.F.M.) à des entreprises privées.

30. L'étude de ces cas permet de dessiner un régime juridique gouvernant la délégation de compétences par les organisations internationales. Ce dessin exige l'examen des conditions d'établissement de la délégation (Partie première) et celui de sa réalisation (Partie seconde).

---

représenté par le Saint-Siège, J.O. C 299 du 25.10.2001 ; *Convention monétaire entre la République italienne, au nom de la Communauté européenne, et la République de Saint-Marin, J.O.* C 209 du 27.07.2001.

PARTIE PREMIÈRE. ÉTABLISSEMENT DE LA DÉLÉGATION

31. Un des moyens à la disposition d'une organisation internationale qui recourt à une entité extérieure pour lui permettre d'exercer l'une de ses compétences est la délégation. Cette opération juridique bipartite relie ladite organisation délégante au(x) destinataire(s) de la délégation. Son établissement et sa validité dépendent par conséquent des conditions posées par les différents ordres qui la régissent, à savoir les ordres juridiques des parties -les ordres de l'organisation et du délégataire -, ainsi que, comme tout acte juridique international, par l'ordre juridique international.

32. La validité juridique d'une délégation ne suffit cependant pas en soi à atteindre l'objectif poursuivi par l'organisation qui recourt à la délégation. Encore faut-il que ladite délégation soit efficace. Des éléments conditionnent cette efficacité et permettent ainsi à l'organisation d'optimiser l'exercice de ses compétences par voie de délégation. Ces facteurs de validité et d'efficacité se distinguent en ce que le défaut des premiers met en cause l'existence juridique de la délégation alors que le défaut des seconds soulève la question de la légitimité[1] de l'intervention du délégataire pour le compte de l'organisation délégante, et plus globalement, de la légitimité du recours à la délégation par l'organisation internationale. Les conditions d'efficacité ne sont pas notre propos ; elles seront discutées uniquement

---

[1] Le mot légitime signifie, d'après son sens étymologique, « qui est fondé en droit », la signification actuelle du mot se rapproche des notions d'équité et de justice : « la légitimité est une notion large impliquant une idée d'adhésion à des valeurs politiques ou idéologiques *lato sensu* ou une idée de conformité à la justice et l'équité, ce qui fait appel à la subjectivité de celui qui doit en connaître », *in* DAVID, E., *Éléments de droit pénal international et européen*, *op. cit.*, p. 1653. Sur la distinction entre les concepts d'égalité et de légitimité, voy. LEBEN, Ch., *Les sanctions privatives des droits ou de qualités dans les organisations internationales spécialisées : recherches sur les sanction internationales et l'évolution du droit des gens*, Bruxelles, Bruylant, 1979, 402 p., pp. 22-24 ; BENCHIKH, M., « Rapport introductif », *in* BENCHIKH, M., (dir.), *Les organisation internationales et les conflits armés*, Paris, L'Harmattan, 2001, pp. 19-60 ; CORTEN, O., « Conclusions générales : légalité, légitimité et légitimation de l'action des organisations internationales dans les conflits armés », *in* BENCHIKH, M., (dir.), *Les organisation internationales et les conflits armés*, Paris, *op. cit.*, pp. 303-304 ; TANZI, A., « La sécurité collective entre légalité et légitimité », *in* ARCARI, M. BALMOND, L., (dir.), *La sécurité collective entre légalité et défis à la légalité*, Milano, Giuffrè Editore, 2008, 272 p., pp. 3-14.

en cas de nécessité. Notre étude portera sur les conditions de validité d'une délégation de compétence réalisée par une organisation internationale.

33. L'observation du droit positif et de la pratique en matière de délégation permet de mettre en évidence trois types de conditions nécessaires pour l'établissement d'une délégation valide : le premier relatif à la compétence de l'organisation délégante (Chapitre 1), le deuxième relatif à la compétence de son potentiel délégataire (Chapitre 2), et le dernier qui concerne la formulation d'un accord juridique de délégation qui donne naissance à l'opération (Chapitre 3).

CHAPITRE I. CONDITIONS RELATIVES À LA COMPÉTENCE DE L'ORGANISATION DÉLÉGANTE

34. La première condition d'établissement d'une délégation par une organisation internationale est relative à la compétence qui fera l'objet de la délégation (que nous appellerons par la suite la *compétence-objet*). L'organisation internationale doit en effet détenir au préalable ladite compétence (Section 1). Elle doit également posséder la capacité de la déléguer, c'est-à-dire la faculté juridique de réaliser un accord de délégation (que nous appellerons par la suite la *compétence d'habilitation*) (Section 2).

Section I. L'existence préalable d'une « compétence délégable »

35. Qu'une organisation internationale possède au préalable la compétence-objet répond à une logique juridique exprimée par l'adage *nemo plus juris transferre potest quam ipse habet*, applicable en droit des organisations internationales (Paragraphe 1). Toutefois, détenir une compétence ne signifie pas que celle-ci puisse faire l'objet d'une délégation. La nature délégable de la compétence-objet est en effet une condition nécessaire pour l'établissement d'une délégation valide (Paragraphe 2).

Paragraphe 1. Le principe nemo plus juris transferre potest quam ipse habet

36. L'adage latin *nemo plus juris transferre potest quam ipse habet* est un principe général de droit (A). Il n'en demeure pas moins qu'il ne peut s'appliquer que dans le cadre strict du principe de spécialité des organisations internationales (B).

A. Un principe général de droit

37. Le principe *nemo plus juris transferre potest quam ipse habet* signifie que « celui qui ne possède pas la chose ne peut la donner à un autre »[1]. Il est proche d'un autre adage *nemo plus juris ad alium transferre potest quam ipse habet*, qui se traduit par « nul ne peut en principe transférer plus de droits qu'il en possède ». Ces adages ont la même signification, à savoir que celui qui ne possède pas une chose, un droit ou une compétence ne peut la transmettre à autrui. Trouvant application tant dans le droit interne des différents systèmes juridiques étatiques[2] que dans le droit international, ce qui en fait un principe général de droit.

38. Le principe en droit privé. Cet adage est d'usage dans le Code civil français et se réfère à la concrétisation de l'engagement contractuel et de son objet[3]. La pertinence de son application s'explique comme suit : « [l]e bien et les actions d'autrui n'étant pas encore en notre disposition, sont par conséquent des choses à l'égard desquelles on n'a pas [...] un pouvoir moral de faire ou de s'engager à faire quoi que ce soit »[4]. Ainsi, l'absence de l'objet de l'engagement rend celui-ci nul de plein droit[5].

---

[1] FELLMETH, A. X., HORWITZ, M., *Guide to Latin in International Law*, Oxford, Oxford University Press, 2011, 201 p : "*No one can transfer more rights (to another) than he himself has*".

[2] Le même adage se trouve en droit arabe : « فَاقِدُ الشَّيْءِ لاَ يُعْطِيهِ » qui se prononce (*Faked al-shee la yôtih*). Voy. aussi en droit musulman MAWARDI (Aboul-Hasan Ali), *Les Statuts Gouvernementaux ou règles de droit public et administratif*, Traduction et notes de E. FAGNAN, Paris, Le sycomore, 1982, 485 p., p. 409. Certaines juridictions étatiques ont reconnu une valeur coutumière à ce principe, voy. ainsi le jugement de la Cour suprême du Zimbabwe, *Garwe Ja, Gowora Ja & Omerjee Aja*, 25 février 2013, aff. n° 232/10 ; la Haute Cour administrative du Conseil d'État égyptien (1ère Ch., 16 janvier 2017) fait également usage du principe lorsqu'elle explique les conditions de validité de l'exercice d'une compétence d'administration par mandat. Voy. notre compte-rendu, *in* RIVIER, R, (dir), « Jurisprudence étrangère intéressant le droit international », *R.G.D.I.P.*, 2017-4, pp. 1211-1212.

[3] L'article 1108 du Code civil disposait, dans sa rédaction de 1804 : « Quatre conditions sont essentielles pour la validité d'une convention : Le consentement de la partie qui s'oblige ; Sa capacité de contracter ; Un objet certain qui forme la matière de l'engagement ; Une cause licite dans l'obligation ». Cette disposition a été abrogée lors de la réforme de 2016 et remplacée par l'article 1128 qui dispose qu'« un contenu [...] certain » est nécessaire à la validité d'un contrat.

[4] PUFENDORF, *Le droit de la nature et des gens*, Chapitre IV, Livre III, p. 343 et s, *cité par*, LUCAS-PUGET, V. A.-S., *Essai sur la notion d'objet du contrat*, Paris, L.G.D.J., 2005, 496 p., p. 72, n.b.p. n°211.

[5] Voy. Cass. Civ., 3ème Ch. 4 mai 1983, Bull. Civ. III., n° 103, *R.T.D. Civ.*, 1984, p. 113, obs. F. Chabas ; LUCAS-PUGET, V. A.-S., *Essai sur la notion d'objet du contrat, op. cit.*, p. 62.

39. Le principe en droit public. L'exercice de compétence en droit public peut uniquement être réalisé par le détenteur d'un titre juridique, autrement dit, par un sujet compétent[1], soit à titre principal, soit par délégation. De ce principe, s'est développée, en droit administratif français et comparé, la théorie de l'incompétence sur laquelle est fondée l'ouverture du recours pour excès de pouvoir. Cette théorie reflète en effet l'incarnation du principe *nemo plus juris transferre potest quam ipse habet* en droit public. La doctrine[2] et la jurisprudence françaises[3] donnent plusieurs illustrations du recours à ce principe en tant que fondement de la validité de tout acte juridique et donc de celui de la délégation de compétence.

40. Le principe en droit international. *Nemo dat quod non habet*[4] ou *nemo plus juris ad alium transfere potest quam ipse habet* sont présentés, en droit international, comme un seul et même principe général de droit[5]. À titre d'exemple, citons la Commission des Nations Unies pour le droit commercial international qui constate l'existence d'un tel « principe général interdisant à une personne de donner à autrui plus de droits qu'elle n'en a elle-même »[6].

---

[1] Voy. CE, 17 octobre 1990, Préfet Guadeloupe, n° 67719 : « [une autorité ne peut déléguer] une compétence qui ne lui appartient pas ».

[2] LAFERRIERE, E., *Traité de la juridiction administrative et du recours contentieux*, Paris, Berger-Levrault, 2ème éd., 1896, tome 2, p. 505 ; DELVOLVE, J., *Les « Délégations de Matières » en Droit Public*, Paris, Sirey, 1930, 354 p., p. 3 ; GROSHENS, J.-C., « La délégation administrative de compétence », *op. cit.*, p. 200 ; ZILEMENOS, C., *Substitution et délégation en droit administratif français, op. cit.*, p. 45 ; AUBY, J.-M., DRAGO, R., *Traité des recours en matière administrative*, Paris, Litec, 1992, 686 p., p. 372 ; AUBELLE, V., et *al.*, (dir.), *Dictionnaire encyclopédique de la décentralisation*, Paris, Berger-Levrault, 2017, 1096 p., p. 383 ; DUMONT, C., « Les délégations », *in La compétence. Acte du colloque organisé les 12 et 13 juin 2008 par l'AFDA*, Paris, Lexis Nexis, 2008, pp. 219-231, p. 220.

[3] CE, 17 mars 1944, *Hayem*, rec., pp. 90-91 ; CE, 5 novembre 1948, *Syndicat bovin de la Balagne*, rec., p. 409 ; CE., 27 février 1948, *Syndicat des industries laitières de l'Aisne*, rec., p. 95 ; CE, 7 mai 1954, *Ministre des Finances et Affaires économiques*, rec. 1958, pp. 257-258 ; CE, 4 juin 1958, *Sieur Saurel*, rec., pp. 307-308 ; CE, 17 octobre 1990, Préfet Guadeloupe, n° 67719.

[4] BROWNLIE, I., *Principles of Public International Law*, Oxford, Oxford University Press, 5ème éd., 1998, pp. 122-124.

[5] En ce sens, SERENI, A. P., « La représentation en droit international », *op. cit.*, p. 142 ; SFEZ, L., « La rupture des relations diplomatiques », *R.G.D.I.P.*, 1966, pp. 359-430, sp. p. 407.

[6] Commission des Nations Unies pour le droit commercial international, Rapport sur les travaux de la reprise de sa quarantième session, Vienne, 10 au 14 décembre 2007, doc. off. A/62/17, p. 82, par 55.

41. L'adage est utilisé par le juge international depuis longtemps. Le juge Sériadès fut l'un des premiers à soutenir, devant la Cour permanente de Justice internationale dans l'*affaire franco-hellénique des phares*, qu'il s'agit d'« un principe général de droit » qui trouve son application dans « plusieurs codes modernes »[1]. On peut s'attarder sur quelques-unes des multiples illustrations de l'application de ce principe. Si elles ne concernent pas la délégation, elles sont néanmoins représentatives de l'importance du principe comme préalable à la validité des actes juridiques, quels qu'ils soient.

42. Dans l'affaire de la *réclamation Canevaro*, la Cour permanente d'arbitrage a jugé que « [l']'ayant-cause n'[avait] pas plus de droit que son auteur »[2]. Il s'agissait, en l'espèce, de dettes contractées par l'État du Pérou vis-à-vis de l'un de ses ressortissants et transmises ensuite à ses ayants-droits. Ces derniers, de nationalité étrangère, avaient souhaité bénéficier de meilleures conditions financières que celles prévues par les nouvelles lois péruviennes qui avaient été promulguées et qui avaient déjà révisé leurs créances à la baisse. Le tribunal arbitral rejeta leur demande, estimant qu'il n'existait « aucune raison décisive pour admettre que la situation a[it] changé[e] [du] fait que des Italiens [aie]nt succédé à un Péruvien. [La] règle générale [veut] que les héritiers prennent les biens dans l'État où ils se trouvaient entre les mains du défunt »[3]. Le tribunal arbitral s'est fondé pour cela sur « le principe bien établi que nul nc peut céder plus de droits qu'il n'en possède »[4].

43. Dans l'affaire de *l'île de Palmas,* afin de réfuter l'argument des États-Unis selon lequel ceux-ci étaient en possession d'un titre de souveraineté en tant que successeurs aux droits de l'Espagne, l'arbitre unique Max Huber a déclaré, en se référant au principe *nemo plus juris ad alium transfere potest quam ipse habet*, qu'« [i]l est évident que l'Espagne ne pouvait transférer plus de droits qu'elle n'en possédait elle-même. *Ce principe de droit* est expressément reconnu dans une

---

[1] Opinion individuelle de M. Séfériadès, C.P.J.I., *Affaire franco-hellénique des phares*, arrêt du 17 mars 1934, série A/B, Fasc., N° 62, pp. 49-50.

[2] *Affaire Canevaro* (Italie, Pérou), 3 May 1912, R.S.A., vol. XI, pp. 397-410, p. 408. Sur cette affaire, voy. notamment DE BOECK, C., « La sentence arbitrale de la Cour permanente de La Haye dans l'affaire *Canevaro* (3 mai 1912) », *R.G.D.I.P.*, tome XX, 1913, pp. 317-372.

[3] Affaire Canevaro (Italie, Pérou), 3 May 1912, *op. cit.*, p. 409.

[4] D'après NIBOYET, J.-P., « Le rôle de la justice internationale en droit international privé : conflit des lois », *R.C.A.D.I.*, 1932, vol. 40, pp. 153-235, p. 199.

lettre en date du 7 avril 1900, adressée par le Secrétaire d'État des États-Unis au Ministre d'Espagne à Washington [...] »[1]. En l'espèce, l'Espagne n'exerçait pas de droits souverains sur cette île. Les États-Unis ne pouvaient donc pas s'appuyer sur un titre de cession effectué par l'Espagne en leur faveur pour établir leur souveraineté territoriale sur l'île de Palmas.

44. Dans l'affaire *Frontière terrestre et maritime entre le Cameroun et le Nigéria*, la Cour avait été saisie d'un différend frontalier entre le Cameroun et le Nigeria portant essentiellement sur la question de l'exercice de la souveraineté sur la presqu'île de Bakassi. Le Cameroun revendiquait sa souveraineté en se fondant sur un accord anglo-allemand de 1913 qui avait servi à déterminer l'actuelle frontière internationale. Le Nigéria, pour sa part, contestait la légalité de cet accord. Il soutenait que le titre de souveraineté sur la presqu'île lui avait été directement transmis par ses premiers détenteurs, à savoir les rois et chefs du Vieux-Calabar. Il soutenait, par ailleurs, que le traité du 10 septembre 1884 signé entre ces rois et chefs et la Grande-Bretagne n'impliquait pas de transfert de souveraineté, et que la Grande-Bretagne ne pouvait donc pas transférer à l'Allemagne ce qui ne lui appartenait pas[2]. Certes, la Cour n'a pas donné raison au Nigéria, mais elle n'a pas non plus remis en cause le bien-fondé de son argumentaire selon lequel le transfert de souveraineté sur la presqu'île de Bakassi ne pouvait être réalisé que par un détenteur de titre sur ladite presqu'île[3]. La Cour appliqua la règle *nemo dat quod non habet* et donna raison au Cameroun. Elle entérina en effet le traité du 10 septembre 1884 qui

---

[1] *Affaire de L'île de Palmas (Ou Miangas), Les États-Unis c. Les Pays-Bas*, sentence arbitrale du 4 avril 1928. Voy. également VERDROSS, A., « Les principes généraux du droit dans la jurisprudence internationale », *R.C.A.D.I.*, 1935-II, vol. 52, p. 237 ; RIPERT, G., « Les règles du droit civil applicables aux rapports internationaux : contribution à l'étude des principes généraux du droit visés au statut de la Cour permanente de justice internationale », *R.C.A.D.I.*, vol. 44, p. 639.

[2] *Frontière terrestre et maritime entre le Cameroun et le Nigéria (Cameroun c. Nigéria ; Guinée équatoriale (intervenant)),* arrêt, C.I.J., 10 octobre 2002, Rec. 2002, p. 303, sp. p. 402 § 201.

[3] « Le Nigéria soutient [...] d'une manière générale, que le titre appartenait en 1913 aux rois et chefs du Vieux-Calabar, et qu'il fut conservé par eux jusqu'à ce que ce territoire revienne au Nigéria lors de l'indépendance. La Grande-Bretagne n'aurait dès lors pas été en mesure de transmettre son titre sur Bakassi, du fait qu'elle n'avait aucun titre à transmettre (*nemo dat quod non habet*) ; en conséquence, les dis- positions correspondantes de l'accord anglo-allemand du 11 mars 1913 doivent être considérées comme dépourvues d'effets », *in ibid.*, p. 400 § 194.

mettait en évidence l'abandon implicite de la souveraineté[1] des rois et chefs du Vieux-Calabar sur leurs terres en faveur de la Grande-Bretagne[2]. Elle confirma également que la presqu'île de Bakassi faisait partie intégrante de ses terres[3]. La Cour en conclut que, depuis 1884, la Grande-Bretagne était souveraine sur ladite presqu'île et que, de ce fait, elle était en droit de la céder à l'Allemagne par le biais de l'accord anglo-allemand du 11 mars 1913[4].

45. Enfin, dans l'affaire *Milhaly v. Sri Lanka*[5], la Société *Mihaly,* de droit américain et partenaire par *joint-venture* de la société *Mihaly Canada*, déposa une requête contre le Sri Lanka devant le Centre international de règlement des différends sur l'investissement (CIRDI), au sujet d'un investissement précontractuel réalisé par la société canadienne sur le territoire sri-lankais. Le Tribunal arbitral rejeta la requête pour incompétence *ratione personae* en se fondant sur le principe *nemo dat quod non habet,* déclarant que les droits détenus par la société canadienne ne pouvaient faire l'objet d'une demande devant le tribunal arbitral dès lors que le Canada n'était pas partie à la Convention de Washington, et que cette société ne pouvait donc pas transférer ses droits de requérante à la société américaine partenaire[6].

---

[1] La Cour rappelle que l'article II du traité du 10 septembre 1884 dispose que « *les rois et chefs du Vieux-Calabar s'engageaient à s'abstenir de toute correspondance, de tout accord et de tout traité avec une quelconque nation ou puissance étrangère sans l'autorisation préalable du gouvernement de sa Majesté britannique* », *in ibid.*, p. 404 § 203.

[2] La Cour reprend un argumentaire développé dans une précédente affaire : « on voyait dans [l]es accords avec les chefs locaux [...] un mode d'acquisition dérivé », *in Sahara occidental, avis consultatif, C.I.J. Rec.* 1975, p. 39 § 80.

[3] *Frontière terrestre et maritime entre le Cameroun et le Nigéria (Cameroun c. Nigéria ; Guinée équatoriale (intervenant)), op. cit.*, p. 404 § 203.

[4] La Cour réfute la thèse du Nigeria selon laquelle : « *au regard du droit qui prévalait à l'époque, la Grande-Bretagne, en 1913, pouvait déterminer sa frontière au Nigeria avec l'Allemagne, y compris pour ce qui est de sa partie mondiale* », à savoir également habilitée à céder Bakassi à l'Allemagne.

[5] CIRDI, *Mihaly International Corporation c. République démocratique socialiste du Sri Lanka,*15 mars 2002, aff. n° ARB/00/2.

[6] *Ibid. §* 24 : « *It follows that as neither Canada nor Mihaly (Canada) could bring any claim under the ICSID Convention, whatever rights Mihaly (Canada) had or did not have against Sri Lanka could not have been improved by the process of assignment with or without, and especially without, the express consent of Sri Lanka, on the ground that nemo dat quod non habet or nemo potiorem potest transfere quam ipse habet. That is, no one could transfer a better title than what he really has. Thus, if Mihaly (Canada) had a claim which was procedurally defective against Sri Lanka*

La jurisprudence arbitrale continue aujourd'hui d'appliquer ce principe pour tout litige relatif à la cession de droit ou de compétence[1].

B. Le principe *nemo dat quod non habet* et l'établissement de la délégation

46. L'exercice des compétences d'une organisation internationale, en tant que sujet dérivé de droit international, est régi par le principe de spécialité en vertu duquel une organisation internationale ne peut agir que dans les limites de ses compétences. La combinaison de l'adage *nemo dat quod non habet* et de ce principe conduit à ce que l'organisation ne puisse habiliter un sujet à exercer une compétence dont elle n'est pas titulaire (1). Une telle lecture est confirmée par la pratique internationale (2).

1. Le principe *nemo dat quod non habet* appliqué à la délégation par une organisation internationale

47. La spécialité des organisations internationales. Alors que les États sont les « sujets par excellence du droit international »[2] et ne dépendent d'aucun autre[3], les organisations internationales sont sujettes quant à elles de la volonté d'un sujet préexistant[4]. Il en résulte que les États possèdent une compétence globale[5] ou générale en droit international[6], alors que les organisations internationales ne possèdent qu'une compétence d'attribution[7], autrement dit une compétence

---

before ICSID because of Mihaly (Canada)'s inability to invoke the ICSID Convention, Canada not being a Party thereto, this defect could not be perfected vis-à-vis ICSID by its assignment to Mihaly (USA) ».

[1] CIRDI, *Víctor Pey Casado et Fondation Presidente Allende c. la République du Chili*, aff. 8 mai 2008, n° ARB/98/2.

[2] VERHOEVEN, J., *Droit international public, op. cit.*, p. 217.

[3] COMBACAU, J., SUR, S., *Droit international public*, 11ème éd., 2016, p. 238.

[4] DIEZ DE VELASCO VALLEJO, M., *Les organisations internationales*, trad. de l'espagnol par L. B. Allard, Paris, Economica, 2002, 919 p., p. 11.

[5] CHAUMONT, Ch., « La signification du principe de spécialité des organisations internationales », *in Mélanges offerts à Henri Rolin*, Paris, Pedone, 1964, p. 58.

[6] VERHOEVEN, J., *Droit international public, op. cit.*, p. 217.

[7] *Licéité de l'utilisation des armes nucléaires par un État dans un conflit armé, avis consultatif*, C.I. J., Rec.,1996, p. 66, sp. p. 78, par 25. Voy. également CHAUMONT, Ch., « La signification du principe de spécialité des organisations internationales », *in op. cit.*, p. 58; KLEIN, P., « Les compétences et pouvoirs de l'organisation internationale », *op. cit.*, pp. 716-724.

limitée[1]. La C.I.J. a déjà expliqué cette différence de nature qui affecte la compétence de ces deux sujets : « [a]lors qu'un Etat possède, dans leur totalité, les droits et devoirs internationaux reconnus par le droit international, les droits et devoirs d'une entité telle que l'organisation doivent dépendre des buts et des fonctions de celle-ci, énoncés ou impliqués par son acte constitutif et développés dans la pratique »[2]. Les organisations internationales ont ainsi l'obligation d'agir dans le seul cadre de leurs compétences[3]. La détermination de ce cadre s'obtient par l'analyse de l'acte constitutif de l'organisation internationale et au moyen de la théorie de compétences implicites[4].

48. Le principe de spécialité appliqué à la délégation. La délégation octroyant l'exercice indirect d'une compétence propre à l'organisation s'inscrit dans le cadre de la théorie des compétences de l'organisation internationale. Elle est donc naturellement encadrée par le principe de spécialité. C'est ainsi qu'une organisation internationale ne peut déléguer une compétence que si elle lui appartient[5]. Le délégataire ne fait qu'exercer une compétence de l'organisation. La délégation « ne saurait [donc] être un moyen permettant à une organisation internationale d'étendre sa capacité et de détourner ainsi le principe de spécialité »[6]. Le Professeur Paul Reuter a précisé, à propos des organes subsidiaires, que leurs compétences « *ont des fonctions limitées par les fonctions de l'organisation* »[7], ce qui serait « d'une évidence élémentaire »[8] puisque la création de l'organe subsidiaire le place dans le cadre juridique de l'organisation qui limite ses

---

[1] Compétence de la Commission européenne de Danube, avis consultatif, 8 décembre 1927, C.P.J.I. série B, n°14, p. 64 ; C.I.J., *Licéité de l'utilisation des armes nucléaires par un État dans un conflit armé, avis consultatif, op. cit.*, p. 78 § 25.
[2] *Réparation des dommages subis au service des Nations Unies,* avis consultatif, C.I.J., 11 avril 1949, Rec.,1949, p. 174, sp. p. 180.
[3] En ce sens voy. SERENI, A. P., *Les principes généraux du droit des organisations internationales*, Cours à l'IHEI, 1960-1961, p. 60.
[4] KLABBERS, J., *An Introduction to International Institutional Law,* Cambridge, Cambridge University Press, 2002, pp. 60-81.
[5] En ce sens voy., DAOUDI, R., *La représentation en droit international public, op. cit.,* pp. 159-160.
[6] *Ibid.,* p. 163.
[7] REUTER, P., « Les organes subsidiaires des organisations internationales », *op. cit.,* p. 175 (*italique dans le texte*).
[8] *Idem*, p. 176.

compétences[1]. L'argument du Professeur Reuter pourrait s'appliquer également à l'exercice délégué des compétences de l'organisation. Nous pourrions conclure donc qu'aucune délégation ne peut être valablement produite par une organisation en dehors des compétences de celle-ci[2]. Autrement dit, une délégation ne peut intervenir que sur une compétence qui appartient à l'organisation.

2. La reconnaissance du principe dans la pratique des organisations internationales

49. Reconnaissance implicite. L'application du principe *nemo dat quod non habet* comme condition préalable de la délégation de compétence d'une organisation internationale peut être déduite de la jurisprudence de la Cour internationale de Justice, ainsi que d'autres juridictions internationales.

50. Dans l'affaire *Effet de jugements du tribunal administratif des Nations Unies accordant indemnité*[3], la Cour affirma[4], tout comme le gouvernement français, que : « [l]'Assemblée générale peut valablement créer un organe subsidiaire qui exerce une fonction judiciaire, cette création ne provenant pas d'une délégation de compétence »[5]. Si la Cour réfuta ainsi la délégation sans plus expliciter son affirmation, on peut souligner l'avis prôné par le représentant du Liban affirmant que l'Assemblée « ne peut déléguer au Tribunal des

---

[1] *Idem*. Dans le même sens, voy. *Admissibilité de l'audition de pétitionnaires par le Comité du Sud-Ouest africain*, Avis consultatif du 1e7 juin 1956, C.I.J. *Rec*., 1956, p. 23, p. 27 ; *Opinion dissidente de MM. Badawi, Vice-Président, Basdevant, Hsu Mo, Armand-Ugon, Moreno Quintana, Juges*, sous *Admissibilité de l'audition de pétitionnaires par le Comité du Sud-Ouest africain*, avis consultatif du 1er juin 1956, C.I.J. *Rec*., 1956, p. 23, sp. p. 69.

[2] SCHERMERS, H. G., BLOKKER, N. M., *International Institutional Law. Unity within Diversity, op. cit.*, p. 173 : « *there are two general restrictions to the power of delegation : (1) no more powers may be delegated than the organ itself possesses – all delegation should contain the same restrictions, which may exist in the powers of the delegating organ; and (2) responsibility may not normally be transferred* ».

[3] C.I.J., *Effet de jugements du tribunal administratif des Nations Unies accordant indemnité, op. cit.*, p. 61.

[4] *Idem*. : « [e]n créant le tribunal administratif, l'Assemblée générale ne déléguait pas l'exercice de ses propres fonctions ; elle exerçait un pouvoir, qu'elle tenait de la Charte : celui de réglementer les rapports avec le personnel ».

[5] Doc. off., A/C.5/SR.426, *cité par Exposé écrit du gouvernement de la République française*, Rec., 1954, pp. 25-43, sp. p. 35.

pouvoirs judiciaires qu'elle ne possède pas »[1] ; il s'agit ici de la stricte application du principe *nemo plus juris transferre potest quam ipse habet.*

51. L'examen de la légalité de la création des deux tribunaux pénaux internationaux par des résolutions du Conseil de sécurité adoptées sur le fondement du Chapitre VII de la Charte de l'ONU[2] est une autre illustration de l'application du fameux principe. Le Tribunal pénal international pour l'ex-Yougoslavie (T.P.I.Y.), se déclarant compétent en appel pour juger de sa propre compétence, a répondu à la question de l'illégalité de sa propre création[3]. L'argument principal

---

[1] *Opinion du représentant du Liban auprès de l'ONU*, Assemblée générale, 8ème session, 5ème Commission, 426ème réunion, lundi 7 décembre 1953, New York, doc. off., A/C. 5/SR.426. Voy. également *Exposé écrit du gouvernement de la République française, Rec.*, pp. 25-43, sp. p. 35.

[2] Voy. Résolution n° 827 du Conseil de sécurité portant création du T.P.I.Y. du 25 mai 1993, doc. off., S/RES/827 ; résolution n° 955 portant création du T.P.I.R. du 8 novembre 1994, doc. off., S/RES/955.

[3] T.P.I.Y., *Le Procureur c/ Dusko Tadic, alias « Dule », exception préjudicielle d'incompétence*, décision de la chambre d'appel, 2 octobre 1995 § 22. Il est à noter que le T.P.I.Y., avait, dans un premier temps, refusé de se prononcer sur l'argument de l'illégalité de sa création. Selon la Chambre de première instance, « [l]es pouvoirs du Conseil de sécurité pour s'acquitter de sa responsabilité principale du maintien de la paix et de la sécurité internationales sont définis au Chapitres VI, VII, VIII et XII de la Charte. Le tribunal international a été établi au titre du Chapitre VII. Le Conseil de sécurité a une grande latitude pour exercer sa compétence au titre du Chapitre VII et les limites à l'exercice de ce pouvoir sont peu nombreuses. [...] L'importante latitude conférée au Conseil de sécurité dans l'exercice de ses pouvoirs au titre du Chapitre VII suggère que les décisions adoptées sous ce titre ne peuvent faire l'objet d'un réexamen », *in* T.P.I.Y., *Le Procureur c/ Dusko Tadic, alias « Dule »*, Chambre de première instance, décision du 10 août 1995, aff. n° IT-94-I-T § 7. Dans son opinion séparée à l'arrêt de la Chambre d'appel concernant l'exception préjudicielle d'incompétence, le juge Li conteste la validité même d'un tel examen. Selon lui « [l]a Décision, qui s'appuie sur la doctrine de la compétence de la compétence, réexamine la légalité de la résolution du Conseil de sécurité portant création du présent Tribunal. Cependant, cette doctrine, interprétée correctement, permet seulement au Tribunal d'examiner et de déterminer sa propre compétence, tandis qu'elle a été indûment étendue ici à l'examen de la compétence du Conseil de sécurité et à la pertinence de sa résolution portant création du présent Tribunal. L'article premier du Statut du Tribunal habilite uniquement à "juger les personnes présumées responsables de violations graves du droit international humanitaire commises sur le territoire de l'ex-Yougoslavie depuis 1991, conformément aux dispositions du présent Statut", et puisque la Charte des Nations Unies n'a non plus jamais conféré au Tribunal le pouvoir de réexaminer la légalité des résolutions du Conseil de sécurité, il ressort à l'évidence qu'il n'est pas doté de ce pouvoir. Cet examen excède donc sa compétence

avancé devant lui était le suivant : « le Conseil de sécurité, n'étant pas doté de pouvoirs judiciaires, ne peut pas créer un organe subsidiaire qui en serait pourvu »[1]. La Chambre d'appel du T.P.I.Y., reconnaissant la nature non judiciaire des compétences du Conseil de sécurité, déclara que sa création était une compétence relevant de la fonction de rétablissement et de maintien de la paix reconnue au Conseil de sécurité[2]. Elle se référa à la notion de délégation, par analogie avec l'affaire de la C.I.J. de 1954[3], et la réfuta en l'espèce : « [l]a création du Tribunal international par le Conseil de sécurité ne signifie pas [...] qu'il lui a délégué certaines de ses propres fonctions ou l'exercice de certains de ses propres pouvoirs »[4]. La Chambre d'appel du T.P.I.Y refusa donc, tout comme la C.I.J., de concevoir une forme de délégation de compétence dans la création d'un organe subsidiaire doté de pouvoir juridictionnel par le Conseil de sécurité, non doté d'un tel pouvoir[5]. Cette conclusion confirma implicitement la règle selon laquelle on ne peut déléguer ce que l'on ne possède pas. La Chambre d'appel du T.P.I.Y. déplaça donc le débat de l'existence d'une délégation qui ne saurait avoir lieu, car la condition *nemo plus juris transferre potest quam ipse habet* fait défaut dans le cas de l'espèce, vers celui de l'exercice d'une compétence fonctionnelle - la création du tribunal-

---

et il est illégal », *in Opinion séparée du juge Li relative à l'appel de la défense concernant l'exception préjudicielle d'incompétence* § 2.

[1] T.P.I.Y., *Le Procureur c/ Dusko Tadic, alias « Dule »,* exception préjudicielle d'incompétence, décision de la chambre d'appel, 2 octobre 1995 § 37.

[2] *Ibid. §* 37.

[3] MAISON, R., *La responsabilité individuelle pour crime d'État en droit international public*, *op. cit.*, p. 391. L'auteur critique cette analogie effectuée par le T.P.I.Y. avec la création, par l'A.G.N.U., d'un tribunal administratif dont la fonction « est radicalement différente de celle du Tribunal pour l'ex-Yougoslavie ».

[4] T.P.I.Y., *Le Procureur c./ Dusko Tadic, alias « Dule »,* exception préjudicielle d'incompétence, décision de la chambre d'appel, 2 octobre 1995 § 38.

[5] Voy. également la conclusion du Professeur André J.J. DE HOOGH qui développe la distinction entre attribution et délégation dans cette jurisprudence : « *The legal basis of the establishment of the Yugoslav Tribunal is not based, as the Appeals Chamber has held, on article 41, but on the implied power to determine what specific measures have to be taken to maintain or restore international peace and security. Article 41 as legal basis must be discarded, because the establishment of the Tribunal and the powers it wields over individuals do not amount to coercive or enforcement measures against a State or entity. As the Security Council itself does not possess any adjudicatory powers, the grant of adjudicatory power to the Tribunal is not a case of delegation but of attribution of powers* », *in* "Attribution or Delegation of (Legislative) Power by the Security Council? The Case of the United Nations Transitional Administration in East Timor (UNTAET)", *op. cit.*, p. 37.

nécessairement impliquée dans la Charte, pour le bon fonctionnement de l'Organisation[1], pour en conclure la légalité de sa propre création.

52. La Cour E.D.H., à l'occasion de l'Affaire *Behrami*[2], a défini la délégation comme « la situation dans laquelle le Conseil de sécurité confère à une autre entité le pouvoir d'exercer ses fonctions »[3]. La Cour identifia la délégation par son effet, *i. e.* conférer au délégataire l'exercice des fonctions du délégant. Elle utilisa donc, bien que la Cour ne le dise pas explicitement, le principe *nemo plus juris ad alium transfere potest quam ipse habet*. Elle précisa en effet que la délégation correspond à l'exercice d'une fonction du délégant par le délégataire, et confirma en l'espèce que le lien juridique entre l'ONU et la KFOR est une délégation dans la mesure où « la KFOR exerce des pouvoirs que le Conseil de sécurité lui a légalement délégués en vertu du chapitre VII »[4].

53. Reconnaissance explicite. La jurisprudence des juridictions régionales applique explicitement le principe *nemo plus juris transferre potest quam ipse habet*. Ainsi, la Cour de justice des communautés européennes (C.J.C.E.), après avoir admis la possibilité de déléguer à un organisme de droit privé l'instauration et la gestion des mécanismes financiers prévues par l'article 53 de la C.E.C.A., affirma explicitement dans les affaires *Meroni*[5] que la délégation « ne pourrait investir l'autorité délégataire de pouvoirs différents de ceux que l'autorité délégante a elle-même reçu du Traité »[6]. Autrement dit, la délégation est conditionnée par le principe *nemo plus juris transferre potest quam ipse habet*[7]. Ainsi, sans avoir expressément énoncé l'adage dans le

---

[1] T.P.I.Y., *Procureur c Dusko Tadic, alias « Dule »,* exception préjudicielle d'incompétence, décision de la chambre d'appel, 2 octobre 1995 § 37. Voy. aussi, Ramses A. WESSEL, pour qui « *The Council was allowed to create a new organ and and endow it with powers the Council lacked* », *in* « Chapter 37. Executive Boards and Councils », *in* COGAN, J. K., HURD, I., JOHNSTONE, I., (dir.), *The Oxford handbook of international organizations, op. cit.,* pp. 802-821, p. 813.

[2] C.E.D.H., *Behrami et Behrami c. France* (Grande Chambre), 2 mai 2007, *op. cit.*

[3] *Ibid §* 43.

[4] *Ibid §* 141.

[5] C.J.C.E., 13 juin 1958, *Meroni*, aff. 9/56, *Rec.,* pp. 16-48 et C.J.C.E., 13 juin 1958, *Meroni*, aff. 10/56, *Rec.,* pp. 57-86.

[6] C.J.C.E., 13 juin 1958, *Meroni*, aff. 9/56, Rec. p. 40.

[7] MICHEL, V., *Recherches sur les compétences de la Communauté*, Paris, L'Harmattan, 2003, 704 p., p. 324. Voy. également les conclusions de l'avocat général, M. Niilo Jääskinen, dans l'affaire C-270/12, qui écrit, à propos de l'affaire *Meroni*, que : « la Cour a déclaré que la Haute Autorité était habilitée à déléguer ses

développement de son argumentaire, la Cour affirme son contenu et en fait usage en tant que condition préalable à la délégation de compétence par la Haute Autorité.

54. Reconnaissance doctrinale du principe. La doctrine a également soumis la validité d'une délégation de compétence par une organisation internationale au respect du principe *nemo plus juris transferre potest quam ipse habet*. En ce sens, le Professeur Dan Sarooshi note que « *[a]fundamental precondition for a lawful delegation of powers by an organ of an international organization is that the powers purportedly being delegated can only be those which the organ itself either expressly or implicdly possesses under its constituent treaty*»[1]. Selon lui, une telle condition dérive «*from the general principle of law : nemo dat quod non habet : one cannot give what one does not possess* »[2]. De même, la lecture des différentes définitions doctrinales permet d'affirmer que la doctrine fait de la compétence préalable du délégant un critère de validité de la délégation[3], celle-ci étant souvent représentée comme une opération qui permet à l'organisation internationale de confier une partie de ses fonctions à un autre sujet, ou encore « d'exercer une de ses compétences

---

pouvoirs à un ou plusieurs organismes externes. Néanmoins, *cette délégation était soumise à des restrictions* imposées par le traité CECA. La Cour a considéré que la Haute Autorité *ne pouvait investir l'autorité délégataire de pouvoirs différents de ceux qu'elle-même avait reçus du traité* CECA », *in* Conclusion sous affaire C-270/12, *Royaume-Uni de Grande-Bretagne et d'Irlande du Nord c. Parlement européen et Conseil de l'Union européenne*, présentées le 12 septembre 2013 § 62.

[1] SAROOSHI, D., *The United Nations and the Development Of Collective Security. The Delegation by the UN Security Council of its Chapter VII Powers*, *op. cit.*, p. 20. Voy. également en ce sens, SCHERMERS, H. G., BLOKKER, N. M., *International Institutional Law. Unity within Diversity, op. cit.*, p. 173, pour qui la délégation est régie par une restriction générale selon laquelle « *no more powers may be delegated than the organ itself possesses – all delegation should contain the same restrictions, which may exist in the powers of the delegating organ* » ; AMERASINGHE, C.F., *Principles of the Institutional Law of International Organizations*, Cambridge, Cambridge University Press, 2nd éd., 2005, p. 141 : "*In any case a principal organ cannot delegate more than it has*".

[2] SAROOSHI, D., *The United Nations and the Development Of Collective Security. The Delegation by the UN Security Council of its Chapter VII Powers*, *op. cit.* p. 20.

[3] *Idem.* ; DORMOY, D., « Réflexion à propos de l'autorisation implicite de recours à la force », *in S.F.D.I.*, *Les métamorphoses de la sécurité collective, Droit, Pratique et enjeux stratégiques, Journée Franco-Tunisienne*, Paris, Pedone, 2005, pp. 223-230, p. 228, qui constate l'existence d'« [un] principe selon lequel on ne peut déléguer un pouvoir qu'on ne possède pas ».

ou des pouvoirs déterminés »[1]. En outre, l'*International Law Association* explique dans ses différents rapports que la délégation doit s'inscrire dans le cadre légal des compétences de l'organisation. Ainsi, une organisation internationale ne peut déléguer une compétence qu'elle ne possède pas : « *a delegating authority cannot confer upon the authority receiving the delegation powers different from those which the delegating authority itself received under the Treaty* » [2].

Paragraphe 2. Le caractère « délégable » de la compétence-objet

55. Qu'est-ce qu'une compétence *délégable*[3] ? Faut-il admettre qu'en l'absence d'une interdiction expresse, toute compétence de l'organisation internationale puisse faire l'objet d'une délégation ?

---

[1] SALMON, J., (dir.), *Dictionnaire de droit international public*, *op. cit.*, entrée « délégation », p. 310 ; BASDEVANT, J., *Dictionnaire de la terminologie du droit international*, Paris, Sirey 1960, 654 p., p.193 ; MANIN, Ph., *L'Organisation des Nations Unies et le maintien de la paix : le respect du consentement de l'Etat,* Paris, L.G.D.J., 1971, 343 p., p. 228, n.b.p. n°2 ; CAICEDO, J.J., *La répartition de la responsabilité internationale entre les organisations internationales et leurs Etats membres*, *op. cit.*, p. 266 ; KOLB, R., *Ius contra bellum. Le droit international relatif au maintien de la paix*, Bale, Bruxelles, Helbing Lichtenhahn, Bruylant, 2ème éd., 2009, p. 128 ; KLEIN, P., « Les compétences et pouvoirs de l'organisation internationale », *op. cit.*, p. 733.

[2] I.L.A., "Accountability of international organisations", *Conférence de Berlin*, *op. cit.*, p. 205. Voy. aussi, I.L.A., "Accountability of international organisations", *Conférence de New Delhi*, *op. cit.*, p. 800, où l'I.L.A. cite expressément l'expression « *delegatus non potest delegare* » bien qu'elle ait y renoncé dans le rapport final.

[3] Le terme « *délégable* » n'existe pas dans les dictionnaires de langue française, mais il nous semble qu'il est d'usage dans le milieu académique pour désigner une compétence qui peut faire l'objet d'une délégation. Nous avons posé la question au service du *Dictionnaire de l'Académie française* et voici leur réponse : « [c]e mot ne figure pas dans les ouvrages [...] consultés, mais il est bien formé et l'analogie avec "relégable" autorise à l'employer » (réponse reçue par courriel, le 18 juin 2020). Voy. également, *ex multis*, BRAUD, X., *Cours de droit administratif général 2017-2018* § 1144 ; GLENARD, G., *L'exécutif et la Constitution de 1791*, Paris, Puf, 2010, 503 p., p. 366 ; AUBY, J.-F., RAYMUNDIE, O., *Le service public. Droit national et droit communautaire. Régime juridique et catégories. Modes de gestion*, Paris, Le Montiteur, 2003, 632 p., p. 429 et *passim* ; MOREAU, J., « Les délégations de fonctions en droit français des collectivités territoriales », *R.D.P.*, 2011, n° 6, p. 1473 ; BOITEAU, C., « Délégation de service public. Notion et catégories », *JurisClasseur Administratif*, fasc. n°660, 2011 §30 ; RENAUD-COULON, A., *La délégation de pouvoir*, Paris, Dunod, 1992,188 p., p. 128 ; MAISL, H., *Recherches sur la notion de délégation de compétence en droit public*, thèse, Université Paris II, 1972, 468 p., p. 297 et *passim* ; DELACOUR, E., et *al.*, *La loi Sapin et les délégations de service*

56. Le droit des organisations internationales ne pose pas de cadre défini à la détermination des compétences susceptibles de faire l'objet d'une délégation. Certaines compétences peuvent être déléguées par certaines organisations internationales, mais pas par d'autres[1]. L'identification de la compétence *délégable* varie selon les organisations internationales délégantes.

57. Le caractère délégable d'une compétence peut être soit explicitement prévu par le droit primaire ou dérivé de l'organisation internationale (A), soit seulement déduit de celui-ci. Si aucun texte n'évoque la délégation, cela ne signifie pas qu'il y ait une impossibilité de déléguer ou possibilité de délégation systématique de toute compétence de l'organisation. On doit plutôt comprendre qu'en l'absence d'une détermination explicite, la possibilité de la délégation s'examine au cas par cas, selon la situation d'espèce et la compétence

---

public. 10 ans d'application jurisprudentielle, Paris, Litec, 2003, 484 p., p. 43, 47 et *passim* ; FAVRE, A.-Ch., « La délégation d'activités non économiques ou « à caractère ministériel » », *in* FAVRE, A-Ch., MARTENET, V., POLTIER, E., (dir.), *La délégation d'activités étatiques au secteur privé*, Schulthess Editions romandes, 2016, 316 p., pp. 145-192, *passim* ; AUBY, J-B., « Quelques considérations comparatives autour du droit suisse de la délégation d'activités étatiques », *in* FAVRE, A.-Ch., MARTENET, V., POLTIER, E., (dir.), *La délégation d'activités étatiques au secteur privé*, Schulthess Editions romandes, 2016, 316 p., pp. 285-301, *passim* ; VANIER, L., *L'externalisation en matière administrative. Essai sur la transposition d'un concept*, Paris, Dalloz, 2017, 760 p., *passim*.

[1] De même, certaines compétences peuvent être *délégables* en droit interne dans certains États, tandis qu'elles ne le sont pas dans d'autres. Le droit français connaît ainsi, depuis longtemps, des compétences impossibles à déléguer en raison de leur attachement à ce que la jurisprudence et la doctrine nomment les missions régaliennes de l'État. Tel est le cas en matière pénitentiaire (CC., *Loi d'orientation et de programmation pour la justice*, 29 août 2002, déc. n° 2002-461 DC, considérant 8 ; CC., *Loi de programmation relative à l'exécution des peines*, 22 mars 2012, déc. n° 2012-651 DC, considérant 6 : « [c]onsidérant que les fonctions de direction, de greffe et de surveillance des établissements pénitentiaires, inhérentes à l'exercice par l'État de sa mission de souveraineté, sont expressément exclues de ces marchés ». Il n'est cependant possible de « confier à des personnes de droit privé, en matière de surveillance électronique, que des prestations techniques détachables des fonctions de souveraineté », *in* CC., *Loi d'orientation et de programmation pour la justice*, 29 août 2002, déc. n° 2002-461 DC, considérant 87, en matière de lois de finance et du financement de la sécurité sociale (CC., 16 décembre 1999, déc. n° 99-421 DC.), en matière de surveillance dans les cantines scolaires (CE, avis, 7 octobre 1986.), dans le cadre de missions d'enseignement (Cass. crim., 12 décembre 2000, n° 98-83.969, Bull. crim., n° 371.), *etc*. Pour d'autres illustrations voy. BOITEAU, C., « Délégation de service public. Notion et catégories », *JurisClasseur Administratif*, fasc. n°660, 2011 §30.

désignée. Pour autant, nous avons pu construire des règles d'identification du caractère *délégable* ou non des compétences d'une organisation internationale (B).

A. La détermination explicite des compétences délégables

58. La lecture des actes constitutifs et dérivés des organisations internationales permet de distinguer entre une détermination positive ou négative des compétences « délégables » de ces organisations. La détermination positive est une identification au moyen d'une expression nominative des compétences susceptibles d'être déléguées[1], tandis que

---

[1] Tel est le cas en droit interne des organisations internationales. Voy. par exemple dans le cadre de la CEDEAO, l'article 7 § 3, (f) du traité de Cotonou du 24 juillet 1993. Aussi, l'article 7 du Protocole relatif au Mécanisme de Prévention, de Gestion, de Règlement des Conflits, de Maintien de la Paix et de la Sécurité, intitulé « Délégations de pouvoirs », dispose : « Sans préjudice des pouvoirs étendus que lui confèrent l'Article 9 du Traité et l'Article 6 ci-dessus, *la Conférence délègue au Conseil de Médiation et de Sécurité le pouvoir de prendre en son nom des décisions* pour la mise en œuvre appropriée des dispositions du Mécanisme ». Voy. également la règle 104.12 de l'article 4.17 : « a) Le pouvoir d'effectuer des placements en vertu des articles 4.16 et 4.17 est *délégué [par le secrétaire général] au Secrétaire général adjoint à la gestion,* qui est également chargé de les gérer avec prudence », *in* Circulaire du Secrétaire général Règlement financier et règles de gestion financière, du 9 mai 2003, doc. off. ST/SGB/2003/7. Ces pouvoirs sont : selon l'article 4.16, le pouvoir de « placer à court terme les fonds qui ne sont pas nécessaires pour faire face à des besoins immédiats», et selon l'article 4.17, le pouvoir de « placer à long terme les sommes figurant au crédit d'un fonds d'affectation spéciale, d'un compte de réserve ou d'un compte spécial, sauf stipulation contraire de l'autorité régissant le fonctionnement du fonds ou du compte concerné et compte tenu du minimum de liquidités à conserver dans le cas de ce fonds ou de ce compte », *in* Circulaire du Secrétaire général Règlement financier et règles de gestion financière, *op. cit.* Aussi dans le même sens, l'article 1. Règle 101.1, (d), *Règlement financier et règles de gestion financière de la C.P.I.*, doc. off., 0260336f : « Pour assurer l'application de ces principes, le *Greffier, ou le Procureur* dans les domaines relevant de sa compétence en vertu du paragraphe 2 de l'article 42 du Statut de Rome, peut publier les instructions ou instituer les procédures qu'il juge nécessaires pour l'application des présentes Règles. Il *peut déléguer ses pouvoirs concernant certains aspects du Règlement financier ou des Règles de gestion financière par voie d'instructions administratives. Ces instructions administratives doivent indiquer si le délégataire peut, à son tour, déléguer des aspects de ce pouvoir à d'autres* fonctionnaires » ; Article 12.3 du Statut du personnel de l'OMS, adopté par la Quatrième Assemblée mondiale de la Santé (résolution WHA4.51) et amendé par la 12ème, la 55ème et la 62ème Assemblée mondiale de la Santé (résolutions WHA12.33, WHA55.21 et WHA62.7) ; Article 17 du Règlement intérieur du Conseil exécutif de l'organisation mondiale de la santé; Article 28 du Statut de la Cour de justice de la Communauté Andine ;

la détermination négative est une interdiction explicite de délégation de certaines compétences[1]. Dans ce dernier cas, seules les compétences non susceptibles de faire l'objet d'une délégation sont identifiées, ce qui signifie que toute autre compétence peut faire l'objet d'une délégation.

Certes, cette distinction est fondée sur la pratique de la délégation effectuée dans l'ordre interne des organisations internationales, mais elle pourrait être transposée aux délégations externes de l'organisation internationale. En effet, rien n'empêche, en théorie, les créateurs d'une organisation internationale de déterminer, par avance, dans son acte constitutif, le caractère *délégable* ou non de certaines compétences.

59. Ainsi, peut-on citer l'article 22 du Pacte de la S.D.N., l'article 75 de la Charte des Nations Unies, l'article 103 du Statut de Rome, l'article 153 § 2, b de la Convention de *Montego Bay* ou encore la section 7 de l'article IV du statut de la S.F.I., qui identifient respectivement l'administration de territoire, l'exécution des peines, l'exploitation et l'exploration des fonds marins et la conclusion des traités, comme autant de compétences *délégables*.

60. Il est à noter que la détermination des compétences susceptibles de délégation de la part de l'organisation internationale à une entité extérieure dépend de l'habilitation à déléguer[2]. Ainsi, si la règle d'habilitation à déléguer est explicitement prévue par l'acte constitutif, l'objet de la délégation l'est également. L'article 103 lettre a du Statut

---

Titre I § 3 du Statut du personnel de l'O.I.F., document adopté par la 74 e session du Conseil permanent de la Francophonie, Paris, 14 décembre 2009 ; Règle 8.2 § a) et la règle 8.3 § a) et § c) du Règlement financier de l'OIF adopté par la 21 e session de la Conférence ministérielle de la Francophonie, Antananarivo, 22 novembre 2005, amendé par la 66 e session du Conseil permanent de la Francophonie, Paris, le 7 avril 2008 ; Instruction 101.2/4, Statut, règlement et instructions applicable aux agents de l'Organisation de coopération et de développement économiques. De même, instruction 122/4.1, relative à la délégation de pouvoir de désignation d'un expert, *idem* ; Article XIV § 14.1 du règlement financier de l'Organisation FAO ; L'article XXXVIII § 5 du Règlement général de l'Organisation de la F.A.O. ; Article 1.06 du Statut du personnel de l'OSCE, Statut approuvé par le Conseil permanent de l'OSCE le 27 juin 2003, par sa décision n°550, doc. off., PC.DEC/550.

[1] Voy. par exemple, l'article 23 § 2 de l'accord portant création du Fonds Africain de Développement : « Le Conseil des gouverneurs *peut déléguer* tous ses pouvoirs au Conseil d'administration, *à l'exception du pouvoir* [suivants] [...] » ; Article 29 § 2 de l'accord pourtant création de la BAD : ««« 2. Le Conseil des gouverneurs *peut déléguer* tous ses pouvoirs au Conseil d'administration, *à l'exception des* pouvoirs [suivants] [...] ».

[2] Voy. *infra* section 2.

de Rome, relatif à l'exécution des peines d'emprisonnement, illustre précisément une habilitation explicite permettant la délégation de l'exécution des peines d'emprisonnement à des États : « [l]es peines d'emprisonnement sont accomplies dans un État désigné par la Cour sur la liste des États qui lui ont fait savoir qu'ils étaient disposés à recevoir des condamnés ». Dans cette disposition, l'objet de la délégation est l'exécution des peines prononcées par la Cour[1].

61. Toutefois, la mention de l'objet de la délégation dans l'acte constitutif peut manquer de précision pour permettre d'appréhender l'étendue exacte de la compétence à déléguer. La délégation prévue par l'article 22 du Pacte de la S.D.N. ayant pour objet « de confier la tutelle de ces peuples aux nations développées [qui] exerceraient cette tutelle en qualité de mandataires et au nom de la Société », ne détaille pas l'étendue de la compétence d'administration déléguée sur ces territoires[2]. De la même manière, l'habilitation de déléguer aux organismes régionaux l'exercice des compétences du Conseil de sécurité prévue dans l'article 53§1 de la Charte ne permet pas de déterminer le contenu et l'étendue exacte de la délégation. En effet, l'article prévoit que : « [l]e Conseil de sécurité utilise, s'il y a lieu, les accords ou organismes régionaux pour l'application des mesures coercitives prises sous son autorité ». C'est la pratique des États qui permettra par la suite l'interprétation exacte du terme « mesures coercitives » comme signifiant l'emploi de la force[3].

62. Quoi qu'il en soit, les textes constitutifs des organisations internationales servent à déterminer les compétences *délégables,* et ce,

---

[1] Voy. également, dans le même sens, l'article 26 du Statut du T.P.I.R., ainsi que l'article 22§ 1 du Statut du T.S.S.L. Ici, l'exécution de la peine est déléguée par la juridiction internationale à un État d'exécution.

[2] C'est également le cas du régime de tutelle établi par les articles 75 et s. de la Charte des Nations Unies : « L'Organisation des Nations Unies établira, sous son autorité, un régime international de tutelle pour l'administration et la surveillance des territoires qui pourront être placés sous ce régime en vertu d'accords particuliers ultérieurs. Ces territoires sont désignés ci-après par l'expression « territoires sous tutelle ». Ce sont les accords de tutelle conclus pour chacun des territoires, qui doivent détailler l'étendue de la compétence d'administration ». Voy également l'article 81 de la Charte de l'ON.U. : « L'accord de tutelle comprend, dans chaque cas, les conditions dans lesquelles le territoire sous tutelle sera administré et désigne l'autorité qui en assurera l'administration. [...] ».

[3] Sur l'interprétation du terme « mesures coercitives », voy. notamment KOLB, R., « Article 53 », *in* COT, J-P., PELLET, A., FORTEAU, M., (dir.), *La Charte des Nations Unies, commentaire article par article*, Paris, Economica, 3ème éd., 2005, pp. 1403-1437, pp. 1415-1426.

bien que leurs ambiguïtés relatives au contenu exact de l'objet et de la portée de la délégation nécessitent une interprétation postérieure.

63. Voyons maintenant comment la nature *délégable* d'une compétence peut être déterminée en cas de silence des textes. Pour cela, il faut recourir à une interprétation à la fois subjective[1] et fonctionnelle[2] des actes institutionnels de l'organisation. Nous avons ainsi tenté de construire une règle d'identification des compétences *délégables*.

B. Essai de construction d'une règle d'identification des compétences susceptibles de délégation en l'absence de détermination explicite

64. Ni le droit international ni la pratique des organisations internationales ne nous offrent, en l'absence d'une détermination explicite, de règle générale permettant d'identifier les compétences susceptibles de délégation. Nous nous sommes donc tournés vers la théorie des compétences implicites pour tenter de définir une règle qui permette de distinguer les compétences susceptibles ou non de délégation. En effet, toute organisation internationale peut exercer une compétence non explicitement prévue dans son acte constitutif sur le fondement de la théorie des compétences implicites. Autrement dit, l'existence d'une compétence d'une organisation internationale peut être implicitement déduite de son acte constitutif. D'après ce raisonnement, la nature *délégable* d'une compétence peut *a fortiori*, être également déduite de son acte constitutif. Ainsi, sans interdiction explicite, toute compétence de l'organisation internationale serait potentiellement *délégable*. Toutefois, cette conclusion est insuffisante à nos yeux. Nous avons donc tenté de raisonner autrement, en essayant non pas d'identifier les compétences délégables, mais plutôt celles qui ne le sont pas, telles que l'interdiction d'une délégation totale des compétences de l'organisation (1) et la prohibition de la délégation

---

[1] La méthode subjective d'interprétation « consiste dans la recherche de l'intention des parties contractantes au traité », *in* DEGAN, V. D., *L'interprétation des accords en droit international*, La Haye, Martinus Nijhoff, 1963, 176 p., p. 117. Pour plus de détails sur cette méthode, voy. *ibid.*, pp. 117-137.

[2] La méthode fonctionnelle d'interprétation « consiste à prendre comme point de départ de l'intention le but ou la fonction générale du traité, envisagé à l'époque où apparaît le besoin de l'interpréter », *in* DEGAN, V. D., *L'interprétation des accords en droit international*, *ibid.*, p. 137. Pour plus de détails sur cette méthode, voy. *ibid.*, pp 137-148.

d'une compétence mettant en cause l'équilibre institutionnel de l'organisation internationale délégante (2).

1. Interdiction d'une délégation complète des compétences d'une organisation internationale ou de l'un de ses organes.

65. Les États sont capables de conclure des traités internationaux par lesquels ils peuvent restreindre, voire renoncer de manière définitive, à leur liberté d'agir[1] dans tous les domaines de leurs compétences[2]. Chaque État peut ainsi renoncer conventionnellement, ou de manière unilatérale, à toute ou partie de sa souveraineté[3]. Il en va

---

[1] Ce principe a été affirmé par la C.P.J.I. dans son arrêt de l'affaire du vapeur Wimbledon, dans laquelle l'un des arguments principaux était basé sur l'interprétation de l'article 380 du traité de Versailles qui limite la souveraineté de l'État allemand. La Cour a précisé à cette occasion qu'une telle limitation n'est pas un abandon de souveraineté. La restriction volontaire de la souveraineté est en soi un attribut de la souveraineté de l'État : « [l]a Cour se refuse à voir dans la conclusion d'un traité quelconque, par lequel un Etat s'engage à faire ou à ne pas faire quelque chose, un abandon de sa souveraineté. Sans doute, toute convention engendrant une obligation de ce genre apporte une restriction à l'exercice des droits souverains de l'Etat, en ce sens qu'elle imprime à cet exercice une direction déterminée. Mais la faculté de contracter des engagements internationaux est précisément un attribut de la souveraineté de l'Etat », *in* C.P.J.I., arrêt du 17 août 1923, p. 25. Voy. aussi, dans le même sens, *Échange des populations grecques et turques (convention VI de Lausanne, 30 janvier 1923, article 2)*, C.P.J.I., avis, 21 février 1925, série B, n° 10, p. 21 ; *Compétence de la Commission européenne du Danube entre Galatz et Braïla*, C.P.J.I., avis, 8 décembre 1927, Série B, n° 14, p. 36.

[2] Le professeur Jean Charpentier poursuit le raisonnement ainsi : « [i]l est admis que l'État souverain peut disposer de ses compétences, au point de céder définitivement un territoire. *A fortiori* peut-il renoncer temporairement à l'exercice de ses compétences », *in* CHARPENTIER, J., « Les effets du consentement sur l'intervention », *in Mélanges Séfériadès*, 2 volumes, Athènes, Aohnai, 1961, vol. II, pp. 489- 499, p. 497 ; BENNOUNA, M., *Le consentement à l'ingérence militaire dans les conflits internes*, Paris, L.G.D.J., 1974, 235 p., p. 50 ; HENZELIN, M., *Le principe de l'universalité en droit pénal international. Droit et obligation pour les États de poursuivre et juger selon le principe de l'universalité*, Bâle, Genève, Munich, Helbing & Lichtenhahn, Bruxelles, Bruylant, 2000, p. 240 ; DAILLIER, P., « Les opérations multinationales consécutives à des conflits armés en vue du rétablissement de la paix », *R.C.A.D.I.*, vol. 314,2005, pp. 233-431, p. 274.

[3] VERZIJL, J.H.W., *International Law in Historical Perspective, volume I. General Subjects*, Leyden, Sijthoff, 1968, 575 p., p. 263 ; OLIVER, C.T., « La compétence des États », *in* BEDJAOUI, M. (dir.), *Droit international. Bilan et perspectives*, Paris, Pedone, 1991, pp. 323-345, p. 326. Voy, également les traités et actes unilatéraux cités montrant une renonciation à certaines compétences étatiques et évoqués par la C.I.J. dans son *affaire relative aux droits des ressortissants des États-Unis d'Amérique au Maroc*, arrêt du 27 août 1952, Rec., 1952, p. 176.

autrement des organisations internationales, la délégation complète de leurs compétences étant incompatible avec leur traité constitutif[1]. Celles-ci ont en effet été créées pour exercer des compétences spécifiques attribuées par les États créateurs. De ce fait, elles ne peuvent pas y renoncer totalement. L'interdiction de délégation complète se déduit donc de la raison d'être de l'organisation internationale[2].

---

[1] Une telle logique se trouve déjà dans le droit public français, qui considère qu'une délégation complète et totale des compétences de l'autorité délégante est contraire aux principes généraux du droit français, voy. en ce sens, CE, 8 février 1950, *Sieur Chauvet*, Lebon pp. 85-86 : « que du fait que la qualité de représentant du gouvernement provisoire avait été ainsi reconnue au haut commissaire, celui-ci, en l'absence de toute disposition expresse, n'avait pas reçu délégation implicite des pouvoirs généraux qui appartenaient au gouvernement provisoire en matière législative ; qu'au surplus, une telle délégation aurait été contraire aux principes généraux du droit français », *in* p. 85 ; CE, 13 mai 1949, Couvrat, *Rec.* p. 216 ; CE., 8 février 1950, Chauvel, *Rec.* p. 85. Plusieurs dispositions vont également en ce sens : l'article 21 de la Constitution : « [le Premier ministre] peut déléguer certains de ses pouvoirs aux ministres », ou encore l'article L. 2122-18 C.G.C.T. : « [l]e maire est seul chargé de l'administration, mais il peut, sous sa surveillance et sa responsabilité, déléguer par arrêté une partie de ses fonctions à un ou plusieurs de ses adjoints ». La définition de la délégation en droit interne français sera ainsi donnée en tenant compte d'une telle condition : « [o]n appelle délégation de compétence l'acte par lequel une autorité administrative confie à une autre autorité administrative l'exercice d'une partie de sa compétence », *in* LEBRETON, G., *Droit administratif général*, Paris, Dalloz, 9ème éd., 2017, 615 p., p. 248. ; TUSSEAU, G., « Le juge administratif et la délégation du pouvoir de suspension d'un fonctionnaire » en ligne : https://halshs.archives-ouvertes.fr/hal-01020641/document : « La doctrine définit la délégation comme l'acte unilatéral par lequel une autorité transfère une partie de sa compétence à une autre, son propre titre de compétence étant maintenu ». Une délégation totale serait donc interdite. Elle est, selon Jean-Marc Maillot, contraire au principe d'indisponibilité des compétences en droit public interne, voy. MAILLOT, J.-M., « L'indisponibilité des compétences en droit public français », *in L.P.A.*, n° 194, 28 septembre 2004, pp. 3-14 : « Une délégation totale ou imprécise aurait donc pour effet de contrevenir au principe d'indisponibilité des compétences en ce que l'autorité délégante ne peut se dessaisir de l'ensemble de ses compétences ou les confier à un tiers sans définir suffisamment étroitement les limites de cette délégation ». Voy. aussi, LEBRETON, G., *Droit administratif général*, Paris, Dalloz, 9ème éd., 2017, 615 p., p. 249 : « une délégation doit en effet demeurer partielle si on ne veut pas qu'elle se transforme en une sorte de démission larvée, propice au renforcement du pouvoir technocratique » ; FRIER, P.-L., PETIT, J., *Droit administratif*, Paris, L.G.D.J., 11ème éd., 2017, p. 380, pour qui la délégation doit être « partielle, afin d'éviter que le délégant ne se dessaisisse de toute sa compétence ».

[2] « La raison d'être de l'organisation internationale est, incontestablement, la fonction dont elle est chargée par sa charte constitutive (c'est-à-dire par les États fondateurs) :

66. Il en va de même pour une délégation complète des compétences d'un organe de l'organisation internationale. En effet, il n'existe pas, à notre connaissance, de jurisprudence internationale qui indique explicitement cette prohibition. Toutefois, dans sa décision *Behrami*, la C.E.D.H. a conditionné, nous semble-t-il, la validité de la délégation du recours à la force armée par le Conseil de sécurité à ce qu'il conserve une partie de ses prérogatives[1]. Cette décision pourrait conforter le rejet d'une délégation de la totalité des compétences d'un organe de l'organisation internationale et, *a fortiori*, de la totalité des compétences de l'organisation internationale dans son ensemble.

67. La doctrine s'oppose également à l'idée de déléguer l'intégralité des compétences d'une organisation internationale. Oriane Ben Attar écrit par exemple que « l'autorité délégante ne peut transférer la totalité de sa compétence au délégataire »[2]. Il en va de même des différentes définitions doctrinales de l'opération de délégation qui insistent sur le caractère partiel de celle-ci. Frédéric Chardin définit ainsi la délégation comme le « transfert *d'une partie des pouvoirs* de l'autorité normalement compétente vers une autre »[3]. On déduit également des

---

elle est donc essentiellement un instrument pour la réalisation de cette fonction. C'est sa fonction qui définit, sur le plan juridique, sa compétence (et peut déterminer l'étendue de ses pouvoirs, d'après la théorie des pouvoirs impliqués, ou implicites) », *in* VIRALLY, M., « Définition et classification des organisations internationales : approche juridique », *in* ABI-SAAB, G., (dir.), *Le concept d'organisation internationale*, Paris, UNESCO, 1980, 292 p., pp. 51-67, p. 55; VIRALLY, M., « La notion de fonction dans la théorie de l'organisation internationale », *in Mélanges offerts à Charles Rousseau : La Communauté internationale*, Paris, Pedone, 1974, pp. 277-300, p. 291.

[1] La finalité de cette conclusion par la Cour est de « rester compatible avec le *degré de centralisation de la sécurité collective [...] constitutionnellement nécessaire en vertu de la Charte* [ce qui ne peut être le cas, selon elle, que] si le Conseil de sécurité [a] conservé l'autorité et le contrôle ultimes, et si seul le commandement opérationnel était délégué », C.E.D.H., décision *Behrami c. France et Saramati c. France, Allemagne et Norvège*, requête n° 71412/01, n° 78166/01, 2 mai 2007 §§ 132-133. La Cour déclare donc son attachement à ce que le Conseil garde la compétence du contrôle des opérations en accord avec les dispositions de la Charte et ne la délègue pas.

[2] BEN ATTAR, O., *Contribution à l'analyse de l'émergence d'un droit dérivé onusien dans le cadre du système de sécurité collective*, thèse, Université de Lorraine, 2012, 716 p., p. 350.

[3] CHARDIN, F., *La délégation par l'ONU des opérations coercitives militaires à des organisations régionales*, *op. cit.*, p. 332. Voy. également, la définition du dictionnaire Salmon selon lequel la délégation serait une « [o]pération par laquelle un sujet du

travaux des sociétés savantes le rejet d'une délégation totale entre les organes d'une même organisation et donc *a fortiori* à l'extérieur de celle-ci[1].

68. L'observation de la pratique de délégation confirme une telle condition. Ainsi, le Conseil de sécurité, qui délègue sa compétence coercitive aux États et/ou organisations régionales, ne cède la compétence de recourir à la coercition armée que dans une période déterminée et demande qu'on lui rende compte de l'exercice de cette délégation, lui-même en restant « saisi de la question » [2]. De même, la délégation de l'administration de territoire, celle de l'exécution de peines prononcées par les juridictions internationales ou encore celle de l'exploitation ou l'exploration des fonds marins ont toujours été des délégations partielles des compétences de l'organisation délégante exercées sous leur contrôle[3].

69. Ces observations nous amènent à conclure que la délégation par une organisation internationale de ses compétences ne peut être que partielle. Ce constat nous semble désigner un principe général applicable à tout exercice délégué de compétence d'une organisation internationale.

---

droit international ou un organe de celui-ci charge un autre sujet du droit international ou un autre organe *d'exercer une de ses compétences* ou des pouvoirs déterminés », *in* SALMON, J., *Dictionnaire de droit international public*, *op. cit.*, entrée « délégation ». La définition de Sarooshi est moins explicite : il y a délégation « *whenever an organ of an international organization which possesses an express or implied power under its constituent instrument conveys the exercize of this power to some other entity », in* SAROOSHI, D., *The United Nations and the development of Collective Security. The delegation by the UN Security Council of its Chapter VII Powers*, *op. cit.*, pp. 4-5.

1 I.L.A., "Accountability of international organisations", *Conférence de Londres, Deuxième Rapport, 69ème Rapport, I.L.A.*, 2000, p. 890 : « *An organ of an IO delegating some of its powers to a subsidiary organ* » ; I.D.I., « Le contrôle juridictionnel des décisions du Conseil de sécurité », Rapport présenté en 2017 devant la 12ème Commission de l'I.D.I. § 23 : « *[T]he power to delegate is not unlimited* ».

2 Voy. par exemple, la résolution 678 (1990) du 29 novembre 1990 ; Résolution 1973 (2011) du 17 mars 2011.

3 Voy. *infra*, Partie 2, Chapitre 2.

2. Le principe d'équilibre institutionnel comme élément d'identification des compétences non délégables.

70. Inspiré de la théorie de la séparation des pouvoirs en droit européen[1], l'équilibre institutionnel a pour la première fois été consacré en tant que principe général de droit communautaire par la C.J.C.E. dans l'arrêt *Meroni* de 1958[2]. La Cour y a fait usage de ce principe pour limiter la délégation de compétence de la Haute autorité à des organismes de droit privé.

71. Le principe de l'équilibre institutionnel « implique que chacune de[s] [...] institutions [de l'organisation internationale] agisse dans le cadre des attributions qui lui sont conférées par les traités, conformément à la répartition des compétences »[3]. Ce principe, tel qu'évoqué par les juridictions européennes, est fondé sur ce qui a été « voulu par le traité »[4], ce qui nous permet de considérer qu'il est également applicable aux autres organisations internationales[5].

---

[1] Voy. en ce sens, LE BOT, F., *Le principe de l'équilibre institutionnel en droit de l'Union européenne*, thèse, Université Panthéon-Assas, 2012, 579 p., *passim*.

[2] C.J.C.E., 13 juin 1958, *Meroni*, aff. 9/56, Rec. p. 9. Voy. également sur ce principe, GUILLERMIN, G., « Le principe de l'équilibre institutionnel dans la jurisprudence de la Cour de justice des Communautés européennes », *J.D.I.*, 1992, pp. 319-346 ; SCHMITTER, C., « Principe de l'équilibre institutionnel », *in* BARAV, A. PHILIP., C., (dir.), *Dictionnaire juridique des Communautés européennes*, Paris, PUF, 1993, 1180 p., pp. 473-489 ; ARTAUD-VIGNOLLET, S., *Le principe de l'équilibre institutionnel dans l'Union européenne*, thèse, Université de Toulouse I, 2003, 593 p ; CONSTANTINESCO, V., « L'équilibre institutionnel dans la Constitution de l'Union européenne », *in Le droit de l'Union européenne en principes. Liber amicorum en l'honneur de Jean Raux,* Rennes, Apogée, 2006, pp. 481-491 ; LE BOT, F., *Le principe de l'équilibre institutionnel en droit de l'Union européenne*, thèse, Université Panthéon-Assas, 2012, 579 p ; CHAMON, M., « The Institutional Balance, an Ill-Fated Principle of EU Law ? », *European Public Law*, col. 21 (2), 2015, pp. 371-392.

[3] Glossaire des synthèses, en ligne : http://eur-lex.europa.eu/summary/glossary/institutional_balance.html?locale=fr

[4] CONSTANTINESCO, V., « L'équilibre institutionnel dans la Constitution de l'Union européenne », *in Le droit de l'Union européenne en principes. Liber amicorum en l'honneur de Jean Raux,* Rennes, Apogée, 2006, pp. 481-491, p. 484 : « [i]l ne s'agit pas, pour la Cour, de définir une équilibre institutionnel idéal et abstrait, ou qui réponde aux volontés de telle ou telle institution, mais simplement de donner tout son sens à la volonté exprimée par les auteurs des traités, en l'interprétant ».

[5] Ainsi, les professeurs Hervé Ascensio, Jacques Dehaussy et Guillaume Le Floch citent notamment, parmi les limitations de la compétence d'une organisation internationale de créer un organe subsidiaire, le respect de l'équilibre organique voulu par les fondateurs de l'organisation : « la création d'un organe subsidiaire ne doit pas conduire à un empiétement sur les compétences d'un autre organe principal. Le

72. Par ailleurs, l'équilibre institutionnel a été proposé dans les travaux de l'I.D.I. comme critère de validation de délégation. Ainsi, dans son rapport présenté en 2017 à l'I.D.I. portant sur « Le contrôle juridictionnel des décisions du Conseil de sécurité »[1], l'ancien Président du Tribunal international du droit de la mer, Rüdiger Wolfrum, énonce la possibilité pour le Conseil de sécurité de déléguer une partie de ses compétences. Il conditionne toutefois la validité de cette délégation par le maintien de l'équilibre institutionnel établi par la Charte : « *the power to delegate is not unlimited. Due to the fact that the Security Council itself derives its competencies and legitimacy from the Member States it cannot, by delegating its powers to make binding decisions to a subsidiary organ or to another entity, increase or alter its mandate, change the balance of its composition, or change the decision-making procedure which applies to it* »[2].

73. Le Professeur Ch. Chaumont expliquait déjà, à propos de l'ONU, que « [l]'équilibre juridique dans une organisation aussi complexe que l'Organisation des Nations Unies exprime une certaine situation politique. Il se traduit de plusieurs manières, notamment par la répartition des fonctions et des pouvoirs des différents organes »[3]. L'équilibre institutionnel de l'ONU serait ainsi régi par un contexte autre que juridique, que l'acte constitutif traduisait au moment de la création de l'organisation[4]. Autrement dit, la structure juridique

---

respect de l'équilibre organique voulu par les rédacteurs de l'acte constitutif doit être respecté, ainsi que la hiérarchie normative entre l'acte constitutif et les actes des organes institués. En troisième lieu, l'organe principal ne saurait se décharger sur l'organe subsidiaire de ses responsabilités », *in* ASCENSIO, H. DEHAUSSY, J. LE FLOCH, G., « Actes unilatéraux et action normative des organisations internationales », *JurisClasseur Droit international*, 2017, point 27. Voy. également déjà RIDEAU, J., *Juridictions internationales et contrôles du respect des traités constitutifs des organisations internationales*, Paris, LGDJ., 1969, 382 p., pp. 217-233.

[1] I.D.I., « Le contrôle juridictionnel des décisions du Conseil de sécurité », Rapport présenté en 2017 devant la 12ème Commission de l'I.D.I.

[2] *Ibid.*, § 23. Le Conseil de sécurité doit également maintenir un contrôle général sur l'activité de l'organe délégataire : « *As far as the activities of such subsidiary bodies or entities are concerned the Security Council must keep the overall control over the subsidiary body or entity and the decisions in question taken by it* », *in ibid. §* 24.

[3] CHAUMONT, Ch., « L'équilibre des organes politiques des Nations Unies et la crise de l'Organisation », *A.F.D.I.*, vol. 11, 1965. pp. 428-446, p. 429.

[4] *Idem*, p. 429 : « Naturellement l'équilibre établi entre les organes correspond aux données politiques de l'époque de création de l'organisation ».

établie – pour des raisons politiques[1] – reflète la volonté des créateurs de l'organisation d'instaurer un équilibre institutionnel dans son fonctionnement. Cet équilibre est par conséquent un élément inhérent et pérenne de l'ONU et doit être prise en compte lors d'une délégation de ses compétences.

74. La compétence de recours à la force du Conseil de sécurité illustre parfaitement le propos du Professeur Chaumont. En effet, les fondateurs de l'ONU ont voulu établir un équilibre institutionnel au sein de l'organisation, en s'appuyant sur le rôle des cinq grands vainqueurs de la Seconde Guerre mondiale pour le maintien et la réalisation de la paix internationale. Pour cela, la Charte a confié au Conseil de sécurité une compétence de décision relative au recours à des mesures coercitives militaires marquée par le droit de veto reconnu à ses membres permanents[2]. La pratique onusienne a dû s'adapter en passant d'une lecture littérale de la Charte à une interprétation évolutive du texte fondateur rendue nécessaire par un contexte géopolitique différent des débuts de l'ONU. Cela a conduit au développement de la délégation dans le domaine des activités coercitives du Conseil de sécurité. La délégation de la mise en œuvre de ces activités, à travers l'autorisation du recours à la force strictement encadrée[3] dans une résolution exprimant la volonté du Conseil de sécurité, ne menace pas l'équilibre institutionnel voulu par la Charte en ce qu'elle ne déstabilise pas la position des membres détenant le droit de veto. En revanche, la délégation de la prise de décision de recourir à la force est inenvisageable, car elle ignore l'importance du rôle des cinq grandes puissances et leur droit d'opposer un veto dans la prise de ces décisions. Une telle délégation mettrait directement en cause cet équilibre institutionnel. La décision de recourir à la force armée est, de fait,

---

[1] Sur l'importance de l'aspect politique dans l'étude des organisations internationales voy. HURD, I., *International Organizations : Politics, Law, Practice*, Cambridge, Cambridge University Press, 2nd éd., 2014, 295 p.

[2] Les auteurs de la Charte ont subordonné le système de la sécurité collective à un droit de veto conscients de l'importance de l'équilibre entre les puissances : « Dans une société internationale caractérisée par la concentration d'une énorme puissance militaire entre les mains de quelques États, un conflit entre ces États ne relève plus de la sécurité collective, mais bien de la situation inverse : la guerre mondiale. La subordination du système de la sécurité collective au droit de veto peut donc être considérée aussi comme une manifestation du réalisme des fondateurs de l'Organisation », *in* VIRALLY, M., *L'organisation mondiale*, Paris, Armand Colin, 1972, 587 p., p. 465.

[3] Voy. *infra,* Partie 2, Chapitre 2.

toujours restée propre au Conseil de sécurité. La qualification d'une situation internationale par le Conseil de sécurité de « menace contre la paix, d'une rupture de la paix ou d'un acte d'agression »[1] préalablement au déclenchement d'une autorisation de recours à la force, tel que prévu par l'article 39 de la Charte, est, quant à elle, sujette à débat. En effet, la nature *délégable* de cette compétence dépend de ce qu'on lui reconnait comme conséquence. Ainsi, si l'on considère, en accord avec la majorité de la doctrine, qu'une telle qualification n'entraîne ni obligation à la charge du Conseil de sécurité de recourir à des mesures coercitives[2], ni habilitation des États à le faire[3], alors déléguer cette

---

[1] Article 39 de la Charte. Voy, à propos du terme « menace contre la paix et la sécurité internationale, ODENAHL, K., « La notion de menace contre la paix selon l'article 39 de la Charte des Nations Unies. La pratique du Conseil de sécurité » », *in* BANNELIER-CHRISTAKIS, K., et *al.*, (dir.), *Les 70 ans des Nations Unies : quel rôle dans le monde actuel ? journée d'études en l'honneur du Professeur Yves Daudet*, Paris, Pedone, 2014, 258 p., pp. 37-45 ; BEN MESSAOUD, L., « La catégorie « menace contre la paix et la sécurité internationales » : harmonie ou contradiction ? », *in* BEN ACHOUR, R., LAGHMANI, S., *Harmonie et contradictions en droit international*, Colloque de Tunis des 11-12-13 avril 1996, Paris, Pedone, 1996, 346 p., pp. 177-192 ; HABIBI, H., *La notion de menace contre la paix en droit international*, thèse, Université Panthéon-Sorbonne, 2000, 387 p ; ZAMBELLI, M., *La constatation des situations de l'article 39 de la Charte des Nations Unies par le Conseil de sécurité : le champ d'application des pouvoirs prévus au chapitre VII de la Charte des Nations Unies*, Genève Bâle Munich : Helbing & Lichtenhahn, 2002, 517 p ; YAMASHITA, H., « Reading "Threats to International Peace and Security," 1946–2005 », *Diplomacy & Statecraft*, 2007, vol. 18, issue 3, pp. 551-572.

[2] D'après Mélanie DUBUY, « l'opinion majoritaire et la pratique vont dans le sens d'une absence d'obligation pour le Conseil de prendre les mesures visées par les articles 41 et 42 », *in* DUBUY, M., *La « guerre préventive » et l'évolution du droit international public*, Paris, La documentation française, 2012, 692 p., p. 229.

[3] Voy. en ce sens, LE FLOCH, G., « Le principe de l'interdiction du recours à la force a-t-il encore valeur positive ? », *Droit et cultures*, vol. 57, 2009, pp. 49-76 : « La seule référence au chapitre VII dans une résolution du Conseil de sécurité ne suffit pas à habiliter les Etats membres à recourir à la force » ; NOUVEL, Y., « La position du Conseil de sécurité face à l'action militaire engagée par l'OTAN et ses Etats membres contre la République fédérale de Yougoslavie », *A.F.D.I.,* vol. 45, 1999, pp. 292-307, pp. 297-298 ; CORTEN, O., DUBUISSON, F., « L'hypothèse d'une règle émergente fondant une intervention militaire sur une « autorisation implicite » du Conseil de sécurité », *R.G.D.I.P.*, 2000- 4, pp. 873-910, p. 890 ; DORMOY, D., « Réflexion à propos de l'autorisation implicite de recours à la force », *op. cit.,* pp. 223-230 ; SICILIANOS, L.-A., « Entre multilatéralisme et unilatéralisme : l'autorisation par le Conseil de sécurité de recourir à la force », *R.C.A.D.I.*, vol. 339, 2008, pp. 43-45 ; DUPUY, P-M., KERBRAT, Y., *Droit international public*, Paris, Dalloz, 14ème éd.,

compétence de qualification ne saurait mettre en cause l'équilibre institutionnel de l'organisation. Dans le cas contraire, si l'on considère que la qualification comporte une obligation d'agir[1], celle-ci ne saurait alors être déléguée sans causer un déséquilibre institutionnel[2].

75. La suspension par le Conseil de sécurité de la saisine de la C.P.I. est un autre exemple de l'importance de l'équilibre institutionnel dans la détermination du caractère délégable d'une compétence. D'après l'article 16 du Statut de Rome, « [a]ucune enquête ni aucune poursuite ne peuvent être engagées ni menées en vertu du présent Statut pendant les douze mois qui suivent la date à laquelle le Conseil de sécurité a fait une demande en ce sens à la Cour dans une résolution adoptée en vertu du Chapitre VII de la Charte des Nations Unies ; la demande peut être renouvelée par le Conseil dans les mêmes conditions »[3]. Une telle compétence reconnue au Conseil de sécurité ne peut être délégable sans

---

2018 § 571 ; DUPUY, P-M., « Sécurité collective et coopération multilatérale », *in* BEN ACHOUR, R., LEGHMANI, S., (dir.), *Le droit international à la croisée des chemins : force du droit et droit de la force,* Paris, Pedone, 2004, pp. 61-76, p. 64.

[1] Mélanie DUBUY conclut qu'il existe une obligation pour le Conseil de sécurité de prendre des mesures coercitives : « Un argument d'effet utile pousse à conclure que le Conseil de sécurité est dans l'obligation de prendre ces mesures une fois la qualification effectuée : pourquoi les États membres renonceraient-ils au droit de recourir à la force s'ils n'ont pas la garantie que le Conseil prendra les mesures nécessaires au maintien ou au rétablissement de la paix ? », *in* DUBUY, M., *La « guerre préventive » et l'évolution du droit international public*, Paris, La documentation française, 2012, 692 p., p. 229.

[2] Il est à noter que la doctrine majoritaire affirme la nature non délégable de la compétence de qualification. Voy. *ex multis*, SAROOSHI, D., *The United Nations and the Development of Collective Security. The Delegation by the UN Security Council of its Chapter VII Powers*, *op. cit.*, pp. 32-33 ; KOLB, R., *Ius contra bellum : le droit international relatif au maintien de la paix*, *op. cit.*, p. 89 ; BOISSON de CHAZOURNES, L., « Les relations entre organisations régionales et organisation universelle », *op. cit.,* p. 276 ; DUBUY, M., *La « guerre préventive » et l'évolution du droit international public*, Paris, La documentation française, 2012, 692 p., p. 220 ; CORTEN, O., *Le droit contre la guerre*, *op. cit.*, p. 534 ; DORMOY, D., « Réflexion à propos de l'autorisation implicite de recours à la force », *op. cit.,* p. 228 ; GARCIA, Th., « Recours à la force et droit international », *PIE,* n°1, mis en ligne le 21 juillet 2005, § 38, URL : http://revel.unice.fr/pie/index.html?id=46 ; SICILIANOS, L.-A., « L'autorisation par le Conseil de sécurité de recourir à la force : une tentative d'évaluation », *op. cit.,* p. 10.

[3] Pour une critique de l'article 16, voy. notamment BOURGUIBA, L., « La justice pénale internationale est-elle politisée ? *Des relations entre la CPI, le Conseil de sécurité et l'Union Africaine* », *in* CANAL-FORGUES, E., DELMAS-MARTY, M., (dir.), *Quelle(s) complémentarité(s) en droit international pénal,* Paris, Pedone, 2017,111 p., pp. 43-62, sp. pp. 50-51.

mettre en cause l'équilibre institutionnel prévu par les auteurs du Statut de Rome dans le fonctionnement de la Cour. Le choix de l'organe qui possède la compétence de suspendre l'activité de la C.P.I. n'est pas anodin. La spécificité de sa composition joue, cette fois encore, un rôle primordial dans l'octroi de cette compétence et celle-ci ne peut déléguer à un autre organe ou entité juridique qui ne possède pas cette spécificité. A l'appui d'un tel argument, il est possible de citer les tentatives inabouties de l'Union Africaine de faire amender l'article 16 afin de permettre l'octroi d'une telle compétence à l'Assemblée générale de l'ONU[1]. On voit ainsi mal la délégation de cette compétence par le Conseil de sécurité à l'A.G.N.U. et encore moins à une entité extérieure à l'ONU.

76. La pérennité de l'équilibre institutionnel nécessite de considérer plusieurs éléments, notamment la composition de l'organe délégant, sa procédure d'élaboration de décision et les rapports de l'organisation délégante avec des destinataires de la délégation[2]. L'équilibre est « fonction des solutions retenues sur chacun de ces points »[3], et toute modification portant atteinte à cet équilibre peut s'avérer contradictoire avec la finalité de l'organisation. L'application de ces conclusions s'apprécie aisément. Ainsi, la C.P.I. voit ses juges « choisis parmi des personnes jouissant d'une haute considération morale, connues pour leur impartialité et leur intégrité et réunissant les conditions requises dans leurs États respectifs pour l'exercice des plus hautes fonctions judiciaires »[4]. On peut discerner, dans le processus de sélection des juges qui siègent au sein de cette juridiction, la volonté de garantir des conditions spécifiques liées à l'universalité et à la neutralité de la Cour. De telles conditions ne sont pas nécessairement présentes au sein d'une

---

[1] Voy. *Décision sur la mise en œuvre de la Décision Assembly/AU/ Dec.270 (XIV) relative à la deuxième réunion ministérielle sur le statut de Rome de la C.P.I.*, doc. off., Assembly/AU/Dec. 296 (XV) du 27 juillet 2010, adoptée par le quinzième session ordinaire de l'Assemblée de l'Union à Kampala, Uganda. Voy. également OKOTH, J., « Chapter 12 Africa, the United Nations Security Council and the International Criminal Court : The Question of Deferrals », *in* WERLE, G., FERNANDEZ, L., VORMBAUM, M., (dir.), *Africa and the International Criminal Court*, The Hague, T.M.C. ASSER PRESS, 2014, 303 p., pp. 195-209.

[2] En ce sens déjà, mais à propos de l'équilibre dans les relations entre les organes d'une même organisation internationale, voy. RIDEAU, J., *Juridictions internationales et contrôles du respect des traités constitutifs des organisations internationales*, Paris, LGDJ., 1969, 382 p., p. 24.

[3] *Ibid.*, p. 25.

[4] Article 36 § 3, a), Statut de Rome.

juridiction étatique. C'est la raison pour laquelle une délégation de juger les crimes internationaux par la C.P.I. à une juridiction d'un État membre ne peut être valablement considérée.

77. La technique de la délégation apparaît comme un moyen d'adaptation de l'organisation internationale à un nouvel environnement sociétal. Elle ne doit pas, pour autant, bouleverser l'équilibre institutionnel établi lors de la création de l'organisation. Le maintien de cet équilibre constitue un critère déterminant pour évaluer la nature délégable d'une compétence. Par conséquent, il est possible d'affirmer que la préservation de l'équilibre institutionnel est une condition de validité de la délégation.

Section II. La capacité de déléguer sa compétence

78. Présentation. Le fait qu'une organisation internationale possède une compétence ne signifie pas qu'elle ait la possibilité de la déléguer. La délégation, en tant qu'acte juridique[1], relève de la théorie des actes de l'organisation. Or, le professeur Michel Virally avait déclaré qu'« un acte juridique ne peut produire les effets de droit voulus par son auteur que si ce dernier est investi des pouvoirs nécessaires et bien entendu, s'il agit dans les limites de sa compétence [...] »[2]. Cet argumentaire, appliqué à l'acte de délégation de compétence, conduit à ce que l'organisation possède préalablement une habilitation à déléguer sa propre compétence[3], ladite habilitation étant l'aptitude légale « en vertu de laquelle une personne reçoit le pouvoir d'accomplir un ou plusieurs actes juridiques »[4]. L'habilitation fonde alors la validité

---

[1] Voy. *infra*.

[2] VIRALLY, M., « Les actes unilatéraux des organisations internationales », *in* BEDJAOUI, M., (dir.), *Droit international : Bilan et perspectives*, Paris, Pedone, 1991, pp. 253-276, p. 273.

[3] La compétence de l'organisation internationale n'est pas un droit subjectif de celle-ci, elle ne peut en disposer à son gré. En ce sens déjà, mais à propos des compétences en droit interne, voy. ESMEIN, A., « De la délégation du pouvoir législatif », *Revue politique et parlementaire*, 1894, tome 1, pp. 200-224, p. 203 ; MAISL, H., *Recherches sur la notion de délégation de compétence en droit public*, *op. cit.*, pp. 144-146 ; MIDOUN, M., *La délégation en droit administratif*, Tunis, Centre d'étude, de recherches et de publications de la faculté de droit et des sciences politiques et économiques de Tunis, 1979, 110 p., pp. 47-48.

[4] CORNU, G., *Vocabulaire Juridique*, *op. cit.*, p. 505. Voy. aussi Michel TROPER qui définit les normes d'habilitation ainsi : « les normes qui n'ordonnent ni

desdits actes juridiques. Autrement dit, cette habilitation à déléguer ses compétences est « le support nécessaire de toute délégation »[1] et son préalable[2] (Paragraphe 1). Elle est généralement prévue dans les actes constitutifs des organisations internationales (Paragraphe 2).

Paragraphe 1. La nécessité d'une norme d'habilitation

79. Analyse jurisprudentielle. La jurisprudence internationale a dû concrètement examiner la légalité d'un acte de délégation en se prononçant au préalable sur son fondement juridique. C'est notamment en matière de délégation interne à l'organisation internationale qu'il a été déclaré que « les compétences doivent être exercées et ne sauraient être déléguées sans qu'un texte statutaire ne le prévoie »[3] ; « à défaut, les actes accomplis [le sont] par des personnes incompétentes »[4]. La même position a été adoptée en matière de délégation externe à l'organisation internationale. Par exemple, dans l'affaire *Meroni,* statuant sur la possibilité pour la Haute Autorité de la CECA de conférer à un organisme privé des pouvoirs exécutifs, la C.J.C.E. a d'abord vérifié son aptitude à déléguer une partie de ses compétences à cet organisme privé[5]. Dans l'affaire *Behrami*, la Cour de Strasbourg a lié la

---

n'interdisent une conduite, mais qui confèrent à une autorité le pouvoir de produire d'autres normes », *in* TROPER, M., *Le droit et la nécessité*, Paris, PUF, 2011, 294 p., p. 12. Pour une étude plus approfondie du concept « normes d'habilitation », voy. TUSSEAU, G., *Les normes d'habilitation*, Paris, Dalloz, 2006, 813 p. A noter en particulier que selon cet auteur, les énoncés habilitants sont « des énoncés juridiques en vertu desquels un acteur dispose de la faculté de produire une norme », *ibid.*, p. 2.

[1] GAUTIER, Y., *La délégation en droit communautaire,* thèse, université Robert Schuman de Strasbourg, 7 janvier 1995, p. 341.

[2] MAISL, H., *Recherches sur la notion de délégation de compétence en droit public*, *op. cit.*, p. 144 ; MIDOUN, M., *La délégation en droit administratif*, *op. cit.*, pp. 47-48.

[3] Tribunal administratif de l'O.I.T., jugement n° 1477, affaire *Nacer-Cherif*, 1 février 1996 § 7 ; jugement N°1696, affaire *Felkai,* 29 janvier 1998 § 5.

[4] Tribunal administratif de l'O.I.T., jugement n°1696, affaire *Felkai,* 29 janvier 1998 § 5. Le tribunal avait effectué une interprétation extensive d'un jugement précédent, Tribunal administratif de l'O.I.T., jugement n° 1560, affaire *Ndedi*, 11 juillet 1996.

[5] C.J.C.E., 13 juin 1958, *Meroni*, aff. 9/56, Rec. p. 43 : « attendu que dès lors la faculté pour la Haute Autorité d'autoriser ou d'instituer les mécanismes financiers visés à l'article 53 du Traité donne à celle-ci le droit de confier certains pouvoirs à [des] organismes [de droit privé, dotés d'une personnalité juridique distincte et investis de pouvoirs propres] dans les conditions qu'elle détermine et sous son contrôle ». Voy. également les conclusions de l'avocat général M. NIILO JÄÄSKINEN présentées le 12 septembre 2013 dans l'affaire C-270/12, 22 janvier 2014, *Royaume-Uni de*

validité de la délégation entre l'ONU et la KFOR à l'existence d'un fondement permettant la délégation : dans le cas d'espèce, le Chapitre VII autorisait, selon la Cour, le Conseil de sécurité à déléguer le recours à la force armée aux États et aux organisations régionales[1]. Elle conclut que la KFOR « exerce des pouvoirs que le Conseil de sécurité lui a *légalement délégués en vertu du chapitre VII* »[2].

80. Analyse théorique. L'habilitation doit être étudiée dans le cadre de la théorie des compétences des organisations internationales. En effet, « [toute] compétence est par nature une « habilitation » à faire quelque chose, à entreprendre une action ou prendre un acte juridique, quel que soit l'objet ou la qualité de celui-ci [...] » [3]. Ainsi, pour être valide, la délégation de compétence doit être permise, ce qui se traduit juridiquement par la nécessité d'une norme d'habilitation[4], condition *sine qua non* pour son établissement par une organisation internationale[5]. L'acte de délégation ne saurait être donc juridiquement

---

Grande-Bretagne et d'Irlande du Nord contre Parlement européen et Conseil de l'Union européenne §§ 61 à 64.

1 C.E.D.H., *Behrami et Behrami c. France et Saramati c. France, Allemagne et Norvège, Décision (Grande Chambre), op. cit.* § 134.

2 *Ibid.* § 141.

3 PICARD, E., « Rapport de synthèse », *in* A.F.D.A., *La compétence. Acte du colloque organisé les 12 et 13 juin 2008 par l'AFDA*, Paris, Lexis Nexis, 2008, pp. 237-268, p. 238.

4 Voy. à propos de l'habilitation, TUSSEAU, G., *Les normes d'habilitation, op. cit.*, p. 307 : « Hors d'une habilitation, un acteur ne peut pas produire de norme. De plus, aucune norme ne saurait être produite comme simple conséquence logique d'une autre norme. Cette habilitation est la seule condition requise pour qu'un acteur puisse produire une norme. Le concept de norme d'habilitation adopté prévoit donc une condition nécessaire et suffisante pour qu'un acteur produise une norme ». La nécessité d'une norme d'habilitation vaut pour tous les acteurs du droit international. La norme d'habilitation correspond, selon la conception hartienne, aux règles « *conferring legal powers* », *in* HART, H. L. A., *The concept of Law*, Oxford, Oxford University Press, 3ème éd., 2012, 333 p., p. 27. Pour Kelsen, cette habilitation est la « norme de délégation » qui est, de point de vue dynamique, à la base de la construction de l'ordre juridique en forme de pyramide juridique, voy. KELSEN, H., « Les rapports de système entre le droit interne et le droit international public », *R.C.A.D.I.*, vol., 14, 1926, pp. 227-327, p. 259 et *passim*. Également du même auteur, KELSEN, H., « Théorie du droit international public », *R.C.A.D.I.*, vol., 84, 1953-III, pp. 5-203, p. 11. Elle vaut aussi pour tout acte de l'organisation internationale, voy. par exemple, en cas de coopération entre organisations internationales, CHALAMON, C., *Les relations de la Banque Mondiale avec l'organisation des Nations Unies,* thèse, Université Paris 2, 1983, 232 p., pp. 23-26.

5 GUIHEUX, G., *La notion de délégation en droit public*, thèse, Université de Rennes, 1996, 468 p., pp. 189-197.

valable sans cette norme autorisant son existence. Le défaut d'habilitation frappe l'acte de nullité faute de base légale[1]. Il en va donc ici comme en droit interne : « non seulement la délégation opérée sans habilitation est [alors] jugée illégale, mais encore les actes du délégataire sont annulés comme émanant d'une autorité incompétente »[2].

Paragraphe 2. Identification de la norme d'habilitation dans la pratique des organisations internationales

81. L'acte constitutif comme lieu d'identification de la norme. Comme le fait remarquer le Professeur Jean Matringe, l'acte constitutif d'une organisation internationale contient « deux types de normes écrites dans le traité, celles qui définissent le but de l'association et les droits et obligations de l'organisation et des Etats et celles qui définissent les modalités légales pour réaliser ce but et garantir le respect des modèles de comportement »[3]. L'organisation, ou l'un de ses organes, ne peut agir ou édicter un acte juridique hors de ce cadre normatif qui donne droit à réaliser légalement un acte ou une mission[4].

82. En tant que sujet dérivé du droit international, l'organisation internationale ne peut valablement agir que dans les limites de ce que lui permet son acte constitutif. Toute habilitation à déléguer trouve donc

---

[1] KELSEN, H., *Théorie générale des normes*, trad. Olivier Beaud et Fabrice Malkani, Paris, Puf, 1996, 604 p., p. 133 : « Un individu qui n'est pas habilité à faire ne peut créer ou appliquer du droit. Ses actes n'ont pas objectivement le caractère de création ou d'application du droit, même s'ils ont été effectués subjectivement avec cette intention [...]. Ces actes n'ont pas [...] d'effet juridique ; ils sont nuls, c'est-à-dire n'existent pas juridiquement » ; KELSEN, H., « Les rapports de système entre le droit interne et le droit international public », *R.C.A.D.I.*, vol., 14, 1926, pp. 227-327, pp. 272-273.

[2] MAISL, H., *Recherches sur la notion de délégation de compétence en droit public*, *op. cit.*, p. 151. Voy. Conclusions du commissaire du gouvernement Romieu sur l'affaire CE, 2 décembre 1892, *Mogambury,* selon qui « les fonctionnaires n'ont pas le droit de déléguer eux-mêmes les fonctions dont ils sont investis », *in Rec. Leb.*, pp. 836-842, sp. p. 839 ; CE., 17 juin 1955, *Adjemian*, *Rec.*, p. 334.

[3] MATRINGE, J., *La contestation des actes unilatéraux des organisations internationales,* thèse, Paris II, 2000, 531 p., pp. 29-30.

[4] *Ibid.*, p. 31 : « [f]ondement légal unique du pouvoir de l'organisation d'édicter des actes juridiques, le traité constitue la limite légale au-delà de laquelle elle ne peut plus en principe en édicter » ; RIDEAU, J., *Juridictions internationales et contrôles du respect des traités constitutifs des organisations internationales*, Paris, L.G.D.J., 1969, 382 p., pp. 33-34 et p. 64.

son fondement dans l'acte constitutif de l'organisation délégante[1]. La doctrine, qui analyse l'opération de délégation, identifie ainsi souvent l'élément de l'habilitation : « *[t]o be able to delegate its powers, [an international organization] must possess either the express or implied competence to do so* »[2]. Cette habilitation peut être expressément prévue par l'acte constitutif de l'organisation (A), ou bien déduite de celui-ci (B). Le Professeur E. Lagrange souligne cette dichotomie à propos de la capacité juridique de contracter[3] de l'organisation : « [e]xpressément ou implicitement, la capacité de l'organisation est inscrite dans l'acte constitutif [...] »[4].

A. Habilitation explicite

83. Plusieurs actes constitutifs et dérivés d'organisations internationales prévoient le recours à la délégation pour la mise en œuvre des compétences de ces organisations. Néanmoins, le terme « délégation » est présent uniquement pour des opérations se situant dans l'ordre interne à l'organisation et permettant la délégation de

---

[1] L'habilitation doit ainsi être étudiée au travers de la théorie des compétences des organisations internationales. Voy., en ce sens Jean COMBACAU et Serge SUR qui analysent la base juridique des activités de l'organisation internationale, en étudiant ses compétences et pouvoirs comme un préalable à l'examen des « techniques légales d'action », à la disposition de l'organisation internationale, *in Droit international public*, Paris, Montchrestien, 13ème éd., 2019, 878 p., p. 767.

[2] JANMYR, M., *Protecting civilians in refugee camps : unable and unwilling states*, UNHCR and international responsibility, Leiden, Martinus Nijhoff, 2014, 400 p., p. 316. Voy. également SAROOSHI, D., *The United Nations and the Development of Collective Security. The Delegation by the UN Security Council of its Chapter VII Powers*, *op. cit.*, p. 16.

[3] LAGRANGE, E., *La représentation institutionnelle dans l'ordre international. Une contribution à la théorie de la personnalité morale des organisations internationales*, *op. cit.*, p. 425.

[4] *Ibid.*, p., p. 422. Voy. également DE HOOGH, A., "Attribution or Delegation of (Legislative) Power by the Security Council? The Case of the United Nations Transitional Administration in East Timor (UNTAET)", *op. cit.*, p. 14. Voy. aussi Commentaire sous article 6 du projet d'article sur le droit des traités entre États et organisations internationales ou entre organisations internationales, *Annuaire de la Commission du droit international*, 1982, vol. II (2), point 3 : « chaque organisation présente une physionomie juridique qui lui est propre et qui se traduit notamment par une capacité individualisée, pour chaque organisation, de conclure des traités internationaux ».

compétence entre deux organes d'une même organisation[1], ou bien entre ses différentes agents[2].

84. Dans le cas d'une délégation externe, ni les actes constitutifs ni les actes dérivés des organisations internationales ne font usage du terme délégation. Cela n'empêche toutefois pas que des termes utilisés dans les actes constitutifs des organisations internationales puissent être interprétés comme des habilitations à déléguer vers un sujet extérieur. On a ainsi pu lire, entre autres, que l'organisation internationale peut « confier »[3] ; « charger [un sujet extérieur] de l'exécution [d'une

---

[1] Voy. par exemple, l'article 290 du Traité sur le Fonctionnement de l'Union Européenne.

[2] Voy. *ex multis*, Règle 101.1, article premier du Circulaire du Secrétaire général, *Règlement financier et règles de gestion financière de l'Organisation des Nations Unies,* du 9 mai 2003, doc. off. ST/SGB/2003/7 ; Règle 104.12 de l'article 4.17 de Circulaire du Secrétaire général *Règlement financier et règles de gestion financière, idem* ; Règle 101.1 § d), du premier article du *Règlement financier et règles de gestion financière de la C.P.I. in Documents officiels de l'Assemblée des États Parties au Statut de Rome de la C.P.I.*, première session, New York, 3-10 septembre 2002 ; Règle 11 et Règle 211, c) du *Règlement de procédure et de preuve de la C.P.I., Documents officiels de l'Assemblée des États Parties au Statut de Rome de la C.P.I.*, première session, New York, 3 -10 septembre 2002 (ICC-ASP/1/3 et Corr.1), deuxième partie ; Article 12.3 du *Statut du personnel de l'O.M.S.*, Texte adopté par la Quatrième Assemblée mondiale de la Santé (résolution WHA4.51) et amendé par la 12ème, la 55ème et la 62ème Assemblée mondiale de la Santé (résolutions WHA12.33, WHA55.21 et WHA62.7) ; Article 17 du *Règlement intérieur du Conseil exécutif de l'O.M.S,* Texte adopté par le Conseil exécutif à sa dix-septième session (résolution EB17.R63); Règle 8.2 § a) et la règle 8.3 § a) et § c) du *Règlement financier de l'O.I.F.* adopté par la 21ème session de la Conférence ministérielle de la Francophonie, Antananarivo, 22 novembre 2005, amendé par la 66e session du Conseil permanent de la Francophonie, Paris, le 7 avril 2008 ; Titre I § 3 du *Statut du personnel de l'O.I.F.,* document adopté par la 74ème session du Conseil permanent de la Francophonie, Paris, 14 décembre 2009 ; Instructions 104/1.1 et 122/4.1, du *Statut, règlement et instructions applicable aux agents de l'Organisation de coopération et de développement économiques*; article 1.06 du *Statut du personnel de l'O.S.C.E.*, Statut approuvé par le Conseil permanent de l'OSCE le 27 juin 2003, par sa décision N°550, doc. off., PC.DEC/550.

[3] Voy. l'article 22 § 2 du Pacte de la S.D.N. : « La meilleure méthode de réaliser pratiquement ce principe [le bien être et le développement de ces peuples] est de confier la tutelle de ces peuples aux nations développées qui, en raison de leurs ressources, de leur expérience ou de leur position géographique, sont le mieux à même d'assumer cette responsabilité, et qui consentent à l'accepter : elles exerceraient cette tutelle en qualité de mandataires et au nom de la Société ».

compétence de l'organisation] »[1] ; « utilise[r], s'il y a lieu, [d'autres sujets] pour l'application des mesures coercitives prises sous son autorité »[2] ; « agi[r] par l'intermédiaire [d'un autre sujet] »[3], etc.

85. Ces formulations sont aisées à interpréter, car elles sont empruntées au vocabulaire déjà utilisé pour exprimer la délégation pratiquée dans l'ordre interne des organisations internationales. Il a été ainsi possible de relever, de façon non exhaustive, dans le Traité sur le fonctionnement de l'Union européenne (T.F.U.E.), certaines façons d'exprimer clairement l'habilitation à déléguer des compétences du Conseil vers la Commission, mais qui pourraient tout autant être utilisées pour les cas de délégation externe. Ainsi, les articles 202[4] et 211[5], font mention du verbe « conférer », qui « *pourrait* constituer une habilitation à déléguer »[6], et par conséquent « constituer[ait] le fondement juridique d'une délégation de compétence d'exécution au profit de la Commission »[7]. Tel était déjà le cas de l'article 126 du traité de Rome de 1957 qui dispose que le Conseil puisse, dans certaines conditions, déléguer des compétences au Fond social européen[8]. Bien que l'article 126 ne fasse pas usage du vocable « déléguer », les termes

---

[1] Voy. l'article 103 du Statut de la C.P.I. : « 1. a) Les peines d'emprisonnement sont accomplies dans un État désigné par la Cour sur la liste des États qui lui ont fait savoir qu'ils étaient disposés à recevoir des condamnés [...]. 2. a) L'État chargé de l'exécution avise la Cour de toute circonstance, y compris la réalisation de toute condition convenue en application du paragraphe 1, qui serait de nature à modifier sensiblement les conditions ou la durée de la détention [...] ».

[2] Voy. l'article 53 de la Charte des Nations Unies : « 1. Le Conseil de sécurité utilise, s'il y a lieu, les accords ou organismes régionaux pour l'application des mesures coercitives prises sous son autorité [...] ».

[3] Voy. la section 7 de l'article IV du Statut de la S.F.I.

[4] « En vue d'assurer la réalisation des objets fixés par le présent traité et dans les conditions prévues par celui-ci, le Conseil [...] *confère à la Commission*, dans les actes qu'il adopte, les compétences d'exécution des règles qu'il établit [...] ».

[5] « [e]n vue d'assurer le fonctionnement et le développement du marché commun, la Commission [...] exerce les compétences que le Conseil *lui confère* pour l'exécution des règles qu'il établit ».

[6] GAUTIER, Y., *La délégation en droit communautaire*, *op. cit.*, p. 345, italique dans le texte.

[7] *Ibid.*, p. 346. Pour l'auteur, « certains indices permettent de considérer qu'il existe, au cœur même du traité, au moins un commencement d'habilitation, sans bien entendu que cette habilitation n'apparaisse comme étant expresse » *ibid.*, p. 345.

[8] « A l'expiration de la période de transition, le Conseil, sur avis de la Commission et après consultation du Comité économique et social et de l'Assemblée, peut : [...] ; b) à l'unanimité, déterminer les missions nouvelles qui *peuvent être confiées au Fonds [social européen]*, dans le cadre de son mandat tel qu'il est défini à l'article 123 ».

utilisés « peuvent être confiées » pourraient s'interpréter dans le sens d'une habilitation à déléguer[1]. Une telle interprétation a ainsi permis à la doctrine de supposer que « *Powers may also be delegated by the EU to another international organization* »[2].

B. Habilitation implicite

86. Recours à la théorie des compétences implicites. Une interprétation téléologique de l'acte constitutif de l'organisation internationale peut se révéler nécessaire pour vérifier la capacité de l'organisation internationale de déléguer une partie de ses compétences[3] : « [s]elon le droit international, l'organisation doit être considérée comme possédant [d]es pouvoirs qui, s'ils ne sont pas expressément énoncés dans la Charte, sont, par une conséquence nécessaire, conférés à l'Organisation en tant qu'essentiels à l'exercice des fonctions de celle-ci »[4].

---

[1] Voy. en ce sens, GAUTIER, Y., *La délégation en droit communautaire*, *op. cit.*, p. 347.

[2] SCHERMERS, H. G., BLOKKER, N. M., *International Institutional Law. Unity within Diversity,* LEIDEN/ BOSTON, Martinus Nijhoff Publishers, 6ème éd., 2018, 1273 p., p. 191.

[3] Une telle interprétation doit être effectuée en fonction des buts et des finalités de l'organisation internationale. Voy. C.P.J.I., *Compétence de l'organisation internationale du travail pour réglementer accessoirement le travail personnel du patron*, série B., n° 13, p. 6 et 18 ; C.I.J., *Composition du Comité de la sécurité maritime de l'Organisation intergouvernementale consultative de la navigation maritime*, avis de 8 juin 1960, Rec., 1960, p. 150. Voy. en ce sens, à propos de la possibilité de délégation entre organes d'une organisation internationale : « *The provisions of the Charter authorising certain organs to establish others organ must be interpreted to imply the authorisation to delegate power* », *in* KELSEN, H., *The law of the United Nations : a critical analysis of its fundamental problems, with supplement,* London, Stevens, 1951, 994 p., p. 142. Voy. également SAROOSHI, D., *The United Nations and the Development Of Collective Security. The Delegation by the UN Security Council of its Chapter VII Powers*, *op. cit.*, p. 16.

[4] *Réparation des dommages subis au service des Nations Unies*, Avis consultatif, C.I.J. *Rec.*1949, p. 174, sp. p. 182. Sur la théorie des compétences implicites des organisations internationales, voy. ROUYER-HAMERAY, B., *Les compétences implicites des organisations internationales*, *op. cit.* ; KHAN, R., *Implied Powers of the United Nations*, Vikas Publications, Delhi, 1970, 236 p., pp. 19-23; SKUBISZEWSKI, K., "Implied Powers of International Organizations" *in* DINSTEIN, Y., (dir.), *International Law at a Time of Perplexity, Essays in Honourof Shabtai Rosenne*, Martinus Nijhoff Publishers, Dordrecht, 1989, pp. 855-868, sp. pp. 856-859 et pp. 863-867; WHITE, N. D. *The Law of International Organisations*, Manchester University Press, Manchester, 2nd éd., 2005, 242 p., pp. 83-89;

87. Les objectifs poursuivis par l'organisation constituent ainsi des « facteur[s] de limitation des compétences et pouvoirs institutionnels »[1] autant qu'« une source d'extension des pouvoirs légaux de l'organisation »[2]. Néanmoins, leur détermination par le recours à la théorie des compétences implicites de l'organisation internationale ne doit pas conduire à une interprétation *ultra-vires* des textes fondateurs de l'organisation. En effet, il existe un risque que la rédaction de certaines dispositions portant sur leurs relations extérieures incluses dans des actes constitutifs d'organisations internationales[3], suscite de multiples interprétations. Tel est le cas, par exemple, de la section 8 de l'article V du Statut de la BIRD, intitulé « Relations avec d'autres organismes internationaux » qui dispose que : « (a) Dans le cadre du présent Accord, la Banque *coopérera* avec toute organisation internationale générale ainsi qu'avec les organisations publiques internationales ayant des fonctions spécialisées dans des domaines connexes ». Le terme « coopération » peut-il être interprété comme un élément implicite d'habilitation permettant de déléguer une compétence donnée ? Citons aussi l'article 2, c) de la Convention portant création de l'Agence multilatérale de garantie des

---

MAKARCZYK, J., "The International Court of Justice on the Implied Powers of International Organizations" *in* MAKARCZYK, J., (dir.), *Essays in International Law in Honour of Judge Manfred Lachs*, The Hague, Martinus Nijhoff Publishers, 1984, 760 p., pp. 501-518; ENGSTRÖM, V., "Implied Powers of International Organizations : On the Character of a Legal Doctrine", *F.Y.I.L.*, vol. 14, 2003, pp. 129-157; DORMOY, D., *Introduction au droit des organisations internationales*, Bruxelles, Larcier, 2020, 205 p., pp. 43-50.

[1] MATRINGE, J., *La contestation des actes unilatéraux des organisations internationales, op. cit.*, p. 79.

[2] *Ibid.*, p. 76.

[3] Pour illustration des dispositions relatives aux relations extérieures d'une organisation internationale, voy. entre autres, article 83 du *Traité révisé de la CEDEAO* ; articles 19 et 20 du *Statut de l'AFRIPOL* ; article 6 du *Statut de l'AALCO* ; articles 18 et 19 de l'*Acte constitutif de l'UNIDO* ; article 23, 41 et 52 du *Protocole relatif au Mécanisme de Prévention, de Gestion, de Règlement des Conflits, de Maintien de la Paix et de la Sécurité* ; article V de *Constitution de l'association pour le développement de la riziculture en Afrique de L'Ouest*, de 1970 et révisée le 16 décembre 1986; article 95 de la *Charte de l'organisation des États américains* ; articles 64 et 65 de la *Convention de Chicago relative à l'aviation civile internationale* du 7 décembre 1944 ; articles 49 à 51 de la *Constitution de l'Union internationale des télécommunications* (UIT) adoptée à Genève en 1992 ; articles 9 et 10 de la *Constitution de l'Union postale universelle* (UPU) adoptée à Vienne le 1er juillet 1964 ; articles 12 et 13 de la *Constitution de l'OIT* adoptée le 9 octobre 1946 et entrée en vigueur le 20 avril 1948.

investissements (A.M.G.I.) [1], qui lui permet d'« exerce[r] tous [...] pouvoirs implicites nécessaires ou favorables à l'accomplissement de son mandat ». Cet article doit-il être compris comme une habilitation à déléguer si l'Agence le juge nécessaire pour atteindre ses objectifs[2] ? La réponse à ces questions ne saurait, bien entendu, être toujours affirmative et la théorie des compétences implicites doit uniquement permettre une interprétation des textes dans les limites à la fois des fonctions qui sont confiées à l'organisation internationale par l'acte constitutif et de ce qui est nécessaire pour leur exercice par elle[3].

88. Ainsi, une interprétation subjective[4] et fonctionnelle[5] doit être réalisée au cas par cas afin de savoir si l'acte constitutif habilite l'organisation internationale à déléguer une partie de ses compétences. La pratique des organisations internationales permet une telle conclusion. L'utilisation de la force armée, fondée sur le Chapitre VII de la Charte et développée dans la pratique par l'ONU, est un exemple en la matière. En effet, le recours à la théorie des compétences implicites a rendu légitime l'« interprétation « évolutive » »[6] des

---

[1] Conclue à Séoul, le 11 octobre 1985. Voy. SHIHATA, I., « L'Agence multilatérale de garantie des investissements », *A.F.D.I.*, vol. 33, 1987, pp. 601-613.

[2] Notamment en faveur de la Banque internationale pour la reconstruction et le développement (BIRD), ou encore d'autres institutions filières de la banque mondiale. Voy. également l'article 8 du Statut de l'AALCO : « *The Organization may frame such rules as may be considered necessary for carrying into effect the functions and purposes of the Organization* ».

[3] En ce sens, le juge Hackworth a fait observer que « [l]es pouvoirs qui ne sont pas expressément conférés ne sauraient être présumés. [L]es pouvoir présumés découlent de l'octroi de pouvoirs exprès ; n'existent que ceux qui sont « nécessaires » à l'exercice des pouvoirs expressément conférés », *in Opinion dissidente de M. Hackworth*, sous affaire *Réparation des dommages subis au service des Nations Unies*, avis consultatif du 11 avril 1949, *Rec.* pp. 196-204, p. 198. Voy. également, DUPUY, R.-J., « Communauté internationale et disparités de développement. Cours général de droit international public », *R.C.A.D.I.*, vol. 165, 1979, pp. 9-231, p. 81.

[4] DEGAN, V. D., *L'interprétation des accords en droit international*, La Haye, Martinus Nijhoff, 1963, 176 p., pp. 117-137.

[5] *Ibid.*, pp. 137-148.

[6] DENIS, C., *Le pouvoir normatif du Conseil de sécurité des Nations Unies : portée et limites*, Bruxelles, Bruylant, 2004, p. 176 ; DUPUY, R.-J., « Communauté internationale et disparités de développement. Cours général de droit international public », *op. cit.*, p. 81 ; ZAMBELLI, M., *La constatation des situations de l'article 39 de la Charte des Nations Unies par le Conseil de sécurité : le champ d'application des pouvoirs prévus au chapitre VII de la Charte des Nations Unies*, Genève, Helbing & Lichtenbahn, 2002, pp. 72-75. Sur la méthode d'interprétation évolutive voy.

compétences de l'organisation internationale. Selon l'article 42 de la Charte, « [s]i le Conseil de sécurité estime que les mesures prévues à l'article 41 s[o]nt inadéquates ou qu'elles se sont révélées telles, *il peut entreprendre*, au moyen de forces aériennes, navales ou terrestres, *toute action qu'il juge nécessaire* au maintien ou au rétablissement de la paix et de la sécurité internationales. Cette action peut comprendre des démonstrations, des mesures de blocus et d'autres opérations exécutées par des forces aériennes, navales ou terrestres de Membres des Nations Unies ». Cet article, qui confie une compétence de coercition militaire au Conseil de sécurité, doit être combiné avec l'article 43 qui prévoit un régime centralisé de mise en œuvre de cette compétence[1]. L'article 43, paragraphe 1, prévoit en effet que : « [t]ous les Membres des Nations Unies, afin de contribuer au maintien de la paix et de la sécurité internationales, s'engagent à mettre à la disposition du Conseil de sécurité, sur son invitation et conformément à un accord spécial ou à des accords spéciaux, les forces armées, l'assistance et les facilités, y compris le droit de passage, nécessaires au maintien de la paix et de la sécurité internationales ». La combinaison des deux articles nous permet-elle de déduire une habilitation du recours à la délégation de compétences coercitives à des États membres ? La C.I.J. a souligné qu'« on ne peut pas dire que la Charte ait laissé le Conseil de sécurité impuissant [...] en l'absence d'accords conclus en vertu dc l'article 43 »[2]. La pratique et la doctrine permettent d'affirmer qu'il est possible d'admettre une habilitation implicite de déléguer le recours à la coercition armée par le Conseil de sécurité[3]. En effet, la compétence du Conseil de sécurité, selon l'article 42, est une compétence d'exécution[4]. Les États se contentent, dans ce système, de mettre à la disposition du Conseil de sécurité une « force corporative »[5], de sorte

---

BORÉ EVENO, V., *L'interprétation des traités par les juridictions internationales. Étude comparative*, thèse, Université Paris 1 Panthéon-Sorbonne, 2004, 363 p., pp. 184-188.

[1] SICILIANOS, L.-A., « Entre multilatéralisme et unilatéralisme : l'autorisation par le Conseil de sécurité de recourir à la force », *op. cit.*, pp. 110-120.

[2] *Certaines dépenses des Nations Unies*, avis consultatif, 20 juillet 1962, Rec., p. 167.

[3] BALMOND, L., « La sécurité collective, du droit des Nations Unies au droit régional ?», *in* ARCARI, M., BALMOND, L., (dir.), *La sécurité collective entre légalité et défis à la légalité*, *op. cit.*, pp. 45-80, p. 56.

[4] En ce sens KREIPE, N., *Les autorisations données par le Conseil de sécurité des Nations Unies à des mesures militaires, op. cit.*, p. 31.

[5] COMBACAU, J., *Le pouvoir de sanction de l'ONU : étude théorique de la coercition non militaire,* Paris, Pedone, 1974, p. 29.

que la mise en œuvre de ces mesures soit une action du Conseil[1]. Le schéma prévu par la Charte est le suivant : une mise à disposition des contingents militaires des États membres sur le fondement des accords spéciaux prévus par l'article 43 à conclure entre le Conseil de sécurité et les États fournisseurs du contingent militaire ; le contrôle et l'autorité du Conseil de sécurité sur lesdits contingents et la direction militaire du Comité d'état-major[2], organe d'action du Conseil de sécurité[3]. Toutefois, la mise en œuvre des accords prévus par l'article 43 de la Charte est restée lettre morte ; ainsi, aucune armée de l'ONU n'a jamais vu le jour. L'article 47 établissant un Comité d'état-major en charge de la direction stratégique des actions du Conseil de sécurité est devenu de fait inapplicable[4]. Le Conseil de sécurité n'a pas, pour autant, cessé d'exercer la compétence du recours à la force : l'autorisation a été

---

[1] Pour plus de détails voy. CONFORTI, B., FOCARELLI, C., *The Law and Practice of the United Nations*, Leiden, Boston, M. Nijhoff, 5ème éd., 2016, 494 p., pp. 281-318.

[2] Le Comité d'état-major a été institué par la résolution S/RES/1 du 21 janvier 1946. Voy. sur ce Comité voy. NOVOSSSELOFF, A., *Le Comité d'état-major des Nations Unies : histoire d'une institution en sommeil*, Paris, L.G.D.J., 2008, 114 p., pp. 18-20 ; BONNEMAISON, A., *L'Armée internationale et le comité d'Etat-Major (Articles 43 et 47 de la Charte),* thèse, 1952, 362 p.

[3] MARTINEZ, J.-C., « Article 47 », *in* COT, J.-P., PELLET, A., FORTEAU, M., (dir.), *La Charte des Nations Unies. Commentaire article par article, op. cit.,* pp. 1286-1287.

[4] ROSTOW, E. V., « Until What? Enforcement Action or Collective Self-Defense? », *A.J.I.L.*, 1991, pp. 507-508. Le Comité n'a joué pratiquement aucun rôle dans le cadre du chapitre VII et, afin d'actualiser la Charte, le Secrétaire général, K. ANNAN, a proposé de supprimer purement et simplement l'article 47, « tout comme chacune des mentions de ce comité faites aux articles 26, 45 et 46 » (Rapport de Secrétaire général de l'ONU, « Dans une liberté plus grande », 2005, doc, off., A/59/2005 § 219). Dans le « Document final du Sommet mondial de 2005 », les chefs d'État et de gouvernement ont préféré de ne pas trancher définitivement la question. Ils ont prié le Conseil de sécurité « d'examiner la composition, le mandat et les méthodes de travail du Comité d'état-major » (A/RES.60/1, 16 septembre 2005 § 178). Depuis lors et faute d'amendement de la Charte, la question reste en suspens.

le moyen[1] concret qu'il a développé[2] pour *faire faire* ce qu'il ne peut pas faire[3]. L'utilisation du procédé de l'autorisation est une compétence implicite qui est donc née de la nécessité de pallier le sommeil du système originel qui avait été prévu par la Charte[4].

89. La compétence implicite de *faire faire* est fondée sur une interprétation combinée des articles 106 et 42 de la Charte. En effet, l'article 106 est une disposition transitoire de la Charte qui dispose qu'« [e]n attendant l'entrée en vigueur des accords spéciaux mentionnés à l'article 43, qui, de l'avis du Conseil de sécurité, lui permettront de commencer à assumer les responsabilités lui incombant en application de l'article 42, les parties à la Déclaration des Quatre Nations signée à Moscou le 30 octobre 1943 et la France se concerteront entre elles et s'il y a lieu avec d'autres membres de l'Organisation, conformément aux dispositions du paragraphe 5 de cette Déclaration, en vue d'entreprendre en commun, au nom des Nations Unies, toute action qui pourrait être nécessaire pour maintenir la paix et la sécurité internationales ». Cette disposition est intéressante en ce qu'elle établit une solution provisoire qui permet au Conseil de sécurité de faire exercer son pouvoir exclusif de recourir à la force. Elle constitue une délégation de compétence en faveur de certains États en attendant l'établissement de l'armée de l'ONU. Le Conseil de sécurité acquiert

---

[1] COMBACAU, J., SUR, S., *Droit international public*, Paris, Montchrestien, 10ème éd., 2012, p. 651 ; DE WET, E., «The United Nations Collective Security System in 21 St Century : Increased Decentralization Through Regionalization and Reliance On Self-Defence », *in Coexistence, cooperation and solidarity : liber amicorum Rüdiger Wolfrum*, Leiden/Boston, Martinus Nijhoff Publishers, 2012, 2 vol., vol. 2, 2211 p., pp. 1553-1568, p. 1567 : " *the authorization model by means of which the use of military force on behalf of the United Nations is delegated to willing and able States or regional (defence) organisations has become a well established substitute for the Article 43 agreements foreseen in the Charter*".

[2] Un tel procédé n'est d'ailleurs pas en contradiction avec l'esprit de la Charte. Voy. par exemple, à propos de l'autorisation de recours à la force dans la résolution 678 de 1990 lors de la crise du Golf, WECKEL, Ph., « Le chapitre VII de la Charte et son application par le Conseil de Sécurité », *A.F.D.I.*, vol. 37, 1991, pp. 165-202, p. 195 ; ZACKLIN, R., « Les Nations Unies et la crise du Golfe », *in* STERN, B., (dir.), *Les aspects juridique de la crise et de la guerre du Golfe : aspects de droit international public et de droit international privé. op. cit.,* pp. 57-76.

[3] LABOUZ, M.-F., *in* « Table ronde sur le recours à la force comme moyen de faire respecter le droit », *op. cit.*, p. 146.

[4] LE FLOCH, G., « Le principe de l'interdiction du recours à la force a-t-il encore valeur positive ? », *Droit et cultures*, vol. 57, 2009, pp. 49-76.

ainsi une habilitation implicite à déléguer sa compétence coercitive de recours à la force et d'agir dans un cadre décentralisé pour l'exercer[1].

90. L'autorisation de recourir à la force donnée par le Conseil de sécurité démontre ainsi l'évolution des rapports institutionnels entre l'Organisation et les États membres à travers la reconnaissance d'une norme d'habilitation qui permet au Conseil de réaliser une telle délégation. Bien qu'elle ne s'inscrive pas dans le schéma prédictif initialement prévu par la Charte[2], l'autorisation s'appuie concrètement sur la pratique du Conseil[3]. Celui-ci a toujours tenu à démontrer le fondement juridique lui permettant de déléguer une telle compétence en

---

[1] LAGRANGE, Ph., « Sécurité collective et exercice par le Conseil de sécurité du système d'autorisation de la coercition », *op. cit.*, p. 67 ; SAROOSHI, D., *The United Nations and the development of collective security : the delegation by the UN Securtiy Council of its chapter VII powers*, *op. cit.*, pp. 143-153; BLOKKER, N., « Is the Authorization Authorized? Powers and Practice of the UN Security Council to Authorize the Use of Force by "Coalitions of the Able and Willing"», *op. cit.*, pp. 547-549. SICILIANOS, L.-A., « Après l'Irak : vers une redéfinition des pouvoirs du Conseil de sécurité ? », *in* BANNELIER, K., CHRISTAKIS, T., CORTEN, O., KLEIN, P., (dir.), *L'intervention en Irak et le droit international,* Paris, Pedone, 2004, p. 68 : « L'autorisation à une force multinationale (ou à un organisme régional) de recourir à la force [...] est une figure juridique à caractère hybride, en ce sens qu'elle contient à la fois des éléments d'ordre institutionnel et des aspects décentralisés ».

[2] DE HOOGH, A., "Attribution or Delegation of (Legislative) Power by the Security Council? The Case of the United Nations Transitional Administration in East Timor (UNTAET)", *op. cit.,* p. 15.

[3] SICILIANOS, L.-A., « Après l'Irak : vers une redéfinition des pouvoirs du Conseil de sécurité ? », *op. cit.* pp. 59-82.

faisant référence expressément au Chapitre VII[1] ou au Chapitre VIII de la Charte[2].

[1] Voy. par exemple, à propos du Conflit en ex-Yougoslavie les résolutions suivantes : S/RES/770 (1992), 13 août 1992 ; S/RES/787 (1992), 16 novembre 1992 ; S/RES/816 (1993), 31 mars 1993 ; S/RES/836 (1993), 4 juin 1993 ; S/RES/908 (1994), 31 mars 1994 ; S/RES/958 (1994), 19 novembre 1994 ; S/RES/1244 (1999), 10 juin 1999. A propos de Haïti : S/RES/875 (1993), 16 octobre 1993 ; S/RES/917 (1994), 6 mai 1994. A propos de la Côte d'Ivoire : S/RES/1464 (2003), 4 février 2003. A propos de la République démocratique du Congo : S/RES/1671 (2006), 25 avril 2006. A propos de la Somalie : S/RES/1744 (2007), 20 février 2007 ; S/RES/1772 (2007), 20 août 2007. A propos du Soudan : S/RES/1590 (2005), 24 mars 2005 ; S/RES/1663 (2006), 24 mars 2006 ; S/RES/1769 (2007), 31 juillet 2007. A propos du Tchad et de la République centrafricaine : S/RES/1778 (2007), 25 septembre 2007. A propos de la Lybie : S/RES/1973 (2011), 17 mars 2011. Font exception les premières résolutions adoptées par le Conseil de sécurité dans l'affaire de Corée (Résolution 83 du 27 juin 1950 et Résolution 84 du 7 juillet 1950) et dans l'affaire de la Rhodésie du Sud (Résolution S/RES/221 du 9 avril 1966). Sur ces deux affaires, voy. respectivement, LABOUZ, M.-F., *L'Organisation des Nations Unies et la Corée : recherches sur la fiction en droit international public*, Paris, Publications universitaires de Paris, 1980, 382 p et, EISEMANN, P. M., *Les sanctions contre la Rhodésie*, Paris, Pedone, 1972, 154 p.

[2] Voy. notamment les résolutions suivantes : à propos du Conflit en ex-Yougoslavie S/RES/787 (1992), 16 novembre 1992 ; S/RES/816 (1993), 31 mars 1993 ; S/RES/820 (1993), 17 avril 1993. A propos de la situation en Haïti, S/RES/875 (1993), 16 octobre 1993. A propos de la situation en Côte d'Ivoire, S/RES/1464 (2003), 4 février 2003. La pratique juridictionnelle de la C.E.D.H. a également adopté la même qualification, voy. *Behrami c. France, Saramati c. France, Allemagne et Norvège*, requête 71412/01, 78166/01, jugement du 2 mai 2007 § 43.

CHAPITRE II. LES CONDITIONS RELATIVES AU DÉLÉGATAIRE DE L'ORGANISATION INTERNATIONALE

91. En droit international, l'établissement d'une délégation valide de compétence nécessite que le délégataire remplisse deux conditions. En premier lieu, le délégataire d'une organisation internationale doit avoir la capacité juridique d'exercer une compétence par délégation. Cette capacité est supposée acquise pour un État qui serait délégataire. Elle dépendra, en revanche, de l'ordre juridique de l'organisation internationale ou de l'ordre juridique de rattachement de la personne privée, selon que le délégataire est une organisation internationale ou une entité privée[1]. En second lieu, le destinataire d'une délégation de compétence doit être préalablement un sujet incompétent. Dit autrement, sans délégation, pas de compétence du délégataire[2]. En effet, la délégation a une fonction d'habilitation du délégataire qui n'a de sens que si celui-ci n'avait pas la compétence préalable pour agir[3] (Section I). La condition que le destinataire soit incompétent est essentielle à la caractérisation d'une délégation en ce qu'elle singularise et différencie la délégation d'autres mécanismes d'exercice de compétence par l'organisation internationale (Section II).

---

[1] La présente étude exclue cette condition qui nécessite l'analyse au cas par cas de l'ordre juridique de chaque potentiel délégataire.

[2] KIPIANI, P., *Les engagements en matière de pratiques anticoncurrentielles. Analyse des droits français européen et américain*, Paris, Dalloz, 2014, p. 411 : « Une délégation ne peut porter sur une activité qui appartient initialement à la compétence du délégué ».

[3] La validité juridique de l'opération de délégation, examinée à l'égard du destinataire de la délégation, se trouve ainsi fondée par la logique juridique de l'opération de délégation, à savoir le transfert d'une compétence. La logique de l'opération de délégation ne doit pas être confondue avec les raisons implicites de son existence. La raison logique découle de l'existence de l'institution et de sa conception en droit alors qu'une raison implicite découle de l'interprétation d'une norme juridique. En ce sens, à propos de la révision constitutionnelle, CUASTINI, R., *Leçons de théorie constitutionnelle*, traduit de l'italien par CHAMPEIL-DESPLATS, V., Paris, Dalloz, coll. Rivages du droit, 2010, pp. 247-248.

Section I. La condition d'incompétence préalable du délégataire

92. La compétence du délégataire est un effet direct de la délégation[1]. Il a été écrit, à juste titre, que : « [e]n droit public, le terme « délégation » est devenu usuel pour designer l'attribution d'une fonction à une autorité dans un domaine qui ne lui appartient pas en propre »[2]. La délégation en droit public est ainsi conditionnée par l'incompétence préalable du délégataire[3].

93. La même condition s'applique *mutatis mutandis* dans une délégation effectuée par une organisation internationale[4]. Pour le démontrer, il faut d'abord se pencher sur la signification de cette notion

---

[1] En ce sens, mais indirectement, voy., RIVERO, J., *Droit administratif*, Paris, Dalloz, 1960, réédition Dalloz, 2011, p. 211 : « en principe, les compétences doivent être exercées par leur titulaire légal ; elles ne se délèguent pas, sauf autorisation expresse de la loi ; l'acte pris en vue d'une délégation illégale émane donc d'un agent incompétent ». Voy. également, DELVOLVE, J., *Les « Délégation de Matières » en Droit Public*, Paris, Sirey, 1930, 354 p., p. 3 ; VANIER, L., *L'externalisation en matière administrative. Essai sur la transposition d'un concept*, Paris, Dalloz, 2017, 760 p., pp. 386-387.

[2] REYMOND, O-L., *La délégation du pouvoir de légiférer. Sa nature juridique d'après la pratique des autorités fédérales,* thèse, Université de Berne, 1950, pp. 23-24.

[3] En ce sens, DELVOLVE, J., *Les « Délégation de Matières » en Droit Public*, Paris, Sirey, 1930, 354 p., p. 3 ; COSSALTER, Ph., *Délégations d'activités publiques dans l'Union européenne, op. cit.*, p. 13. Voy. également les Conclusions du commissaire du gouvernement Romieu sur l'affaire CE, 2 décembre 1892, *Mogambury, Rec. Leb.*, pp. 836-842, sp. p. 839 : « Le droit de délégation n'est autre chose que le droit de conférer certaines attributions à un fonctionnaire autre que celui qui en est le titulaire ».

[4] Voy. en ce sens GESLIN, A., « Le pouvoir d'habilitation du Conseil de sécurité : la délégation des pouvoirs du Conseil aux organisations internationales », *R.B.D.I.*, 2004/2, pp. 484- 497, p. 491 : « seule l'habilitation est susceptible de conférer à l'intervention coercitive de l'organisation régionale un fondement juridique. Cela relève de la logique même de la délégation de pouvoirs : l'organisation internationale ne peut pas, de manière licite, agir sans texte ». Voy. également COMBACAU, J. *Le pouvoir de sanction de l'ONU : étude théorique de la coercition non militaire, op. cit.*, p. 266 : « [un acte de sanction] ne peut constituer une habilitation que si celle-ci est nécessaire aux agents d'exécution pour appliquer la sanction ; il est évident en effet que les Nations Unies n'ont pas à donner aux agents le pouvoir d'agir quand ceux-ci l'ont déjà ; il n'est pas nécessaire par exemple que le Conseil de sécurité habilite les Etats à rompre les relations diplomatiques avec l'Etat sanctionné, étant donné qu'ils ont le droit de le faire discrétionnairement ».

d'incompétence (Paragraphe 1), avant d'expliquer les fondements de l'incompétence du délégataire (Paragraphe 2).

Paragraphe 1. La notion d'incompétence

94. Définition. L'incompétence est définie au sens juridique comme l'« inaptitude d'une autorité publique à accomplir un acte juridique »[1]. En effet, si la compétence est « le pouvoir d'accomplir certains actes juridiques »[2], l'incompétence se traduit, à l'inverse, comme l'incapacité de pouvoir réaliser de tels actes. Ainsi, un sujet incompétent dans un domaine déterminé ne peut accomplir un acte juridique dans ce domaine[3]. Le droit public français distingue l'incompétence du fait de l'absence totale d'un titre de compétence (« incompétence par défaut de compétence »[4]), de la compétence qui résulte du dépassement par une autorité de sa propre compétence ou de la méconnaissance de l'étendue de celle-ci (« incompétence pour erreur dans la compétence »[5]). Le droit public français place ainsi l'incompétence dans la théorie de l'acte juridique. Mais, seule la notion de compétence est placée au cœur de l'existence et de la validité d'un acte juridique, et non pas la notion d'incompétence. Cette dernière ne retient l'attention de la doctrine que pour contester l'existence[6] ou la validité d'un acte juridique[7].

---

[1] CORNU, G., *Vocabulaire juridique*, *op. cit.*, entrée « Incompétence ».

[2] BOURQUIN, M., « Règles générales du droit de la paix », *R.C.A.D.I.*, 1931-I., vol. 35, pp.1-232, sp. p. 112.

[3] GAUDEMET, Y., *Traité de droit administratif, Tome 1. Droit administratif général*, Paris, L.G.D.J., Paris, 16ème éd., 2001, p. 601.

[4] Celle-ci recouvre l'empiètement sur la compétence d'une autre autorité, l'incompétence *rationae temporis* et l'intervention de personnes privées non habilitées à certaines fonctions d'après UBAUD-BERGERON, M., « L'incompétence », *in La compétence. Acte du colloque organisé les 12 et 13 juin 2008 par l'A.F.D.A.*, Paris, Lexis Nexis, 2008, p. 150.

[5] Elle serait une atteinte à la répartition des compétences entre autorités, d'après UBAUD-BERGERON, M., *ibid.*, p. 157.

[6] Il s'agit ici d'inexistence juridique. En effet, la doctrine distingue généralement deux cas d'inexistence en droit administratif français : inexistence matérielle et inexistence juridique ; sur cette distinction voy. AUBY, A.-M., *La théorie de l'inexistence des actes administratifs*, Paris, Pedone, 1951.

[7] Par exemple, LAFERRIERE, E., *Traité de la juridiction administrative et des recours contentieux*, Tome II, Paris, Berger-Levrault, 2ème éd., 1896, pp. 469-470 ; JEZE, G., *Les principes généraux du droit administratif*, tome 2, Paris, Giard, 1926, réédition Dalloz, 2004, p. 296 ; RIVERO, J., *Droit administratif*, *op. cit.*,

95. Il semble que la doctrine accorde peu d'importance à cette notion d'incompétence en raison de son évidence dans l'opération de délégation[1]. On le devine d'après la littérature relative à la délégation. Toutefois, de rares citations évoquent, de manière indirecte, la condition d'incompétence préalable du délégataire : celle du commissaire du gouvernement Romieu dans ses conclusions sous l'affaire *Mogambury* s'inscrit dans ce sens : « (l)e droit de délégation n'est autre chose que le droit de conférer certaines attributions à un fonctionnaire autre que celui qui en est le titulaire »[2]. René Malliavin écrit également, à propos d'une délégation irrégulière, qu'« elle ne peut conférer à ceux auxquels elle est faite aucune compétence juridique [...] »[3]. L'auteur conclut que « celui qui a reçu une délégation irrégulière est incompétent »[4].

96. Incompétence en droit international. L'incompétence est une notion connue en droit international, et fréquemment utilisée tant par la jurisprudence[5] que par la doctrine[6]. Néanmoins, le terme n'a en soi, à

---

pp. 209- 210 ; CHAPUS, R., *Droit administratif général. Tome 1*, Paris, Montchrestien, 15ème éd., 2001, pp. 1024-1030 ; FRIER, P-L., PETIT, J., *Droit administratif*, Paris, Montchrestien, 10ème éd., 2015, pp. 551-552.

[1] Puisque l'objectif de l'opération de délégation est de permettre à un sujet d'exercer une compétence appartenant à un autre sujet.

[2] ROMIEU, J., *Conclusions* sur C.E., 2 décembre 1892, *Mogambury*, *Rec. Leb.*, pp. 836-842, sp. p. 838. Voy. également les conclusions du même Commissaire du gouvernement Romieu, à propos de la délégation des pouvoirs législatifs en droit interne, dans l'affaire C.E. 4 mai 1906, *Babin*, n° 10206.

[3] MALLIAVIN, R., *La délégation en droit public*, *op. cit.*, p. 137. Voy. également dans le même sens, GARAGNON, J., ROUSSET, M., *Droit administratif marocain*, Rabat, Edition La Porte, 6ème éd., 2003, 880 p., p. 732 ; WADE, H.W.R., FORSYTH, C. F., *Administrative Law*, Oxford, O.U.P., 9ème éd., 2004, p. 320.

[4] MALLIAVIN, R., La délégation en droit public, op. cit., p. 153.

[5] La jurisprudence internationale a été saisie, à plusieurs reprises, notamment pour des questions relatives à la compétence des organisations internationales et indirectement à son incompétence. Voy. entre autres, C.P.J.I., *Compétence de l'organisation internationale du travail pour réglementer accessoirement le travail personnel du patron*, 23 juillet 1926, série B., n° 13 ; C.P.J.I., *Compétence de la Commission européenne du Danube entre Galatz et Braïla*, 8 décembre 1927, Série B, n° 14 ; C.I.J., *Réparation des dommages subis au service des Nations Unies*,11 avril 1949 ; C.I.J., *Compétence de l'Assemblée générale pour l'admission d'un Etat aux Nations Unies*, 3 mars 1950 ; C.I.J., *Licéité de l'utilisation des armes nucléaires par un État dans un conflit armé (OMS)*, 8 juillet 1996.

[6] La doctrine évoque souvent le terme « incompétence » comme l'effet ou la conséquence de l'application d'un régime juridique déterminé. Voy. par exemple la

notre connaissance, jamais fait l'objet d'une étude autonome. À l'instar du droit interne, le droit international ne traite pas directement de la condition d'incompétence comme condition préalable d'existence d'un acte juridique. Elle est indiquée comme une négation de la compétence. Son évocation renvoie ainsi à un défaut d'aptitude légale ou de base légale permettant l'agissement du sujet de droit international[1].

97. Concrètement, on peut distinguer l'incompétence *personae* ou subjective d'un sujet qui détient une compétence en propre, mais qui ne peut agir pour une autre entité s'il n'a pas reçu délégation en ce sens, de l'incompétence générale ou objective, qui correspond à l'incompétence d'un sujet à agir même en son nom et pour son propre compte et *a fortiori* au nom et pour le compte d'un autre sujet sans avoir reçu délégation. L'illustration archétypale de l'incompétence générale ou objective d'un sujet est celle du recours à la force en droit international. L'usage de la force armée est en effet prohibé de manière générale en droit international, autrement dit, un État ou une organisation internationale ne peut user de la force armée que ce soit pour soi-même ou pour le compte d'un autre sujet, exception faite de la légitime défense.

Un exemple de sujet incompétent *personae* est l'État ou l'organisation internationale compétent(e), à conclure des traités pour leur propre compte, mais qui est incompétent *subjectivement* ou *personae* pour agir au nom et pour le compte d'un autre État ou organisation internationale. C'est la délégation qui permet au délégataire d'être compétent pour agir. Tel est le cas de l'Union européenne qui a délégué à la France et à l'Italie la compétence de

---

thèse de Jean DUFFAR, *Contribution à l'étude des privilèges et immunités des organisations internationales*, Paris, L.G.D.J., 1982, 391 p., pp. 60-63, qui évoque « l'incompétence des juridictions nationales » comme une « conséquence logique et dynamique» de l'application du principe d'immunité.

[1] BINDSCHEDLER, R. L., « La délimitation des compétences des Nations Unies », *R.C.A.D.I.*, vol. 108, 1963, pp. 307-422, p. 314 ; VIRALLY, M., « Les actes unilatéraux des organisations internationales », *op. cit.*, pp. 258-259 ; MOUSSE, J., *Le contentieux des organisations internationales et de l'Union européenne*, Bruxelles, Bruylant, 1997 p. 426 ; SALMON, J., *Dictionnaire de droit international public*, *op. cit.*, entrée « Incompétence », p. 567.

conclure des traités en son nom et pour son compte avec Monaco[1], le Vatican[2] et la République de Saint Marin[3].

Citons également le Comité européen pour la prévention de la torture et des peines ou traitements inhumains ou dégradants (C.P.T.), créé par la Convention européenne de 1987 pour la prévention de la torture et des peines ou traitements inhumains ou dégradants[4], et pour lequel est prévu dans l'article 2 de la Convention que : « [c]haque Partie autorise la visite, conformément à la présente Convention, de tout lieu relevant de sa juridiction où des personnes sont privées de liberté par une autorité publique ». Selon cet article, l'inspection des lieux de détention des États parties à la Convention de 1987 est de la compétence de la C.P.T., mais pour son propre compte uniquement. Les juridictions pénales internationales ayant fait appel au C.P.T., ont cependant conclu des accords afin de lui confier par délégation le contrôle de l'exécution des peines prononcées[5]. Ainsi, dans un échange de lettres entre le T.P.I.Y. et le CPT, a été convenu que : « [l]e CPT [peut] assister le Tribunal International dans le contrôle des conditions de détention et du traitement de certaines Personnes condamnées exécutant leurs peines sur le territoire des Parties [...] à la Convention européenne pour la prévention de la torture et des peines ou traitements inhumains ou dégradants »[6]. Cet accord a permis ainsi au C.P.T. d'agir par délégation

---

[1] Convention monétaire entre le gouvernement de la République française, au nom de la Communauté européenne, et le gouvernement de Son Altesse Sérénissime le Prince de Monaco, *J.O.* L 142 du 31.05.2002.

[2] Convention monétaire entre la République italienne, au nom de la Communauté européenne, et l'État de la Cité du Vatican, représenté par le Saint-Siège, *J.O.* C 299 du 25.10.2001.

[3] Convention monétaire entre la République italienne, au nom de la Communauté européenne, et la République de Saint-Marin, *J.O.* C 209 du 27.07.2001.

[4] STE n° 126, entrée en vigueur le 1er février 1989.

[5] Voy. *Échange de lettres entre le T.P.I.Y. et le CPT concernant le contrôle des conditions de détention et du traitement de certaines personnes condamnées par le Tribunal*, 7 et 24 novembre 2000 (en ligne : https://rm.coe.int/16806db90b) ; *Échange de lettres avec la C.P.I. sur le contrôle du traitement des personnes condamnées par la Cour* (en ligne : https://rm.coe.int/pdf/1680765d7a). Plusieurs accords d'exécution des peines prononcées par les juridictions pénales internationales ont désigné le CPT comme autorité d'inspection, voy. par exemple, l'article 6 de l'Accord entre les Nations Unies et le Royaume-Uni régissant l'exécution des peines imposées par le T.P.I.Y., 11 mars 2004.

[6] Annexe 5 du 11ème rapport général d'activités du CPT couvrant la période du 1er janvier au 31 décembre 2000, doc. off., CPT/Inf (2001) 16.

pour le compte du T.P.I.Y. lorsque la détention a lieu dans le territoire d'un État membre à la Convention de 1987[1].

98. La condition d'incompétence préalable est donc nécessaire pour l'établissement d'une délégation valable permettant à un sujet inapte originellement d'exercer une nouvelle compétence[2].

Paragraphe 2. Les fondements de l'incompétence

99. L'incompétence du sujet délégataire a pour fondement son propre ordre juridique (A) et/ ou l'ordre juridique international (B). Notons qu'il peut y avoir aussi bien un que plusieurs fondements à l'incompétence. L'identification de celui-ci dans un ordre juridique n'exclut pas en effet qu'il n'y en ait pas dans un autre. Ainsi, l'interdiction pour un Etat ou une organisation internationale d'intervenir dans les affaires internes d'autres États a pour fondement l'ordre juridique international[3] et certains ordres juridiques internes[4].

A. Une incompétence sur le fondement de l'ordre juridique du délégataire

100. Le fondement de l'incompétence varie en fonction de la nature du destinataire de la délégation. Lorsque ce dernier est un État ou une de ses personnes privées, l'incompétence trouve son fondement dans l'ordre juridique étatique. En revanche, lorsque le destinataire de la délégation est une organisation internationale, le fondement de l'incompétence est à chercher dans l'ordre juridique interne de cette organisation. Seul ce dernier cas nécessite des développements particuliers.

101. Le cas particulier d'une organisation internationale délégataire. On l'a déjà dit, l'organisation internationale n'a comme compétences que celles qui lui ont été attribuées par son statut ou qui

---

[1] En ce sens, SNACKEN, S., KIEFER, N., "Oversight of international imprisonment: the Committee for the Prevention of Torture", *op. cit.*, p. 329.

[2] Le Professeur Rivier écrit en ce sens, à propos de la délégation des opérations d'inspection en haute mer par le Conseil de sécurité aux États, qu'une telle délégation permet aux États destinataires de « mener des opérations de police qu'ils ne sont pas autrement compétents à déployer », *in* RIVIER, R., *Droit international public*, Paris, Puf, 3ème éd., 2017, p. 747.

[3] Voy. la résolution 2625 (XXV) de l'Assemblée générale du 24 octobre 1970.

[4] Voy. par exemple, l'article 3 lettre e de la Charte de l'Organisation des États américains, adopté le 30 avril 1948 et réformée en 1967, 1985, 1992 et 1993.

ressortent des objectifs et fonctions fixés par celui-ci[1]. L'incompétence d'une organisation internationale est ainsi inversement déduite des attributions explicitement indiquées dans le traité constitutif, et de celles qui sont nécessaires à sa mission[2]. Cette incompétence doit donc être abordée dans le cadre du principe de spécialité[3], qui régit l'étendue de l'exercice des compétences fonctionnelles de l'organisation internationale [4]. Rappelons qu'au-delà des limitations imposées par la spécialité accordée à l'organisation par les États fondateurs, les actes de l'organisation internationale sont considérés comme *ultra vires*[5].

102. Illustrations. La lecture de l'article 1 d) du Statut du Conseil de l'Europe, qui dispose que « [l]es questions relatives à la Défense nationale ne sont pas de la compétence du Conseil de l'Europe », dévoile un exemple d'incompétence explicitement prévue par l'acte constitutif d'une organisation. L'analyse de l'article 5 du traité C.E. permet, quant à lui, de déduire une incompétence implicite issue du principe de spécialité. Il dispose en effet que : « la Communauté agit dans les limites des compétences qui lui sont conférées et des objectifs qui lui sont assignés par le présent traité ». La Communauté serait donc incompétente pour les questions non prévues par les traités constitutifs ou qui ne découlent pas de ceux-ci. On peut également citer l'article 4 (h) de l'acte constitutif de l'U.A. qui permet à l'organisation internationale « d'intervenir dans un Etat membre sur une décision de la Conférence, dans certaines circonstances graves, à savoir : les crimes de guerre, le génocide et les crimes contre l'humanité ». Ainsi, à l'exception de cas expressément énoncés, l'U.A. serait incompétente pour intervenir dans les affaires intérieures d'un de ses États membres[6].

---

[1] Pour plus de détail, voy. AUDEOUD, O., La détermination des compétences des organisations internationales, op. cit., 68-91.

[2] Voy. ALLAND, D., *Manuel de droit international public*, Paris, Puf, 3ème éd., 2016, p. 79 : « il est clair que ce que les organisations internationales peuvent faire ou ne pas faire dépend tout simplement de ce que les États ont inscrit dans leur charte constitutive et la manière dont elle est interprétée ».

[3] CHAUMONT, Ch., « La signification du principe de spécialité des organisations internationales », *in Mélanges offerts à Henri Rolin*, Paris, Pedone, 1964, pp. 55-66.

[4] Voy. sur la doctrine fonctionnelle, VIRALLY, M., « La notion de fonction dans la théorie de l'organisation internationale », *op. cit.*, pp. 277-300.

[5] En ce sens voy. T.P.I.Y., *Procureur c/ Dusko Tadic, alias "dule"*, 2 oct. 1995, Arrêt Relatif à l'Appel de la Défense concernant l'Exception Préjudicielle d'Incompétence § 28 ; T.P.I.Y., *Procureur c/ Dusko Tadic, alias "dule"*, 10 août 1995, décision relative à l'exception préjudicielle d'incompétence soulevée par la défense n° IT-94-1-T § 15.

[6] Il est à noter que l'article 3 (2) de la Charte de l'OUA, adopté en 1963, prévoyait la même restriction.

103. Le juge international est souvent celui qui révèle l'incompétence de l'organisation en cas de conflit. Tel est le cas, par exemple, de l'avis du 28 mars 1996 de la C.J.C.E.[1] qui estimait que la Communauté européenne est incompétente pour conclure une convention internationale en matière de droits de l'homme et que, par conséquent, la Communauté ne pouvait adhérer à la Convention E.D.H. Il en est de même de l'avis consultatif du 8 juillet 1996 de la C.I.J. qui, en interprétant la constitution de l'O.M.S., a considéré que l'organisation ne possède pas la compétence requise pour saisir la Cour d'une question relative à l'emploi et à l'usage de l'arme nucléaire[2].

B. Une incompétence sur le fondement de l'ordre juridique international

104. L'ordre juridique international peut aussi être le fondement de l'incompétence du délégataire. Tous les sujets de l'ordre juridique international, destinataires d'une délégation (État, organisation internationale ou encore personne privée), ont des obligations issues du droit international général qui circonscrivent leur liberté d'action et établissent des « domaines d'incompétence ». Ces incompétences trouvent ainsi leur source dans une règle conventionnelle ou coutumière du droit international. L'interdiction de recourir à la force est particulièrement remarquable en ce qu'elle est prévue à la fois dans un texte conventionnel, la Charte de l'ONU[3], et consacrée comme une règle coutumière du droit international général[4]. Elle s'adresse donc aux États, aux organisations internationales[5], voire aux acteurs non étatiques, telles que les sociétés militaires privées[6].

105. Citons également l'incompétence préalable des États et des opérateurs publics ou privés formulée dans le libellé de l'article 137 de la C.N.U.D.M.[7] qui précise que : « [u]n Etat ou une personne physique

---

[1] C.J.C.E., 28 mars 1996, Adhésion de la Communauté à la convention de sauvegarde des droits de l'homme et des libertés fondamentales, avis 2/94.

[2] C.I.J., *Licéité de l'utilisation des armes nucléaires par un État dans un conflit armé (OMS)*, avis consultatif du 8 juillet 1996 § 32.

[3] L'article 2 paragraphe 4 de la Charte.

[4] C.I.J. *Activité militaire et paramilitaire au Nicaragua*, arrêt du 27 juin 1986 (fond), rec., 1986, p. 100 § 190.

[5] C.I.J., *Interprétation de l'accord du 25 mars 1951 entre l'OMS et l'Égypte,* avis du 20 décembre 1980, Rec. p.73, pp. 89-90 §. 37.

[6] COMBACAU, J., SUR, S., *Droit international public*, 12ème éd., 2016., p. 631.

[7] La C.N.U.D.M. a été conclue à *Montego Bay* le 10 décembre 1982 et est entrée en vigueur le 16 novembre 1994, *R.T.N.U.*, vol. 1834, n° I-31363.

ou morale ne revendique, n'acquiert ou n'exerce de droits sur les minéraux extraits de la Zone que conformément à la présente partie. Les droits autrement revendiqués, acquis ou exercés ne sont pas reconnus ». Dit autrement, aucun État ou personne morale n'a de compétence en matière d'exploration ou d'exploitation des fonds marins qui ne soit octroyée sur le fondement de la C.N.U.D.M.

106. Quel que soit l'ordre juridique dont elle est issue, il ressort de nos précédentes analyses que l'incompétence préalable du délégataire est une condition *sine qua none* de l'existence de la délégation.

Section II. L'intérêt de la notion d'incompétence préalable pour la théorie de la délégation

107. L'incompétence du délégataire comme préalable au mécanisme de délégation revêt une double importance en ce qu'elle conduit à singulariser l'opération de délégation (Paragraphe 1), et probablement aussi à conditionner son maintien (Paragraphe 2).

Paragraphe 1. L'incompétence du délégataire comme élément de singularisation de la délégation

108. La condition d'incompétence préalable du délégataire est essentielle à la singularisation du procédé de délégation par rapport aux autres mécanismes juridiques d'exercice de compétence. Elle est en effet absente dans les autres modes d'exercice de compétences tels que la coopération (A), le partenariat (B), le dédoublement fonctionnel (C) et l'autorisation (D).

A. La coopération

109. Le Petit Robert définit le terme coopération comme : l'« [a]ction de participer à une œuvre commune »[1]. Dans le dictionnaire juridique dirigé par Jean Salmon, le terme est défini, dans un sens similaire à celui donné à la notion de coordination, comme étant l'« [a]ction de travailler conjointement avec d'autres »[2]. De même, à la lecture des textes internationaux officiels faisant emploi du terme coopération, il apparaît que cette dernière « comporte en général la mise en œuvre internationale de certains moyens (matériels, financiers et

[1] *Le Petit Robert*, 2012, p. 540.

[2] SALMON, J., *Dictionnaire de droit international public*, *op. cit.*, entrée « Coopération », p. 268.

humains) pour atteindre, grâce à leur réunion, un objectif commun »[1]. Ce sont des définitions larges du terme coopération qui peuvent inclure tout rapport comportant l'exercice d'une compétence de l'organisation avec un autre sujet[2], tel la consultation[3] la coordination[4], le partenariat[5], la collaboration[6], l'assistance[7], la délégation[8], l'externalisation[9],

---

[1] D'après, TOUSCOZ, J., *La coopération scientifique internationale,* Paris, Éditions Techniques et économiques, 1973, 395 p., p. 17.

[2] BOISSON DE CHAZOURNES, L., "Relations with Other International Organizations" *in* COGAN, J.K., HURD, I. & JOHNSTONE, I., (dir.), *The Oxford Handbook of International organizations*, Oxford, Oxford University Press, 2016, 1244 p., pp. 691-711, p. 691.

[3] Supplément à l'agenda pour la paix (1995) A/50/60-S/1995/1 § 81 et *passim.*

[4] REYE, S., *La coordination des activités normatives des organisations internationales : le cas des organisations n'appartenant pas à la même « famille »*, thèse, Université Paris 2, 1984, 318 p., *passim* ; DANNENBERG, G., « Quelques remarques sur la coordination conventionnelle entre organisations internationales », *op. cit.* ; NGUENA DJOUFACK, A. L., « La coordination entre les organisations régionales en Afrique occidentale et centrale », *Revue juridique et politique des États francophones*, 72ème année, n° 1 (janvier-Mars 2018), pp. 3-27.

[5] CLARKE, L., *Public-private partnerships and responsibility under international law, a global health perpective*, New York, Routledge, 2014, 252 p. voy. également Coopération entre l'Organisation des Nations Unies et les organisations régionales ou autres, Rapport du Secrétaire général, doc. off., A/67/280–S/2012/614.

[6] VIRALLY, M., « Les relations entre organisations régionales et organisations universelles », *in* SFDI, *Régionalisme et universalisme dans le droit international contemporain*, Paris, Pedone, 1977, pp. 147-165, sp. pp. 158-159 ; PEYRO LIOPIS, A., *Force, ONU et organisations régionales*, Bruxelles, Bruylant, 2012, pp. 208-211.

[7] PEYRO LIOPIS, A., *Force, ONU et organisations régionales*, *ibid.*, p. 206 et p. 209.

[8] NOVOSSELOFF, A., « La coopération entre l'Organisation des Nations Unies et les institutions européennes de sécurité. Principes et perspectives », *A.F.R.I.*, vol. II., 2001, pp. 594-612, p. 603 ; HAWKINS, D. G., LAKE, D. A., NIELSON, D. L., TIERNEY, M. J., "Delegation under anarchy : states, international organizations, and principal-agent theory", *in* HAWKINS, D. G., LAKE, D. A., NIELSON, D. L., TIERNEY, M. J., (dir.), *Delegation and Agency in International Organizations*, Cambridge, Cambridge University Press, 2006, 406 p., pp. 3-38, p. 10.

[9] MARTENCZUK, B., « Migration Policy and EU External Relations », *in* AZOULAI, L., DE VRIES, K., (dir.), *EU Migration Law : Legal Complexities and Political Rationales*, Oxford, Oxford University Press, 2014, 226 p., pp. 69-105.

la participation[1], la décentralisation[2], la gestion conjointe[3], l'appui opérationnel[4] ou diplomatique[5], etc. Le supplément à l'Agenda pour la Paix de 1995 illustre clairement le polymorphisme du terme « coopération » :

> « [l]a coopération entre l'ONU et les organisations régionales revêt différentes formes. On peut en citer au moins cinq : a) La consultation [...] b) L'appui diplomatique [...] c) L'appui opérationnel [...] d) Le codéploiement [...] e) Les opérations conjointes »[6].

110. Un sens restrictif de la coopération permet toutefois de la distinguer d'autres mécanismes, en l'occurrence, de la délégation. Elle serait définie comme une conjonction de compétences que différents sujets utiliseraient dans un esprit de solidarité internationale. Dès lors, elle s'avère être un moyen efficace pour que deux ou plusieurs sujets puissent exercer leurs compétences[7] à travers le partage ou la division des tâches entre différents sujets ayant des intérêts communs[8]. Cette répartition des tâches est caractéristique du mécanisme de coopération tel qu'il puisse être décrit dans certains accords ou *memoranda* relatifs à la consultation sur des sujets d'intérêt commun[9] ; la mise en place de

---

[1] El BOUDOUHI, S., « Les qualités autres que celle(s) de membre », *in* LAGRANGE, E., SOREL, J-M., *Traité de droit des organisations internationales*, *op.cit.*, pp. 350-371, p. 351.

[2] SICILIANOS, L-A., « Entre multilatéralisme et unilatéralisme : L'autorisation par le Conseil de sécurité de recourir à la force », *op. cit*, *passim.*

[3] RICHARD, V., *La coopération sur la gestion des cours d'eau internationaux en Asie*, Paris, La Documentation Française, 2005 p. 34 ; *Supplément à l'agenda pour la paix*, 25 janvier 1995 § 86, doc. off., A/50/60-S/1995/1.

[4] *Supplément à l'Agenda pour la Paix,* 25 janvier 1995, doc. off., A/50/60-S/1995/1§ 86.

[5] *Idem.*

[6] *Idem.*

[7] Voy., en ce sens, BOISSON DE CHAZOURNES, L., " Relations with Other International Organizations", *op. cit.*, pp. 691-711; NGUENA DJOUFACK, A. L., « La coordination entre les organisations régionales en Afrique occidentale et centrale », *op. cit.*

[8] Voy. par exemple, l'article 2 de *l'Accord Général de Coopération entre le FAO et l'O.I.E.*, adopté le 24 mai 2004.

[9] Voy. par exemple, l'article premier de l'*Accord Général de Coopération entre le FAO et l'O.I.E.),* adopté le 24 mai 2004 ; l'article 3 §2 de *l'Accord sur les relations entre l'Organisation des Nations Unies et l'Autorité Internationale des fonds marins* ; *Mémorandum d'Accord entre la Commission Océanographique Intergouvernementale de l'UNESCO et l'A.I.F.M.*; le point 1 du *Memorandum of*

projet commun[1] ; les échanges de données et d'informations initialement obtenues par l'une ou l'autre des parties [2] ; des études conjointes[3] ; le partage d'expérience[4] ou enfin l'organisation de séminaires sur des sujets d'intérêt commun avec intervention de représentants de chacune des parties[5]. Dans de tels accords, la condition d'incompétence préalable ne peut exister puisque l'objectif de la coopération est précisément « d'éviter les chevauchements »[6] de compétences entre les parties. La relation entre ces parties atteste que leur coopération ne peut être assimilée à une délégation, car, à l'inverse, l'organisation internationale ne confie pas ses compétences à un autre sujet, mais les exerce en association avec le sujet qui est également

---

understanding between the International Cable Protection Committee and the International Seabed Authority ; le point 1 du *Memorandum of understanding between the OSPAR Commission and the International Seabed Authority* ; les articles 1 et 2 de la *Cooperation Agreement between the Association of Southeast Asian Nations (ASEAN) Secretariat and the International Labour Office*, 20 mars 2007.

[1] *Mémorandum d'Accord entre la Commission Océanographique Intergouvernementale de l'UNESCO et et l'A.I.F.M.*

[2] Voy. par exemple l'article 4 §1 et l'article 7 de l'*accord sur les relations entre l'Organisation des Nations Unies et et l'A.I.F.M.* ; *Mémorandum d'Accord entre la Commission Océanographique Intergouvernementale de l'UNESCO et l'Autorité Internationale des fonds marins* ; les points 3 et 4 du *Memorandum of understanding between the International Cable Protection Committee and the International Seabed Authority* ; le point 3 du *Memorandum of understanding between the OSPAR Commission and the International Seabed Authority* ; l'article 3 de la *Cooperation Agreement between the Association of Southeast Asian Nations (ASEAN) Secretariat and the International Labour Office*, 20 mars 2007.

[3] *Mémorandum d'Accord entre la Commission Océanographique Intergouvernementale de l'UNESCO et l'A.I.F.M* ; Point 2 et 5 du *Memorandum of understanding between the OSPAR Commission and the International Seabed Authority* ; l'Article 4 de la *Cooperation Agreement between the Association of Southeast Asian Nations (ASEAN) Secretariat and the International Labour Office*, 20 mars 2007 ; l'*Accord de coopération et d'assistance conclu entre l'UE et la CPI*, 28 avril 2006, Journal officiel n°. L 115 p. 49 à 56.

[4] *Renforcement de la C.P.I. et de l'Assemblée des États Parties*, résolution adoptée le 10 décembre 2010, doc. off., ICC–ASP/9/Res.3 § 11.

[5] *Mémorandum d'Accord entre la Commission Océanographique Intergouvernementale de l'UNESCO et et l'A.I.F.M.* ; le poitnt 2 du *Memorandum of understanding between the International Cable Protection Committee and the International Seabed Authority* ; les points 2 et 5 du *Memorandum of understanding between the OSPAR Commission and the International Seabed Authority*.

[6] *Accord sur les relations entre l'Organisation des Nations Unies et l'A.I.F.M.*, art.3. Voy. BOISSON DE CHAZOURNES, L., "Relations with Other International Organizations", *op. cit.*, pp. 691-711.

compétent[1]. Ces deux parties mettent en commun des compétences déjà détenues et, tout en conservant celles-ci, interagissent et se partagent des domaines d'action distincts.

B. Le partenariat public-privé

111. Les partenariats public-privé (PPP) sont des manifestations de coopération spécifique entre une organisation internationale et un ou plusieurs acteurs du secteur privé, tels qu'une ONG, une société privée, une fondation philanthropique ou encore un institut de recherche privé afin de pallier une insuffisance institutionnelle ou logistique de l'organisation dans un domaine déterminé[2]. Edouard Fromageau distingue trois caractéristiques communes aux partenariats public-privé : « une relation *volontaire de collaboration* entre des *acteurs de nature publique et privée* travaillant ensemble dans la poursuite d'un *but commun et public* »[3].

112. Comme l'observe une partie de la doctrine, dans le contexte actuel, les partenariats ne correspondent à aucune forme juridique particulière, mais comprennent une grande variété de relations organisationnelles[4]. Cependant, il est possible de distinguer essentiellement deux formes de partenariats de l'organisation internationale.

113. Premièrement, le partenariat d'exécution. Il est souvent hébergé au sein de l'organisation internationale participante[5]. Dans ce cas, il est,

---

[1] JACOB, P., « La mise en œuvre des normes et opération de l'organisation internationale », *in* LAGRANGE, E., SOREL, J-M., *Traité de droit des organisations internationales*, *op.cit.*, pp. 861-890, p. 887.

[2] Voy. CLARKE, L., « Responsibility of International Organizations under International Law for the Acts of Global Health Public- Private Partnerships », *C.J.I.L.*, vol. 12, 2011, n° 1, pp. 55-84, p. 56.

[3] FROMAGEAU, E., *La théorie des institutions du droit administratif global : étude des interactions avec le droit international public*, *op. cit.*, p. 178, *italique dans le texte (nous soulignons)*. Voy. également, le Rapport du Secrétaire général intitulé « Renforcement de la coopération entre l'Organisation des Nations Unies et tous les partenaires concernés, en particulier le secteur privé », 10 août 2005 § 8, doc. off., A/60/214 ; Bureau international du travail, 301ème session, mars 2008, doc. off. GB.301/TC/1 ; *Stratégie de partenariats de L'OIM avec le secteur privé pour 2016-2020*, 18 septembre 2015, doc. off. C/106/INF/16.

[4] ABBOTT, K. W., "Public Private Partnership", *Max Planck Encyclopedia of Public International Law*, 2008 § 7.

[5] L'organisation internationale hébergeante « met à [la] disposition [de son partenaire] ses locaux, lui apporte un soutien matériel, logistique et administratif, mais aussi lui

sans équivoque, un partenariat d'association sans transfert de compétence. L'organisation internationale encadre, accompagne ou coordonne l'action de ses partenaires privés, sans qu'il y ait de prise en charge d'une quelconque fonction de l'organisation par lesdits partenaires[1]. Tel est le cas du partenariat organisé par la BIRD, une agence spécialisée de l'ONU, financée par des investissements privés, afin d'assurer la gestion financière de projets dans plusieurs États membres de l'ONU et de les aider dans leur reconstruction économique. Ce partenariat s'est traduit concrètement par un « échang[e] de personnel [de la Banque et des États] pour une période de deux ans, dans l'espoir de nouer des relations de longue durée, de favoriser les échanges culturels et de perfectionner le[s] compétences respectives » des employés nationaux[2].

114. Deuxièmement, le partenariat peut prendre la forme d'une assistance logistique, matérielle, financière ou personnelle aux programmes de l'organisation. Tel est le cas, par exemple, de la publicité organisée par des sociétés privées spécialisées ou des dons de matériels pour aider l'ONU dans ses programmes d'aides au développement des populations[3]. La coopération dans ce cas ne comporte pas de délégation[4]. Reposant sur une action combinée de

---

fournit les moyens juridiques de son action », *in* JACOB, P., « Quel droit pour les partenariats public-privé ? », S.F.D.I., *Santé et droit international. Colloque de Rennes*, Paris, Pedone, 2019, 512 p., pp. 143-159, p.146. Voy. pour illustration, *Mémorandum d'accord concernant l'accueil du Dispositif international pour l'achat des médicaments « UNITAID »,* entre d'une part, le Brésil, la France, le Chili, la Norvège, et le Royaume Uni et d'autre part, l'O.M.C., signé le 19 septembre 2006.

[1] JACOB, P., « La mise en œuvre des normes et opération de l'organisation internationale », *op. cit.,* p. 889 : « l'organisation ne confie pas l'exercice de sa mission ; elle l'exerce ». L'auteur ajoute : « il faut en effet se garder de confondre les buts de l'organisation avec leurs compétences ».

[2] MEZZLAMA, F., OUEDRAOGO, L.-D., « Le secteur privé et le système des Nations Unies : participation et coopération », *Corps commun d'inspection*, 1999, doc. off., JIU/REP/99/6.

[3] HCR, *Partenariat : un manuel de gestion des opérations pour les partenaires du HCR*, mars 2004, en ligne, https://www.unhcr.org/fr/media/partenariat-un-manuel-de-gestion-des-operations-pour-les-partenaires-du-hcr). Voy. également, International Finance Corporation, *Private Sector & Refugees Pathways to Scale*, avil 2019, (en ligne : https://www.ifc.org/wps/wcm/connect/1c187356-8185-4efe-898c-b78962d30f35/201905-Private-Sector-and-Refugees.pdf?MOD=AJPERES).

[4] JACOB, P., « La mise en œuvre des normes et opérations de l'organisation internationale », *op. cit.,* p. 889.

compétences distinctes pour atteindre un même but, la condition d'incompétence préalable est exclue.

115. Dans les deux types précités, le partenaire de l'organisation ne reçoit pas, en principe, de compétence de l'organisation internationale, mais agit en fonction de ses propres compétences. En pratique, les organisations internationales concluent des protocoles d'accords, appelés *Memorandum of Understanding* (MoU)[1]. Il s'agit d'accords non contraignants mettant en places des objectifs communs à atteindre durant la durée du partenariat. Il n'y a donc pas de délégation de compétence entre l'organisation internationale et ses partenaires[2]. Toutefois, rien n'interdit, en théorie, à une organisation internationale de déléguer une partie de ses compétences à son partenaire. La délégation pourrait même, dans certains cas, être souhaitable, dans la mesure où elle viendrait renforcer l'efficacité de l'exercice d'une compétence de l'organisation internationale.

C. Le dédoublement fonctionnel

116. La théorie du dédoublement fonctionnel a été avancée par le Professeur G. Scelle[3], pour pallier l'absence d'organe propre à la société internationale. Le dédoublement fonctionnel se concrétise par l'action des « gouvernements et organes nationaux agissant à la fois pour le compte de leur Etat et pour celui de la société internationale en tant qu'organe d'exécution du droit international »[4].

---

[1] Voy. par exemple le « *memorandum of understanding* » signé en 2016 entre *Zain Telecommunication Company* et le HCR qui vise à protéger les droits des réfugiés syriens. Voy. également le lancement d'un portail de dons en ligne qui encourage les individus à faire un don pour cette cause (en ligne : http://news.kuwaittimes.net/website/zain-unhcr-sign-memorandum-understanding-support-refugees/). Sur cette pratique voy. HCR, *Partenariat : un manuel de gestion des opérations pour les partenaires du HCR, op. cit.*

[2] Toutefois, rien n'interdit en théorie à une organisation internationale de déléguer une partie de ses compétences à son partenaire. Voy. JANMYR, M., *Protecting civilians in refugee camps : unable and unwilling states, UNHCR and international responsibility, op. cit.*, pp.310-324. L'auteur expose la délégation par le HCR de la mise en œuvre de certaines de ses compétences à des partenaires tels les O.N.G. Voy. également HCR, *Partenariat : Un manuel de gestion des opérations pour les partenaires du HCR, op. cit.*

[3] SCELLE, G., *Précis de droit des gens, Précis de droit des gens : principes et systématique*, éd. Sirey, 1932, reéd. Dalloz, 2008, p. 43 et., pp. 54-56, ; SCELLE, G., *Cours de droit international public*, Paris, Montchrestien, 1948, pp. 17-24.

[4] SALMON, J., *Dictionnaire de droit international public, op. cit.*, entrée « Dédoublement fonctionnel » ; SCELLE, G., *Précis de droit des gens, op. cit.*, p. 43.

117. Au-delà de cette définition, la théorie du dédoublement fonctionnel a été utilisée et généralisée par une partie de la doctrine, pour exprimer différentes modalités relatives à l'exercice d'une compétence en droit international, notamment dans les relations entre États et organisations internationales. Voyons l'exemple du recours à la force autorisée par le Conseil de sécurité. Nils Kreipe a observé que « souvent sans l'évoquer explicitement, certains auteurs semblent être tentés de rapprocher l'« autorisation » de mesures militaires [du principe de dédoublement fonctionnel] »[1]. Ainsi, Raphaëlle Rivier et Philippe Lagrange se sont posé la question de l'applicabilité de cette théorie dans le cas d'une autorisation de recours à la force à la suite de la décision de la Cour E.D.H. dans l'affaire *Berhami* : « Au fond, la décision de la Cour ne s'appuie-t-elle pas sur la théorie du dédoublement fonctionnel : l'État agit ici comme un agent de la communauté internationale représentée par l'ONU parce qu'il poursuit la réalisation d'un intérêt qui est général ? »[2].

On doit réfuter cette hypothèse. Le dédoublement fonctionnel ne permet pas d'expliquer une autorisation de recours à la force par le Conseil de sécurité. Le dédoublement fonctionnel fait en effet référence à un sujet de droit compétent agissant non pas seulement pour son propre compte, mais également pour le compte d'un autre sujet ou celui de la Communauté internationale[3]. Tel n'est pas le cas dans une autorisation de recours à la force : l'État ou l'organisation régionale autorisé(e), sauf exception de la légitime défense, ne possède pas de droit propre à recourir à la force armée[4]. Le Conseil de sécurité a le

---

[1] KREIPE, N., *Les autorisations données par le Conseil de Sécurité à des Nations Unies à des mesures militaires, op. cit.*, p. 54.

[2] RIVIER, R., LAGRANGE, Ph., « Travaux de la Commission du droit international et de la sixième commission », *A.F.D.I.*, vol. 52, 2006. pp. 305-350.

[3] CARREAU, D., MARRELLA, F., *Droit international*, Paris, Pedone, 12ème éd., 2018, p. 400.

[4] Voy. en ce sens KREIPE, N., *Les autorisations données par le Conseil de sécurité des Nations Unies à des mesures militaires, op. cit.*,p. 54 ; CUMIN, D., *Manuel de droit de la guerre*, Bruxelles, Larcier, 2014, p. 57 ; BOISSON DE CHAZOURNES, L., « Rien ne change, tout bouge, ou le dilemme des Nations Unies : propos sur le rapport du groupe de personnalités de haut niveau sur les menaces, les défis et le changement », *R.G.D.I.P.*, 2005, n° 1, pp. 147-161, p. 153 ; Rapport du Groupe de personnalités de haut niveau sur les menaces, les défis et le changement, doc. off., A/59/565 § 185 ss.

monopole du recours à la force[1]. On ne peut donc pas évoquer le dédoublement fonctionnel, car la compétence préalable de l'exécutant pour le compte de l'ONU fait défaut en l'espèce.

D. L'autorisation

118. La doctrine et la jurisprudence ne distinguent guère entre délégation et autorisation d'agir et assimilent souvent les deux vocables. Ainsi, le Dictionnaire Salmon utilise le terme autorisation pour designer « le pouvoir délivré ou accordé par une autorité ou un organe supérieur ou détenteur de ce pouvoir à une autre personne, représentant ou organe, en vue de l'habiliter à accomplir une action ou un acte juridique »[2]. Cette définition se rapproche de celle donnée à la délégation dans le même dictionnaire[3]. La doctrine a toutefois restreint la portée de l'autorisation par rapport à la délégation[4]. Ainsi, d'après le professeur Dan Sarooshi, une autorisation serait plus limitée que la délégation[5].

---

[1] VON VERDROSS, A., « Idées directrices de l'Organisation des Nations Unies », *R.C.A.D.I.*, 1953, vol. 83, pp. 1-77, p. 59, affirmation nuancée par l'auteur en cas de non-action du Conseil de sécurité, *idem*.

[2] SALMON, J., *Dictionnaire de droit international public, op. cit.*, entrée « Autorisation ».

[3] *Ibid.*, entrée « Délégation » : « [o]pération par laquelle un sujet du droit international ou un organe de celui-ci charge un autre sujet du droit international ou un autre organe d'exercer une de ses compétences ou des pouvoirs déterminés ».

[4] « *[A]delegation of power implies a discretionary power of decision-making on the part of the delegated entity. However, what is delegated is in fact just a mere power of implementation. The authorization is more limited than the delegation of powers, since it consists of carrying out a specified objective. It is doubtful whether such subtle distinctions are practically fruitful. In this book we have used all this terms as synonyms* », d'après CONFORTI, B. FOCARELLI, C., *The Law and Practice of the United Nations*, Leiden, Boston, M. Nijhoff, 5ème éd., 2016, p. 454. Voy. également I.L.A., "Accountability of international organisations", *Conférence de New Delhi, op. cit.*, p. 800.

[5] SAROOSHI, D., *The United Nations and the Development of Collective Security. The Delegation by the UN Security Council of its Chapter VII Powers*, *op. cit.*, p. 13. D'autres auteurs semblent approver cette distinction, voy. notamment CONFORTI, B. FOCARELLI, C., *The Law and Practice of the United Nations*, Leiden, Boston, M. Nijhoff, 5ème éd., 2016, p. 454. Il est à noter cependant que les éditions précédentes du même ouvrage, d'après Benedetto CONFORTI (unique auteur alors), utilisent les termes délégation et autorisation comme synonymes. Ainsi, après avoir exposé la distinction de Sarooshi entre délégation et autorisation, l'auteur doute de son importance : « *It is doubtful whether such subtle distinctions are practically fruitful.*

119. L 'usage du terme autorisation est fréquent dans le cadre de la sécurité collective, et trouve son illustration dans les décisions du Conseil « accordant à un autre organe ou à une personne distincte le droit [...], d'entreprendre une action [militaire coercitive] »[1]. Amenée à qualifier les rapports entre l'ONU et les entités autorisées sous le fondement du Chapitre VII, la Cour E.D.H. a tenté d'établir une étrange distinction entre autorisation et délégation dans l'affaire *Behrami*[2]. Elle a ainsi énoncé que l'autorisation est une délégation de compétence particulière, précisant que le vocable autorisation est utilisé lorsque le délégant se trouve dans l'impossibilité matérielle d'exercer lui-même ses propres compétences. Le paragraphe 43 de cette décision est rédigé comme suit :

> « [c]ette résolution parle d'« autorisation », mais ce terme et celui de «délégation» sont utilisés indifféremment. L'utilisation du terme « délégation » dans la présente décision se réfère à la situation dans laquelle le Conseil de sécurité confère à une autre entité le pouvoir d'exercer ses fonctions, par opposition à la situation dans laquelle il « autorise » une autre entité à s'acquitter de fonctions qu'il n'est pas en mesure de remplir lui-même »[3].

120. Ce positionnement fondé sur un critère matériel est critiquable. Rien dans le droit positif ne permet de suivre le raisonnement de la Cour dans cette distinction. La possibilité d'exercer une compétence n'a jamais été considérée comme un élément permettant la définition de mécanismes de l'exercice de celle-ci. En outre, cette distinction est en contradiction avec la jurisprudence internationale qui évoque l'autorisation sans aucune référence à un quelconque critère matériel. Ainsi, dans l'affaire du *Détroit de Corfou*, « la Cour ne peut accepter la thèse selon laquelle le Gouvernement du Royaume-Uni aurait porté atteinte à la souveraineté albanaise, en faisant passer par le Détroit les navires de guerre, sans avoir obtenu au préalable l'autorisation du

---

In this book we have used all this terms as synonyms », in The Law and Practice of the United Nations, Leiden, Boston, M. Nijhoff, 3ème éd., 2005, 328 p., p. 298.

[1] SALMON, J., *Dictionnaire de droit international public, op. cit.*, entrée « Autorisation ».

[2] C.E.D.H., *Behrami et Behrami c. France et Saramati c. France, Allemagne et Norvège, op.cit.*

[3] *Ibid.* § 43.

Gouvernement albanais »[1]. L'autorisation est entendue, dans ce cas d'espèce, comme une simple permission sans octroi de compétence.

121. On pourrait plutôt distinguer la délégation de l'autorisation grâce à la condition d'incompétence préalable du délégataire. En effet, la délégation permet à un sujet incompétent d'agir, alors que le terme autorisation doit être utilisé, comme en droit interne, pour un acte juridique « levant les obstacles à l'exercice d'un droit subjectif préexistant »[2]. En ce sens, l'autorisation s'entendrait comme une « décision permissive »[3] permettant l'exercice par le sujet autorisé d'une compétence déjà détenue[4]. Toutefois, la notion de permission ne suffit pas à rendre pleinement compte d'une telle fonction[5]. À titre d'illustration, l'autorisation du recours à la force ne doit pas être comprise comme une simple possibilité d'exercer une compétence déjà détenue et dont l'exercice est subordonné à son obtention. La réalité du système de sécurité collective tel qu'établi par la Charte de l'ONU et

---

[1] *Détroit de Corfou*, Arrêt du 9 avril 1949, C.I.J., Rec., 1949, p. 4, sp. pp. 29-30.

[2] COSSALTER, Ph., *Délégations d'activités publiques dans l'Union européenne*, *op. cit.*, p. 13 ; PLESSIX, B., *Droit administratif général*, Paris, Lexis Nexis, 3ème éd., 2020, 1741 p., p. 855 : « Lorsqu'elle est utilisée en matière de police, la technique de l'autorisation préalable, connue sous des appellations administratives fort diverses (autorisation, permis, visa, licence, etc.), signifie qu'en soumettant l'exercice d'une activité privée relevant de la sphère de liberté des personnes à l'obtention préalable d'une autorisation délivrée par l'Administration, celle-ci entend s'assurer à titre préventif qu'une telle activité ne s'exercera pas dans un sens préjudiciable à l'ordre public. L'autorisation préalable n'entend donc pas confier à un particulier une activité relevant de la sphère des attributions publiques ; elle se borne seulement à permettre l'exercice d'un droit ou d'une liberté dont il est le titulaire naturel mais que l'Administration se réserve le droit d'autoriser préalablement ».

[3] Selon l'expression du professeur J. RIVERO, « Sur le caractère exécutoire des autorisations administratives », *in Études offertes à Pierre KAYSER*, Aix-en-Provence, Presses Universitaires d'Aix-Marseille, 1979, t. 2, pp. 379-382. L'auteur établit en effet une distinction entre les décisions impératives de l'administration qui ont un caractère exécutoire et les décisions permissives telles que les autorisations administratives, qui ne sont ni obligatoires ni interdites. Il appartient aux destinataires d'une ces décisions permissives de les mettre en œuvre ou non sans que l'administration leur impose une quelconque manière de les exercer.

[4] En ce sens, voy. KREIPE, N., *Les autorisations données par le Conseil de Sécurité à des Nations Unies à des mesures militaires*, *op.cit.*, p. 45.

[5] La notion d'autorisation en droit ne comporterait donc pas de transfert de compétence mais seulement une permission d'exercer. En cas, l'autorisation se placerait entre la liberté d'action et la délégation de compétence : la liberté d'agir correspond à une qualité reconnue aux États dans tous les domaines, l'autorisation est une permission ou tolérance à agir, la délégation est un acte par lequel le délégant demande à une autre personne d'agir pour son compte et/ou en son nom.

exercé par le Conseil de sécurité est tout autre. Dire le contraire amènerait à considérer que les États ou d'autres entités, destinataires de l'autorisation du Conseil, possèdent une compétence de recourir à la force armée, en dehors de la légitime défense. Au contraire, la lettre ainsi que l'esprit de la Charte établissent l'exclusivité de cette compétence du Conseil de sécurité. L'utilisation de la force armée ne peut être légale que s'il y a eu une délégation de cette compétence par le Conseil de sécurité à d'autre(s) entité(s).

Paragraphe 2. L'incompétence du délégataire comme condition du maintien de la délégation ?

122. Si l'incompétence préalable du délégataire est une condition de son établissement, est-elle aussi une condition de son maintien ? Cette interrogation, avant tout théorique[1], pointe l'importance de la délégation comme instrument de légalisation du comportement du délégataire[2]. La question du maintien de la délégation se pose notamment lorsqu'un sujet délégataire d'une organisation internationale reçoit un autre titre de compétence lui permettant d'agir dans le même domaine de compétence que celui octroyé par la délégation. Ainsi, qu'en est-il de l'État délégataire autorisé par le Conseil de sécurité à recourir à la force et qui, par la suite, devient la cible d'attaques de la part de l'État contre le territoire duquel il intervient par délégation ? L'État délégataire attaqué peut-il agir en usant de son droit à la légitime défense ? La délégation dont il était le destinataire prend-t-elle alors fin ?

123. Il a déjà été évoqué que la condition d'incompétence préalable du délégataire, appréciée au moment de la délégation, peut correspondre à une incompétence subjective (celle d'un sujet détenant une compétence dans un domaine déterminé, mais seulement en son nom et pour son propre compte) ou encore à une incompétence objective (celle d'un sujet à agir même en son nom et pour son propre compte et *a fortiori* au nom et pour le compte d'un autre sujet sans avoir

---

[1] La réponse à cette question aura bien évidemment des conséquences directes en pratique notamment en ce qui concerne les rapports entre l'organisation internationale délégante et son délégataire, par exemple lors du contrôle que peut exercer le premier sur le dernier.

[2] SAROOSHI, D., *The United Nations and the Development Of Collective Security. The Delegation by the UN Security Council of its Chapter VII Powers*, *op. cit.*, pp. 4-5.

reçu délégation)[1]. La situation de l'État attaqué, telle qu'évoquée, illustre le passage d'une incompétence objective, et donc complète, à une incompétence *personae*/subjective, conséquence du droit de l'État à la légitime défense, qui lui permet d'agir, mais uniquement en son nom et pour son propre compte. La délégation contenue dans l'autorisation du Conseil de sécurité reste valable et maintenue en ce qu'elle lui permet d'agir au nom du Conseil de sécurité. Ainsi, l'obtention du nouveau titre de compétence n'a pas en soi affecté la délégation qui lui a été confiée par le Conseil de sécurité. L'État délégataire reste alors sous son contrôle, et droit rendre compte à son délégant.

124. On peut encore supposer à titre d'illustration qu'une juridiction internationale ait délégué au C.P.T. le contrôle des conditions d'exercice des peines dont l'exécution se situe sur le territoire d'un État non membre à la Convention européenne pour la prévention de la torture et des peines ou traitements inhumains ou dégradants de 1987. Supposons aussi que ledit État adhère entre-temps à ladite Convention. Le C.P.T., délégataire de la Cour[2], voit donc sa situation d'incompétence objective évoluer, par l'adhésion de l'État d'exécution des peines, vers une situation d'incompétence subjective. L'incompétence du C.P.T. à agir pour le compte de la juridiction internationale serait maintenue malgré l'évolution du statut d'un tiers intéressé, et par conséquent la délégation est nécessaire pour l'exercice d'inspection qui lui est dévolu.

125. Ces hypothèses suggèrent que la condition d'incompétence préalable du délégataire est essentielle au maintien de la délégation.

---

[1] Voy. *supra*, section 1.

[2] SNACKEN, S., KIEFER, N., "Oversight of international imprisonment : the Committee for the Prevention of Torture", *op. cit.*, pp. 329.

CHAPITRE III. L'EXISTENCE D'UN ACCORD DE DÉLÉGATION

126. La délégation doit son existence juridique à l'adoption d'un accord[1] (ci-après appelé l'accord de délégation). On entend par accord de délégation l'expression formelle de la concordance de volontés de l'organisation internationale délégante et du futur délégataire. La nature conventionnelle de la délégation ne signifie pas forcément qu'elle est formulée par une convention internationale. Cela signifie – dans notre étude – que la délégation résulte d'un accord de volonté entre le délégant et le destinataire de la délégation.

127. L'accord est donc de nature conventionnelle (Section I). Son contenu inclut des éléments qui sont spécifiques à toute délégation (Section II).

Section I. La nature conventionnelle de la délégation

128. L'établissement d'une délégation de compétence par une organisation internationale peut s'exprimer différemment selon l'identité de l'organisation internationale délégante, celle de son destinataire et l'objet de l'accord. En pratique, nous avons pu constater que l'accord de délégation peut prendre la forme d'un contrat, d'un traité international constitué par un seul instrument ou un échange de lettres, ou bien encore être composé d'un acte unilatéral contenant l'offre de délégation de l'organisation internationale, suivi de son acceptation explicite ou implicite par le destinataire de la délégation[2].

129. La formation (paragraphe 1) et les mécanismes qui mettent fin à la délégation (paragraphe 2) soulignent la nature conventionnelle de cette opération.

---

[1] En ce sens déjà, GAUTIER, Y., *La délégation en droit communautaire*, *op. cit.*, p. 419.

[2] Voy. par exemple, à propos de la délégation de l'administration de territoire par la S.D.N., l'avis de la C.I.J. qui a déclaré que « le Mandat pour le Sud-Ouest africain a pris la forme d'une résolution du Conseil de la Société des Nations, mais il est évident qu'il était d'une autre nature. On ne saurait le considérer comme une simple mesure d'exécution prise en application du Pacte. Le Mandat est en fait et en droit un engagement international ayant le caractère d'un traité ou d'une convention », *in Affaire du Sud-Ouest africain (Éthiopie c. Afrique du Sud ; Libéria c. Afrique du Sud), Exceptions préliminaires*, arrêt du 21décembre1962, C.I.J. Rec. p. 330.

Paragraphe 1. La formation de l'accord de délégation

130. L'étude de la pratique des organisations internationales[1] montre que seule l'organisation internationale est juge de l'opportunité de recourir à une délégation pour l'exercice d'une de ses compétences[2]. La volonté de l'organisation internationale de procéder à cette opération est alors formulée dans une offre de délégation (A). De son côté, le futur délégataire est libre d'accepter ou non une telle mission[3] (B).

A. L'offre de délégation

131. L'analyse de la pratique des organisations internationales révèle que l'expression dans un acte juridique de la volonté de l'organisation de déléguer ses compétences est un préalable obligatoire à toute délégation. Cette expression serait donc nécessairement explicite[4]. Pour autant, la lecture du droit dérivé de l'organisation internationale a pu laisser entrevoir, dans certains cas, la possibilité d'une offre présumée.

132. La nécessité de l'expression explicite de la volonté de déléguer. Chaque organisation internationale a été créée pour exercer les compétences qui lui ont été attribuées. La possibilité de déléguer déroge à ce schéma classique de fonctionnement. Ainsi, la délégation serait un moyen exceptionnel d'exercer une compétence et l'offre de l'organisation internationale ne pourrait donc être valablement

---

[1] Voy. *infra*.

[2] Voy. en ce sens, à propos de la délégation du recours à la force sur le fondement de l'article 53 de la Charte des Nations Unies, DAILLIER, P., « L'intervention des organisations internationales dans les conflits armés. Sécurité « collective » et sécurité régionale », *in* BENCHIKH, M., (dir.), *Les organisation internationales et les conflits armés*, Paris, L'Harmattan, 2001, pp. 61-94, p. 65. Voy. dans le même sens, à propos de la délégation en droit interne, MAISL, H., *Recherches sur la notion de délégation de compétence en droit public*, *op. cit.*, pp. 237-240 ; MIDOUN, M., *La délégation en droit administratif*, *op. cit.*, p. 66.

[3] Voy. par exemple dans le cadre d'une délégation de recours à la force sur le fondement de l'article 53 de la Charte des Nations Unies, VILLANI, U., « Les rapports entre l'ONU et les organisations régionales dans le domaine du maintien de la paix », *R.C.A.D.I.*, vol. 290, 2001, pp. 225-436, pp. 346-347 ; KOLB, R., « Article 53 », *in* COT, J-P., PELLET, A., FORTEAU, M., (dir.), *La Charte des Nations Unies, commentaires article par article*, *op. cit.*, pp. 1403-1437, p. 1433.

[4] KOLB, R., *Ius contra bellum. Le droit international relatif au maintien de la paix*, *op. cit.*, p. 129.

envisagée que si elle est expressément formulée dans un texte[1]. La pratique des organisations internationales en la matière confirme cette exigence[2]. La manifestation de la volonté de l'organisation internationale de recourir à la délégation se traduit toujours dans un acte juridique. Cette expression peut revêtir deux formes : soit l'organisation internationale exprime sa volonté de déléguer par un acte unilatéral contenant son offre de déléguer ses compétences, soit elle manifeste cette volonté dans un accord ou un contrat international qui contient à la fois l'offre de l'organisation et son acceptation par un ou plusieurs sujet(s).

133. La première forme de manifestation de volonté est illustrée par la pratique du recours à la force déléguée par le Conseil de sécurité. En effet, l'octroi des compétences coercitives du Conseil de sécurité à des États membres de l'ONU ou à des organisations régionales est invariablement conditionné par la formulation d'une résolution fondée sur le Chapitre VII et/ou VIII de la Charte[3]. Cette résolution constitue l'offre de délégation du Conseil de sécurité à un ou plusieurs délégataires appelés à accepter cette délégation[4].

134. La deuxième forme de manifestation de volonté est quant à elle exprimée à l'occasion d'un accord écrit avec le futur délégataire. Dans ce cas, l'offre de délégation et son acceptation sont incluses dans un même instrument conventionnel. En témoignent les différentes chartes de mandats conclues avec les Puissances mandataires[5] et les accords de tutelle conclus avec les autorités chargées de l'administration de

---

[1] De manière générale, l'élaboration des actes des organisations internationales « obéit à une logique collégiale et à une procédure écrite », *in* COMBACAU, J., SUR, S., *Droit international public*, 10ème éd., 2012, p. 98.

[2] Il est à noter toutefois que, dans la pratique de l'agissement de la BIRD pour le compte de la S.F.I., il ne semble pas qu'il y ait de décision explicite de délégation. Cette exception pourrait s'expliquer, d'une part, par les liens étroits entre les deux organisations et d'autre part par la section 7 de son article IV.

[3] SAROOSHI, D., *The United Nations and the Development of Collective Security. The Delegation by the UN Security Council of its Chapter VII Powers*, *op. cit.*, pp. 8-9.

[4] Évidemment, de telles résolutions ne sont prises qu'après un long processus politique et des négociations entre les membres permanents, les États et les organisations intéressées. La résolution contenant une autorisation est en effet la transcription juridique d'une concordance des volontés politiques préalablement exprimées.

[5] Les différents mandats établis en vertu de l'article 22 du Pacte de la S.D.N. ont donné lieu à des actes juridiques internationaux, appelés Chartes de mandat conclus entre le Conseil de la S.D.N. et la Puissance protectrice. Pour illustration voy. notre thèse, *op. cit.*, pp. 103-104, n.b.p. n°433.

territoire sur le fondement de ces articles[1]. Tous contiennent l'offre de déléguer l'administration territoriale à un sujet international. L'offre de déléguer à un État l'exécution de peines prononcées par la C.P.I. ou par une autre juridiction internationale est également contenue dans des accords entre la juridiction internationale et les futurs États délégataires chargés de l'exécution[2].

135. Enfin, l'offre de déléguer peut être incluse non pas dans un accord au sens de l'article 2 de la Convention de Vienne sur le droit des traités, mais dans un contrat conclu entre l'organisation internationale délégante et une personne privée. Tel est notamment le cas d'une possible délégation de l'Organisation des Nations Unies à des entreprises militaires privées[3]. Tel est également le cas pour la délégation de l'exploitation et l'exploration des fonds marins, qui doit être exprimée dans un contrat conclu entre l'A.I.F.M. et les entités délégataires[4]. Concernant cette dernière illustration, la C.N.U.D.M. prévoit que l'A.I.F.M. passe des contrats en vue de l'exploitation et de

---

[1] Voy. Accord de tutelle pour le Territoire du Samoa Occidental, *R.T.N.U.,* vol. 8, n° 115, p. 71 (approuvé par l'Assemblé générale des Nations Unies, résolution 63 (I) du 13 décembre 1946). Pour d'autres illustrations voy. notre thèse, *op. cit.*, p 104, n.b.p. n°434.

[2] Voy. par exemple les accords d'exécution conclus entre la C.P.I. et d'autres États, tels que la Royaume de Suède (doc. off., ICC-CPI-20170426-PR1299), l'Argentine (ICC-PRES/19-01-17), l'Autriche (doc. off., ICC-PRES/00-01-05), la Belgique (doc. off., ICC-PRES/06-01-10), le Danemark (ICC-PRES/12-02-12), la Finlande (doc. off., ICC-PRES/07- 01-11, en vigueur le 24 avril 2011), le Mali (doc. off., ICC-PRES/11-01-12), la Serbie (doc. off., ICC-PRES/09-03-11), le Royaume-Uni et l'Irlande du Nord (doc. off., ICC- PRES/04-01-07), la Norvège (doc. off. ICC-CPI-20160707-PR1229). Voy. également le *Modèle d'accord sur l'exécution des peines* publié par la Cour en ligne : https://www.icc-cpi.int/sites/default/files/Cooperation_Agreements_Fra.pdf). Concernant l'exécution des peines prononcées par les T.P.I.Y. et le T.P.I.R., voy. par exemple les accords permettant la réception et l'emprisonnement de personnes condamnées par le T.P.I.Y, entre l'ONU et l'Italie (6 février 1997), la Finlande, (7 mai 1997), la Norvège (24 avril 1998), la Suède (23 février 1999), l'Autriche (23 juillet 1999) et la France (25 février 2000). Dans le cas des décisions des T.P.I.R. et T.P.I.Y., l'accord a été conclu entre l'ONU et les États d'exécution.

[3] Voy. à propos des relations contractuelles entre l'ONU et des SMSP, « *A contract guidance tool for private military and security services : promoting accountability and respect for human rights and international humanitarian Law* », 2017, disponible en ligne : https://www.hrprocurementlab.org/wp-content/uploads/2016/04/Contract-Guidance-Tool_FINAL_WEB.pdf

[4] D'après l'article 143 de la C.N.U.D.M. et l'article 3 § 5 de l'Annexe III à cette Convention. Voy. également, *Contractors for Seabed Exploration (BROCHURES*), en ligne : https://isa.org.jm/files/files/documents/isacont-update.pdf

l'exploration des fonds marins[1]. Pour ce faire, un modèle de contrat a été adopté par le Conseil de l'A.I.F.M. afin d'harmoniser ces contrats avec les entités délégataires[2].

136. La nécessité de l'expression explicite de la volonté de déléguer une compétence, quelle que soit la forme d'une telle expression, a été affirmée par le juge international. La C.J.C.E. a ainsi déclaré, dans l'affaire *Meroni*, que : « l'autorité délégante doit prendre une décision explicite […] transférant [ses pouvoirs] »[3]. La Cour de Strasbourg a également pris le soin de souligner la nécessité d'une forme explicite de l'expression de la volonté de déléguer une compétence. Ainsi, dans l'affaire *Behrami*, la Cour E.D.H. a indiqué, parmi d'autres conditions de validité de la délégation, que l'expression de la volonté de déléguer « n'était [pas] implicite, mais explicitement déjà prévue dans la résolution elle-même »[4]. Il est à noter que la jurisprudence n'explique pas l'objectif d'une telle exigence formelle. Faut-il y voir une volonté de transparence dans les relations externes des organisations internationales à l'instar de la délégation de service public en droit interne ?[5] Est-elle le moyen nécessaire pour rendre une délégation opposable à tous ? En ce sens, comme l'observe le Professeur Gautier, « si la délégation n'est pas explicite, elle ne saurait être opposable aux particuliers et en conséquence, l'acte pris en vertu de cette « délégation » sera jugé comme irrégulier, car pris par une autorité

---

[1] Voy. article 3 § 5 de l'annexe III « Dispositions de base régissant la prospection, l'exploration et l'exploitation » à la C.N.U.D.M., Voy. également, l'article 23 § 1 du *Règlement relatif à la prospection et à l'exploration des nodules polymétalliques dans la Zone*, annexé à la *Décision du Conseil de l'A.I.F.M. concernant les modifications à apporter au Règlement relatif à la prospection et à l'exploration des nodules polymétalliques dans la Zone et des questions connexes*, 22 juillet 2013, doc. off., ISBA/19/C/17.

[2] Contrat d'exploration (modèle) annexé au *Règlement relatif à la prospection et à l'exploration des nodules polymétalliques dans la Zone adopté par le Conseil de l'A.I.F.M,* 22 juillet 2013, doc. off., ISBA/19/C/17, Annexe III.

[3] C.J.C.E., 13 juin 1958, *Meroni*, aff. 9/56, *Rec.*, p. 42. A la lumière de cette affirmation, les Professeurs Kovar et Gautier en ont conclu qu'une délégation implicite serait donc interdite en droit de l'Union, voy. KOVAR, K., *Le pouvoir réglementaire de la Communauté européenne du charbon et de l'acier*, Paris, L.G.D.J.., 1964, p. 153 ; GAUTIER, Y., *La délégation en droit communautaire*, *op. cit.*, pp. 418-419.

[4] C.E.D.H., *Behrami et Behrami c. France et Saramati c. France, Allemagne et Norvège, Décision (Grande Chambre), op. cit.* § 134.

[5] Voy. GUETTIER, Ch., *Droit des contrats administratifs*, Paris, PUF, 3ème éd., 2011, 640 p., pp. 374-375.

incompétente »[1]. Il est tentant de vouloir extrapoler cette opinion à la délégation en droit international et estimer qu'il faut que le délégant exprime expressément son offre de délégation afin d'établir la validité de la délégation.

137. Affirmer cette exigence d'une offre explicite de déléguer amène naturellement à rejeter une délégation implicite ainsi qu'une délégation *ex post.*

138. Rejet d'une délégation implicite. On entend par délégation implicite le comportement d'une organisation internationale dont l'interprétation conduirait à conclure qu'elle a confié une partie de ses compétences à une autre entité. Toutefois, en tant qu'exception à la règle d'exercice en propre des compétences attribuées à l'organisation internationale, une délégation ne peut avoir lieu implicitement[2]. La validité de l'investiture du délégataire est subordonnée à la rédaction d'un écrit explicitant la volonté de l'organisation de déléguer une de ses compétences. Cette affirmation est particulièrement vraie au sujet du recours à la force en droit international[3]. En effet, si « certains Etats ont pu interpréter certaines résolutions du Conseil de sécurité comme contenant une autorisation implicite de recourir à la force »[4], la doctrine majoritaire[5] et « la Communauté internationale des Etats dans son ensemble »[6] réfutent cette possibilité. Ainsi, le seul fait que le Conseil

---

[1] GAUTIER, Y., La délégation en droit communautaire, op. cit., p. 419.

[2] En ce sens, à propos des compétences coercitives du Conseil de sécurité, DORMOY, D., « Réflexion à propos de l'autorisation implicite de recours à la force », *op. cit.* p. 224.

[3] CORTEN, O., DUBUISSON, F., « L'hypothèse d'une règle émergente fondant une intervention militaire sur une « autorisation implicite » du Conseil de sécurité », *op. cit.,* pp. 873-910 ; DORMOY, D., « Réflexion à propos de l'autorisation implicite de recours à la force », *op. cit.,* pp. 223-230.

[4] DORMOY, D., « Réflexion à propos de l'autorisation implicite de recours à la force », *ibid.*, p. 224.

[5] CORTEN, O., DUBUISSON, F., « L'hypothèse d'une règle émergente fondant une intervention militaire sur une « autorisation implicite » du Conseil de sécurité », *op. cit.*, pp. 873-910 ; KOLB, R., « Article 53 », *in* COT, J-P., PELLET, A., FORTEAU, M., (dir.), *La Charte des Nations Unies, commentaires article par article*, *op.cit.*, pp. 1426-1429 ; CORTEN, O., *Le droit contre la guerre*, *op. cit., passim* et p. 652 ; KOLB, R., *Ius contra bellum. Le droit international relatif au maintien de la paix*, *op. cit.,* pp. 137-138 ; DORMOY, D., « Réflexion à propos de l'autorisation implicite de recours à la force », *op. cit.,* pp. 223-230 ; SICILIANOS, L.-A., « Entre multilatéralisme et unilatéralisme : l'autorisation par le Conseil de sécurité de recourir à la force », *op. cit.,* pp. 228-255.

[6] CORTEN, O., *Le droit contre la guerre*, *op. cit.,* p. 652.

qualifie une situation comme menaçant la paix et la sécurité internationales ne peut être interprété comme une volonté implicite de déléguer le recours à la force[1]. De même, une résolution qui constitue un rappel par le Conseil de sécurité à un État de se conformer à ses obligations afin que la situation ne constitue plus une menace à la paix et la sécurité internationale[2] ne peut pas constituer une offre implicite de sa part à recourir à la force armée en cas de non-respect de sa mise en garde. Citons la résolution 1441 (2002)[3] adressée au gouvernement irakien qui indiquait que le manquement à ses obligations conduirait le Conseil à « examiner la situation ainsi que de la nécessité du respect intégral de toutes les résolutions pertinentes »[4]. On ne peut considérer que cette résolution contenait une autorisation de recours à la force armée[5]. Elle servit pourtant, à tort, de fondement aux États-Unis, au Royaume-Uni et à l'Australie pour lancer, en 2003, l'opération baptisée *Iraqi Freedom* conduisant au renversement du gouvernent irakien. L'intervention a été très vivement condamnée au sein même du Conseil de sécurité[6]. La Russie[7], la Chine[8] et la Ligue Arabe[9] se prononçant au nom du mouvement des pays non alignés[10] ont critiqué l'intervention,

---

[1] GESLIN, A., « Le pouvoir d'habilitation du Conseil de sécurité : la délégation des pouvoirs du Conseil aux organisations internationales », *op. cit.*, p. 493 ; PELLET, A., « Le recours à la force, le droit et la légitimité – Notes sur les problèmes posés par le principe de l'interdiction du recours à la force armée en cas de carence du Conseil de sécurité », *in Frieden in Freiheit, Peace in liberty, Paix en liberté – Festschrift für Michael Bothe zum 70. Geburstag*, 2008, pp. 249-268, p. 257 ; KOLB, R., *Ius contra bellum. Le droit international relatif au maintien de la paix, op. cit.*, pp. 137-138, p. 138 ; COMBACAU, J., « Le pouvoir de qualification du Conseil de sécurité », *in* BANNELIER-CHRISTAKIS, K., et *al*., (dir.), *Les 70 ans des Nations Unies : quel rôle dans le monde actuel ? journée d'études en l'honneur du Professeur Yves Daudet, op. cit*., pp. 25-36, p. 34.

[2] En ce sens déjà, SUR, S., « Quelle légalité pour le conflit armé en droit international ? », *Cités*, vol. 24, n° 4, 2005, pp. 103-117, p. 115.

[3] S/RES/1441 (2002) du 8 novembre 2002.

[4] *Ibid.* § 12.

[5] Selon l'article 10 de la résolution de l'I.D.I., Session de Rhodes de 2011 : « Une autorisation précédemment accordée ne peut en aucun cas être invoquée pour un quelconque but allant au-delà de ses objectifs, de sa durée et de son champ d'application spécifiques ».

[6] Voy. la position des États lors de la 4726e séance du Conseil de sécurité consacré à la guerre contre l'Iraq qui a eu lieu le 26 et le 27 mars 2003 à New York.

[7] Doc. off., S/PV.4726 (*Resumption* 1)

[8] *Idem.*

[9] Doc. off., S/PV.4726, p. 9

[10] *Ibid.,* p. 8

considérée contraire au droit international et à la Charte des Nations Unies. De même, le Secrétaire général de l'ONU, Kofi Annan à l'époque, a déclaré lors d'une interview avec un journalise de la BBC, que la guerre contre l'Iraq « *is not in conformity with the UN Charter, from our point of view and from the Charter point of view it was illegal* »[1]. Citons également la résolution 2118 (2013) qui exigeait que le gouvernement syrien détruisît son arsenal d'armes chimiques et avait décidé « qu'en cas de non-respect de [sa] résolution, y compris de transfert non autorisé ou d'emploi d'armes chimiques par quiconque en République arabe syrienne, elle imposera des mesures en vertu du Chapitre VII de la Charte des Nations Unies ». L'intervention militaire française en Syrie en 2018 avait alors été justifiée d'après le Ministère des affaires étrangères par une autorisation implicite fondée sur cette résolution : « [e]n septembre 2013, le Conseil de sécurité avait pris acte de cet engagement et décidé par sa résolution 2118 que la Syrie devait s'y tenir, sous peine d'encourir des mesures relevant du chapitre VII de la Charte des Nations unies. Le chapitre VII a un sens clair : c'est le recours à des mesures militaires pour contraindre ceux qui menacent la paix et la sécurité internationale »[2]. Cette intervention a également été critiquée par la doctrine comme ne reflétant pas le droit international positif.

139. Ainsi, en dehors d'une volonté explicitement exprimée par l'organisation internationale, une délégation ne peut avoir lieu. Autrement dit, une délégation implicite de compétence d'une organisation internationale n'est pas admise en droit international. Il en est de même d'une délégation *ex post*.

140. Le rejet d'une délégation *ex post*. Une délégation de compétence par une organisation internationale ne peut intervenir *ex post*[3]. Autrement, on confondrait acquiescement de l'organisation face au comportement du délégataire et mécanisme de délégation. En

---

[1] En ligne : http://news.bbc.co.uk/2/hi/middle_east/3661640.stm

[2] Déclaration de M. Jean-Yves Le Drian, Ministre de l'Europe et des Affaires étrangères - Situation en Syrie - 14.04.2018, (en ligne: https://www.diplomatie.gouv.fr/fr/dossiers-pays/syrie/article/declaration-de-m-jean-yves-le-drian-ministre-de-l-europe-et-des-affaires). Voy. également, la Déclaration du Gouvernement sur l'intervention des forces armées françaises en Syrie et débat sur cette déclaration, Compte rendu intégral de la Séance du lundi 16 avril 2018 de l'Assemblée Nationale, Année 2018. – No 38 A.N. (C.R.).

[3] Nous utilisons volontairement l'expression « délégation *ex post* » et non « offre de délégation *ex post* » parce qu'il est plus cohérent d'évoquer la délégation, et non seulement l'offre, lorsque l'action du délégataire a déjà débuté.

effet, l'offre de délégation légalise l'action d'un sujet *a priori*[1], en fournissant à celui-ci une base juridique pour exécuter une mission ou produire un acte[2]. Cette offre est une habilitation qui prend effet dès son acceptation par le sujet délégataire et ne peut ainsi avoir un effet rétroactif[3]. L'acquiescement, quant à lui, est « équivalant à une reconnaissance tacite manifestée par un comportement unilatéral que l'autre partie peut interpréter comme un consentement »[4]. Il se situe *a posteriori* de l'agissement d'un sujet tiers et n'a pas de conséquence sur la légalité de l'acte né illégal, bien qu'il puisse avoir un effet sur sa légitimité[5]. Par exemple, la résolution 1244 du 10 juin 1999 a été considérée comme un acquiescement de l'action militaire de l'OTAN au Kosovo. Le Professeur Philippe Weckel écrivait ainsi : « [l]a résolution 1244 du 10 juin 1999 ratifie certes la situation issue de la confrontation militaire, mais elle ne valide pas l'emploi de la force par l'OTAN »[6].

141. L'argument d'une délégation *ex post* a été évoqué pour justifier certaines interventions militaires non préalablement autorisées par le Conseil de sécurité, qui a postérieurement à ces actions gardé le

---

[1] Voy. en ce sens en droit interne français, CE., 2 décembre 1892, *Mogambury, Rec. Lebon,* pp. 836-842.

[2] DORMOY, D., « Réflexion à propos de l'autorisation implicite de recours à la force », *op. cit.,* p. 224.

[3] GESLIN, A., « Le pouvoir d'habilitation du Conseil de sécurité : la délégation des pouvoirs du Conseil aux organisations internationales », *op. cit.,* p. 494. L'auteur semble cependant accepter l'hypothèse d'une délégation postérieure à l'intervention coercitive non autorisée, au nom de la théorie des circonstances exceptionnelle, voy. *ibid.*, pp. 493-494. Voy. *contra* MOMTAZ, D., « La délégation par le Conseil de sécurité de l'exécution de ses actions coercitives aux organisations régionales », *A.F.D.I.*, 1997, vol. 43, pp. 105-115, p. 113 : « [i]l est désormais acquis que l'absence de condamnation du Conseil de Sécurité doit être interprétée comme une autorisation tacite *post facto* et à effet rétroactif ».

[4] *Délimitation de la frontière maritime dans la région du golfe du Maine*, arrêt, C.I.J. Rec., 1984, p. 246, p. 305 § 130 : « l'acquiescement équivalant à une reconnaissance tacite manifestée par un comportement unilatéral que l'autre partie peut interpréter comme un consentement ».

[5] Pour une distinction entre les notions « légal » et « légitime » dans le cadre de l'emploi de la force, voy. BALMOND, L., « La pratique récente de l'emploi de la force par la France : entre légalité et légitimité », *in Paix et Sécurité Européenne et Internationale*, n° 1, 2015, revue en ligne : http://revel.unice.fr/psei/index.html?id=89

[6] WECKEL, Ph., « L'emploi de la force contre la Yougoslavie ou la Charte fissurée », *R.G.D.I.P.*, 2001-1, pp. 19-36, p. 30. L'auteur a cependant conclu que « l'intervention n'était pas incompatible avec le droit international », *ibid.,* p. 32.

silence[1], remercié les intervenants[2], approuvé les actions[3], ou dont il s'est félicité[4]. Cet argument fut fort justement critiqué par une partie de la doctrine[5]. Le Professeur Dormoy écrit ainsi : « [s]'agissant de déléguer des pouvoirs et de déléguer des pouvoirs « exclusifs » aboutissant à admettre une exception à l'interdiction de la menace ou l'emploi de la force, un principe dont le noyau constitue une norme impérative, l'autorisation par le Conseil de sécurité ne peut-être que préalable »[6]. En effet, admettre une autorisation *ex post* contredit à la fois le texte et l'esprit de la Charte. L'article 53 de la Charte des Nations Unies est limpide en ce qu'il énonce dans son § 1 : « aucune action coercitive ne sera entreprise en vertu d'accords régionaux ou par des organismes régionaux sans l'autorisation du Conseil de sécurité ». Une telle disposition est, nous semble-il, applicable à toute délégation de recours à la force par le Conseil de sécurité. Plusieurs raisons peuvent être évoquées en ce sens, relevant notamment de la procédure ou du contrôle de l'utilisation de la force armée. D'abord, rappelons que toute

---

[1] Voy. COUSTON, M. *Droit de la sécurité internationale*, Bruxelles, Larcier, 2016, p. 214, qui considère que « [l'] acquiescement tacite par l'absence de condamnation d'une action » est une forme de délégation de la compétence du Conseil de sécurité ; MOMTAZ, D., « La délégation par le Conseil de sécurité de l'exécution de ses actions coercitives aux organisations régionales », *op. cit.*, p. 113.

[2] Voy. par exemple la résolution S/RES/788 (1992), du 19 novembre 1992 (Liberia) où le Conseil « remercie la CEDEAO des efforts qu'elle fait pour rétablir la paix, la sécurité et la stabilité au Liberia ». Voy. à propos de l'intervention de la CEDEAO en Liberia, MINDUA, A-D., « Intervention armée de la CEDEAO au Libéria : illégalité ou avancée juridique ? », *African Journal of International and Comparative Law*, vol. 7, n° 2, 1995, pp. 257-283.

[3] MOMTAZ, D., « La délégation par le Conseil de sécurité de l'exécution de ses actions coercitives aux organisations régionales », *op. cit.*, p. 113. L'auteur fait référence à deux résolutions 1203(1998) et 1244 (1999) qui, selon lui, ont approuvé le bombardement par l'OTAN alors allié des forces de l'ONU de zones kosovares tenues par l'armée yougoslave, sans autorisation préalable du Conseil de sécurité. Ces résolutions ont pu être considérées, comme « une autorisation [...] *post facto* à effet rétroactif », *in idem*.

[4] Voy. la résolution S/RES/971 du 12 janvier 1995 dans laquelle le Conseil de sécurité « se félicitant de la contribution apportée par la force de maintien de la paix de la CEI et par la MONUG au maintien d'un cessez-le-feu et à la stabilisation de la situation dans la zone du conflit géorgien-abkhaze ».

[5] Voy. notamment CORTEN, O., DUBUISSON, F., « L'hypothèse d'une règle émergente fondant une intervention militaire sur une « autorisation implicite » du Conseil de sécurité », *op. cit.*, pp. 873-910 ; KOLB, R., *Ius contra bellum. Le droit international relatif au maintien de la paix*, *op. cit.*, pp. 139-141.

[6] DORMOY, D., « Réflexion à propos de l'autorisation implicite de recours à la force », *op. cit.*, p. 224.

action coercitive est décidée à la suite de la qualification d'une situation par le Conseil de sécurité[1]. Cette qualification de la situation de « menace contre la paix, d'une rupture de la paix ou d'un acte d'agression »[2] est de la compétence exclusive du Conseil de sécurité[3]. Si cette procédure n'était pas suivie, les États ou groupes d'États, pourraient intervenir militairement sans aucune limite ou contrainte, « ce qui est [manifestement] contraire à l'économie et à l'esprit de la Charte »[4]. Ensuite, la possibilité d'un *veto* émis lors de cette prise de décision du Conseil de sécurité, par un des États membres permanents, ne peut conserver sa portée que si l'autorisation a été prononcée *ex ante*[5]. En outre, le contrôle d'une autorisation de recours à la force exercé par le Conseil de sécurité ne sera vraisemblablement effectif et utile que si l'autorisation a été préalablement exprimée[6]. Autrement, les mécanismes de garantie, tels les rapports périodiques au Secrétaire général, pourraient ne pas être assurés[7]. Tous ces arguments conduisent à considérer la théorie de la délégation *ex post* comme « une distorsion

---

[1] Voy. Article 39 de la Charte des Nations Unies.

[2] *Idem.*

[3] Voy. en ce sens, SICILIANOS, L.-A., « Entre multilatéralisme et unilatéralisme : l'autorisation par le Conseil de sécurité de recourir à la force », *op. cit.*, p. 252.

[4] KOLB, R., *Ius contra bellum. Le droit international relatif au maintien de la paix*, *op. cit.*,p. 140 ; SICILIANOS, L.-A., « Entre multilatéralisme et unilatéralisme : l'autorisation par le Conseil de sécurité de recourir à la force », *op. cit.*, p. 250 ; DORMOY, D., « Réflexions à propos de l'autorisation implicite de recourir à la force », *in* S.F.D.I., *Les métamorphoses de la sécurité collective. Droit, pratique et enjeux stratégiques*, *op. cit.*, pp. 227-228. Cette réflexion vaut également pour rejeter une délégation implicite.

[5] « On ne peut contourner l'existence d'un droit de veto – et plus généralement des conditions de vote – de la sorte : c'est au moment de l'adoption de la résolution que l'autorisation doit être établie », *in* CORTEN, O., *Le droit contre la guerre*, *op. cit.*, p. 646. L'argument de l'utilité du droit de veto vaut tant pour réfuter la possibilité d'une délégation implicite qu'une délégation *ex post*.

[6] Voy. sur le contrôle du délégataire par l'organisation internationale délégante, *infra*, Partie II, Chapitre II.

[7] DE WET, E., *The Chapter VII powers of the United Nations security Council*, Oxford, Hart Publishing, 2004, pp. 272-273; SAROOSHI, D., *The United Nations and the Development Of Collective Security. The Delegation by the UN Security Council of its Chapter VII Powers*, *op. cit.*, p. 155 ; SICILIANOS, L.-A., « Entre multilatéralisme et unilatéralisme : l'autorisation par le Conseil de sécurité de recourir à la force », *op. cit.*, pp. 252-253.

pure et simple du Chapitre VII »[1] de manière générale, et comme contradictoire avec la logique même du mécanisme de délégation de compétence[2]. Enfin, n'oublions pas que les recours à la force délégués par le Conseil de sécurité constituent des exceptions à la règle générale de l'interdiction du recours à la force et à l'exclusivité de compétence de guerre reconnue au Conseil de sécurité. Ils doivent ainsi être interprétés de manière stricte[3]. La Cour E.D.H., qui avait reconnu une qualification de délégation à l'autorisation de recourir à la force dans l'affaire *Behrami*, l'a ainsi refusée à l'intervention de la coalition internationale en Irak, ratifiée *a posteriori*, par le Conseil de sécurité, dans l'affaire *Al-Jedda*[4]. Elle « estim[a], à l'instar de la majorité de la Chambre des lords, que le rôle joué par les Nations Unies en matière de sécurité en Irak en 2004 était très différent de celui que l'Organisation avait assumé dans ce même domaine au Kosovo en 1999. La mise en comparaison revêt d'autant plus d'intérêt que, dans la décision *Behrami et Saramati* [...], la Cour a notamment conclu que la détention de M. Saramati était imputable aux Nations Unies et non à l'un quelconque des Etats défendeurs. Il convient de rappeler que la présence internationale de sécurité au Kosovo avait été établie par la

---

[1] DORMOY, D., « Réflexion à propos de l'autorisation implicite de recours à la force », *op. cit.*, p. 224. Voy. également dans le même sens déjà, SICILIANOS, L.-A., « L'autorisation par le Conseil de sécurité de recourir à la force : une tentative d'évaluation », *op. cit.*, p. 42 ; CORTEN, O., DUBUISSON, F., « L'hypothèse d'une règle émergente fondant une intervention militaire sur une « autorisation implicite » du Conseil de sécurité », *op. cit.*, pp. 905-907 ; KOHEN, M. G., « *L'emploi de la force et la crise du Kosovo : vers un nouveau désordre international* », *R.B.D.I.*, 1999, pp. 122- 148, sp. p. 32 et pp. 141-142.

[2] ARCRI, M., « L'Intervention armée contre l'Iraq et la question de l'autorisation du Conseil de Sécurité », *Anuario de derecho internacional*, vol. XIX, 2003, pp. 5-39, p. 8.

[3] En ce sens déjà, CORTEN, O. KLEIN, P., « L'autorisation de recourir à la force à des fins humanitaires : droit d'ingérence ou retour aux sources? », *E.J.I.L.*, vol. 4, Issue 4, 1993, pp. 506–533, p. 525 ; DORMOY, D., « Réflexion à propos de l'autorisation implicite de recours à la force », *op. cit.*, p. 224 ; PAPASTAVRIDIS, E., "Interpretation of Security Council Resolutions under Chapter VII in the Aftermath of the Iraqi Crisis", *The International and Comparative Law Quarterly*, vol. 56, n°1, 2007, pp. 83-118, p. 107 ; SICILIANOS, L.-A., « Entre multilatéralisme et unilatéralisme : l'autorisation par le Conseil de sécurité de recourir à la force », *op. cit.*, p. 75 ; KOLB, R., *Ius contra bellum. Le droit international relatif au maintien de la paix*, *op. cit.*, p. 129.

[4] C.E.D.H. Arrêt *Al-Jedda* c. *Royaume-Uni*, Grande Chambre, 7 juillet 2011 § 83. Voy. en ce sens déjà, JACOB, P., « La mise en œuvre des normes et opérations de l'organisation internationale », *op. cit.*, pp. 886-887.

Résolution 1244, adoptée le 10 juin 1999 […]. [Le Conseil de sécurité] avait dès lors autorisé « les Etats membres et les organisations internationales compétentes à établir la présence internationale de sécurité au Kosovo » et indiqué qu'il devait y avoir « une participation substantielle de l'Organisation du traité de l'Atlantique Nord » au sein de la force, qui devait « être déployée sous commandement et contrôle unifiés ». En outre, la Résolution 1244 avait autorisé le Secrétaire général à établir une présence internationale civile au Kosovo afin d'y assurer une administration intérimaire. Les Nations Unies, par le biais du représentant spécial désigné par le Secrétaire général en consultation avec le Conseil de sécurité, devaient diriger la mise en place de la présence internationale civile et agir en étroite coordination avec la présence internationale de sécurité »[1].

142. Si les délégations implicites et *ex post* sont rejetées en matière de recours à la force armée[2], *quid* des autres délégations ? Il nous semble que l'adage *exceptio est strictissimae interpretationi*[3] permet de généraliser le rejet des délégations implicites ou *ex post* à toute délégation de compétence par une organisation internationale. En effet, la délégation est employée par une organisation internationale en dérogeant au schéma prévu originellement lors de la constitution de l'organisation qui est établie pour *faire* et non pour *faire faire*. Cet exercice inhabituel et indirect des compétences contraint à une interprétation stricte de la délégation. En ce sens, on ne peut que conclure au rejet d'une délégation implicite ou *ex post* par une organisation internationale.

143. Sur la possibilité d'une offre présumée. La jurisprudence et la doctrine s'accordent à déclarer que l'offre de délégation ne se

---

[1] C.E.D.H. Arrêt *Al-Jedda* c. *Royaume-Uni*, Grande Chambre, 7 juillet 2011 § 83.

[2] En ce sens, voy. l'article 13 de la résolution de l'I.D.I., « Problèmes actuels du recours à la force en droit international. Sous-groupe D - L'autorisation du recours à la force par les Nations Unies », Session de Rhodes de 2011, qui précise : « L'absence de réaction du Conseil de sécurité à l'emploi de la force sans autorisation préalable, ou de sa condamnation par le Conseil, ne peut être interprétée comme une autorisation implicite ou *ex post facto* », 9 septembre 2011.

[3] En vertu de ce principe, les exceptions sont interprétées de manière restrictive. Pour une application de cet adage par la jurisprudence internationale, voy., Commission de Conciliation franco-italienne, *Interprétation et application des dispositions de l'article 78 § 7, du Traité de Paix au territoire éthiopien*, décision n° 201, 16 mars 1956, *RSA.*, pp. 636-658, p. 639. Voy. également QURESHI, A.H., *Interpreting WTO Agreements Problems and Perspectives*, Cambridge, Cambridge University Press, 2006, 237 p., pp. 104-112.

présume pas. Ainsi, dans l'affaire *Meroni* de 1958, la C.J.C.E. déclara que « la délégation de pouvoirs ne se présume pas et que même habilitée à déléguer ses pouvoirs, l'autorité délégante doit prendre une décision explicite les transférant »[1]. La Cour de Luxembourg associe clairement la présomption et l'implicite[2] et c'est d'ailleurs sur le fondement de cette synonymie que des auteurs ont pu conclure à l'interdiction d'une délégation implicite en droit européen[3]. Le Professeur Kolb use du même amalgame lorsqu'il affirme l'existence d'« une règle générale, à savoir qu'une délégation [des compétences coercitives du Conseil de sécurité] ne se présume pas. C'est dire que la délégation doit être expresse et que l'interprétation doit se faire de manière restrictive »[4].

144. Pour autant, la présomption au moment de l'offre de la délégation n'est pas totalement à écarter. En effet, la présomption est définie comme une supposition qui est prévue par une prescription préalable[5]. Elle n'est pas une conséquence naturelle d'un objectif ou d'un fait. En droit international, cette présomption peut être établie par une norme internationale[6] ou par le sujet de droit international lui-même. Elle résulterait donc toujours d'une volonté exprimée antérieurement. En ce sens, il est possible d'accepter l'éventualité d'une présomption au moment de l'expression de la volonté de l'organisation internationale à déléguer une partie de ses compétences. Il suffit que la présomption soit expressément indiquée par ladite organisation au moyen d'une norme antérieure, ou par une décision explicite la

---

[1] C.J.C.E., 13 juin 1958, *Meroni*, aff. 9/56, *Rec.*, p. 42.

[2] La C.E.D.H. constata également, à propos de la délégation des compétences du Conseil de sécurité, que « cette délégation n'était ni présumée ni implicite, mais explicitement déjà prévue dans la résolution elle-même », *in* C.E.D.H., *Behrami et Behrami c. France et Saramati c. France, Allemagne et Norvège, op. cit.* § 134.

[3] KOVAR, K., *Le pouvoir réglementaire de la Communauté européenne du charbon et de l'acier, op. cit.*, p. 153 ; GAUTIER, Y., *La délégation en droit communautaire, op. cit.*, pp. 418-419.

[4] KOLB, R., *Ius contra bellum. Le droit international relatif au maintien de la paix, op. cit.*, p. 129. Voy. également, KOLB, R., PORRETTO, G., VITE, S., *L'application du droit international humanitaire et des droits de l'homme aux organisations internationales*, Bruxelles, Bruylant, 2005, 500 p., p. 41 ; CORTEN, O., *Le droit contre la guerre, op. cit.*, p. 575.

[5] SALMON, J., *Dictionnaire de droit international public, op. cit.*, p. 872.

[6] *Idem.*, Pour exemple, voy. l'article 22 de la Constitution de l'O.M.S. qui établit une présomption de l'engagement des États membres de l'organisation à suivre la règlementation adoptée par l'O.M.S.

prévoyant[1]. La pratique du Conseil de sécurité en matière de sanctions économiques, si elle ne concerne pas la délégation telle que nous l'avons définie, illustre parfaitement l'usage de la présomption lors d'une déclaration de volonté (d'un organe) d'une organisation internationale. Ainsi, dans la résolution 943 du 23 septembre 1994, le Conseil de sécurité décidait de suspendre provisoirement les sanctions économiques imposées à Belgrade « pour une période initiale de cent jours à compter du lendemain du jour où le Secrétaire général aura informé le Conseil de sécurité »[2], du respect par la République fédérative de Yougoslavie (Serbie et Monténégro) des décisions du Conseil de sécurité relative à la fermeture des frontières[3]. La suspension prenait fin « si à tout moment le Secrétaire général l'informe que les autorités de la République fédérative de Yougoslavie (Serbie et Monténégro) n'appliquent pas effectivement leur décision de fermer la frontière [...] à moins que le Conseil de sécurité n'en décide autrement »[4]. La volonté du Conseil de sécurité, de suspendre provisoirement ses précédentes résolutions imposant des sanctions économiques prises sur le fondement du Chapitre VII de la Charte ou de réactiver les résolutions suspendues, est exprimée dans ce texte[5] au préalable, d'après une situation concrète avérée (en l'espèce, l'absence de fermeture des frontières). La résolution 2231 du 20 juillet 2015 est une autre illustration de la possibilité d'une présomption de volonté du Conseil de sécurité. Cette résolution prévoit la suspension des sanctions économiques décidées à l'encontre de l'Iran dès la réception d'un rapport du Directeur général de l'A.I.E.A.[6]. Ce rapport est la condition

[1] L'acte prévoyant une présomption doit respecter les mêmes conditions, de forme et de fond, que celles exigées pour l'adoption de la décision à déléguer, sans quoi, une telle présomption pourrait servir au détournement de la compétence de l'organisation internationale délégante.

[2] S/RES/943 (1994) du 23 septembre 1994 § 1.

[3] *Idem.*

[4] *Ibid.* § 4. Sur la question de levée des sanctions économiques décidée par le Conseil de sécurité, TEHINDRAZANARIVELO, D. L., *Les sanctions des Nations Unies et leurs effets secondaires : assistance aux victimes et voies juridiques de prévention*, Paris, PUF, 2005, 522 p., pp. 265-298.

[5] La présomption est ici conditionnée, premièrement à la remise d'un rapport favorable de la part de son Secrétaire général et deuxièmement, par son silence suite à un rapport l'informant du non-respect de ses décisions.

[6] S/RES/2231 (2015), 20 juillet 2015 § 7.

présumée, par le Conseil, qui conduirait à un acte positif de sa part, à savoir la levée de sanction[1].

S'il est vrai que les deux précédentes résolutions ne concernent pas une délégation de compétence telle que nous l'avons définie, il n'en reste pas moins qu'elles sont illustratives de notre propos relatif à la possibilité de l'expression d'une volonté présumée[2].

B. L'acceptation de la délégation

145. L'acceptation de la délégation par le délégataire, personne ou entité distincte de l'organisation, joue un rôle primordial dans les rapports entre les deux sujets, notamment en ce qu'elle place le rapport de délégation dans une logique de coopération et non de subordination[3]. Déléguer n'est pas un acte autoritaire[4]. Une délégation est une offre adressée à de futurs délégataires ayant libre choix de l'accepter ou non, et d'une telle acceptation (1). Différentes modalités d'acceptation de l'offre sont possibles (2). Toutefois, l'exercice par délégation pouvant avoir des effets sur des tiers, se pose la question de leur acceptation de la délégation (3).

---

[1] De même, la réactivation des sanctions économiques a été également prévue selon une procédure, jusqu'ici inédite dans la pratique du Conseil, à savoir, la fin de la suspension des sanctions en cas d'absence d'une résolution contraire du Conseil de sécurité.

[2] La délégation prévue par la section 7 de l'article IV du statut de la S.F.I. pourrait être un exemple de présomption du consentement pour chaque action de la BIRD pour le compte de la S.F.I. Cette présomption est incluse dans l'acte constitutif de l'organisation. Elle permettrait que la Banque puisse conclure des traités au nom de la S.F.I. sans nécessité d'un nouvel acte explicite de délégation à chaque contractualisation. Cette pratique reste exceptionnelle et se justifie par les relations particulières entre ces deux organisations. Voy. GROSHENS, J.-C., « La Société financière internationale », *op. cit.*, p. 429 : « La Société est ainsi placée sous une sorte de protectorat de la Banque » ; BROCHES, A., "International Legal Aspects of the Operations of the World Bank", *R.C.A.D.I.*, Vol. 95, 1959-III, pp. 297-409, sp. pp. 337-338.

[3] Voy. en ce sens déjà, à propos de la délégation des compétences coercitives du Chapitre VIII de la Charte, GESLIN, A., « Le pouvoir d'habilitation du Conseil de sécurité : la délégation des pouvoirs du Conseil aux organisations internationales », *op. cit.,* pp. 494-496.

[4] C'est-à-dire qu'il n'est pas obligatoire pour le destinataire de l'acte, en ce sens, voy. JACQUE, J.-P., *Éléments pour une théorie de l'acte juridique en droit international public*, Paris, L.G.D.J., 1972, 511p., *passim.*

1. La nécessité de l'acceptation par le délégataire

146. Une délégation de compétence ne peut avoir lieu sans une concordance des volontés de l'organisation délégante et de son futur délégataire. Lorsque l'offre de déléguer est contenue dans un acte unilatéral de l'organisation internationale, elle ne peut produire des effets qu'après son acceptation par le futur délégataire[1]. Une telle acceptation permet de distinguer l'offre de délégation d'une décision obligatoire de l'organisation[2].

147. La doctrine et la pratique ont reconnu la nécessité d'une réception volontaire de la compétence offerte par délégation. En ce sens, l'acceptation par le mandataire de la S.D.N. de la compétence d'administration territoriale a été jugée indispensable[3]; elle a pour fondement la nature « conventionnelle » du mandat international[4]. D'après Jean Ray, la condition du consentement du mandataire choisi, même si elle n'est pas posée dans le Pacte, « sembl[e] aller de soi »[5]. Il n'en reste pas moins que l'accord du bénéficiaire du mandat a une

---

[1] En ce sens, les Professeurs Dupuy et Kerbrat écrivent, à propos des autorisations de recourir à la force, que « [c]elles-ci n'obligent pas les États à adopter un comportement déterminé, mais les autorisent seulement à faire usage de la force armée », *in Droit international public*, Paris, Dalloz, 13ème éd., 2016, p. 533 ; SICILIANOS, L.-A., « Le Conseil de sécurité, la responsabilité des États et la Cour européenne des droits de l'homme : vers une approche intégrée », *R.G.D.I.P.*, 2015-4, pp. 779-795, p. 784.

[2] Sur la distinction entre acte contraignant et acte non contraignant de l'organisation internationale, voy. notamment, VIRZO, R., "The Proliferation of Institutional Acts of International Organizations: A Proposal for Their Classification", *in* VIRZO, R., INGRAVALLO, I., (dir.), *Evolutions in the Law of International Organizations*, 2015, pp. 293-323.

[3] Voy. FAUCHILLE, P., *Traité de droit international public*, tome I, 2ème partie, Paix, Paris, Rousseau, 1925, pp. 884-885.

[4] Voy. entre autres, SCHUCKING, W., « Le développement du pacte de la Société des Nations », *R.C.A.D.I.*, tome XX, 1927, pp. 349-458, sp. p. 409 ; REDSLOB, R., *Théorie de la Société des Nations*, Paris, Rousseau & C°, 1927, pp. 205-206 ; PIC, P., « Le régime du mandat d'après le traité de Versailles : son application dans le Proche Orient », *R.G.D.I.P.*, 1923, pp. 321-371, sp., p. 337 : « Le mandat est, par définition même, un contrat » ; FURUKAKI, P.T., *Les mandats internationaux de la Société des Nations*, thèse, Université de Lyon, 1923, 230 p., p. 95 ; FAUCHILLE, P., *Traité de droit international public*, tome I, 2ème partie, Paix, Paris, Rousseau, 1925, p. 829. *Voy. Contra* SCELLE, G., *Précis de droit des gens : principes et systématique*, *op. cit.*, 171 ; BAROUDI, M., *Les problèmes juridiques concernant l'administration des Communautés sous mandat*, thèse n° 470, Université de Genève, 1949, pp. 32-33.

[5] RAY, J., *Commentaire du Pacte de la Société des Nations*, Tokyo, 1921, vol. 1, p. 134 ; ROLLIN, H., « Les Mandats internationaux », rapport, *Ann.* I.D.I., 1928, n°34, pp. 33-52.

portée importante puisque d'après le Juge Bustamente : « [l]a fonction de mandataire est une responsabilité plutôt qu'un droit (art. 22 § 2, du Pacte). Cette responsabilité est plus lourde dans la mesure où la population sous Mandat est moins développée, comme dans les cas du Mandat C (art. 22 § 6). C'est précisément pour cela que l'acceptation du Mandat doit être volontaire de la part du mandataire (art. 22 § 2) : c'est à lui de décliner la mission s'il ne peut pas en supporter la charge »[1]. C'est la raison pour laquelle, l'acceptation du futur mandataire est spécifiée dans toutes les chartes de mandat. Citons, entre autres, le mandat pour les anciennes colonies allemandes situées au nord de l'équateur, dans l'océan Pacifique (mandat C) entre le Conseil de la S.D.N. et le Japon, le 17 décembre 1920, qui dispose « que Sa Majesté l'Empereur du Japon s'est engagée à accepter le mandat sur lesdites îles [...] ». Codifiant une telle pratique, l'I.D.I. a reconnu, dans ses recherches sur le mandat international, qu'il s'agissait d'« un acte établi par le Conseil de la S.D.N. et accepté par l'Etat mandataire »[2].

148. Il n'existe pas non plus d'obligation générale d'exécution des peines prononcées par la C.P.I.[3] L'article 103 du statut de Rome est très explicite en la matière. En effet, selon cet article, l'inscription sur la liste des États disposés à recevoir des condamnés ne suffit pas en soi à conclure à une acceptation pour chaque cas d'espèce, «[l]'État désigné dans une affaire donnée fait savoir promptement à la Cour s'il accepte ou non sa désignation »[4].

---

[1] Juge Bustamante, opinion individuelle, *affaire du Sud-Ouest africain (Éthiopie c. Afrique du Sud ; Libéria c. Afrique du Sud), Exceptions préliminaires*, arrêt du 21décembre1962, C.I.J. Rec. p. 357.

[2] *Résolutions relatives aux mandats internationaux*, adoptées par l'I.D.I., session de Cambridge, 1931 ; ROLLIN, H., « Les Mandats Internationaux », *op. cit.,* pp. 33-52. Le terme délégation n'avait pas été évoqué, ni dans le rapport ni dans la résolution adoptée lors de la session de Cambridge de 1931.

[3] Voy. BREJON, A., « Le contrôle de l'exécution des peines prononcées par la Cour pénale internationale : une confiance démesurée de la CPI à l'Etat ? », *in* S.F.D.I., *La souveraineté pénale de l'Etat au XXIème siècle*, Paris, Pedone, 2018, 519 p., 215-236, pp. 218-221. L'auteur note ainsi à juste titre « le caractère contractuel de cet aspect de la procédure pénale internationale », *ibid.*, p. 220. Il faut différencier l'exécution des peines de la coopération des États avec la C.P.I. qui constitue une obligation selon l'article 6 du statut de Rome.

[4] En outre, l'État délégataire de l'exécution peut, selon l'article 103, 1, b, au moment de l'acceptation d'une telle délégation « assortir son acceptation de conditions qui doivent être agréées par la Cour et être conformes aux dispositions du présent chapitre ».

149. Rappelons enfin que les résolutions autorisant les États à recourir à la force ne sont pas obligatoires pour les États destinataires[1]. En ce sens, le Professeur Christian Dominicé écrit que : « [le Conseil de sécurité] n'a pas le pouvoir d'ordonner à un État l'emploi de la force, mais il a celui de l'autoriser »[2]. Le Professeur Raphaëlle Rivier est encore plus explicite à ce sujet : « [s]i en effet l'action est déléguée du Conseil aux États, dans la pratique du Conseil, la délégation ne lie pas ceux qui la reçoivent, qui demeurent libres de la mettre en œuvre »[3]. C'est sans doute la raison pour laquelle ces résolutions sont classées dans la catégorie « recommandations »[4]. La seule obligation pour les destinataires de la recommandation est son examen de bonne foi ; mais ils « peuvent [*in fine*] décider discrétionnairement de ne pas

---

[1] Voy. DUPUY et KERBRAT, *Droit international public*, *op. cit.*, *13ème éd., 2016,* p. 533 ; SICILIANOS, L.-A., « Le Conseil de sécurité, la responsabilité des États et la Cour européenne des droits de l'homme : vers une approche intégrée », *op. cit.,* p. 784 ; KOLB, R., « L'article 103 de la Charte des Nations Unies », *R.C.A.D.I.,* vol. 367, pp. 9-252, p. 165 ; CAICEDO, J.J., *La répartition de la responsabilité internationale entre les organisations internationales et leurs Etats membres*, *op. cit.*, p. 280.

[2] DOMINICE, Ch., « La sécurité collective et la crise du Golfe », *E.J.I.L.*, vol. 2, 1991, n°2, pp. 85-109, reproduit *in* DOMINICE, Ch., *L'ordre juridique international entre tradition et innovation*, Genève, Graduate Institute Publications Collection, 1997, 538 p., p. 179.

[3] RIVIER, R., *Droit international public*, Paris, PUF, 3ème éd., 2017, p. 746. Voy. également MAHIOU, A., « Article 2, paragraphe 5 », *in* COT, J-P., PELLET, A., FORTEAU, M., (dir.), *La Charte des Nations Unies, commentaire article par article*, *op. cit.,* pp. 470-471 ; SICILIANOS, L.-A., « Entre multilatéralisme et unilatéralisme : l'autorisation par le conseil de sécurité de recourir à la force », *op. cit.,* p. 393 ; GAJA, G., « Responsabilité des États et/ou des organisations internationales en cas de violations des droits de l'homme : la question de l'attribution », *in* SFDI/IIDH., *La soumission des organisations internationales aux normes internationales relatives aux droits de l'homme*, Paris, Pedone, 2009, pp. 95-103, p. 102.

[4] « *Authorizations constitute a middle ground between binding decisions and recommendations in that they dont oblige membre state to take to take action but merely allow them to do so*», *in* KRISCH, N., « Introduction to Chapter VII : The General Framework», *in* SIMMA, B., KHAN, D-E., NOLTE, G., PAULUS, A., (dir.), *The Charter of the United Nations : A Commentary,* Oxford, Oxford University Press, Vol. II, 3ème éd., 2012, pp. 1237-1271, p. 1261 ; SICILIANOS, L.-A., « Entre multilatéralisme et unilatéralisme : l'autorisation par le Conseil de sécurité de recourir à la force », *op. cit.*, pp. 176-177.

l'[accepter] »[1]. De même, l'autorisation octroyée par le Conseil de sécurité à une organisation régionale n'a pas force contraignante pour celle-ci[2] ; elle « peut accepter ou refuser la délégation. Elle ne peut être forcée d'agir »[3]. *A contrario*, les sanctions économiques qui sont décidées par le Conseil de sécurité sur le fondement du Chapitre VII de la Charte s'imposent à chacun des États à qui elles sont destinées[4], conformément à l'article 25 de la Charte[5]. Le Conseil de sécurité a déjà eu l'occasion d'évoquer les conséquences de l'une de ses décisions unilatérales, dans sa résolution 232 du 16 décembre 1966 imposant pour la première fois ces sanctions sur le fondement des articles 39 et 41 de la Charte de l'ONU : « [l]e Conseil de sécurité] [r]appelle aux Etats Membres que le fait pour l'un quelconque d'entre eux de ne pas appliquer ou de refuser d'appliquer la présente résolution constituera une violation de l'article 25 de la Charte des Nations Unies »[6].

150. Ainsi, nous pouvons affirmer qu'une offre de délégation de compétence qui ne reçoit pas l'acceptation du potentiel délégataire reste *lettre morte*. L'établissement d'une délégation ne peut résulter que d'une concordance de volontés de l'organisation internationale avec son délégataire. La délégation constitue donc un accord de volontés[7]. Le futur délégataire, qui n'est nullement obligé d'accepter l'offre de

---

[1] THOME, N., *Les pouvoirs du Conseil de sécurité au regard de la pratique récente du Chapitre VII de la Charte des Nations Unies*, Aix-en-Provence, Presses universitaires d'Aix-Marseille, 438 p., p. 228.

[2] MOMTAZ, D., « La délégation par le Conseil de sécurité de l'exécution de ses actions coercitives aux organisations régionales », *op. cit.*, p. 115 ; KOLB, R., *International law on the maintenance of peace : jus contra bellum*, Cheltenham, Edward Elgar Publishing, 2018, 504 p., p. 208.

[3] KOLB, R., *Ius contra bellum. Le droit international relatif au maintien de la paix*, *op. cit.*, p. 150.

[4] Voy. TEHINDRAZANARIVELO, D. L., *Les sanctions des Nations Unies et leurs effets secondaires. Assistance aux victimes et voies juridiques de prévention*, *op. cit.*, p. 54 ss.

[5] Voy. EISEMANN, P. M., *Les sanctions contre la Rhodésie*, *op. cit.*, p. 60 ; SUY, E., ANGELET, N., « Article 25 », *in* COT, J-P., PELLET, A., FORTEAU, M., (dir.), *La Charte des Nations Unies, commentaire article par article*, *op. cit.*, pp. 909-918.

[6] Résolution 232 (1966), 16 décembre 1966, point 3. Voy. également, Résolution 235 (1968), du 29 mai 1968, point 11 ; la résolution1540 du 28 avril 2004.

[7] ŠMUCLEROVÁ, M., « The Differing Legal Relationships between States and International Organizations and Their Implications for International Organizations' Responsibility : Delegation of Powers to States», *in* SAROOSHI, D., (dir.), *Remedies and Responsibility for the Actions of International Organizations /Mesures de réparation et responsabilité à raison des actes des organisations internationals,* Leiden/Boston, Martinus Nijhoff Publishers, 2014, pp. 185-225, p. 199.

l'organisation internationale délégante[1], doit donc y consentir. La pratique révèle la possibilité de plusieurs modalités de cette acceptation.

2. Les modalités de l'acceptation

151. Le droit international n'impose aucune condition formelle concernant l'acceptation de la délégation. Il reconnaît le consentement à la fois explicite et tacite du délégataire.

i. Acceptation explicite de la délégation

152. La délégation d'exécution des peines d'emprisonnement prononcées par la C.P.I. est un exemple révélateur de la nécessité de disposer du consentement explicite du destinataire de la délégation. Cette délégation à un État ne se réalise que suite à sa désignation par la juridiction pénale internationale et par son acceptation expresse au cas d'espèce[2]. La doctrine désigne ce processus sous le terme de « double consentement » de l'État exécutant la décision de la C.P.I.[3] En effet, la ratification du Statut de Rome par un État ne signifie pas qu'il accepte systématiquement de devenir un État d'exécution de chaque décision de la C.P.I. Elle est un moyen pour l'État d'indiquer sa disponibilité en tant que potentiel réceptionnaire de personnes condamnées par la juridiction pénale internationale. Il ne sera État exécutant d'une décision de la C.P.I. que s'il répond positivement à la demande explicite de la Cour de recevoir un criminel[4]. Cette acceptation est formalisée dans un acte juridique séparé établi par le greffier de la Cour.

153. De même, dans la pratique de l'administration de territoire déléguée par la S.D.N., l'établissement du mandat international a toujours été inscrit explicitement dans un instrument exprimant la volonté des parties à l'établissement de la délégation. C'est en ce sens que la C.I.J. avait déclaré que le mandat « est un instrument qui présente

---

[1] *Contra,* voy. Martina ŠMUCLEROVÁ, qui considère qu'une délégation peut être établie par une décision contraignante par l'organisation internationale à ses destinataires, *ibid.*, pp. 194.

[2] Voy. STRIJARDS, G. A. M. HARMSEN, R. O., "Article 103 Role of States in enforcement of sentences of imprisonment", *in* TRIFFTERER, O., AMBOS, K., *The Rome Statute of the International Criminal Court. A Commentary*, Munich, Beck/Hart/Nomos, 3ème éd., 2016, pp. 2173-2186.

[3] KREß, C, SLUITER, GK, "Imprisonment" *in* CASSESE, A. GAETA, P. JONES, JRWD. (dir.), *The Rome Statute of the International Criminal Court- a commentary*, Vol. II, Oxford, Oxford University Press, 2002, pp 1757–1822, p. 1787.

[4] Article 103 1 (c) du Statut de la C.P.I. Voy. également l'article 27 du statut du T.P.I.Y. et l'article 28 du statut du T.P.I.R.

le caractère d'un traité ou d'une convention et qui incorpore les engagements internationaux du Mandataire définis par le Conseil et acceptés par le Mandataire »[1]. Ces conventions, nommées chartes de mandat, intégraient donc l'expression de la rencontre de deux volontés : la première est la volonté de la S.D.N. de déléguer ses pouvoirs d'administration de territoire, et la seconde est la volonté de la puissance mandataire d'accepter cette délégation et de s'investir en tant qu'administrateur mandaté[2]. L'administration de territoire délégué par l'ONU a conservé ce même formalisme[3].

154. De plus, les accords conclus entre l'organisation internationale délégante et des opérateurs privés contiennent la manifestation expresse de l'accord de chacune des parties. Tel est le cas des contrats du Haut-Commissariat des Nations Unies pour les réfugiés passés avec des partenaires privés[4]. Il en va de même pour la délégation destinée à une firme multinationale, telle une entreprise d'exploitation. L'organisation internationale conclut systématiquement un contrat avec celle-ci[5].

155. L'acceptation explicite d'une délégation aura l'avantage de faciliter la détermination de la date d'entrée en vigueur de la délégation. Rappelons que si le délégataire est un État ou une organisation internationale, l'accord de délégation est un traité dont l'entrée en vigueur est régie par l'article 24 de la Convention de Vienne sur le droit des traités de 1986. Ainsi, un traité portant délégation de compétence « entre en vigueur suivant les modalités et à la date fixées par ses dispositions ou par un accord entre les États et les organisations ou,

---

[1] C.I.J., *Affaires du Sud-Ouest africain (Éthiopie c. Afrique du Sud; Libéria c. Afrique du Sud), Exceptions préliminaires*, arrêt du 21 décembre 1962, p. 331.

[2] RAY, J., *Commentaire du Pacte de la Société des Nations*, Tokyo, 1921, vol. 1, p. 134.

[3] Pour illustration voy. notre thèse, *op. cit.*, pp. 123, n.b.p. n°536.

[4] Par exemple, les accords entre le H.C.R. et un cocontractant, voy. *Partenariat : un manuel de gestion des opérations pour les partenaires du H.C.R.*, *op. cit.*, pp. 97-99.

[5] Ainsi, au 31 décembre 2019, on peut compter 30 contrats d'exploration en vigueur : 18 concernant les nodules polymétalliques, 7 concernant les sulfures polymétalliques et 5 concernant les encroûtements cobaltifères de ferromanganèse, d'après *Rapport du Secrétaire général*, 17 décembre 2019, doc. off., ISBA/26/C/4. Voy. également, *Contractors for Seabed Exploration (BROCHURES)*, *op. cit.* Pour un exemple de contrat, voy. *Agreement on exploration for polymetallic nodules between the International Seabed Autority and Federal Institute for Geosciences and Natural Ressources of FRG, 19 juillet 2006*, en ligne : https://www.bgr.bund.de/DE/Themen/MarineRohstoffforschung/Meeresforschung/Downloads/Agreement_ISA_BGR.pdf?__blob=publicationFile&v=2

selon le cas, entre les organisations ayant participé à la négociation »[1]. En l'absence d'une telle modalité, l'accord de délégation entre en vigueur « dès que le consentement à être lié par le traité a été établi » entre l'organisation délégante et son futur délégataire[2]. De même, le contrat contenant une délégation de compétence d'une organisation internationale à une entité privée prévoit, le plus souvent, comme date son entrée en vigueur, le jour de sa signature par les parties. Tel est notamment le cas des contrats d'exploitation et d'exploration des fonds marins dont la clause-type en la matière est : « *[t]his contract shall enter into force on signature of both parties and [...] remain into force for a period of fifteeen years* » [3].

156. L'acceptation expresse transparaît ainsi soit dans un acte juridique séparé, tel l'accord de l'État réceptionnaire d'un détenu condamné par une juridiction internationale, soit dans un acte à valeur conventionnelle, telle une Charte de mandat, un contrat de l'A.I.F.M. avec un exploitant. Il n'est cependant pas interdit que le délégataire exprime son acceptation de manière tacite.

ii. Acceptation tacite de la délégation

157. L'acceptation informelle ou tacite de la délégation ne contredit pas les principes du droit international qui admet depuis longtemps l'engagement implicite de ses sujets. Il reconnaît ainsi aux États le pouvoir de limiter leurs libertés sans qu'ils aient besoin de le formuler expressément. Rien ne semble donc s'opposer à ce que l'agissement pour le compte d'autrui soit le produit d'une acceptation implicite. L'exercice des compétences coercitives du Conseil de sécurité en est une illustration. En effet, l'offre de délégation figure dans une résolution du Conseil de sécurité, un acte unilatéral, que les États ou les organisations internationales acceptent de mettre en œuvre sans que leur acceptation n'ait été exprimée formellement au préalable. Il est vrai que les États et/ou organisations destinataires de la délégation sont souvent à l'initiative de la résolution portant délégation du recours à la

[1] Article 24 § 1 de la Convention de Vienne sur le droit des traités de 1986.
[2] Article 24 § 2 de la Convention de Vienne sur le droit des traités de 1986.
[3] Voy. Pour un exemple de contrat, voy. *Agreement on exploration for polymetallic nodules between the International Seabed Autority and Federal Institute for Geosciences and Natural Ressources of FRG*, *op. cit.*, point D.

force[1]. Il n'y a donc pas de nécessité qu'ils formulent de nouveau leur approbation[2]. Il semble nécessaire toutefois que cette acceptation revête une manifestation concrète.

158. L'acceptation tacite de la délégation doit donc être interprétée au cas par cas, en fonction du comportement du destinataire de l'offre de délégation. Elle correspond à un début d'exécution de la délégation ou encore à toute autre démonstration d'accord de la part des délégataires[3].

L'observation de manœuvres militaires ou politiques à la date d'entrée en vigueur de chaque résolution est en ce sens un indice puissant de l'acceptation de la délégation du recours à la force. Lors de la crise libyenne de 2011, l'intervention d'une coalition d'États a eu lieu deux jours après l'adoption de la résolution 1973 du 17 mars, scellant, de cette façon, l'accord de délégation entre l'ONU et lesdits États[4].

3. L'acceptation de la délégation par les tiers

159. Une délégation peut produire des effets sur des tiers, ce qui nous conduit à poursuivre nos interrogations au-delà de l'examen des deux volontés exprimées par l'organisation délégante et son délégataire. En effet, la délégation de compétence amène souvent le délégataire à intervenir pour le compte de son délégant vis-à-vis de sujets tiers. De fait, une question s'impose : un tiers, sûrement intéressé, doit-il donner

[1] C'est le cas, par exemple, de la résolution S/RES/929 (1994) du 22 juin 1994 dont l'initiative est due au gouvernement français, qui a sollicité l'autorisation de recourir à la force au titre du Chapitre VII de la Charte des Nations Unies pour assurer la sécurité et la protection des personnes déplacées et des civils en danger au Rwanda, d'après *Rapport du Secrétaire général sur le Rwanda, lettre datée du 19 juin 1994, adressée au président du Conseil de sécurité par le secrétaire général*, doc. off., S/1994/728 §12.

[2] Il est à noter que l'acceptation tacite de la délégation doit être interprétée au cas par cas en fonction du comportement du destinataire de l'offre de délégation.

[3] Voy. D'ASPREMONT, J., VENTURA, D., « La composition des organes et le processus décisionnel », *in* LAGRANGE, E., SOREL, J.-M., *Traité de droit des organisations internationales*, *op. cit.*, pp. 402- 433, pp. 428-430.

[4] Le projet de résolution a été présenté par les États-Unis d'Amérique, France, Liban, et Royaume-Uni de Grande-Bretagne et d'Irlande du Nord, doc. off., S/2011/142. Ce projet a été adopté en tant que résolution le 17 mars par le vote affirmatif de dix membres (Bosnie-Herzégovine, Colombie, France, Gabon, Liban, Nigeria, Portugal, Afrique du Sud, Royaume-Uni de Grande-Bretagne et d'Irlande du Nord, États- Unis d'Amérique), et l'abstention de cinq membres (Brésil, Chine, Allemagne, Inde, Fédération de Russie).

son consentement pour que la délégation de compétence soit valide, au moins à son égard ? La réponse apportée à cette question par la pratique de la délégation en droit international et droit des organisations internationales est la suivante : l'établissement de la délégation et sa régularité dépendent de l'organisation délégante et de son délégataire, mais peuvent être tributaires de la reconnaissance ou de l'acceptation par un tiers intéressé. A ce propos, deux possibilités sont observées en pratique.

160. Premièrement, l'acceptation d'un tiers intéressé peut être envisagée comme une condition à prendre en compte lors du choix du délégataire par l'organisation internationale délégante, sans que cette acceptation n'ait d'incidence sur la validité de la délégation. L'acceptation du tiers revêt alors un rôle de légitimation ou de nature politique plutôt que juridique. À cet égard, l'article 22 § 4, relatif au mandat international, précisait que « [l]es vœux de ces communautés doivent être pris [...] en considération pour le choix du mandataire ». Comme le souligne pertinemment le Professeur Henri Rollin : « cette condition [est] nécessaire pour le fonctionnement de l'institution [,] pas pour sa validité »[1]. Toutefois, dans la pratique, il a été constaté que « que dans le choix du mandataire les populations n'ont pas même été consultées, exception faite pour celles de la Mésopotamie »[2].
De même, l'exigence du consentement des États-Unis à l'établissement du mandat de la S.D.N., en tant que la seule puissance alliée non membre de la S.D.N.[3], ne semble pas être une condition juridique, mais plutôt une exigence politique nécessaire non pas pour garantir la validité du mandat, mais plutôt son efficacité[4].
Un autre exemple pertinent est l'article 103 § 3 (c) du Statut de Rome relatif au choix de l'État d'exécution des peines décidées par la C.P.I., qui prend en considération les « vues de la personne condamnée »[5], sans

---

[1] ROLLIN, H., « Les Mandats Internationaux », *op. cit.*, p. 37.

[2] DIENA, G., « Les mandats internationaux », *op. cit.*, p. 239.

[3] DISTEFANO, G., « Article 22 », *in* KOLB, R., *Commentaire sur le Pacte de la Société des Nations*, Bruxelles, Bruylant, 2014, pp. 841-1002, p. 913.

[4] Nous reprenons ici les idées du Professeur Virally, déjà développées à propos du lien entre les effets politiques et les effets juridiques des actes des organisations internationales, VIRALLY, M., « Les actes unilatéraux des organisations internationales », *op. cit.*, pp. 270-271.

[5] Voy. également la règle 203 du règlement de procédure et de preuve de la C.P.I.

toutefois exiger son consentement pour la formation de la délégation[1]. Jusqu'à présent, aucun changement de choix de l'État récipiendaire d'un condamné n'a résulté d'un refus de celui-ci à l'annonce de son lieu de détention.

161. Deuxièmement, l'acceptation du tiers intéressé ou impliqué par la délégation influe sur l'efficacité de la délégation, voire la validité de son établissement. L'accord du tiers est ainsi reconnu comme nécessaire pour toute délégation de la représentation diplomatique entre États[2]. La Convention de Vienne sur les relations diplomatiques prévoit en ce sens explicitement, dans son article 45 relatif à la protection déléguée, l'acceptation du délégataire par l'État accréditaire[3].

162. Nous pouvons envisager cette même nécessité pour l'hypothèse de la délégation par une organisation internationale de l'exercice de sa représentation diplomatique. Tel doit être le cas également pour la délégation de la conclusion de traité au nom et pour le compte de l'organisation délégante. Ainsi, lorsque l'Union européenne a délégué à la France et à l'Italie la compétence de conclure des traités en son nom et pour son compte avec Monaco[4], le Vatican[5] et la République de Saint Marin[6], l'acceptation de ces derniers était indispensable à la validité d'une telle délégation.

163. De même, la délégation par les juridictions pénales internationales de leur compétence de contrôler le traitement des personnes condamnées dans leur lieu de détention ne peut être efficace

---

[1] La doctrine confirme notre propos. Voy. STRIJARDS, G. A. M. HARMSEN, R. O., "Article 103 Role of States in enforcement of sentences of imprisonment", *op. cit.*, p. 2184 ; BREJON, A., « Le contrôle de l'exécution des peines prononcées par la Cour pénale internationale : une confiance démesurée de la CPI à l'Etat ? », *op. cit.*, p. 223.

[2] En effet, l'effectivité de la représentation d'un sujet de droit international par un autre nécessite l'acceptation par les tiers de cette représentation. Une telle affirmation ressort du principe que tout sujet possède la liberté « d'entrer ou non relation avec un autre », voy. DAOUDI, R., *La représentation en droit international*, *op. cit.*, p. 110. Voy. également TOUZE, S., *La protection des droits des nationaux à l'étranger, recherches sur la protection diplomatique*, *op. cit.*, p. 316.

[3] Convention adoptée le 18 avril 1961 et entrée en vigueur le 24 avril 1964, *R.T.N.U.*, vol. 500, p. 95. Voy. également dans l'article 46 de la même convention.

[4] *J.O.* L 142 du 31.05.2002.

[5] *J.O.* C 299 du 25.10.2001.

[6] *J.O.* C 209 du 27.07.2001. Voy. également CREMONA, M., « Making Treaties and Other International Agreements : The European Union », *in* BRADLEY, C. A., (dir.), *The Oxford Handbook of Comparative Foreign Relations Law*, Oxford, Oxford University Press, 2019, 856 p., pp. 239-256, p. 252.

sans l'accord de l'État sur le territoire duquel est exécuté la détention[1]. C'est la raison pour laquelle, dans les accords d'exécution de peines conclus entre ces juridictions et les États, il est prévu explicitement une disposition relative à l'acceptation d'un tel contrôle par l'État d'exécution. Par exemple, l'article 6 de l'Accord entre le gouvernement de la République française et l'Organisation des Nations Unies concernant l'exécution des peines prononcées par le Tribunal pénal international pour le Rwanda prévoyait que : « [l]es autorités compétentes de l'Etat requis permettent l'inspection périodique et impromptue des conditions de détention et du traitement des détenus par le Comité International de la Croix-Rouge (CICR), qui détermine la fréquence des visites [...] ». L'acceptation par l'État requis se retrouve dans les différents accords d'exécution conclus entre les juridictions pénales internationales et les États d'exécution[2]. Ces accords sont inspirés du Modèle d'accord entre la C.P.I. et les États d'exécution, qui prévoit dans son article 4.8 qu' «[a]fin de contrôler l'exécution des peines d'emprisonnement, la Présidence : [l'État d'exécution] autorise le Comité international de la Croix-Rouge […] à mener à tout moment et de manière périodique des inspections aux fins de contrôle des conditions de détention et du traitement de la ou des personnes condamnées, la fréquence des visites étant déterminée par le CICR […] »[3].

164. Dans les différentes illustrations précédentes, la délégation requiert le consentement d'un tiers au rapport délégant/délégataire, *stricto sensu.* La nécessité de son consentement s'explique par le fait qu'il est, certes, non partie à l'accord de délégation, mais directement intéressé par celui-ci, notamment lorsque l'accord de délégation a pour

---

[1] Voy. *Échange de lettres entre le T.P.I.Y. et le CPT concernant le contrôle des conditions de détention et du traitement de certaines personnes condamnées par le Tribunal*, *op. cit.* ; *Exchange of letters between ICC and the European Committee for the Prevention of Torture and Inhuman or Degrading Treatment of Punishment, and the Council of Europe*, doc. off., ICC-PRES/24-06-17 ; *Accord entre la C.P.I. et le Comité international de la Croix-Rouge sur les visites aux personnes privées de liberté en vertu de la juridiction de la C.P.I.*, ICC-PRES/02-01-06, entrée en vigueur le 13 avril 2006.

[2] Voy. par exemple, l'article 7 de l'*Accord entre la C.P.I. et le Gouvernement de la Serbie sur l'exécution des peines prononcées par la C.P.I.*, doc. off., ICC-PRES/09-03-11. Pour d'autres illustrations voy. notre thèse, *op. cit.*, pp. 128-129, n.b.p. n°558.

[3] Article 4 point 8 du *Modèle d'accord entre la C.P.I. et les États sur l'exécution des peines, op. cit.*

objet et objectif de remplacer l'organisation par son délégataire dans les relations de celle-ci avec ce tiers.

165. Le consentement d'un tiers intéressé peut parfois être une condition préalable à l'établissement de la délégation[1]. Tel est le cas de la délégation de l'exploitation des fonds marins à des entreprises privées par l'A.I.F.M. qui n'accorde son permis d'exploitation ou d'exploration des fonds marins qu'aux entreprises patronnées par les États parties à la Convention de Montego Bay[2]. En effet, l'article 153 § 2, b de la Convention de Montego Bay prévoit que les activités menées dans la Zone sont menées « [...] par des entreprises d'État ou par des personnes physiques ou morales possédant la nationalité d'États Parties ou effectivement contrôlées par eux ou leurs ressortissants, *lorsqu'elles sont patronnées par ces États* [...] ». L'exigence du patronage par l'État de nationalité se justifie par l'article 139 de la même Convention, qui met à la charge des États Parties une obligation de veiller au respect de la Convention par les personnes portant sa nationalité[3].

166. Le patronage par un État de nationalité est donc nécessaire en ce qu'il permet que « les règles de la Convention relatives aux activités menées dans la zone [...] produisent leur effet à l'égard des contractants patronnés dont le statut juridique relève du droit interne. Ce mécanisme consiste à imposer aux Etats Parties des obligations que ceux-ci doivent remplir en exerçant les pouvoirs dont ils disposent sur les entités qui ont leur nationalité ou qui sont soumises à leur contrôle »[4]. Ainsi, les entreprises désirant être délégataires de l'A.I.F.M. pour l'exploitation des fonds marins doivent obligatoirement obtenir le patronage d'au

---

[1] L'exigence du consentement de l'État de nationalité existe dans des domaines mettant en relation les organisations internationales et les personnes privées, notamment dans les contrats de prêt conclus entre la BIRD et les personnes privées, voy. sur ce point, SALMON, J., « Les contrats de la Banque internationale pour la reconstruction et le développement », *A.F.D.I.*, vol., 2, 1956, pp. 635-642 ; SALMON J., *Le rôle des organisations internationales en matière de prêts et d'emprunts*, Paris, Pedone, 1958, 366 p. Voy. également, MANN., F. A., « The Proper Law of Contracts Concluded by International Persons », *B.Y.I.L.*, vol. 35, 1959, pp. 34-57.

[2] Article 153 § 2, b de la Convention de *Montego Bay*. Voy. également l'article 4, paragraphe 3, de l'annexe III à la Convention, et l'article 11, paragraphe 2, des Règlements relatifs aux nodules et aux sulfures.

[3] Voy. également l'article 4, paragraphe 4, de l'annexe III à la même Convention.

[4] T.I.D.M., *Responsabilités et obligations des Etats qui patronnent des personnes et des entités dans le cadre d'activités menées dans la Zone (Demande d'avis consultatif soumise à la Chambre pour le règlement des différends relatifs aux fonds marins)*, affaire n° 17, avis consultatif du 1er février 2011 § 108.

moins un État dont elles ont la nationalité[1]. L'acceptation du patronage par un État constitue une garantie pour l'A.I.F.M. que son délégataire respecte les règlements relatifs à l'exploitation des fonds marins[2]. Comme l'explique le Tribunal international du droit de la mer dans son avis de 2011 : « [l]a disposition imposant aux demandeurs de contrats d'exploration et d'exploitation des ressources de la zone d'être patronnés par des États Parties a pour objet de garantir que les obligations énoncées dans la Convention, traité de droit international qui lie uniquement les États qui y sont Parties, seront respectées par des contractants sujets de droit interne. Ce résultat est obtenu par les dispositions contenues dans les règlements de l'Autorité qui s'appliquent aux contractants, et par la mise en œuvre, par les États qui patronnent, des obligations qui leur incombent aux termes de la Convention et des instruments qui s'y rapportent »[3].

Paragraphe 2. La fin de la délégation

167. Une délégation de compétence ne peut être illimitée dans le temps. A aucun moment, il n'a été en effet jugé admissible de pérenniser une délégation au-delà de la réalisation de son objectif[4]. L'étude des mécanismes mettant fin à la délégation permet de confirmer la nature conventionnelle de la délégation de compétence. En effet, la

---

[1] *Ibid* § 75.

[2] Voy. l'article 139 § 2 de la C.N.U.D.M. et l'article 4, paragraphe 4, de l'annexe III de la même Convention. Voy. également T.I.D.M., *Responsabilités et obligations des Etats qui patronnent des personnes et des entités dans le cadre d'activités menées dans la Zone (Demande d'avis consultatif soumise à la Chambre pour le règlement des différends relatifs aux fonds marins)*, *op. cit.* § 78.

[3] T.I.D.M., *Responsabilités et obligations des Etats qui patronnent des personnes et des entités dans le cadre d'activités menées dans la Zone (Demande d'avis consultatif soumise à la Chambre pour le règlement des différends relatifs aux fonds marins)*, *ibid.* § 75.

[4] Voy. à propos de la délégation des compétences coercitives du Conseil de sécurité, l'article 10 de la Résolution de l'I.D.I. relative à l'autorisation du recours à la force par les Nations Unies, Session de Rhodes, 9 septembre 2011. Voy. également à propos du Mandat de la S.D.N, DISTEFANO, G., « Article 22 », *op. cit.,* p. 921. La délégation de compétence de conclure un traité prévue par la section 7 de l'article IV du statut de la S.F.I. fait toutefois exception puisqu'elle constitue un moyen pérenne pour l'organisation internationale d'exercer sa compétence. Cette exception s'explique en effet au regard de la relation étroite entretenue par la S.F.I. avec son institution fondatrice, la BIRD, voy. sur cette relation GROSHENS, J.-C., « La Société financière internationale », *op. cit.*, p. 429 : « La Société est ainsi placée sous une sorte de protectorat de la Banque ».

fin d'une délégation de compétence, comme de tout accord juridique, est décidée d'un commun accord entre les parties dès la conclusion de l'accord de délégation (A). Elle peut également se produire durant son exécution par la décision d'une des parties ou la survenance d'un événement imprévu (B).

A. La fin de la délégation prévue par l'accord de délégation

168. L'achèvement d'une délégation est souvent explicitement prévu dans l'accord de délégation. Il peut résulter de l'accomplissement de l'objet de celle-ci (1) ou de l'expiration de sa durée de validité (2).

1. L'accomplissement de l'objet de la délégation

169. Un accord de délégation se termine invariablement lorsque l'objet de la délégation a été réalisé. On entend par là la « satisfaction du but en vue duquel [l'accord de délégation] a été établi »[1]. Ainsi, la délégation d'exécution d'une peine d'emprisonnement prend fin lorsque la peine a été purgée.

Il faut cependant se méfier d'un tel moyen de mettre un terme à une délégation de compétence. En effet, il peut arriver que l'appréciation de la réalisation de l'objet d'une délégation soit délicate, surtout lorsque cet objet est imprécis ou difficile à déterminer sans une appréciation personnelle du délégataire. Tel est, par exemple, le cas de la délégation de gestion de territoires « censée durer aussi longtemps que les peuples en question seraient, pourrait-on dire, mineurs »[2], et qui s'achève à « l'émancipation du pays placé sous ce régime »[3]. Ainsi, comme l'écrit le juge Bustamante, « [l]e Mandat international est, par sa nature même, temporaire et de durée indéterminée. Cette durée est limitée par l'accomplissement du but essentiel du Mandat, à savoir par la terminaison du processus de développement du peuple sous tutelle jusqu'à la pleine acquisition de sa capacité humaine et politique. *Il s'ensuit que tout accord de Mandat reste en vigueur jusqu'au moment*

---

[1] Pour reprendre les termes de Paul FAUCHILLE, à propos du mandat qui finit, selon lui par la « satisfaction du but en vue duquel il a été établi », *in Traité de droit international public*, tome I, 2ème partie : Paix, Paris, Rousseau, 1925, p. 883.

[2] Selon les termes du juge Louis PADILLA NERVO, « Opinion dissidente », *Sud-Ouest africain, deuxième phase*, arrêt du 18 juillet 1966, C.I.J. Rec. 1966, p. 464. Voy. dans le même sens déjà l'opinion individuelle du juge BUSTAMANTE, *affaire du Sud-Ouest africain (Éthiopie c. Afrique du Sud ; Libéria c. Afrique du Sud), Exceptions préliminaires*, arrêt du 21décembre1962, C.I.J. Rec. p. 357.

[3] A propos du mandat, FAUCHILLE, P., *Traité de droit international public*, tome I, 2ème partie, Paix, *op. cit.*, p. 883.

où le peuple a atteint le « desideratum » de l'organisation de sa structure nationale »[1]. Or, la détermination d'un tel moment n'est pas aisée et doit donc être évaluée au cas par cas[2], notamment en fonction « de l'évolution politique, sociale et économique de chaque territoire »[3]. L'appréciation de ces critères, et en conséquence la fin du mandat, ne pouvait être décidée par le seul Conseil de la S.D.N.[4]. En pratique, les mandats de la S.D.N. sur les différents territoires sous mandat ont pris fin par l'accès à l'indépendance des territoires sous mandat.

170. Le même raisonnement vaut également pour le régime de tutelle des Nations Unies[5]. En effet, comme le Pacte de la S.D.N., la Charte des Nations Unies ne contient aucune disposition spécifique relative à la fin de la tutelle[6]. L'absence de date de fin dans les accords de tutelle (à l'exception de celui sur la Somalie) a amené l'A.G.N.U. à recommander aux autorités administrantes de déterminer elles-mêmes une date objective à atteindre. À titre d'exemple, dans sa résolution 558 (VI), l'A.G.N.U. avait « [i]nvit[é] chaque Autorité chargée de l'administration d'un territoire sous tutelle autre que la Somalie à faire

---

[1] Opinion individuelle du juge Bustamante, *affaire du Sud-Ouest africain (Éthiopie c. Afrique du Sud ; Libéria c. Afrique du Sud), Exceptions préliminaires*, arrêt du 21décembre1962, C.I.J. Rec. p. 357, nous soulignons.

[2] Voy. *Rapport de la Commission permanente des mandats*, vingtième session concernant les *Conditions générales à prévoir avant qu'il puisse être mis fin au régime du mandat dans un pays placé sous ce régime*. Le 3 septembre 1931, le Conseil de la S.D.N. prenait acte de ce rapport.

[3] *Idem*. Afin de clarifier ces critères, des conditions d'extinction de mandat avaient été précisées par la Commission permanente des mandats, à savoir, un gouvernement constitutionnel et une administration propre à assurer le fonctionnement régulier des services essentiels de l'État ; maintenir son intégrité territoriale et son indépendance politique ; assurer la tranquillité publique sur tout le territoire ; disposer de ressources financières capables de pourvoir aux besoins normaux de l'État ; une législation et une organisation judiciaire qui assurent une justice régulière à tous les justiciables. Avis de la Commission de 1931 sur demande du Conseil et approuvé le 4 septembre 1931, publié dans *l'Annuaire de l'Institut International de Droit Public*, 1932, pp. 898-901. Voy. également ROUSSEAU, Ch., *Droit International Public. Tome 2. Les sujets de droit*, Paris, Sirey, 1974, 797 p., p. 396.

[4] BOUTANT, C.-A., *Les mandats internationaux*, thèse, Paris, 1936, p. 29 ; DISTEFANO, G., « Article 22 », *op. cit.*, p. 922.

[5] Voy. SAYRE, F. B., "Legal Problems Arising from the United Nations Trusteeship System", *A.J.I.L.*, vol. 42, n°2, 1948, pp. 263-298, p. 289.

[6] L'article 79 de la Charte n'évoque que la mise en place de l'accord de tutelle et de sa modification et des amendements mais rien à propos de sa cessation. Voy. SAYRE, F. B., "Legal Problems Arising from the United Nations Trusteeship System", *op. cit.*, p. 289.

figurer dans chaque rapport annuel concernant son administration des renseignements relatif : [...] Au laps de temps dans lequel on escompte que le Territoire sous tutelle atteindra l'objectif d'autonomie ou d'indépendance »[1]. L'appréciation de l'indépendance du territoire sous tutelle est donc effectuée au cas par cas[2]. L'initiative de la fin de la tutelle est à la charge de la puissance adminstrante, et la levée officielle prononcée par l'ONU[3].

171. La délégation de recours à la force par le Conseil de sécurité soulève également la même difficulté d'appréciation de la fin de la délégation[4]. En effet, certaines résolutions manquent de précision dans la caractérisation de l'objet de la délégation, ce qui ne permet pas de déterminer facilement si l'objectif de la délégation est atteint. Ainsi, dans sa résolution 678, le Conseil de sécurité avait « [a]utoris[é] les Etats Membres [...] à user de tous les moyens nécessaires pour faire respecter et appliquer la résolution 660 (1990) et toutes les résolutions pertinentes adoptées ultérieurement et pour rétablir la paix et la sécurité internationales dans la région »[5]. Or, l'appréciation de l'accomplissement de cette finalité de « restaurer la paix et la sécurité internationale »[6], est largement subjective. De même, dans sa résolution 940 (1994)[7], le Conseil de sécurité avait autorisé la constitution d'une

---

[1] Résolution 558 (VI) du 18 janvier 1952. Voy. également dans le même sens, résolution 752 (VIII) du 9 décembre 1953 ; résolutions 858 (IX) du 14 décembre 1954 ; résolutions 946 (X) du 15 décembre 1955 ; résolutions 1064 (XI) du 26 février 1957; résolutions 1207 (XII) du 13 décembre 1957; résolutions 1274 (XIII) du 5 décembre 1958 ; résolutions 1413 (XIV) du 5 décembre 1959.

[2] L'article 88 de la Charte prévoit que : « [l]e Conseil de tutelle établit un questionnaire portant sur les progrès des habitants de chaque territoire sous tutelle dans les domaines politique, économique et social et dans celui de l'instruction ; l'autorité chargée de l'administration de chaque territoire sous tutelle relevant de la compétence de l'Assemblée générale adresse à celle-ci un rapport annuel fondé sur le questionnaire précité ».

[3] GOY, R., « Le dernier territoire sous tutelle : les îles du Pacifique », *A.F.D.I.*, vol. 34, 1988, pp. 454-474, p. 473.

[4] Pour autant la nécessité de faire cesser l'autorisation a été soulevée par la doctrine, voy. Erika De Wet qui considère qu'il doit exister une présomption d'extinction d'une délégation de recours à la force une fois que l'objet et le but de cette délégation sont atteints, DE WET, E., « The relationship between the Security Council and regional organizations during enforcement action under Chapter VII of the United Nations », *N.J.I.L.*, vol. 71, n° 1, 2002, pp. 1-37, p. 18.

[5] Résolution 678 (1990) du 29 novembre 1990, point 2.

[6] *Idem.*

[7] Résolution adoptée par le Conseil de sécurité le 31 juillet 1994, doc. off., S/RES/940 (1994).

force multinationale « placée sous un commandement et un contrôle unifiés et à utiliser dans ce cadre tous les moyens nécessaires pour faciliter le départ d'Haïti des dirigeants militaires, eu égard à l'Accord de Governors Island, le prompt retour du Président légitimement élu et le rétablissement des autorités légitimes du Gouvernement haïtien, ainsi que pour instaurer et maintenir un climat sûr et stable qui permette d'appliquer l'Accord de Governors Island [...] »[1]. Le Conseil avait décidé, dans la même résolution que cette mission « prendra[it] fin [...] lorsqu'un climat stable et sûr aura été instauré et que la MINUHA sera dotée d'une structure et d'effectifs adéquats pour assumer la totalité de ses fonctions ; ce constat sera établi par le Conseil de sécurité eu égard aux recommandations que feront les États Membres participant à la force multinationale sur la base de l'évaluation du commandant de la force multinationale et aux recommandations du Secrétaire général »[2]. Toutefois, la détermination d'un « climat stable est sûr » n'est pas définie. Cet objectif est atteint six mois après, en janvier 1995, d'après le Conseil de sécurité, qui a constaté, dans sa résolution 975 (1995), que : « comme le prévoyait la résolution 940 (1994), [...] comme il ressort des recommandations des États membres de la Force multinationale et selon le paragraphe 91 du rapport du Secrétaire général en date du 17 janvier 1995 (S/1995/46), un climat sûr et stable, approprié au déploiement de la MINUHA, règne désormais en Haïti, comme prévu dans la résolution 940 (1994) susvisée »[3].

172. De ces différentes illustrations, on peut déduire que l'appréciation de la réalisation de l'objet de la délégation peut être rendue difficile quand elle est subordonnée à une appréciation personnelle du délégataire de l'organisation. Comme le fait observer le Professeur Kolb, la non-limitation de la délégation par la désignation d'un objectif précis à accomplir ressemble alors à une « délégation blanc-seing »[4] qui serait, selon lui, « contraire au droit » et « incompatible avec [...] le droit international relatif à la délégation »[5].

---

[1] *Ibid.,* point 4.

[2] *Ibid.*, point 8.

[3] Résolution adoptée par le Conseil de sécurité à sa 3496ème séance, le 30 janvier 1995, doc. off., S/RES/975 (1995), point 5.

[4] KOLB, R., *Ius contra bellum. Le droit international relatif au maintien de la paix, op. cit.*, p. 133.

[5] *Idem.*

173. Il est donc plus approprié qu'une délégation de compétence par une organisation internationale prévoit explicitement une limitation temporelle.

2. L'expiration de sa durée de validité

174. L'accord de délégation peut parfois préciser une période déterminée pour la délégation. Celle-ci est expressément formulée dans certaines résolutions du Conseil de sécurité autorisant le recours à la force[1] pour des périodes restreintes à deux[2], trois[3], six[4] ou douze mois[5], à moins que ne soit prévu un renouvellement éventuel par une nouvelle résolution. Il est possible également que le Conseil de sécurité prévoit un renouvellement automatique de sa délégation. Tel est le cas de la résolution 1244 (1999)[6] par laquelle le Conseil de sécurité « [d]écide que la présence internationale civile et la présence internationale de sécurité sont établies pour une période initiale de 12 mois, et se poursuivront ensuite tant que le Conseil n'en aura pas décidé autrement »[7].

175. Les contrats avec des sociétés privées contiennent tous une durée déterminée pour l'exercice de la compétence déléguée. L'A.I.F.M. a ainsi conclu des contrats d'exploitation de quinze ans pour des nodules polymétalliques, des sulfures polymétalliques et des croûtes de ferromanganèse riche en cobalt dans les fonds marins profonds avec vingt-et-un entrepreneurs[8].

---

[1] Une telle pratique de détermination d'une période de validité de la délégation semble de plus en plus constante dans les résolutions autorisant le recours à la force par le Conseil de sécurité. Voy. *contra* le Professeur Kolb qui indique : « [i]l est rare que le Conseil fixe dès le début la durée des opérations qu'il autorise », *in Ius contra bellum. Le droit international relatif au maintien de la paix*, *op. cit.*, p. 133.

[2] Résolution 929, 22 juin 1994, doc. off., S/RES/929 (1994) § 4.

[3] Résolution 1529 du 29 février 2004, doc. off., S/RES/1529 (2004) § 2.

[4] Résolution 1464 du 2 février 2003, doc. off., S/RES/1464 (2003) § 9.

[5] Résolution 1846 du 2 décembre 2008, doc. off., S/RES/1846 (2008) § 10. Une telle autorisation a été renouvelée à plusieurs reprises pour une période de 12 mois (voir Résolution 2125 (2013) du 18 novembre 2013 § 12.

[6] S/RES/1244 (1999) du 10 juin 1999.

[7] S/RES/1244 (1999) § 19.

[8] Voy. https://isa.org.jm/exploration-contracts. Pour plus de détails sur les dates de signature et d'expiration des contrats, voy. *Contractors for Seabed Exploration (BROCHURES*), *op. cit.* Le cocontractant de l'A.I.F.M. peut, à la fin de son contrat, demander une prolongation de celui-ci. Voy. par exemple, *Demande de prorogation du contrat conclu entre l'Association chinoise de recherche-développement*

176. Rappelons également que, si les délégations de l'administration de territoire par la S.D.N. ou par l'ONU n'ont généralement prévu aucune durée, l'accord de tutelle sur la Somalie fait exception en ce qu'il prévoyait une période déterminée de dix ans au bout de laquelle le territoire sous tutelle devait devenir un État indépendant et souverain[1].

B. La fin de la délégation intervenant durant son exécution

177. Une délégation peut s'achever alors même que son objectif n'a pas encore été atteint ou avant le terme prévu dans l'accord. En dehors d'une volonté commune d'y mettre fin[2], deux causes de cessation de la délégation peuvent être envisagées. La première a trait à la volonté de l'une ou l'autre partie de mettre fin à la délégation, soit par révocation du délégataire soit par sa renonciation à la délégation (1). La deuxième peut trouver son origine, indépendamment de la volonté des parties, dans le changement des circonstances qui ont amené à son établissement ou à son utilisation par l'organisation internationale (2).

1. Révocation et renonciation

178. S'il est vrai que la délégation de compétence a une nature conventionnelle puisque née d'un commun accord entre l'organisation internationale délégante et son délégataire, il n'en demeure pas moins que l'accord de délégation peut être unilatéralement rompu. En ce sens, la révocation et la renonciation sont deux modes juridiques reconnus en droit international et observés par la pratique des organisations internationales pour mettre fin unilatéralement à une délégation de compétence. Rappelons-nous en effet que la rupture unilatérale d'un accord n'est pas contraire au droit des traités. En effet, si les Conventions de Vienne de 1969 et de 1986 posent le principe selon lequel un traité ne peut pas faire l'objet d'une dénonciation unilatérale[3], elles admettent néanmoins des exceptions à ce principe d'après « la

---

concernant les ressources minérales des fonds marins et l'A.I.F.M. pour l'exploration des nodules polymétalliques, 3 mai 2021, doc. off., ISBA/26/C/35 ; *Demande de prorogation du contrat conclu entre l'Organisation mixte Interoceanmetal et l'A.I.F.M. pour l'exploration des nodules polymétalliques*, 3 mai 2021, doc. off., ISBA/26/C/31.

[1] Voy. Article 24 de l'Accord de tutelle pour le Territoire de la Somalie sous administration italienne, *R.T.N.U.*, vol. 118, n° 381, p. 255.

[2] En vertu de l'article 54 lettre b, de la Convention de Vienne sur le droit des traités de 1986.

[3] Voy. article 56 de la Convention de 1969 et de la Convention de 1986.

nature du traité »[1], selon que l'intention des parties l'ait prévu[2] ou qu'elles y consentent[3]. Nous pouvons donc envisager qu'un accord ayant pour objet une délégation de compétence d'une organisation internationale soit dénoncé unilatéralement sur un fondement similaire aux articles 54 et 56 communs des Conventions de Vienne sur le droit des traités : la rupture de l'accord de délégation pourrait être prévue par une clause expresse de révocation ou du fait de la nature révocable de l'accord[4]. Sans aller jusqu'à imposer un délai de « douze mois [minimum avant] son intention de dénoncer un traité ou de s'en retirer conformément aux dispositions du paragraphe 1 [de l'article 56] »[5], le droit international impose au moins une obligation de notification dans un délai raisonnable avant de mettre fin unilatéralement à la délégation[6].

179. La renonciation est définie comme la possibilité offerte au délégataire de mettre fin à la délégation unilatéralement[7]. La révocation est, quant à elle, une action unilatérale de l'organisation internationale

---

[1] Article 56 § 1 lettre b de la Convention de 1969 et de la Convention de 1986.

[2] Article 56 § 1 lettre a de la Convention de 1969 et de la Convention de 1986.

[3] Article 54 § 1 lettre b de la Convention de 1969 et de la Convention de 1986.

[4] La révocation semble intrinsèque à toute délégation. Il a en effet été admis par un Comité de juristes consultés en 1924 par la S.D.N. qu'« en l'absence de texte [...], la faculté de modification unilatérale était inhérente à la nature de la mission de service public confiée à une [...] organisation », d'après les observations de Mme Bastid auprès de l'I.D.I., Session d'Oslo, « Les contrats conclus par les organisations internationales avec des personnes privées », 1977, *Annuaire de l'I.D.I.,* 1977, p. 306. En outre, la révocation est prévue comme mode de fin de la délégation dans la pratique de délégation interne à l'organisation internationale. Ainsi, l'article 49 h de la Convention de Chicago du 7 décembre 1944, qui prévoit la possibilité de délégation de compétence de l'Assemblée de l'O.A.C.I. au Conseil, prévoit également la révocation ou la modification à tout moment de ladite délégation. La doctrine reconnaît une telle possibilité dans le cas de délégation entre deux sujets de droit international. Ainsi, le Professeur Daoudi note qu'« [i]l est des circonstances dans lesquelles le sujet représenté peut estimer nécessaire de reprendre définitivement l'exercice des compétences déléguées au sujet représentant. Dans ce cas sa décision va mettre fin à l'accord à la base du pouvoir de représentation », *in La représentation en droit international public*, Paris, L.G.D.J., 1980, p. 270. Voy. également dans me même sens, SAROOSHI, D., *International Organizations and their Exercise of Sovereign Power*, Oxford, Oxford University Press, 2005, p. 29 et pp. 54-58.

[5] Article 56 § 2 de la Convention de Vienne sur le droit des traités de 1986.

[6] Cette obligation tire son fondement de l'obligation de bonne foi qui existe dans les relations entre les deux parties à la délégation.

[7] SALMON, J., (dir.), *Dictionnaire de droit international public*, *op. cit.*, entrée « Renonciation ».

délégante mettant fin unilatéralement à la délégation[1]. Il est à noter que ce pouvoir discrétionnaire de révocation par l'organisation délégante est limité par une condition procédurale : à moins qu'il ne soit prévu autrement, l'organisation doit mettre fin à la délégation par révocation selon les mêmes procédures qui ont conduit à l'établir. Ainsi, « [l]orsque le Conseil de sécurité autorise un État ou un accord ou organisme régional à prendre les mesures [coercitives militaires], il peut par la suite [...] mettre fin à cette autorisation »[2], la révocation de l'autorisation doit être décidée par une résolution du Conseil de sécurité édictée sur le fondement du Chapitre VII de la Charte de l'ONU.

180. La délégation d'exécution des peines prononcées par les juridictions pénales internationales prévoit généralement ces deux modes de cessation de la délégation. Citons par exemple l'article 14 c) de l'accord entre la C.P.I. et le Gouvernement finlandais qui prévoit que : « [l]a Cour peut décider à tout moment de transférer un condamné dans une prison d'un autre État »[3], mettant ainsi fin unilatéralement à la délégation[4]. L'État d'exécution, délégataire, peut également demander le transfert de la personne condamnée dans la prison d'un autre État, mettant ainsi fin à la délégation qui lui a été accordée. Bien que cette possibilité ne soit pas explicitement prévue ni par le Statut de la C.P.I., ni par le règlement des procédures et de preuves, elle est toutefois prévue par les accords d'exécution conclus avec certains États. Ainsi,

---

[1] *Ibid.,* entrée « Révocation », sens C.

[2] Article 3 de la Résolution de l'I.D.I. relative à l'autorisation du recours à la force par les Nations Unies, Session de Rhodes, 9 septembre 2011. Voy. aussi COUSTON, M., *Droit de la sécurité internationale,* Bruxelles, Larcier, 2016, 345 p., p. 191, qui reconnaît « le droit pour le C.S.N.U. de retirer ou de modifier sa délégation de manière discrétionnaire ». Pour plus de détails sur la modification ou l'arrêt d'une autorisation, voy. BANNELIER, K., CHRISTAKIS, T., « Acteur vigilant ou spectateur impuissant ? Le contrôle exercé par le Conseil de sécurité sur les États autorisés à recourir à la force », *in Actualité des pouvoirs du Conseil de sécurité,* publié simultanément dans la *R.B.D.I.*, 2004/2, pp. 498-527, pp. 519-526.

[3] *Accord entre la C.P.I. et le Gouvernement finlandais sur l'exécution des peines prononcées par la Cour*, 24 avril 2011. Voy. aussi les articles 13 et 15.1 de l'*Accord entre le Royaume de Norvège et la C.P.I. sur l'exécution des peines prononcées par la Cour*, 6 août 2016 ; les articles 1 et 9 de l'*accord entre la C.P.I. et le Gouvernement de la République du Mali concernant l'exécution des peines prononcées par la Cour*, 13 janvier 2012 ; l'article 104 du Statut de la C.P.I., et la règle 209 de Règlement de procédure et de prévue de la C.P.I.

[4] Généralement, une telle révocation est prévue comme un moyen de contrôle de l'exécution par les États (délégataires) des peines d'emprisonnement prononcées par la Cour (délégante).

l'article 9 de l'accord entre la C.P.I. et le Mali dispose que « [l]a Présidence [de la Cour], agissant d'office ou à la demande du Mali, de la personne condamnée ou du Procureur, peut à tout moment, décider de transférer la personne condamnée dans une prison d'un autre État »[1].

181. De même, la révocation et la renonciation ont été envisagées comme moyens permettant de mettre fin à la délégation de l'administration de territoire par la S.D.N. L'I.D.I. considérait en effet que « [l]es fonctions de l'État mandataire prennent fin par démission ou révocation du mandataire, par les modes habituels d'expiration des engagements internationaux et aussi par abrogation du mandat [...]. La révocation de l'État mandataire et l'abrogation du mandat sont décidées par le Conseil de la S.D.N. »[2]. Si la pratique sous la S.D.N. n'offre pas d'illustration d'une révocation du mandat par le Conseil, celle-ci a été pratiquée par l'Assemblée Générale des Nations Unies[3], en tant que successeur dudit Conseil[4]. L'Afrique du Sud a ainsi été révoquée et son mandat sur le Sud-Ouest africain abrogé, pour ne « pas [avoir] assuré le bien-être moral et matériel et la sécurité des autochtones du Sud-Ouest africain »[5]. Cette décision fut confirmée par le Conseil de sécurité qui, reconnaissant la cessation du mandat sud-africain en Namibie, qualifia d'illégale la présence sud-africaine persistante en Namibie[6].

182. Motifs invocables. Les causes d'une renonciation ou d'une révocation peuvent être multiples. Tout d'abord, il convient de rappeler qu'il est admis, en droit international, qu'une relation conventionnelle peut prendre fin en raison d'un changement fondamental des circonstances ayant amené à son existence. L'article 62 § 1 des

---

[1] *Accord entre la C.P.I. et le Mali*, 13 janvier 2012, doc. off., ICC-PRES/11-01-12.

[2] *Résolutions relatives aux mandats internationaux*, adoptées par l'Institut de Droit international, session de Cambridge, 1931 § VII.

[3] Résolution 2145 (XXI) du 27 octobre 1966 de l'Assemblée générale de l'ONU.

[4] C.I.J., avis, *Statut international du Sud-Ouest africain,* 11 juillet 1950, *Rec*., 1950, p. 137 : « [l]a Cour arrive à la conclusion que l'Assemblée générale des Nations Unies est fondée en droit à exercer les fonctions de surveillance qu'exerçait précédemment la Société des Nations en ce qui concerne l'administration du Territoire et que l'Union sud-africaine a l'obligation de se prêter à la surveillance de l'Assemblée générale et de lui soumettre des rapports annuels »C.I.J., *Conséquences juridiques pour les États de la présence continue de l'Afrique du Sud en Namibie (Sud-Ouest africain) nonobstant la résolution 276 (1970) du Conseil de sécurité,* avis consultatif, *Rec*., 1971, p. 1. Voy. *contra* Opinion dissidente des juges britanniques et français à la C.I.J., sous le même avis consultatif, C.I.J., *Rec*. 1971, pp. 208-322 et pp. 311-345.

[5] *Sud-Ouest africain, deuxième phase*, arrêt, C.I.J. *Rec*., 1966 § 3.

[6] Résolution 264, 20 mars 1969 et Résolution 276, 30 janvier 1970.

Conventions de Vienne sur le droit des traités de 1969 et de 1986[1], prévoit que les circonstances, telles qu'elles étaient au moment de la conclusion d'un traité, aient changées. Toutefois, cet article conditionne cette possibilité à la double condition que ces circonstances aient constitué une base essentielle du consentement des parties à être liées par le traité[2] et que leur changement ait pour effet de transformer radicalement la portée des obligations qui restent à exécuter en vertu du traité[3]. Une telle disposition est applicable à une relation conventionnelle ayant pour objet une délégation de compétence par une organisation internationale, si le contexte ayant justifié la délégation est radicalement modifié. Pour invoquer cet argument, le changement de circonstances « doit [d'après la Cour internationale de Justice] avoir entraîné une transformation radicale de la portée des obligations qui restent à exécuter. Il doit avoir rendu plus lourdes ces obligations, de sorte que leur exécution devienne essentiellement différente de celle à laquelle on s'était engagé primitivement »[4]. Si de tels changements de circonstances pourraient fonder une renonciation du délégataire à l'exercice de la compétence transférée ou sa révocation par le délégant, il n'y a pas, à notre connaissance, d'illustrations en la matière. On peut néanmoins imaginer des modifications politiques majeures dans un État délégataire d'une juridiction internationale le rendant incapable de poursuivre la détention d'un individu condamné ; la défaillance technique ou économique, due à des circonstances imprévisibles, d'une société chargée d'explorer une zone maritime ; une situation sur le terrain rendant impossible la continuité de ses opérations militaires par un État délégué à recourir à la force, etc. Toutes ces hypothèses sont autant de possibilités de renonciation ou de révocation qui doivent être examinées au cas par cas.

183. Sur un autre plan, l'organisation délégante pourra invoquer le comportement fautif de son délégataire. C'est en vertu de ce motif que l'Assemblée générale de l'ONU a révoqué le mandat de l'Afrique du

---

[1] La valeur coutumière de cette disposition a été révélée par la C.I.J. dans son affaire *Compétence en matière de pêcheries (République fédérale d'Allemagne c. Islande)*, arrêt du 2 févr. 1973, (Compétence de la Cour) § 36 ; arrêt *Racke*, du 16 juin 1998, affaire C-162/96, Identifiant ECLI: ECLI:EU:C:1998:293, point 46.

[2] Article 62 §1, a) des *Conventions de Vienne sur le droit des traités* de 1969 et de 1986.

[3] Article 62 §1, b) des *Conventions de Vienne sur le droit des traités* de 1969 et de 1986.

[4] C.I.J., *Compétence en matière de pêcheries (République fédérale d'Allemagne c. Islande)*, arrêt du 2 février 1973, rec., p. 2 § 43.

Sud sur le Sud-Ouest africain[1] par sa résolution 2145 (XXI) du 27 octobre 1966 qui évoque le fait que le mandataire n'avait pas respecté « ses obligations en ce qui concerne l'administration du Territoire sous mandat et [n'avait pas] assur[é] le bien-être et la sécurité des autochtones du [Sud-Ouest africain] »[2]. En dehors d'une faute grave du mandataire, la révocation unilatérale n'a jamais été pratiquée sous la S.D.N.[3].

2. Cessation de la délégation indépendamment de la volonté des parties

184. Indépendamment de la volonté des parties à une délégation, deux situations peuvent mettre fin à l'accord de délégation de compétence pour impossibilité de son exercice : soit la disparition de l'objet de la délégation soit la disparition d'une des parties à la délégation.

185. Disparition de l'objet de la délégation. On peut concevoir que la disparition de l'objet de la délégation conduise à son achèvement[4] dans la mesure où cet objet est indispensable à l'exécution de l'accord[5]. En effet, l'article 61§1 des Conventions de Vienne de 1969 et de 1986 relatif à la survenance d'une situation rend l'exécution de leur engagement impossible. A la différence de l'article 62 relatif au changement fondamental de circonstances, cet article 61§1 prévoit la

---

[1] Voy. TAVERNIER, P., « L'année des Nations Unies (21 décembre 1965 – 20 décembre 1966) : Questions juridiques », *A.F.D.I.*, vol. 12, 1966, pp. 259-290, pp. 282-284.

[2] Résolution 2145 (XXI) du 27 octobre 1966, Question du Sud-Ouest africain. Cette résolution fut confirmée par le Conseil de sécurité qui, reconnaissant la cessation du mandat sud-africain en Namibie, qualifia d'illégale la présence sud-africaine persistante en Namibie (résolution 264, 20 mars 1969 et résolution 276, 30 janvier 1970).

[3] Voy. les détails des conclusions de la Commission permanente des mandats reprises par DISTEFANO, G., « Article 22 », *op. cit.*, pp. 927-928.

[4] En droit interne français, la doctrine considère que la disparition de l'objet du contrat provoque une résiliation de plein droit de celui-ci. Voy. par exemple, DE LAUBADERE, A., MODERNE, F., DELVOLVE, P., *Traité des contrats administratifs*, tome second, Paris, L.G.D.J., 1984 § 1415, pp. 643-645; RICCI, J-C., *Droit administratif général*, Paris, Hachette, 5ème éd., 2013, p. 133 ; HOEPFFNER, H., *Droit des contrats administratifs*, Paris, Dalloz, 2ème éd., 2019, p. 682.

[5] Sur la notion d'« objet indispensable à l'exécution », voy. notamment, BODEAU-LIVINEC, P., « Article 61 », *in* CORTEN, O., KLEIN, P., (dir.), *Les conventions de Vienne sur le droit des traités. Commentaire article par article*, *op. cit.*, pp. 2183-2123, pp. 2191-2197.

situation où l'exécution du contrat ou d'un accord est devenue impossible en raison, notamment, « de la disparition ou destruction définitive ou temporaire d'un objet indispensable à son exécution »[1]. La nature conventionnelle de la délégation, lorsque cette dernière est établie par un accord entre l'organisation et un sujet de droit international (État ou autre organisation internationale), pourrait nous permettre de nous appuyer sur cet article 61§1 afin de fonder la fin d'une délégation. Cette disposition vaudrait également, par extension, pour les contrats internationaux conclus avec des entités privées[2].

186. La pratique n'offre toutefois pas d'exemple où une délégation ait pris fin pour un tel motif. Un cas d'école serait le décès d'un détenu durant l'exécution de sa peine prononcée par la C.P.I.[3]

187. Disparition d'une partie à la délégation. La délégation prend-t-elle automatiquement fin en cas de disparition du délégant ou de son délégataire ? Cette interrogation ne peut trouver de réponse unique. Il est vrai que les enseignements du droit interne français et étranger prévoient la résiliation de plein droit d'un contrat de concession en cas de disparition de son titulaire, notamment suite à son décès. Toutefois, la spécificité de l'ordre juridique international et de ses sujets ne permet pas d'envisager une solution similaire ; un sujet international qui disparait est en effet souvent remplacé par un autre lors d'une succession de territoire (quand il s'agit d'un État) ou de fonction (quand il s'agit d'une organisation). Cela nous amène à nous interroger sur la question de la pérennité de l'accord de délégation en cas de succession à l'organisation délégante ou de son délégataire par un(e) autre.

188. La disparition du délégataire de l'organisation internationale ne pose guère question en théorie car si la réalisation de la délégation s'éteint avec le délégataire, pour autant le délégant conserve la possibilité de réaffecter la compétence à un autre bénéficiaire. En cas de succession d'une entité délégataire par une autre, l'organisation

---

[1] Voy. Commentaire sous article 58 du *Projet d'articles sur le droit des traités* du 1966, *A.C.D.I.*, 1966, vol. II, p. 278.

[2] Voy. pour une application en droit interne des contrats, dans la Common law, Hugh Beale, *Chitty on Contracts with Second Supplement, Volume I - General Principles*, London, Sweet & Maxwell U.K.32ème éd., 2017 § 23-001. Voy. aussi pour une application de ce principe par le juge belge, Cass., 02 février 2018, C.17.0055.F ; Voy. en droit français, Cass. 1ère Ch. Civ., 20 décembre 1960, n° 554.

[3] Voy. en ce sens, l'article 14 b) de *l'accord entre la C.P.I. et le Gouvernement finlandais sur l'exécution des peines prononcées par la Cour*, 24 avril 2011 ; voy aussi l'article 15.2 de *l'accord entre la Norvège et la C.P.I. sur l'exécution des peines prononcées par la Cour*, 6 août 2016, doc. off., ICC-PRES/18-02-16.

délégante peut alors révoquer ladite délégation si cela lui paraît utile ou nécessaire.

189. La disparition de l'organisation délégante et sa succession par une autre se sont concrétisées lorsque l'ONU a succédé à la S.D.N. L'Afrique de sud, qui était alors l'autorité administrante du territoire du Sud-Ouest africain, avait refusé de se soumettre au contrôle de l'ONU en en faisant valoir que seul le Conseil de la S.D.N. possédait cette compétence[1]. La C.I.J., saisie pour avis, a conclu « que l'Assemblée générale des Nations Unies est fondée en droit à exercer les fonctions de surveillance qu'exerçait précédemment la S.D.N. en ce qui concerne l'administration du Territoire et que l'Union sud-africaine a l'obligation de se prêter à la surveillance de l'Assemblée générale et de lui soumettre des rapports annuels »[2]. La Cour a également affirmé, dans un avis postérieur, la compétence de l'A.G.N.U. pour mettre fin à l'administration du territoire par l'Afrique du Sud, en raison de ses manquements dans l'administration du territoire confié par la S.D.N. Selon la Cour, « l'Organisation des Nations Unies, successeur de la S.D.N., agissant par l'intermédiaire de ses organes compétents, l'institution de surveillance qui a compétence pour se prononcer, en cette qualité, sur le comportement du mandataire à l'égard de ses obligations internationales et pour agir en conséquence »[3].

---

[1] En effet, l'Assemblée générale des Nations Unies avait invité tous les États mandataires de la S.D.N. à conclure des accords de tutelle (résolution 9 (I), du 9 février 1946). A l'exception de l'Afrique du Sud, tous les États ont, soit placé les territoires en question sous le régime de tutelle, soit reconnu leur l'indépendance, voy. C.I.J., avis, *Conséquences juridiques pour les États de la présence continue de l'Afrique du Sud en Namibie (Sud-Ouest africain) nonobstant la résolution 276 (1970) du Conseil de sécurité*, 21 juin 1971 § 84. L'argument de l'Afrique de Sud est que « le Mandat pour le Sud-Ouest africain dans son ensemble est devenu caduc lors de la dissolution de la Société des Nations et que le défendeur n'est plus en conséquence soumis à aucune des obligations juridiques découlant du Mandat », *in* C.I.J. *Recueil* 1966, p. 16.

[2] C.I.J., avis, *Statut international du Sud-Ouest africain*, 11 juillet 1950, *Rec.*, 1950, p. 137.

[3] C.I.J., avis, *Conséquences juridiques pour les États de la présence continue de l'Afrique du Sud en Namibie (Sud-Ouest africain) nonobstant la résolution 276 (1970) du Conseil de sécurité*, 21 juin 1971 §103. La Cour avait déjà déclaré : « qu'« [o]n ne saurait admettre que l'obligation de se soumettre à surveillance aurait disparu pour la simple raison que cet organe de contrôle a cessé d'exister, alors que les Nations Unies offrent un autre organe international chargé de fonctions analogues encore que non identiques », *in* C.I.J., avis, *Statut international du Sud-Ouest africain*, 11 juillet 1950, p. 136.

190. Ainsi, le maintien de la délégation en cas de succession d'organisation délégante est possible. Le cas de succession entre la S.D.N. et l'ONU est unique en son genre. Cependant, il n'y a aucune entrave théorique ni, à notre connaissance, d'opposition doctrinale à l'admission d'une telle généralisation pour toute délégation par une organisation internationale.

Section II. Le contenu de l'accord de délégation

191. L'observation de la pratique internationale permet d'affirmer qu'un accord de délégation, quelle que soit sa forme, contient nécessairement plusieurs énoncés : la norme d'habilitation (paragraphe 1), l'objet de la délégation (paragraphe 2) et la désignation du délégataire (paragraphe 3).

Paragraphe 1. Énoncé de la norme d'habilitation

192. L'accord de délégation établi sous forme d'une convention internationale contient toujours, notamment dans son préambule, une référence explicite à la norme d'habilitation permettant à l'organisation d'user d'une telle délégation. Les accords conclus entre la S.D.N. et les Puissances mandataires afin de déléguer l'administration des territoires font ainsi explicitement référence à l'article 22 du Pacte qui habilite la S.D.N. à déléguer l'administration du territoire. À titre d'exemple, on peut citer le préambule de la Charte du Mandat britannique sur la Palestine dont le premier considérant est rédigé comme suit : « [c]onsidérant que les principales puissances alliées sont d'accord en vue de donner effet aux dispositions de l'article 22 du Pacte de la Société des Nations, pour confier à un mandataire choisi par lesdites puissances l'administration du territoire de la Palestine, qui faisait autrefois partie de l'Empire ottoman, dans des frontières à fixer par lesdites puissances »[1].

193. Les accords de tutelle se référaient explicitement dans leur préambule à l'article 75 de la Charte des Nations Unies[2] ou plus

---

[1] *Charte du mandat pour la Palestine conclue entre le Conseil de la S.D.N. et le Royaume-Uni*, approuvée le 24 juillet 1922 par le Conseil de la S.D.N. et entrée en vigueur le 29 septembre 1923, doc. off., C.529.M.314.1922.VI. Pour d'autres illustrations voy. notre thèse, *op. cit.*, pp. 147-148, n.b.p. n°638.

[2] Voy. Accord de tutelle pour le Territoire du Samoa Occidental, *R.T.N.U.,* vol. 8, n° 115, p. 71. Pour d'autres illustrations voy. notre thèse, *op. cit.*, p. 148, n.b.p. n°639.

globalement aux Chapitres XII et XIII de la Charte[1].

194. Les accords de délégation par les juridictions pénales internationales, quant à eux, mentionnent explicitement l'article 103 du statut de Rome, en tant que fondement de l'habilitation[2]. Ainsi, par exemple, dans le préambule d'un accord entre la C.P.I. et le Gouvernement de la République du Mali, les deux premiers paragraphes rappellent expressément l'article 103 du statut de la Cour ainsi que la règle 200 du Règlement de procédure et de preuve permettant à la Cour de conclure des arrangements bilatéraux avec les États encadrant la réception des personnes condamnées[3].

195. De même, l'accord portant délégation du contrôle de l'exécution des peines prononcées par la C.P.I. au C.I.C.R. précise, dans son préambule, le fondement exprès permettant à la Cour de lui confier cette mission : « le Règlement de la Cour adopté par les juges de la CPI en mai 2004 et plus particulièrement sa norme 94, [qui] prévoit que des inspections du quartier pénitentiaire soient effectuées périodiquement et à l'improviste par une autorité d'inspection indépendante »[4].

196. En cas d'accord de délégation constitué d'une offre incluse dans un acte unilatéral qui est accepté par le délégataire, l'offre se réfère toujours explicitement à la norme d'habilitation justifiant son existence. Les résolutions de délégation de recours à la force par le Conseil de sécurité illustrent parfaitement une telle situation. Ainsi, ces résolutions citent expressément le Chapitre VII et/ou le Chapitre VIII en tant que

---

[1] Accord de tutelle pour le Territoire de la Somalie sous administration italienne, *R.T.N.U.*, vol. 118, n° 381, p. 255.

[2] L'article 103 lettre a) du Statut de Rome prévoit que « [l]es peines d'emprisonnement sont accomplies dans un État désigné par la Cour sur la liste des États qui lui ont fait savoir qu'ils étaient disposés à recevoir des condamnés ».

[3] *Accord entre la C.P.I. et le Gouvernement de la République du Mali concernant l'exécution des peines prononcées par la Cour*, doc. off., ICC-PRES/11-01-12. La C.P.I. a signé d'autres accords de ce type avec les gouvernements de l'Autriche (doc. off., ICC-PRES/01-01-05), de la Serbie (doc. off., ICC-PRES/09-03-11), du Royaume-Uni (doc. off., ICC-PRES/04-01-07), de la Belgique (doc. off., ICC-PRES/06-01-10 et doc. off., ICC-PRES/16-03-14), du Danemark (doc. off., ICC-PRES/12-02-12), de la Finlande (doc. off., ICC-PRES/07-01-11), de la Norvège (doc. off., ICC-PRES/18-02-16), de l'Argentine (doc. off., ICC-PRES/19-01-17) et de la Suède (doc. off., ICC-PRES/20-02-17). Voy. également les accords permettant la réception et l'emprisonnement de personnes condamnées par le T.P.I.Y, entre l'ONU et l'Italie (6 février 1997), la Finlande (7 mai 1997), la Norvège (24 avril 1998), la Suède (23 février 1999), l'Autriche (23 juillet 1999) et la France (25 février 2000).

[4] *Accord entre la C.P.I. et le C.I.C.R. sur les visites aux personnes privées de liberté en vertu de la juridiction de la C.P.I., op. cit.*

norme d'habilitation à déléguer. On peut par exemple lire dans les résolutions comportant une délégation de recours à la force la formule suivante : « [a]gissant en vertu du Chapitre VII [et/ou du Chapitre VIII] de la Charte des Nations Unies [...] »[1]. La résolution 678 fut la première à utiliser cette formule[2] qui met en évidence la norme d'habilitation permettant au Conseil d'autoriser « les États membres qui coopèrent avec le gouvernement du Koweït, [...], à user de tous les moyens nécessaires pour faire respecter et appliquer la résolution 660 (1990) du Conseil de sécurité et toutes les résolutions pertinentes ultérieures, ainsi que pour rétablir la paix et la sécurité internationales dans la région ». Cette rédaction est ensuite devenue une *formule-modèle* pour les résolutions du Conseil de sécurité portant délégation du recours à la force[3], comme celles relatives au conflit de Bosnie Herzégovine[4], à la situation en Somalie[5], à Haïti[6], au Rwanda[7], au Zaïre et en République

---

[1] Voy. également la résolution S/RES/2423 (2018) du 28 juin 2018, relative à la situation au Mali ; la résolution 2415 (2018) du 15 mai 2018 relative à la situation en Somalie. Une telle mention fait toutefois défaut dans les premières pratiques d'autorisation telle la résolution 221 (1966) du 9 avril 1966 et la résolution 83 du 27 juin 1950.

[2] Le Conseil a pour la première fois fait usage du mécanisme de délégation dans le cadre de la guerre de Corée en 1950. Sa résolution 83, du 27 juin 1950, ne fait cependant pas référence explicitement à la norme d'habilitation. Voy. à propos de cette résolution, qualifiée de délégation de recours à la force, D. WHITE, N., « The Korean War- 1950-53 », *in* RUYS, T., CORTEN, O., HOFER, A., (dir.), *The Use of Force in International Law A Case-Based Approach,* Oxford, Oxford University Press, 2018, 948 p., pp. 17-35.

[3] BEL HADJ ALI, M. « Radiographie de la sécurité collective », *in* S.F.D.I., *Les métamorphoses de la sécurité* collective, *Droit, Pratique et enjeux stratégiques, Journée Franco-Tunisienne*, Paris, Pedone, 2005, pp. 33-42, p. 41. L'auteur a ainsi recensé 268 résolutions adoptées par le Conseil de sécurité sous le fondement express du Chapitre VII, couvrant la période de 1990 à 2004, *ibid.,* p. 36.

[4] Voy. *ex multis,* la résolution 770 du 13 août 1992 ; résolution 816 du 31 mars 1993 ; résolution 824 de 6 mai 1993 ; résolution 836 de 4 juin 1993.

[5] Voy. notamment la résolution 794 du 3 décembre 1992 ; résolution 1744 du 21 février 2007 ; résolution 1816 du 2 juin 2008 ; résolution 2036 du 22 février 2012 ; résolution 2415 (2018) du 15 mai 2018.

[6] Voy. notamment la résolution 875 du 15 octobre 1993 ; résolution 940 du 31 juillet 1994 ; résolution 1529 du 29 février 2004.

[7] Résolution 929 du 21 juin 1994.

démocratique du Congo[1], en Albanie[2], en République centrafricaine[3], en Sierra Leone[4], au Kosovo[5], au Timor Oriental[6], en Afghanistan[7], en Côte d'Ivoire[8], au Liberia[9], en Irak[10], en Libye[11], et au Mali[12].

197. Quant aux délégations de recours à la force à destination des organisations régionales[13], le Conseil de sécurité se réfère soit explicitement au seul Chapitre VIII de la Charte[14], ce qui est rare en pratique[15], soit conjointement avec le Chapitre VII[16]. Le plus souvent, le Conseil de sécurité, s'adressant à des États et des organisations

---

[1] Résolution 1484 du 30 mai 2003 ; résolution 1493 du 28 juillet 2003 ; résolution 1671 du 25 avril 2006.

[2] Résolution 1101 du 28 mars 1997 ; résolution 1114 du 19 juin 1997.

[3] Résolution 1125 du 5 août 1997 ; résolution 2127 (2013) du 5 décembre 2013 ; résolution 2149 (2014) du 10 avril 2014 ; résolution 2134 (2014) du 28 janvier 2014.

[4] Résolution 1132 du 8 octobre 1997.

[5] Résolution 1244 du 10 juin 1999.

[6] Résolution 1264 du 15 septembre 1999.

[7] Résolution 1386 du 20 décembre 2001 ; résolution 1413 du 23 mai 2002 ; résolution 1471 du 28 mars 2003 ; résolution 1510 du 13 octobre 2003 ; résolution 1563 (2004) du 17 décembre 2004 ; résolution 2069 du 9 octobre 2012.

[8] Résolution 1464 du 4 février 2003 ; résolution 1527 du 4 février 2004 ; résolution 1528 du 27 février 2004.

[9] Résolution 1497 du 1 août 2003.

[10] Résolution 665 du 25 août 1990 ; résolution 670 du 25 séptembre1990 ; résolution 678 du 29 novembre 1990 ; résolution 1511 du 16 octobre 2003 ; résolution 1546 du 8 juin 2004.

[11] Résolution 1973 (2011) du 17 mars 2011.

[12] Résolution 2164 (2014) du 25 juin 2014 ; résolution 2423 (2018) du 28 juin 2018.

[13] Voy. KOLB, R., Ius contra bellum. Le droit international relatif au maintien de la paix, op. cit., pp. 144-159.

[14] voy. par exemple, la résolution S/RES/1132 (1997) du 8 octobre 1997 (Sierra Leone).

[15] GESLIN, A., « Le pouvoir d'habilitation du Conseil de sécurité : la délégation des pouvoirs du Conseil aux organisations internationales », *op. cit.,* p. 485 ; SICILIANOS, L-A., « Entre multilatéralisme et unilatéralisme : L'autorisation par le Conseil de sécurité de recourir à la force », *op. cit.,* p. 157, n.b.p. n°437.

[16] Voy. par exemple la résolution S/RES/787 (1992) du 16 novembre 1992 (Bosnie-Herzégovine) ; S/RES/794 (1992) du 3 décembre 1992, point 16 (Somalie) ; S/RES/875 (1993) du 16 octobre 1993 ; résolution S/RES/1464 (2003) du 4 février 2003 (Sierra Leone). Il arrive également, comme l'observe le professeur L-A. Sicilianos que le Conseil de sécurité rappelle « les dispositions du Chapitre VIII de la Charte des Nations Unies » avant d'agir uniquement « en vertu du Chapitre VII de la Charte », *in* « Entre multilatéralisme et unilatéralisme : L'autorisation par le Conseil de sécurité de recourir à la force », *op. cit.,* p. 157, n.b.p. n°437. Pour exemple voy. S/RES/816 (1993) du 31 mars 1993.

internationales, se réfère uniquement au Chapitre VII de la Charte[1].

198. Toutefois, la délégation de compétence de conclure des traités par la BIRD pour le compte de la S.F.I. fait exception. En effet, la délégation d'une telle compétence a été prévue explicitement par l'acte constitutif de l'organisation délégante et n'a pas donnée lieu, à notre connaissance, à un accord spécifique de délégation. Cela s'explique, d'une part, par la rédaction très explicite et sans ambiguïté de la section 7 de l'article IV du Statut de la S.F.I.[2] prévoyant une telle délégation, et d'autre part, par les relations très particulières entre les deux organisations[3]. En application de cette disposition et sur son fondement exprès, la BIRD a ainsi conclu l'accord du 14 février 1957 concernant les relations entre la S.F.I. et l'ONU[4], qui précise explicitement que la BIRD a agi au nom et pour le compte de la S.F.I. sur le fondement de la section 7 de l'article IV du statut de la S.F.I.[5].

199. L'ensemble de précédentes illustrations attestent que chaque accord de délégation repose explicitement sur une norme d'habilitation autorisant la délégation de compétence de l'organisation.

Paragraphe 2. Énoncé de l'objet de la délégation

200. L'observation de l'énoncé de l'objet de la délégation permet de dégager deux constantes, une première d'ordre matériel et une seconde relative à la formulation employée.

201. L'objet d'une délégation concerne toujours l'exercice d'une compétence normative ou opérationnelle de l'organisation délégante. Par exemple, la délégation de compétence de conclure un traité au nom

---

[1] Voy. par exemple, S/RES/1484 (2003) du 30 mai 2003 (République démocratique du Congo) ; S/RES/1031 (1995) du 15 décembre 1995 (Bosnie-Herzégovine) ; S/RES/1088 (1996) du 12 décembre 1996 (Bosnie-Herzégovine). Voy. également GESLIN, A., « Le pouvoir d'habilitation du Conseil de sécurité : la délégation des pouvoirs du Conseil aux organisations internationales », *op. cit.*, pp. 486-489.

[2] « [l]a Société, agissant par l'intermédiaire de la Banque, conclura des accords formels avec les Nations Unies et pourra conclure des accords analogues avec d'autres organisations publiques internationales ayant des fonctions spécialisées dans des domaines connexes ».

[3] Voy. GROSHENS, J-C., « La Société financière internationale », *A.F.D.I.*, vol. 3, 1957. pp. 417-435.

[4] *Accord entre l'ONU et la BIRD, agissant au nom et pour le compte de la Société financière internationale, concernant les relations entre l'ONU et la S.F.I.*, doc. off., A/3529/Rev.1.

[5] « Considérant que la section 7 de l'article IV desdits statuts prévoit que la Société, agissant par l'intermédiaire de la Banque, conclura des accords formels avec l'Organisation des Nations Unies ».

et pour le compte de l'organisation délégante, telle que prévue dans la section 7 de l'article IV du statut de la S.F.I., a pour objet le transfert d'une compétence normative. La délégation de recours à la force dans le cadre des Chapitres VII et VIII de la Charte de l'ONU, la délégation de l'exécution des peines prononcées par la C.P.I. ou encore la délégation de l'administration de territoire prévue par l'article 22 du Pacte illustrent quant à elles des délégations d'une compétence opérationnelle de l'organisation délégante.

202. L'objet de la délégation est systématiquement formulé dans l'offre ou l'accord de délégation. Cependant, la manière dont cette description est exposée varie en fonction de la nature des compétences à déléguer. Les accords portant délégation de l'exécution des peines prononcées par la C.P.I. prévoient en détail l'objet de la délégation. Cela inclut l'exécution d'une peine prononcée par la Cour, la personne condamnée, la durée précise de la peine, les mécanismes de contrôle pour surveiller l'exécution, etc. En revanche, la délégation du recours à la force est loin d'être aussi précise. Le Conseil de sécurité utilise fréquemment une expression abstraite. La formulation classique, adoptée par la plupart des résolutions du Conseil de sécurité, délègue aux États la compétence « [d'] user de tous les moyens nécessaires pour faire appliquer [ses] résolution[s] [...] »[1]. Cependant, l'ambiguïté de l'expression « mesures [ou moyens] nécessaires » a conduit les délégataires à l'interpréter de manière subjective et extensive. Un exemple révélateur de cette ambiguïté a été la résolution 678 (1990). Cette autorisation visait à « faire respecter et appliquer la résolution 660 (1990) [ainsi que toutes les résolutions pertinentes ultérieures] », qui exigeait que l'Iraq retire immédiatement et sans condition toutes ses forces du Koweït afin de « de rétablir la paix et la sécurité internationales dans la région »[2]. Le flou dans les objectifs de cette résolution a eu des implications sur la sécurité juridique et a été utilisé par certains États de la Coalition internationale pour justifier des raids aériens sur l'Iraq. De même, la résolution 1973 (2011) du Conseil de sécurité illustre parfaitement la portée ambiguë d'un énoncé de l'objet de la délégation[3]. En effet, cette résolution demandait aux États de

---

[1] Résolution 678 du 29 novembre 1990. Voy. également, la résolution 816, 31 mars 1993 § 4 ; la résolution 836, 4 juin 1993 § 10 ; la résolution 908, 31 mars 1994 § 8.

[2] S/Res.678 (1990) § 2.

[3] A propos de la double lecture de l'autorisation en Libye, voy. LAGRANGE, Ph., « « No boots on the ground », de l'influence des termes employés par le Conseil de

prendre « toutes mesures nécessaires » incitant le gouvernement libyen en place au respect de précédentes résolutions, pour la protection des populations civiles[1]. Toutefois, le degré d'imprécision de cette résolution a finalement permis à certains États de s'en servir comme fondement pour le renversement du régime du Colonel Kadhafi. Cette expérience a eu un impact sur le fonctionnement ultérieur du système de délégation du recours à la force. En effet, par la suite, le Conseil de sécurité n'a pas pu voter une délégation de recours à la force pour résoudre la crise syrienne. Les représentants de la Chine et de la Russie ont rejeté le projet de résolution présenté conjointement par l'Allemagne, la France, le Portugal et le Royaume-Uni de Grande-Bretagne et d'Irlande du Nord. Le représentant de la Russie ayant justifié son refus comme suit :

> « [l]a situation en Syrie ne saurait être envisagée par le Conseil indépendamment de l'expérience libyenne. La Communauté internationale est alarmée par les déclarations selon lesquelles la manière dont l'OTAN perçoit le respect des résolutions du Conseil de sécurité portant sur la Libye constitue un modèle à suivre dans le cadre des interventions futures de l'OTAN au titre de la mise en œuvre de la responsabilité de protéger. On constate facilement que le modèle actuel du « Protecteur unifié » pourrait être reproduit en Syrie [...]. Pour nous, Membres de l'ONU, notamment s'agissant d'un éventuel précédent, *il est extrêmement important de savoir comment la résolution a été mise en œuvre et comment une résolution du Conseil de sécurité s'est transformée en son contraire* »[2].

203. Ainsi, même si l'objet de la délégation est toujours énoncé dans l'accord de délégation, il peut être ambigu[3], ce qui pourrait compromettre la réalisation de la délégation telle que souhaitée par l'organisation délégante.

---

sécurité des Nations Unis », *Mélanges en l'honneur d'Habib Slim,* Paris, Pedone, 2016, 516 p., pp. 125-133, sp. pp. 126-127.

[1] Résolution 1970 du 26 février 2011.

[2] Procès-verbal, 4 octobre 2011, doc. off., S/PV.6627, p. 4, nous soulignons.

[3] En cause notamment, les difficultés qui peuvent entourer la négociation des termes de l'acte ou de l'accord de délégation.

Paragraphe 3. Désignation du délégataire

204. Le délégataire de l'organisation internationale est celui à qui l'organisation confie l'exercice d'une partie de sa compétence. Sa désignation dépend de la modalité de la délégation.

205. La délégation incluse dans un accord bilatéral ou un contrat a comme bénéficiaire le cocontractant de l'organisation internationale. Tel est le cas des Chartes de mandat conclues entre la S.D.N. et les Puissances mandataires, des accords de Tutelle conclus entre l'ONU et les États chargés de l'administration territoriale, des contrats d'exploitation de la Zone conclus avec l'A.I.F.M. ou encore des accords entre les juridictions pénales internationales et un État choisi pour l'exécution des peines prononcées par la Cour. Notons, s'agissant de ce dernier cas, que l'État d'exécution peut être choisi du fait des circonstances liées au prononcé de la peine[1]. Ainsi, « [i]l est raisonnable de penser [...] que [des États comme la Bosnie-Herzégovine ou la Croatie] seront exclus lors de la procédure de détermination de l'État d'accueil des condamnés »[2].

206. Lorsque l'accord de délégation est initié par une offre incluse dans un acte unilatéral de l'organisation internationale, le bénéficiaire est désigné dans cette offre. Néanmoins, la méthode de désignation n'est pas homogène. La pratique du recours à la force délégué par le Conseil de sécurité illustre parfaitement cette situation. Souvent, les offres de délégation se limitent à une désignation *ès qualités* en faisant, par exemple, référence aux États agissant seuls ou dans le cadre collectif d'une organisation régionale ou d'une coalition *ad hoc*. Toutefois, il arrive que certaines résolutions soient explicitement adressées à un État ou à une organisation internationale nommés. Par exeemple, dans sa résolution 221 (1966), le Conseil de sécurité a expressément demandé au Royaume-Uni de prévenir l'arrivée de pétrole en transit dans les ports du Mozambique et à destination de la Rhodésie[3]. De même, dans sa résolution 1132 (1997) du 8 octobre 1997,

---

[1] Rapport du Secrétaire général établi conformément au paragraphe 2 de la Résolution 808 (1993) du Conseil de Sécurité présenté le 3 mai 1993, S/25704, 3 mai 1993, p. 32 : « [v]u la nature des crimes considérés et le caractère international du Tribunal, le Secrétaire général est d'avis que les peines doivent être exécutées en dehors du territoire de l'ex-Yougoslavie [...] sous le contrôle du Tribunal ».

[2] PLENET, E., *Vers la création d'une prison internationale, L'exécution des peines prononcées par les juridictions pénales internationales*, Paris, L'Harmattan, 2010, 519 p., pp. 91-93.

[3] Résolution 221 (1966), 9 avril 1966 § 5.

le Conseil de sécurité, agissant sur le fondement du Chapitre VIII de la Charte, a autorisé la CEDEAO à utiliser la force pour faire respecter l'embargo sur l'armement de la Sierra Léone[1]. Plus récemment, dans la résolution 2085 (2012) du 20 décembre 2012, le Conseil de sécurité a décidé, agissant en vertu du Chapitre VII de la Charte des Nations Unies, d'autoriser le déploiement au Mali de la Mission internationale de soutien au Mali sous conduite africaine[2]. Dans ce cas, la délégation du Conseil de sécurité s'est exclusivement adressée à l'Union africaine, empêchant ainsi les États tiers d'utiliser cette résolution comme base d'intervention[3]. Les États tiers ne pouvaient donc pas s'appuyer sur cette résolution pour y intervenir[4].

207. Une telle pratique d'« individualisation »[5] dans l'offre de délégation se fonde sur le pouvoir discrétionnaire du Conseil de sécurité de choisir ses États exécutants[6]. Elle s'explique généralement « par l'existence d'une relation spécifique »[7] entre le délégataire et l'objet de la délégation. Par exemple, la désignation du Royaume Uni dans la résolution 221(1966) était justifiée par la position de cet État en tant que puissance administratrice du territoire rhodésien. De même, le lieu d'exécution de la délégation a pu servir à la désignation spécifique d'organisations régionales dans certaines résolutions, telle la CEDEAO

[1] Doc. off., S/RES/1132 (1997), point 8.

[2] S/RES/2085 (2012), 20 décembre 2012 § 9.

[3] Pour d'autres résolutions mentionnant expressément l'Union Africaine voy. la résolution 1744 du 20 février 2007 ; la résolution 1772 du 20 août 2007 ; la résolution 1590 du 24 mars 2005 ; la résolution 1769 du 31 juillet 2007.

[4] C'est ainsi que l'intervention militaire de la France au Mali en 2013 a été critiquée. Cette intervention ne pouvait se fonder juridiquement sur la base de la résolution 2085 (2012), mais « repose sur la lettre adressée à l'Élysée, le 10 janvier, par le président du Mali, Dioncounda Traoré, appelant la France à l'aide face à l'avancée des groupes armés du Nord », *in* NOUGAYREDE, N., « La lettre du président malien, base légale de l'intervention française », Le Monde, 25 janvier 2013.

[5] Pour reprendre le terme employé par THOME, N., *Les pouvoir du Conseil de sécurité au regard de la pratique récente du Chapitre VII de la Charte des Nations Unies*, Aix-en-Provence, PUAM, 2005, 438 p., pp. 203-208. L'auteur distingue entre l'individualisation positive de l'invitation adressée par le Conseil de sécurité qui « consiste à designer seulement certains États pour l'exécution des mesures [coercitive] » (*ibid.,* pp. 203-204), et l'individualisation négative de l'invitation qui « consist[e] en une décision de dispense ou d'exemption pour l'application des mesures [coercitives] » (*ibid.*, p. 207).

[6] WECKEL, Ph., « Le chapitre VII de la Charte et son application par le Conseil de Sécurité », *op. cit.*, *passim.*

[7] THOME, N., *Les pouvoir du Conseil de sécurité au regard de la pratique récente du Chapitre VII de la Charte des Nations Unies*, *op. cit.*, p. 204.

autorisée à « interrompre la navigation maritime en direction de la Sierra Léone » par la résolution S/RES/1132 (1997) du 8 octobre 1997. La désignation de l'Union Africaine dans la résolution 2085 (2012) aurait eu également une motivation strictement géographique.

208. Le Professeur P. Daillier a judicieusement résumé les motivations qui sous-tendent le choix du délégataire : l'entité délégante « devra prendre en compte le droit applicable à l'entité déléguée », en évaluant « ses avantages et ses inconvénients du point de vue de la mission fixée et des opportunités de contrôle qu'il offre »[1]. De plus, elle doit prendre en considération « les caractéristiques du statut de l'entité délégataire, les limites de sa capacité juridique »[2], ainsi que sa capacité opérationnelle[3].

---

[1] DAILLIER, P., « Les nouveaux modes de coopération », *op. cit.,* pp. 288-289.
[2] *Ibid.,* p. 288.
[3] *Ibid.,* p. 290.

Conclusion de la première Partie

209. Dans cette première partie, nous avons analysé les conditions relatives à l'établissement d'une délégation valide de compétence par une organisation internationale. Au terme de cette analyse, trois catégories de conditions doivent être remplies. Premièrement, les conditions à remplir par l'organisation internationale délégante, à savoir : avoir la compétence objet de la délégation et avoir la capacité juridique de la déléguer à un sujet qui lui est extérieur. Deuxièmement, les conditions relatives à la compétence du destinataire de la délégation : celui-ci doit être incompétent au préalable et doit en outre avoir la capacité de recevoir la délégation. Troisièmement, les conditions relatives à la formation de l'accord de délégation. Ce dernier est nécessairement formé par une offre explicite de délégation par l'organisation délégante, et l'acceptation explicite ou implicite de cette offre par le délégataire.

210. Nous avons vu que les conditions étudiées peuvent varier, plus au moins, d'une délégation à une autre sans que cela mette en cause la logique générale de la délégation externe de compétence de l'organisation internationale : la délégation est un mécanisme conventionnel permettant à l'organisation internationale de confier l'exercice d'une partie de ses compétences à un tiers. Ainsi, comme nous avons vu, les critères retenus pour identifier une délégation de compétence est l'offre de la délégation et l'acceptation de celle-ci par le délégataire. Sa formation n'est cependant pas aussi formelle qu'en droit interne. La délégation en droit international est un processus de coopération très poussée entre les composants de la Communauté internationale ; elle permet d'associer les différents acteurs pour réaliser les objectifs de l'organisation internationale. L'étude des effets de la délégation permet d'accentuer ce constat.

Conclusion de la première Partie

PARTIE SECONDE. RÉALISATION DE LA DÉLÉGATION

212. Présentation. La délégation est un acte juridique[1] dont la conclusion affecte les relations entre les parties à la délégation : l'organisation internationale délégante d'un côté, et son ou ses délégataire(s) de l'autre.

213. La réalisation de la délégation concerne la période qui prend naissance après l'entrée en vigueur de l'accord de délégation. Il s'agit ici d'étudier essentiellement les effets de l'accord de délégation sur les relations entre les parties ou entre celles-ci et les tiers. Ces effets de la délégation s'étudient à la lumière de la pratique des organisations internationales en matière de délégation, complétée, le cas échéant, par les principes généraux gouvernant les actes juridiques des organisations internationales. On est amené à s'interroger sur le contenu de la transmission au délégataire par l'accord de délégation. Autrement dit, le transfert opéré de certaines compétences entre le délégant et le délégataire emporte-t-il également des transferts d'obligations, de privilèges et d'immunités ou encore de responsabilité internationale ?

214. Pour répondre à ces questions, nous étudierons d'abord l'effet d'habilitation de la délégation qui permet de nous éclairer sur les droits et les obligations des parties à la délégation (Chapitre I). Ensuite, nous traiterons la question du contrôle comme effet direct de la délégation (Chapitre II), avant de nous pencher enfin sur la question de la responsabilité internationale qui peut être engagée à l'occasion de la délégation de compétence de l'organisation internationale (Chapitre III).

---

[1] Sur la nature juridique de l'accord de délégation voy. *supra*, Chapitre 3, Partie I.

CHAPITRE I. EFFETS D'HABILITATION DE LA DÉLÉGATION

215. Si la délégation en droit interne est présentée comme une substitution du délégataire au sujet délégant dans tous ses droits et prérogatives[1], tel ne peut être le cas d'une délégation de compétence par une organisation internationale. En effet, si la délégation vaut habilitation du délégataire à accomplir des missions et à exercer des fonctions et compétences de l'organisation internationale (Section I), elle ne saurait, néanmoins, établir une substitution totale à l'organisation internationale de son délégataire (Section II).

Section I. Habilitation du délégataire

216. La fonction de la délégation, à savoir l'attribution de compétence, et son objectif, l'exercice de la compétence attribuée, sont des effets directs issus d'une délégation valide. Le délégataire devient, le temps que dure la délégation, titulaire d'une compétence appartenant initialement à l'organisation internationale délégante.

217. La délégation se comprend ainsi comme une habilitation[2] dans la mesure où elle permet à un sujet, le délégataire, d'agir légalement là où, originellement, il ne le pouvait pas[3]. L'effet d'habilitation de la délégation se manifeste à la fois dans les relations du délégant avec son

---

[1] Voy. par exemple, l'article R. 1111-1 du C.G.C.T., dans sa rédaction antérieure, qui prévoyait dans son alinéa 4 que, « [l]'autorité délégataire est substituée à l'autorité délégante dans tous ses droits et obligations relatifs à l'objet de la délégation pendant la durée de celle-ci». Cet alinéa a été abrogé par l'article 2 du Décret n° 2015-687 du 17 juin 2015.

[2] L'habilitation est définie comme : « [i]nvestiture légale ou judiciaire conférant à une personne le pouvoir d'accomplir un ou plusieurs actes juridiques, soit en son nom personnel, soit par représentation d'autrui », *in Lexique des termes juridiques,* Paris, Dalloz, 29ème éd., 2021, 1120 p., entrée « habilitation ». Voy. également, TUSSEAU, G., *Les normes d'habilitation*, Paris, Dalloz, 2006, 813 p.

[3] Voy. pour illustrer ce propos, COMBACAU, J. *Le pouvoir de sanction de l'ONU : étude théorique de la coercition non militaire*, Paris, Pedone, 1974, p. 266 : « [l'acte de sanction] ne peut constituer une habilitation que si celle-ci est nécessaire aux agents d'exécution pour appliquer la sanction ; il est évident en effet que les Nations Unies n'ont pas à donner aux agents le pouvoir d'agir quand ceux-ci l'ont déjà ; il n'est pas nécessaire par exemple que le Conseil de sécurité habilite les États à rompre les relations diplomatiques avec l'État sanctionné, étant donné qu'ils ont le droit de le faire discrétionnairement [...] ».

délégataire (Paragraphe 1) et dans les relations du délégataire avec les tiers (Paragraphe 2).

Paragraphe 1. Effet d'habilitation dans le rapport délégant/délégataire

218. Une fois la délégation établie, le délégataire aura la capacité juridique d'intervenir pour exercer les compétences déléguées par l'organisation internationale. Il acquiert une habilitation à agir par voie de délégation[1]. Il devient alors, du fait de cette délégation, titulaire « provisoire » des compétences déléguées[2]. Cette habilitation a des effets à la fois à l'égard du délégataire de l'organisation (A) et de l'organisation internationale délégante (B).

A. Effet de l'habilitation pour le délégataire

219. La délégation n'est pas un mécanisme d'attribution de compétence propre au délégataire, mais seulement une modalité d'exercice provisoire de(s) compétence(s) de l'organisation[3]. L'habilitation du délégataire lui octroie le pouvoir d'agir pour le compte de l'organisation internationale délégante (1) et donne un fondement juridique à ses actes du point de vue de droit international (2).

1. L'action du délégataire pour le compte de l'organisation délégante

220. L'action du délégataire pour le compte de l'organisation internationale délégante est le corollaire direct de la délégation de compétence. Son action doit toutefois être placée dans le cadre de l'habilitation qui lui a été conférée par le délégant. Cette habilitation permet ainsi à la fois de déterminer l'étendue des compétences du délégataire (a) et de l'obliger à agir dans le domaine de compétences déléguées (b).

---

[1] Voy. par exemple dans le cadre d'une délégation interne à l'organisation internationale, arrêt de la Cour de justice du 12 juillet 1957, *Algera et al c/Assemblée commune de la CECA*, affaires jointes 7/56, 3/57 à 7/57, ECLI:EU:C:1957:7, Rec. p. 89, sp. p. 113. Voy. Dans le cadre d'une délégation externe à l'organisation, *Pablo Najera (France) c. les États-Unis du Mexique*, Décision n° 30-A, 19 octobre 1928, *R.S.A.*, vol. V, pp. 466-508, p. 481. Dans cette affaire le Tribunal arbitral a fondé le titre de la France sur le Mandat qu'elle a reçu par la S.D.N.

[2] GAUTIER, Y., *La délégation en droit communautaire*, *op. cit.*, pp. 500-501.

[3] *Ibid.*, p. 501.

a. L'étendue de l'habilitation

221. L'étendue de l'habilitation se réfère à l'ensemble des compétences que le délégataire est habilité à exercer ; celui-ci exerçant seulement les compétences qui lui ont été déléguées. L'habilitation est ainsi matériellement limitée par les compétences objet de la délégation et, *a priori*, par la compétence même de l'organisation internationale délégante. Toute intervention en dehors de ce cadre est alors jugée *ultra vires*[1]. Cela ne signifie toutefois pas que le délégataire se trouve figé par l'habilitation qu'il reçoit et ne peut agir que sur ordre de son délégant. Bien au contraire, l'habilitation permet à ce que le délégataire exerce les compétences déléguées avec un certain pouvoir discrétionnaire. Ce pouvoir discrétionnaire ne serait cependant s'étendre jusqu'à l'admission automatique d'une sous-délégation.

222. Le pouvoir discrétionnaire du délégataire dans la mise en œuvre des compétences déléguées. Dans la mise en œuvre des compétences déléguées, le délégataire de l'organisation internationale bénéficie souvent d'une grande marge d'appréciation. Le degré de discrétion qui lui est laissé varie selon l'objet même de la délégation, les relations entretenues entre l'organisation délégante et son délégataire, la nature ou le statut du délégataire et ses capacités.

223. Les résolutions du Conseil de sécurité illustrent bien cette situation lorsqu'elles prévoient que le délégataire du Conseil de sécurité est autorisé à « prendre toutes les mesures nécessaires »[2] pour l'exécution des missions qui lui sont confiées. En effet, le « critère de nécessité »[3] auquel le Conseil de sécurité fait souvent référence dans

---

[1] Cette question, abordée en partie dans notre analyse du principe *nemo plus juris ad alium transferre potest quam ipse habet*, sera développée ultérieurement sous l'intitulé « Limites de l'habilitation ».

[2] Pour plus de détails sur l'usage et l'interprétation de cette expression, voy. SOREL, J-M., « Le caractère discrétionnaire des pouvoirs du Conseil de sécurité : remarques sur quelques incertitudes partielles », *R.B.D.I.,* 2/2004, pp. 462- 483 ; LAGRANGE, Ph., « Le Conseil de sécurité et l'autorisation de prendre toutes les mesures nécessaires », *Les annales de droit*, n°1, 2007, pp. 199-257, pp. 206-211 ; HAJJAMI, N., « Que signifie l'expression « prendre toutes les mesures nécessaires » dans la pratique du Conseil de sécurité des Nations Unies ? », *R.B.D.I.,* 2013, n°1, pp. 232-255.

[3] CORTEN, O., « La nécessité et le *jus ad bellum* », *in* S.F.D.I., *La nécessité en droit international*, Colloque de Grenoble, Paris, Pedone, 2007, 384 p., pp. 127-150, pp. 143-144.

ses résolutions autorisant le recours à la force permet aux délégataires une grande marge d'appréciation[1].

224. La délégation de l'administration de territoire, telle qu'illustrée par le mandat de la S.D.N. ou la tutelle l'ONU, octroie également au délégataire un grand pouvoir discrétionnaire dans la mise en œuvre de la compétence déléguée. La puissance mandataire ou administrante disposait d'une grande liberté dans l'administration des territoires qui leur ont été confiés. Les chartes de mandats et les accords de tutelle conclus avec les Puissances administrantes la prévoient explicitement[2]. Il est ainsi souvent fait mention des « mesures convenables »[3] ou « nécessaires »[4] que peut prendre la Puissance mandataire pour l'exercice de son mandat sans plus de précisions par la S.D.N. Les accords de tutelle conclus avec les puissances administrantes sont également une illustration de ce pouvoir discrétionnaire du délégataire. Par exemple l'article 3 de l'accord de tutelle sur le territoire du Samoa Occidental dispose : « Sous réserve des dispositions du présent Accord et de la Charte des Nations Unies, *l'Autorité chargée de l'administration aura pleins pouvoirs d'administration,* de 1égislation et de juridiction sur le Territoire et pourra appliquer au Territoire celles des lois de la Nouvelle-Zélande qui paraitront convenir aux conditions et nécessités locales, sous réserve des modifications qu'elle pourra juger désirables »[5]. Le pouvoir discrétionnaire permet donc que l'acte pris par le délégataire soit valable « même si l'appréciation qu'il a faite d'une situation n'est pas celle du délégant »[6].

225. La liberté d'appréciation du délégataire n'est cependant pas sans limite. Le délégataire doit, en effet, agir dans les limites des

---

[1] PEYRO LIOPIS, A., *Force, ONU et organisations régionales : répartition des responsabilités en matière coercitive*, *op. cit.*, pp. 256-257.

[2] *C.f.*, l'article 1 du Charte du mandat pour la Palestine (catégorie A), conclu entre le Conseil de la S.D.N. et le Royaume-Uni, 24 juillet 1922, *J.O.,* août 1922, pp. 1007-1012 (Annexe 391), doc. off., C.529.M.314.1922.VI. : « le mandataire aura pleins pouvoirs de législation et d'administration, sous réserve des limites qui peuvent être fixées par les termes du présent mandat ». Pour d'autres illustrations voy. notre thèse, *op. cit.*, p. 165, n.b.p. n°709.

[3] Voy. l'article 25 de la Charte du mandat sur la Palestine qui prévoit que : « le Mandataire aura la faculté [...] de prendre en vue de l'administration de ces territoires, toutes les mesures qu'il estimera convenables [...] », doc. off., C.529.M.314.1922.VI.

[4] Voy.l'article 11 de la Charte du mandat sur la Palestine ; les articles 2 et 11 du Mandat de la S.D.N. pour la Syrie et le Liban, doc. off., C.528.M.313.1922.VI.

[5] *R.T.N.U.,* vol. 8, n° 115, p. 71. Pour d'autres illustrations voy. notre thèse, *op. cit.*, p. 166, n.b.p. n°712.

[6] GROSHENS, J.-C., « La délégation administrative de compétence », *op. cit.,* p. 202.

compétences qui lui ont été déléguées et selon les termes évoqués dans l'acte de délégation. Ainsi, on a pu observer que l'appréciation des mesures à prendre, dans le cadre d'une délégation de recours à la force armée, a conduit à des débats houleux au sein du Conseil de sécurité. Citons pour exemple l'action de l'OTAN en Libye et ses critiques subséquentes par les États[1] et par la doctrine[2] qui ont considéré cette intervention comme *ultra vires* au regard de la résolution 1973 du Conseil de sécurité.

226. En outre, rien théoriquement n'empêche l'organisation internationale délégante de donner des directives à son délégataire durant l'exécution de la délégation, ce dernier devant alors les respecter[3]. En tout état de cause, l'utilisation par le délégataire de sa libre appréciation peut faire l'objet d'un contrôle de la part de l'organisation internationale délégante[4].

227. La sous-délégation. La sous-délégation de(s) compétence(s) est une opération par laquelle le délégataire recourt à un sujet tiers pour l'exercice de tout ou partie des compétences qui lui ont été déléguées par l'organisation internationale[5].

228. Les organisations internationales connaissent la pratique de sous-délégation. Il est ainsi généralement admis, dans la délégation

---

[1] Plusieurs gouvernements ont ainsi déploré l'intervention de l'OTAN en Libye en considérant que l'organisation a dépassé les termes de la résolution 1973. La Russie, la Chine, le Brésil, l'Inde et l'Afrique du Sud ont ainsi contesté le projet de résolution du Conseil de sécurité contre la Syrie par un rappel critique de la situation en Libye. Ainsi, le représentant de la Russie a déclaré que « [l]a situation en Syrie ne saurait être envisagée par le Conseil indépendamment de l'expérience libyenne. La communauté internationale est alarmée par les déclarations selon lesquelles la manière dont l'OTAN perçoit le respect des résolutions du Conseil de sécurité portant sur la Libye constitue un modèle à suivre dans le cadre des interventions futures de l'OTAN au titre de la mise en œuvre de la responsabilité de protéger », *in* Conseil de sécurité, 66ème année, 6627ème séance, 4 octobre 2011, doc. off., S/PV.6627, p. 4.

[2] DIMASSI, J., *Les Opérations Militaires de L'ONU en Libye. Et après?*, Tunis, Latrach, 2014, 407 p., p. 70 ; GRAY, Ch., *International Law and The Use Of Force*, Oxford, OUP., 4ème éd., 2018, 489 p., pp. 377-380 ; CHARVIN, R., « La question libyenne : ingérences, chaos et décomposition du droit international », *R.G.D.I.P.*, 2019-3, pp. 593-617.

[3] Voy. REDSLOB, R., *Théorie de la Société des Nations*, Paris, Rousseau & C°, 1927, pp. 181-183. Voy. également, *infra*, chapitre II.

[4] Voy. pour plus de développements, *infra*, chapitre II.

[5] GAUTIER, Y., *La délégation en droit communautaire*, *op. cit.*, p. 511 ; LEBRETON, G., *Droit administratif général*, Paris, Dalloz, 10ème éd., 2019, 611 p., p. 245 ; DELACOUR, E., « La subdélégation de service public », *Le Moniteur des travaux publics et du bâtiment*, n°4905, 28 novembre 1997, pp 76-77.

interne à l'organisation internationale, que le délégataire peut subdéléguer une partie des compétences qui lui ont été conférées par l'organe ou l'agent délégant. Une telle sous-délégation est généralement prévue explicitement par l'acte autorisant la délégation. Tel est notamment le cas de la pratique de la sous délégation au sein de l'ONU[1] et dans d'autres organisations internationales[2]. Certaines sous-délégations peuvent néanmoins être interdites explicitement, par exemple dans le cadre d'une délégation de signature qui constitue une attribution de compétence à titre personnel. La règle 108.2 de l'article 8 du Règlement financier et des règles de gestion financière de la C.P.I. dispose ainsi que « [l]e pouvoir de signer tous ordres relatifs aux comptes en banque et la responsabilité en la matière sont assignés à titre personnel et ne peuvent être délégués »[3].

229. Les juges internationaux n'ont pas prohibé la possibilité de la sous-délégation interne mais ont plutôt laissé entendre qu'ils apprécieraient sa validité au cas par cas. Citons en ce sens le jugement du Tribunal administratif international de l'OIT selon lequel « une sous-délégation pour l'accomplissement d'actes administratifs n'était point prohibée et qu'elle était admissible [en l'espèce] »[4]. La Cour de justice de la Communauté européenne s'est aussi prononcée dans les affaires

---

[1] Par exemple, l'article premier, règle 101 du *Circulaire du Secrétaire général sur le règlement financier et les règles de gestion financière* du 9 mai 2003, doc. off. ST/SGB/2003/7.

[2] Voy. par exemple, la règle 101.1, lettre d) du *Règlement financier et règles de gestion financière de la C.P.I.*, doc. off., ICC-ASP/7/5 (Part. II-D); la norme 90 § 2 du règlement de la C.P.I., relative à la délégation des fonctions de greffier de la Cour concernant l'administration du quartier pénitentiaire au chef du quartier pénitentiaire adopté par les juges de la Cour le 26 mai 2004, doc. off., ICC-BD/01-03-11.

[3] Doc. off., ICC-ASP/7/5 (Part. II-D). Voy. dans le même sens, la règle 110.4 lettre a, *idem* ; l'*Instruction administrative* du 25 janvier 1963, intitulée « Certifying officer-1963 accounts », doc. off. ST/AI/151.

[4] Tribunal administratif de l'O.I.T., jugement n° 1560, affaire *NDEDI*, 11 juillet 1996 § 5. En l'espèce, la requérante faisait valoir que le principe *delegatus delegare non potest* interdirait une sous-délégation de pouvoir. Le Tribunal administratif juga « que les délégations de pouvoir constituent le moyen normal de l'exercice de l'autorité hiérarchique » et que la nécessité en est proportionnelle à la dimension de l'administration. Voy. toutefois, le jugement du Tribunal administratif de la ligue des États arabes, affaires N° 4 et 6, année judiciaire 6, du 2 octobre 1972. Dans cette affaire, le Tribunal, partant de la nature exceptionnelle et provisoire de la délégation, a décidé qu'en l'absence d'un texte, les compétences déléguées ne peuvent pas faire l'objet d'une sous-délégation.

Robert de Greef[1] et *Giuseppe Drescig*[2] en subordonnant la validité d'une sous-délégation, notamment, à la condition qu'elle ne soit pas prohibée par le texte[3].

230. La question de savoir si une sous-délégation est prohibée ou pas, est donc une question d'espèce[4]. La pratique de la sous-délégation interne à une organisation internationale varie selon la nature des compétences déléguées et le choix opéré par l'organisation internationale d'autoriser ou non la sous-délégation. Sa validité, en tout état de cause, est conditionnée, *a minima*[5], par l'absence de son interdiction formelle.

231. On peut donc conclure que les principes *delegatus delegare non potest*[6] *et delegata potestas non potest delegari*[7], sont étrangers au mécanisme de la délégation de compétence au sein des institutions internationales, sauf à être compris dans le sens suivant : ce qui a été délégué ne peut l'être, sauf autorisation du délégant. Autrement dit, il

---

[1] C.J.C.E., 30 mai 1973, *Robert de Greef c/ Commission des Communautés européennes*, aff., n° 46-72, ECLI:EU:C:1973:57.

[2] C.J.C.E., 30 mai 1973, *Giuseppe Drescig c/ Commission des Communautés européennes*. aff., n° 49-72, ECLI:EU:C:1973:58.

[3] Le Professeur Y. Gautier observe ici que la solution proposée par la Cour pour la sous-délégation, est la même qu'elle a adoptée en matière de délégation, *in La délégation en droit communautaire*, *op. cit.*, p. 513.

[4] Voy. en ce sens, C.J.C.E., 30 mai 1973. *Robert de Greef c/ Commission des Communautés européennes*, aff., n° 46-72, ECLI:EU:C:1973:57 ; C.J.C.E., 30 mai 1973, *Giuseppe Drescig c/ Commission des Communautés européennes*. aff., n° 49-72, ECLI:EU:C:1973:58.

[5] La validité de la sous-délégation est aussi conditionnée par le fait qu'elle ne porte pas atteinte aux droits des agents.

[6] Il s'agit du principe selon lequel ce qui a été délégué ne peut l'être. Autrement dit, le délégataire doit exercer lui-même les compétences objet de la délégation et ne peut en déléguer l'exercice à d'autres personnes. Cette maxime de droit public interdit donc toute sous-délégation, car le délégataire, selon cet adage, n'a pas vocation à être délégant. Voy. ROLAND, H., BOYER, L., *Adages du droit français*, Paris, Litec, 4ème éd., 1999, pp. 147-148.

[7] « *A delegated autority cannot be delegated* », *in* GARNER, B. A. (dir.), *Black's law dictionary*, Thomson Reuters, 9ème éd., 2009, p. 1826; ROSS, A., "delegation of power. Meaning and validity of the maxim *delegata potestas non potest delegari*", *American journal of comparative law*, VII, pp. 1-22.

ne doit pas exister de sous-délégation non autorisée[1], au moins implicitement[2].

232. Cette solution vaut également pour la délégation externe à l'organisation internationale. D'après le Professeur Angelo Piero Sereni, la sous-délégation n'est pas strictement prohibée en droit international[3] ; le délégataire peut sous-déléguer les compétences qui lui ont été déléguées par l'organisation internationale si cette possibilité a été prévue au préalable par l'accord de délégation ou découle d'une interprétation de l'acte de délégation[4]. De même, la sous-délégation serait possible si le délégant l'a acceptée, même implicitement, son silence face à une telle pratique pouvant valoir acceptation[5]. En effet, gardons à l'esprit que l'organisation délégante conserve la possibilité de révoquer son délégataire à tout moment si elle estime que ce dernier n'exerce pas la mission qui lui a été confiée comme elle le souhaite, notamment en procédant à une sous-délégation par exemple[6].

233. L'analyse de la pratique de la délégation par les organisations internationales révèle plusieurs illustrations de sous-délégation consentie par l'autorité délégante. Par exemple, l'activité d'exploration et d'exploitation de sources minérales des fonds marins, actuellement déléguée par l'A.I.F.M. à des opérateurs extérieurs à l'organisation par contrat, peut être sous-déléguée. L'article 20 annexe 3 de la Convention de Montego Bay prévoit en effet la possibilité de transférer des droits et obligations issus du contrat d'exploration et d'exploitation, sous réserve, toutefois, de l'acceptation d'une telle sous-délégation par l'A.I.F.M : « Les droits et obligations découlant d'un contrat ne peuvent être transférés qu'avec le consentement de l'Autorité et conformément à ses règles, règlements et procédures ».

234. Le régime du mandat international de l'Atoll de Nauru fournit une autre illustration de sous-délégation. L'administration de l'île avait

---

[1] SERENI, A.P., "Agency in International Law', *op. cit.,* p. 653.

[2] C.J.C.E., 30 mai 1973. *Robert de Greef c/ Commission des Communautés européennes*, aff., n° 46-72, ECLI:EU:C:1973:57 ; C.J.C.E., 30 mai 1973, *Giuseppe Drescig c/ Commission des Communautés européennes*, aff., n° 49-72, ECLI:EU:C:1973:58.

[3] SERENI, A.P., « *Agency in International Law* », *A.J.I.L.*, Vol. 34, n°4, 1940, pp. 638-660, p. 653. Dans le même sens, GAUTIER, Y., *La délégation en droit communautaire*, *op. cit.,* p. 512.

[4] Voy. GAUTIER, Y., *La délégation en droit communautaire*, *op. cit.,* p. 513.

[5] Voy. *contra,* SERENI, A.P., « Agency in International Law », *op. cit.*, p. 653.

[6] Ainsi, en cas de sous-délégation non autorisée, l'organisation délégante peut révoquer son délégataire. Voy. *infra,* Chapitre II, section II.

été conférée à l'Empire britannique par la S.D.N.[1]. L'exercice véritable de cette administration a toutefois été effectué par l'Australie en vertu d'un accord conclu en 1920 entre les gouvernements de la Grande-Bretagne, de l'Australie et de la Nouvelle-Zélande[2]. Le Conseil de la S.D.N. prit note de cette délégation sans aucune opposition[3], ce qui peut être interprété comme un consentement à la sous-délégation par ledit Conseil.

235. La sous-délégation ne peut toutefois être librement laissée à l'appréciation du délégataire au risque d'aboutir à une délégation en cascade[4]. Le pouvoir discrétionnaire du délégataire ne conduit pas en effet à ce qu'il puisse, au gré de sa volonté, abandonner les compétences déléguées et s'en décharger sur un tiers. Autrement, la sous-délégation pourrait conduire à banaliser un procédé censé être une mesure exceptionnelle pour l'exercice de compétence d'une organisation internationale, contrevenant ainsi à la nature de la délégation. On peut également arguer que la sous-délégation « entraîne nécessairement des confusions » quant au titulaire de la compétence[5]. Citons à ce titre, le Professeur Gautier qui soutient que : « dans la mesure où [le délégataire] n'est pas titulaire de la compétence ou du pouvoir qu'il exerce, la sous-délégation devrait en principe être interdite »[6]. Autrement dit, le délégataire aurait le devoir d'exercer en propre les compétences qui lui ont été conférées[7].

---

[1] Mandat britannique sur Nauru (catégorie C), doc. off., 21/31/14 A.

[2] La S.D.N. a placé Nauru sous Mandat britannique de type C. En 1923, le Royaume-Uni, la Nouvelle-Zélande et l'Australie signent le *Nauru Island Agreement* par lequel ils s'engagent à gérer l'île en commun par l'intermédiaire d'un administrateur basé en Australie. En réalité, cependant, seule l'Australie administre l'île. Voy. KISTE, R. C., « NAURU », *Encyclopædia Universalis*, (en ligne: http://www.universalis-edu.com/encyclopedie/nauru/). Voy. également le *Nauru Island Agreement*, 30 mai 1923, *Australian Treaty Series,* 1923, n° 11 ; C.P.M., « Procès-verbal de la deuxième session Tenue à Genève du 1 au 11 août 1922 », doc. off., C.548.M.330.1922.VI., pp. 47-48.

[3] D'après BOUTANT, C.-A., *Les mandats internationaux*, *op. cit.*, p. 7.

[4] GAUTIER, Y., *La délégation en droit communautaire*, *op. cit.*, p. 512.

[5] MIDOUN, M., *La délégation en droit administratif*, *op. cit.,* p. 81.

[6] GAUTIER, Y., *La délégation en droit communautaire*, *op. cit.*, p. 502 et pp. 512-516.

[7] SERENI, A.P., "Agency in International Law', *op. cit.*, p. 653.

b. Limites de l'habilitation

236. Quelle que soit l'étendue de la délégation et la liberté d'appréciation laissée au délégataire, celui-ci est tenu par des limites dans la mise en œuvre des compétences déléguées. Le délégataire doit en effet agir dans le cadre prévu par l'habilitation qui lui a été conférée par l'organisation internationale (i). Il doit, en outre, exercer les compétences déléguées de bonne foi, dans l'intérêt de l'organisation internationale délégante (ii).

i. L'action du délégataire dans les limites des compétences déléguées

237. Le périmètre d'action du délégataire est restreint. La première des restrictions imposées au délégataire est d'agir dans le cadre des compétences qui lui ont été déléguées[1]. Ainsi est-il limité, en premier lieu, par l'accord de délégation et, en second lieu, par les compétences de l'organisation internationale délégante. Intéressons-nous uniquement à la première restriction[2].

238. Concrètement, le délégataire doit exercer uniquement les compétences qui lui ont été déléguées par l'accord de délégation[3]. Ce dernier prévoit généralement des restrictions temporelles et/ou spatiales qui sont *a priori* relativement faciles à déterminer. Le délégataire doit simplement respecter la durée de la délégation et les limites géographiques de son exercice[4].

239. En outre, toute action du délégataire en dehors des compétences déléguées est considérée comme *ultra vires* et en conséquence illégale[5]. Telle est la conclusion que nous pouvons donner de la lecture des

---

[1] Voy. par exemple l'article 22 § 4 du *Règlement (Euratom, CECA, CEE)* n° 610/90 du Conseil du 13 mars 1990 modifiant le règlement financier du 21 décembre 1977 applicable au budget général des Communautés européennes, *JOCE.*, n° L 070 du 16/03/1990, pp. 1-27 : « Les délégataires ne peuvent agir que dans la limite des pouvoirs qui leur sont expressément conférés ».

[2] La seconde restriction a déjà été analysée *supra* au travers l'analyse du principe *nemo plus juris transferre potest quam ipse habet.*

[3] DAOUDI, R., *La représentation en droit international, op. cit.*, p. 282.

[4] Voy. en ce sens, C.J.C.E., 13 juin 1958, *Meroni*, aff. 9/56, Rec. p. 40 ; C.J.C.E., 11 novembre 1975, *Bagusat / Hauptzollamt Berlin Packhof*, n° 37/75, Rec. 1975 p. 1339, ECLI:EU:C:1975:146, attendu n° 11 ; C.E.D.H., *Behrami et Behrami c. France et Saramati c. France, Allemagne et Norvège, op. cit.* § 134 à 141.

[5] GAUTIER, Y., *La délégation en droit communautaire, op. cit.*, p. 502.

décisions de justice internationale et européenne[1]. Dans l'affaire *Wenderer* du 9 décembre 1921, le tribunal arbitral avait ainsi déclaré que le délégataire doit agir dans le cadre de l'habilitation qui lui a été donnée par délégation[2]. Le juge européen est également du même avis. La C.E.D.H. a ainsi noté, dans l'affaire *Behrami*, le « caractère constitutif » de l'acte habilitant le délégataire à agir[3]. De même, dans le système du mandat, la Commission permanente des mandats a déclaré qu'« une puissance mandataire est tenue d'appliquer les termes du mandat »[4]. Il en résulte ainsi que l'action du délégataire doit être « *subordonnée* à l'acte par lequel le délégant a procédé à la délégation »[5].

240. L'interprétation de l'accord de délégation doit permettre de définir les limites de l'action du délégataire. Pour cela, les articles 31 à 35 de la C.V.D.T. de 1986 relatifs aux règles et moyens d'interprétation des traités peuvent nous orienter : s'il est vrai que ces dispositions ne s'appliquent pas en tant que telles à toute délégation effectuée par une organisation internationale, du fait de la nature même de l'accord de délégation[6], « [n]éanmoins, des moyens comme le sens ordinaire, le contexte, l'accord par le biais d'une interprétation subséquente ou les travaux préparatoires semblent parfaitement

---

[1] La jurisprudence européenne a décidé à plusieurs reprises que la délégation de compétence ne saurait être interprétée comme autorisant une autorité à dépasser le cadre prévu par la délégation, voy. C.J.U.E., 26 juillet 2017, C-696/15 P, ECLI:EU:C:2017:595, point 47.

[2] *Wanderer (Great Britain) v. United States*, Sentence, 9 décembre 1921, *R.S.A.*, vol. VI, pp. 68-77, sp. pp.73-74.

[3] C.E.D.H., *Behrami et Behrami c. France et Saramati c. France, Allemagne et Norvège, op. cit.* § 134. Il s'agit en l'espèce de la résolution 1244 du Conseil de sécurité. Ainsi, la Cour a considéré qu'une action du délégataire en dehors de l'habilitation qui lui a été donnée par l'acte de délégation est illégale puisqu'elle est *ultra vires*

[4] M.F. LUGARD, *Procès-verbal de neuvième session de la Commission permanente des mandats*, p. 34 *cité par* SANDHAUS, E., *Les Mandats C dans l'Empire Britannique*, thèse, Université de Grenoble, 1931, 334 p., p. 35.

[5] GAUTIER, Y., *La délégation en droit communautaire*, *op. cit.*, p. 501, italique dans le texte. Il est à noter que les Chartes de mandat et les accords de tutelle ont également prévu explicitement une telle subordination. Voy. par exemple, l'article 1 du Mandat britannique sur la Palestine (catégorie A), doc. off., C. 529. M. 314. 1922. VI ; article 9 du Mandat britannique sur le Cameroun (catégorie B), 20 juillet 1922, doc. off., C.449(1).c.M.345(c).1922.VI. Pour d'autres illustrations voy. notre thèse, *op. cit.*, p. 174, n.b.p. n°761.

[6] Voy. *supra*, Partie première, Chapitre III, section I.

susceptibles d'être utilisés »[1]. En tout état de cause, l'interprétation de l'habilitation doit être entendue strictement, en accord avec le caractère exceptionnel de la délégation comme moyen d'exercice de la compétence de l'organisation internationale[2].

241. En pratique, il n'est pas rare que les termes des accords de délégation soient empreints d'une certaine imprécision ou ambiguïté comme l'illustrent notamment les autorisations de recours à la force armée[3]. En effet, les résolutions du Conseil de sécurité portant délégation du recours à la force armée utilisent le plus souvent des termes vagues, telle que l'expression « tous les moyens nécessaires » ou « toutes les mesures nécessaires »[4]. L'objectif est peut-être de laisser une certaine latitude aux délégataires dans leurs actions. Ces expressions devraient être interprétées selon le sens qui leur est habituellement accordé dans la pratique internationale et ne seraient être laissées à l'appréciation subjective du délégataire[5].

---

[1] CORTEN, O., *Le droit contre la guerre, op. cit.*, p. 538.

[2] En ce sens à propos de l'interprétation des mandats de l'article 22, voy. le *Rapport Hymans*, adopté par le Conseil de la S.D.N. le 5 août 1920*, J.O.,* septembre 1920, p. 337. Voy. également GAUTIER, Y., *La délégation en droit communautaire, op. cit.,* pp. 507-510 ; SAROOSHI, D., *The United Nations and the Development Of Collective Security. The Delegation by the UN Security Council of its Chapter VII Powers, op. cit.*, pp. 44-46.

[3] Selon la Cour européenne, « [l]e libellé vague de certaines dispositions [d'un acte de délégation] ne pouvait être totalement évité eu égard au caractère constitutif d'un tel instrument, dont le rôle est de fixer des objectifs et des buts généraux, non de décrire ou d'intervenir dans le détail de la mise en œuvre et des choix opérationnels », *in* C.E.D.H., *Behrami et Behrami c. France et Saramati c. France, Allemagne et Norvège, op. cit.* § 134.

[4] Voy. par exemple, la résolution 678 (1990) du 29 novembre 1990. Voy. également BLOKKER, N., « Is the Authorization Authorized? Powers and Practice of the UN Security Council to Authorize the Use of Force by "Coalitions of the Able and Willing" », *op. cit.*; SICILIANOS, L.-A., « L'autorisation par le Conseil de sécurité de recourir à la force : une tentative d'évaluation », *op. cit.*, pp. 5-50; BEL HADJ ALI, M. « Radiographie de la sécurité collective », *op. cit.*

[5] C.I.J., *Affaire des activités militaires et paramilitaires au Nicaragua, et contre celui-ci (Nicaragua c. États-Unis d'Amérique)*, 26 novembre 1986 § 282 : « la question de savoir si une mesure est nécessaire [...] ne relève pas de l'appréciation subjective de la partie intéressée [...]; le texte ne vise pas ce que la partie 'estime nécessaire' ». Une telle méthode d'interprétation, utilisée par la Cour à l'occasion d'un traité bilatéral, est transposable aux résolutions du Conseil de sécurité, d'après CORTEN, O., *Le droit contre la guerre, op. cit.*, p. 539, n.b.p. n°136.

ii. Obligations du délégataire vis-à-vis du délégant

242. Vis-à-vis de l'organisation internationale délégante, l'habilitation confiée au délégataire met à sa charge certaines obligations. La première de ces obligations est d'exercer les compétences déléguées de bonne foi. Il s'agit d'une obligation générale qui vaut pour toute délégation de compétence. D'autres obligations peuvent naître en fonction de la compétence octroyée et aussi du destinataire de la délégation.

243. Exigence de l'exercice de bonne foi des compétences déléguées. La mise en œuvre de la délégation de compétence est régie par le principe général de droit international selon lequel un accord doit être exécuté de bonne foi. Un tel principe « s'applique de manière absolue à tout engagement contractuel, quels que soient les sujets qui l'ont conclu »[1]. Ce principe est prévu par l'article 26 de la Convention de Vienne sur le droit des traités de 1986[2] et a une valeur *erga omnes* en droit international. L'obligation d'exercer les compétences déléguées de bonne foi résulte donc de l'accord de délégation. La bonne foi, « universellement reconnue [...] »[3], s'applique, quelle que soit la nature du délégataire de l'organisation internationale, sujet de droit international ou entité privée[4]. En acceptant la délégation, le

---

[1] GEISER, H-J., *Les effets des accords conclus par les organisations internationales. Étude en droit des traités des organisations internationales à la lumière de la convention de Vienne de 1969,* Berne/ Francfort-sur-le-Main, Herbert Lang/ Peter Lang, 1977, 260 p., p. 34.

[2] « Article 26 : *Pacta sunt servanda.* Tout traité en vigueur lie les parties et doit être exécuté par elles de bonne foi ».

[3] Préambule de la C.V.D.T. du 23 mai 1969, *R.T.N.U.*, vol. 1155, n°1-18232, p. 354 ; Préambule de la C.V.D.T. du 21 mars 1986.

[4] LALIVE, J-F., « Contrats entre États ou entreprises étatiques et personnes privées, Développements récents », *R.C.A.D.I.*, vol.181, pp. 9-283, p. 57 ; CHENG, B., *General Principles of Law, as applied by International Courts and Tribunals*, Cambridge, Grotius, 1987, pp. 105-160, p. 5. La bonne foi est également prévue comme un principe applicable dans tous les contrats internationaux en vertu de l'article 1.7 des Principes d'UNIDROIT qui prévoit que « 1) Les parties sont tenues de se conformer aux exigences de la bonne foi dans le commerce international. 2) Elles ne peuvent exclure cette obligation ni en limiter la portée », voy. Article 1.7 des *Principes d'UNIDROIT relatifs aux contrats du commerce international*, 4ème éd., 2016. Voy. également, Commentaires sous Article 1.7 des Principes d'UNIDROIT, *ibid.*, 19.

délégataire de l'organisation internationale a implicitement accepté l'exercice de celle-ci de bonne foi[1].

244. La bonne foi trouve également sa source dans l'acte constitutif de l'organisation internationale délégante lorsque le délégataire est un de ses membres. En effet, la C.I.J. a énoncé l'existence d'un devoir de coopération de bonne foi à la charge des membres de l'organisation internationale : « [l]e simple fait d'être membre de l'organisation entraîne certaines obligations réciproques de coopération et de bonne foi qui incombent [aux membres de l'organisation] et à l'organisation »[2]. Un délégataire membre de l'organisation internationale délégante a donc l'obligation d'agir de bonne foi à la fois en sa qualité de membre de l'organisation internationale et de cocontractant délégataire de celle-ci[3].

245. La bonne foi se révèle au travers des actes du délégataire. Le délégataire peut être amené à négocier avec l'organisation internationale délégante ou consulter celle-ci sur les modalités de la

---

[1] Il est possible que l'accord de délégation cite explicitement l'obligation d'exécuter la délégation de bonne foi. Tel est le cas de l'article 14 du *Règlement relatif à la prospection et à l'exploration des nodules polymétalliques dans la Zone* annexé à la *Décision du Conseil de l'A.I.F.M. concernant les modifications à apporter au Règlement relatif à la prospection et à l'exploration des nodules polymétalliques dans la Zone et des questions connexes*, 22 juillet 2013, doc. off., ISBA/19/C/17.

[2] C.I.J., *Interprétation de l'accord OMS/Égypte, Rec.*, pp.89-90 § 43.

[3] C'est en ce sens que l'A.G.N.U. a « *Rappel[é]* au Gouvernement de l'Union sud-africaine qu'en vertu du paragraphe 2 de l'Article 2 de la Charte, tous les Membres sont tenus de remplir de bonne foi les obligations qu'ils ont assumées aux termes de la Charte [avant de] *Fai[re] appel* [...] au Gouvernement de l'Union sud-africaine pour qu'il conforme sa politique et sa conduite aux obligations que lui impose la Charte », *in* Résolution 1598 (XV) du 13 avril 1961 § 6 et 7 (*italique dans le texte*). La coopération de bonne foi en matière de mandats a d'ailleurs été soulignée à plusieurs reprises par l'Assemblée générale des Nations Unies. L'utilité de cette obligation de bonne foi est apparue lors de la succession de l'ONU à la S.D.N. À ce propos, le Professeur Ch. De Visscher note, dans une opinion dissidente à l'affaire relative au statut international du Sud-Ouest Africain de 1950 : « J'admets que les dispositions du chapitre XII de la Charte n'imposent pas à l'Union Sud-africaine l'obligation juridique de conclure un Accord de Tutelle, en ce sens qu'elle est libre d'accepter ou de refuser les termes particuliers d'un projet d'accord. Par contre, j'estime que ces dispositions imposent à l'Union l'obligation de se prêter à des négociations en vue de la conclusion d'un accord. A cet égard, la réponse de la Cour reste en deçà de l'idée que je me forme des obligations qui découlent de la Charte pour la Puissance mandataire », *in* Opinion dissidente de M. de Visscher sous l'avis consultatif du 11 juillet 1950, *Statut international du Sud-Ouest africain*, C.I.J., *Rec.*, 1950, p. 186. Voy. également, *ibid.,* p. 188.

mise en œuvre de la délégation, comme cela avait déjà été fait pour le mandat de la S.D.N.[1]. Il peut également négocier ou consulter d'autres sujets ou entités impliqués aux fins de mise en œuvre des compétences déléguées. Tel est le cas, par exemple, de la délégation de recours à la force venant en appui de certaines opérations de maintien de la paix. Dans ce cas, les délégataires sont amenés à coordonner leurs activités avec d'autres entités déjà présentes sur le terrain afin notamment d'« éviter toute contrariété entre l'action de l'O.M.P. et celle des forces autorisées par le Conseil [...] »[2].

246. L'obligation d'exécution de l'accord de délégation de bonne foi peut également se concrétiser au travers des moyens mis en œuvre par le délégataire[3]. Dans l'affaire du *Sud-Ouest africain*, la Cour a déclaré, à propos des obligations du mandataire de la S.D.N., que : « le Mandataire a reconnu implicitement le droit pour la Société des Nations, agissant en tant qu'entité par l'intermédiaire de ses organes compétents, d'exiger la bonne exécution des dispositions relatives à la gestion du Mandat [...] »[4]. Il faut entendre par « bonne exécution du mandat » une exécution de bonne foi de poursuivre les objectifs prescrits par la Charte de Mandat[5]. C'est ce qu'avait déclaré l'Afrique du Sud lors de sa plaidoirie dans cette affaire : « *the*

---

[1] Notamment au travers des questions posées par les puissances mandataires à la Commission Permanente des Mandats. Voy. par exemple, C.P.M., « Procès-verbal de la vingtième session tenue à Genève du 9 au 27 juin 1931 », doc. off., C.422.M.176.1931.VI., p. 4.

[2] LAGRANGE, E., *Les opérations de maintien de la paix et le chapitre VII de la Charte des Nations Unies*, Paris, Montchrestien, 1999, 181 p., p. 111. Voy. également, l'article 13 de l'*Action commune 2006/304/PESC du Conseil du 10 avril 2006 sur la mise en place d'une équipe de planification de l'UE (EPUE Kosovo) en ce qui concerne l'opération de gestion de crise que l'UE pourrait mener au Kosovo dans le domaine de l'État de droit et, éventuellement, dans d'autres domaines,* EUR-Lex - 32006E0304 ; « Guidelines On The Use of Military and Civil Defence Assets To Support United Nations Humanitarian Activities in Complex Emergencies », mars 2003, en ligne : https://www.refworld.org/pdfid/3f13f73b4.pdf

[3] L'usage des moyens, s'il n'est pas réalisé de bonne foi, affectera la légitimité et l'image de l'organisation délégante. Ainsi, Dan Sarooshi observe que : « *The way in which the delegate exercizes delegated Chapter VII powers is important for the Council's legitimacy* », *in The United Nations and the Developments of Collective Security : The Delegation by the UN Security Council of Its Chapter VII Powers, op. cit.*, p. 6.

[4] *Affaire du Sud-Ouest africain (Éthiopie c. Afrique du Sud ; Libéria c. Afrique du Sud), deuxième phase,* arrêt du 18 juillet 1966, C.I.J., *Rec.* p. 24 § 21.

[5] Voy. en ce sens ZOLLER, E., *La bonne foi en droit international public*, Paris, Pedone, 1977, 392 p., p. 179.

Mandate, whenever interpreted, involves a duty on the Mandatory's part to give consideration to all relevant circumstances when determining policy, as a necessary component of its obligation to pursue the prescribed objectives in good faith »[1].

247. Il convient de noter que la violation de l'obligation de bonne foi lors de l'exécution de l'accord de délégation peut avoir un impact négatif sur la légitimité et la réputation de l'organisation délégante[2]. Cette obligation reste cependant difficile à apprécier en pratique[3] d'autant plus que, comme nous l'avons vu, la mise en œuvre de la délégation implique généralement l'exercice d'un pouvoir discrétionnaire par le délégataire[4].

2. L'habilitation comme fondement de la légalité des actes du délégataire

248. En droit interne, il est bien établi qu'« une autorité [...] ne peut édicter valablement un acte que sur les matières rentrant dans sa compétence »[5]. En ce sens, le professeur Delvolve explique que « l'organe qui a reçu une délégation donne aux actes faits en vertu de cette délégation une force dont il eût été incapable sans transfert »[6].

249. La délégation de compétence obéit à la même logique en droit international. Elle a pour effet direct de rendre légal l'action du délégataire dans l'exercice d'une compétence qui appartenait

---

[1] *Mémoires Sud-Ouest africain, dans l'affaire du Sud-Ouest africain (Éthiopie c. Afrique du Sud ; Libéria c. Afrique du Sud)*, *Mémoires, Plaidoiries et Documents*, *Rec.*, 1966, vol. V, pp. 135-136.

[2] Ainsi, Dan Sarooshi observe que : « *The way in which the delegate exercizes delegated Chapter VII powers is important for the Council's legitimacy* », *in The United Nations and the Developments of Collective Security : The Delegation by the UN Security Council of Its Chapter VII Powers*, *op. cit.*, 1999, p. 6.

[3] Pour illustrer la difficulté d'appréciation, voy. l'avis du gouvernement sud-africain selon lequel le pouvoir discrétionnaire du mandataire dans l'exercice du mandat doit être apprécié à la lumière de l'intention du mandataire, *in Contre mémoire du Gouvernement de l'Afrique de sud dans l'affaire du Sud-Ouest africain (Éthiopie c. Afrique du Sud ; Libéria c. Afrique du Sud)*, C.I.J., *Mémoires, Plaidoiries et Documents*, *Rec.*, 1966, vol. II., pp. 390-391 § 14.

[4] Voy. Opinion individuelle de M. VAN WYK (traduction), C.I.J., *Rec.*, 1966, p. 151.

[5] LACHAUME, J-F., *La hiérarchie des actes administratifs exécutoires en droit public français*, Paris, L.G.D.J., 1966, 343 p., p. 119.

[6] DELVOLVE, J., *Les délégations de matières en droit public*, Paris, Sirey, 1930, 354 p., p. 47.

initialement au sujet délégant[1]. La délégation a donc un « effet de légalisation » de l'action du délégataire[2]. Ainsi, la C.P.J.I. avait déclaré, à propos de l'exercice de la protection diplomatique pour lequel seul l'État de nationalité a compétence envers ses ressortissants, qu'« en l'absence d'accords particuliers, c'est le lien de nationalité entre l'État et l'individu qui seul donne à l'État le droit de protection diplomatique »[3]. Nous pouvons en déduire que la protection diplomatique ne peut être exercée par un État n'ayant pas de lien de nationalité avec l'individu à protéger, à moins qu'une délégation de compétence lui ait été accordée par un accord particulier[4].

250. L'« effet de légalisation » qui émane de la délégation permet en outre de garantir la suprématie de l'état de droit. La délégation est, par exemple, le fondement légal des mesures militaires prises en vertu d'une délégation explicite du Conseil de sécurité permettant le recours à la force par des États ou organisations internationales. En ce sens, l'article 53 § 1 de la Charte, précise sans ambiguïté qu'« aucune action coercitive ne sera entreprise en vertu d'accords régionaux ou par des organismes régionaux sans l'autorisation du Conseil de sécurité ». Par conséquent, l'action des organisations régionales ne trouve sa légalité qu'à travers la délégation de compétence délivrée par le Conseil de sécurité[5], et par extension, toute action non autorisée n'est pas légale. Ainsi, l'intervention de la Coalition militaire sous commandement américain en Irak a été justifiée juridiquement par la résolution 678 du Conseil de sécurité[6]. Toutefois, l'intervention de l'OTAN en

---

[1] *Pablo Najera (France) c. les États-Unis du Mexique*, Décision N° 30-A, 19 octobre 1928, *R.S.A.*, vol. V, pp. 466-508, p. 481.

[2] ERNE, J., "Conferral of Powers by States as a Basis of Obligation of International Organisations», *N.J.I.L.,* vol. 78, 2009, pp. 177–199, p. 179 ; SAROOSHI, D., *The United Nations and the Development Of Collective Security. The Delegation by the UN Security Council of its Chapter VII Powers*, *op. cit.*, p. 5.

[3] C.P.J.I., *Affaire du Chemin de fer Panévezys-Saldutiskis*, série A/B, n° 76, p. 16. Voy. également l'affaire C.I.J., *Nottebolzm (desxièrne phase)*, arrêt du 6 avril 1955, Rec. 1955, p. 4, sp., p. 13.

[4] La délégation permet donc de fonder une demande de protection diplomatique par un État autre que celui de nationalité et pour le compte de celui-ci.

[5] VILLANI, U., « The Security Council's Authorization of Enforcement Action by Regional Organizations », *op. cit.*, p. 539 ; WILSON, G., *The United Nations and Collective Security*, New York, Routledge, 2014, 247 p., p. 197.

[6] MEYROWITZ, H., « La guerre du golfe et le droit des conflits armés », *R.G.D.I.P.*, 1992-3, pp. 551-601, p. 558 ; SCHACHTER, O., « United Nations Law in the Gulf conflict », *A.J.I.L.,* vol. 85, 1991, n°3, pp. 452-473, p. 469. Voy. *contra*,

Yougoslavie, bien que soutenue par certains, pour considérations humanitaires qui la justifient, a été jugée par d'autres comme infondée juridiquement en raison de l'absence d'une résolution l'autorisant[1].

251. Cet effet de légalisation est également observé pour la délégation de l'exécution des peines prononcées par une juridiction pénale internationale. Rappelons que le droit à la liberté des individus, consacré à la fois en droit étatique[2] et en droit international[3], interdit toute détention sans condamnation préalable par un tribunal compétent. La délégation de l'exécution des peines prononcées par une juridiction internationale est le fondement sur lequel l'État délégataire met en œuvre les mesures privatives de liberté à l'encontre d'un individu condamné.

252. De plus, la jurisprudence tant nationale qu'internationale a mis en lumière l'effet de légitimation résultant d'une délégation de compétence. Un exemple éloquent de cette dynamique est l'affaire dite du *Carré d'As*[4], où le juge français a trouvé une base légale dans la résolution 1816 du Conseil de sécurité pour justifier la validité des procédures d'arrestation et de détention des présumés pirates somaliens par les autorités françaises. Cette résolution, adoptée le 2 juin 2008 en

---

DENIS, C., « La résolution 678 (1990) peut-elle légitimer les actions armées contre l'Iraq postérieurement à l'adoption de la résolution 687 (1991) ? », *R.B.D.I.,* 1998/2, p. 485-525.

[1] Voy. en ce sens, SIMMA, B., « NATO, the UN and the Use of Force : Legal Aspects », *E.J.I.L.*, 1999, vol. 10, pp. 1-22 ; DUBUISSON, F., « La problématique de la légalité de l'opération "Force alliée" contre la Yougoslavie : enjeux et questionnements », *in* CORTEN, O., DELCOURT, B., (dir.), *Droit, légitimation et politique extérieure : l'Europe et la guerre du Kosovo,* Bruxelles, Bruylant, 2000, pp. 149-206 ; GARCIA, Th., « Recours à la force et droit international », *op. cit.* § 58.

[2] Voy. par exemple l'article 66 de la Constituions française de 1958 : « Nul ne peut être arbitrairement détenu […] ».

[3] Voy. par exemple, l'article 5 de la Convention européenne des droits de l'homme adopté par les États membres du Conseil de l'Europe le 4 novembre 1950 ; l'article 9 de la Déclaration Universelle des droits de l'homme adoptée par l'Assemblée générale des Nations Unies le 10 décembre 1948; l'article 9 du Pacte international relatif aux droits civils et politiques adopté par l'Assemblée générale des Nations Unies le 16 décembre 1966 ; l'article 7 de la Convention américaine relative aux droits de l'homme du 22 novembre 1969 ; l'article 6 de la Charte africaine des droits de l'homme, en vigueur le 21 octobre 1986 ; l'article 20 de la Déclaration Islamique des Droits de l'Homme adoptée au Caire le 5 août 1990 par l'Organisation de la coopération islamique ; l'article 14 de la Charte arabe des droits de l'homme en vigueur le 15 mars 2008.

[4] Cass. crim., 17 février 2010, n° 09-87.254: JurisData n° 2010-001491, Bull. crim. 2010, n° 32.

vertu du Chapitre VII de la Charte des Nations Unies[1], avait autorisé certains États à lutter contre la piraterie maritime au large des côtes somaliennes pour une période de six mois[2]. La C.E.D.H., saisie de cette question dans l'affaire *Hassan et autres c. France,* a confirmé l'effet de cette résolution sur la validité de l'intervention des autorités françaises[3]. Bien qu'elle n'ait pas remis en question la légalité même de l'arrestation des pirates impliqués dans le détournement de navires français, elle a suivi l'analyse de la Cour de cassation française[4] en concluant que la France « était autorisée en vertu de la résolution 1816 à pénétrer dans les eaux territoriales somaliennes « afin de réprimer les actes de piraterie et les vols à main armée en mer », sans nécessiter préalablement un accord spécial de la Somalie »[5]. La Cour a également pris en compte le fait que la résolution 1816 avait été adoptée en vertu du Chapitre VII de la Charte des Nations Unies. Ainsi, la C.E.D.H. a admis que l'arrestation des requérants et leur détention, ayant pour objectif leur jugement devant les juridictions françaises pour des crimes de cette nature, étaient conformes au droit international[6].

253. La fin de la délégation entraîne l'illégalité de l'exercice des compétences par le délégataire. La légalité des actes et comportements du délégataire est logiquement limitée *ratione temporis* par la durée de la délégation. La fin de la délégation rend en effet illicite l'exercice des compétences par le délégataire. La C.I.J. a ainsi déclaré dans l'affaire de la Namibie que la fin du mandat de l'Afrique du Sud sur la Namibie, consécutive à la décision de l'A.G.N.U., a conduit à la perte de son titre juridique qui lui permettait d'administrer la Namibie : « L'Afrique du Sud, à laquelle incombe la responsabilité d'avoir créé et prolongé une situation qui, selon la Cour, a été valablement déclarée illégale, est tenue d'y mettre fin. Elle a donc l'obligation de retirer son administration du territoire de la Namibie. Tant qu'elle laisse subsister cette situation illégale et *occupe le territoire sans titre,* l'Afrique du Sud encourt des responsabilités internationales pour violation persistante d'une obligation internationale [...]. Le fait que *l'Afrique du Sud n'a plus aucun titre juridique l'habilitant à administrer le territoire* ne la

---

[1] Doc. off., S/RES/1816 (2008).
[2] *Ibid.* § 7.
[3] C.E.D.H., cinquième section, *Hassan et autres c. France*, 4 décembre 2014, Requêtes n° 46695/10 et 54588/10.
[4] *Ibid.* § 61-62.
[5] *Ibid.* § 64.
[6] *Ibid.* § 66.

libère pas des obligations et responsabilités que le droit international lui impose envers d'autres États et qui sont liées à l'exercice de ses pouvoirs dans ce territoire [...] »[1].

B. Conséquences de l'habilitation pour l'organisation internationale délégante

254. La délégation de compétence par une organisation internationale à un autre sujet ne crée pas seulement des obligations à l'égard du destinataire de celle-ci. L'organisation internationale délégante est également tenue de respecter certaines obligations internationales vis-à-vis de son délégataire et des tiers (1). En outre, la question se pose de savoir si l'organisation délégante conserve toujours la possibilité d'exercer les compétences déléguées simultanément à l'exercice de celle-ci par le délégataire (2).

1. Les obligations de l'organisation internationale délégante

255. Le droit des relations extérieures des organisations internationales leur impose des obligations de différentes natures[2]. C'est ainsi que les actes constitutifs de ces organisations peuvent contenir un descriptif relativement détaillé des obligations auxquelles elles doivent se soumettre dans leurs relations avec d'autres sujets ou entités[3]. De telles obligations peuvent être reprises dans l'accord de délégation établi entre l'organisation internationale et son délégataire.

256. Les obligations vis-à-vis du délégataire. L'organisation internationale est tenue, tout comme son délégataire, de respecter toutes les obligations qui sont prévues dans l'accord de délégation. Citons par exemple l'obligation de confidentialité prévue par l'article 37 du Règlement relatif à la prospection et à l'exploration des nodules polymétalliques dans la Zone, qui prévoit que « [l]e Secrétaire général veille au respect du caractère confidentiel de toutes les données et

---

[1] C.I.J., *Conséquences juridiques pour les États de la présence continue de l'Afrique du Sud en Namibie (Sud-Ouest africain) nonobstant la résolution 276 (1970) du Conseil de sécurité,* avis consultatif C.I.J. Rec., 1971, p. 16 § 118, nous soulignons.

[2] Sur les relations extérieures des organisations internationales, voy. notamment, VIRALLY, M., « Les relations entre organisations régionales et organisations universelles », *op. cit.,* pp. 147-165 ; BOISSON DE CHAZOURNES, L., « Les relations entre organisations régionales et organisation universelle », *op. cit.,* pp. 79-406.

[3] Voy. par exemple l'article 12 de la *Convention internationale de coopération pour la sécurité de la navigation aérienne* « EUROCONTROL » du 13 décembre 1960, amendée par le Protocole du 12 février 1981.

informations et ne les divulgue pas à des personnes extérieures à l'Autorité, sauf autorisation écrite préalable du contractant »[1].

257. De manière générale, l'organisation délégante doit se conduire vis-à-vis de son délégataire de bonne foi. Cette obligation, « universellement reconnu[e] »[2], est ainsi opposable à l'organisation internationale délégante quelle que soit la qualité de son délégataire, sujet international ou entité privée[3]. De cette obligation de bonne foi, nous pouvons déduire d'autres obligations à la charge de l'organisation délégante telle que l'obligation de ne pas mettre brutalement fin à la délégation de compétence. On peut en déduire également une obligation d'information lorsqu'un changement de circonstances affecte la mise en œuvre de la compétence déléguée. Ainsi, la multiplication des acteurs présents sur le terrain où se déroule une opération déléguée par le Conseil de sécurité nécessite une coordination entre ces différents acteurs notamment lorsqu'une opération de maintien de la paix est également déployée par l'ONU[4]. Les obligations financières qu'engendre une délégation pour l'organisation délégante constituent un autre exemple des obligations lui incombant.

258. Le financement de la réalisation de la délégation. La délégation de compétence de l'organisation internationale met-elle à la charge de celle-ci une contrepartie financière ? Si, en droit interne, la délégation de compétence, notamment celle dont les destinataires sont des personnes privées, contient une compensation financière[5], telle ne semble pas être la règle en droit international. En effet, dans la majorité

---

[1] *Règlement relatif à la prospection et à l'exploration des nodules polymétalliques dans la Zone*, *op. cit.*

[2] Préambule de la Convention de Vienne sur le droit des traités entre États et organisations internationales ou entre organisations internationales, 21 mars 1986.

[3] Voy. en ce sens, l'article 25 de la C.V.D.T. de 1986 ; l'article 1.7 des Principes d'UNIDROIT relatifs aux contrats du commerce international, 4ème éd., 2016.

[4] ONU., *Opérations de maintien de la paix des Nations Unies Principes et Orientations*, New York, 2008, pp. 80-81 : « […] il incombe à l'opération de maintien de la paix de rencontrer et de partager les informations de manière régulière avec tous les acteurs et de synchroniser les activités autant que possible en sollicitant leur participation au processus de planification et en répondant activement aux demandes de coopération. Parmi ces acteurs on trouve : […] Des forces militaires non onusiennes déployées à titre national ou sous l'égide d'une organisation régionale ou d'une coalition *ad hoc* […] ».

[5] Par exemple, une délégation de service public est identifiée, en droit interne français, par l'existence d'une rémunération substantiellement assurée par les résultats de l'exploitation (CE., 15 avril 1996, *Préfet des Bouches-du-Rhône c/Commune de Lambesc,* n°168325).

des cas étudiés, on peut plutôt percevoir que l'intérêt du délégataire est d'abord d'ordre social[1]. La délégation permet de manifester un lien de solidarité entre les acteurs de l'ordre juridique international. Le mandat de la S.D.N. par exemple avait pour objectif, du moins en principe, de confier l'administration de territoires à des États développés afin d'aider les populations à leur émancipation[2]. En effet, l'article 22 du Pacte semble exiger trois conditions à satisfaire pour devenir mandataire[3]. Outre la condition de l'acceptation du mandat par la Puissance mandataire[4], celle-ci doit être une Nation développée[5] et avoir été désignée en fonction de ses ressources, de son expérience ou de sa position géographique[6]. Les ressources financières sont ainsi un élément dans le choix du mandataire car il est évoqué une responsabilité « morale »[7] de sa part à aider financièrement le territoire sous son

---

[1] Cela n'exclut pas qu'il y ait aussi une contrepartie financière du délégant vers son délégataire.

[2] YEPES, J. M., PEREIRA DA SILVA, F., *Commentaire théorique et pratique du Pacte de la Société des Nations et des statuts de l'Union panaméricaine*, *op. cit.*, p. 212 ; FAUCHILLE, P., *Traité de droit international public*, tome I, 2ème partie, Paix, Paris, Rousseau, 1925, 1182 p., p. 883.

[3] PIC, P., « Le régime du mandat d'après le traité de Versailles : son application dans le Proche Orient », *op. cit.*, p. 330.

[4] *Idem.*

[5] Article 22 § 2. Il s'agit ici d'un développement économique, politique mais aussi démocratique d'après FURUKAKI, P. T., *Les mandats internationaux de la Société des Nations*, thèse, Université de Lyon, 1923, p. 90.

[6] Ce qui est « une question de pur fait à apprécier dans chaque cas particulier », *in* P. Pic, « Le régime du mandat d'après le traité de Versailles : son application dans le Proche Orient », *R.G.D.I.P.*, 1923, pp. 321-371, p. 330 et p. 337.

[7] Lors des débats devant la Commission Permanente des Mandats, le Ministre des finances de l'Union sud-africaine a déclaré à propos des obligations financières de la puissance mandataire envers le territoire sous mandat que : « sur ce point, aucune obligation juridique n'incombe au Gouvernement de l'Union ». Le président de la Commission a fait observer que « l'article 22 du Pacte institue, pour la puissance exerçant le mandat, une responsabilité, d'où découle l'obligation morale [et non juridique] d'accorder assistance financière lorsqu'elle est nécessaire. Évidemment, cette assistance ne doit pas nécessairement entraîner une perte ni être accordée sous forme de don. La Puissance mandataire peut réclamer le remboursement de ces avances, et, si elle en décide ainsi, le paiement d'intérêts. La puissance mandataire a accepté cette condition en acceptant le mandat », *in* C.P.M., *Procès-verbal de la vingtième session tenue à Genève du 9 au 27 juin 1931*, doc. off., C.422.M.176.1931.VI, p. 58.

mandat[1]. La puissance mandataire, délégataire de la S.D.N., ne reçoit pas de contrepartie financière pour cette mission, bien au contraire, elle peut être amenée à supporter une charge financière importante du fait de cette délégation[2].

259. Les coûts de l'exécution des décisions privatives de liberté prononcées par la C.P.I. sont quant à eux clairement définis dans le statut de la Cour et le Règlement de procédure et de preuve. Selon ces dispositions, l'État d'exécution assume les frais d'exécution ordinaires[3]. Cependant, si la peine est purgée dans l'État hôte en vertu de l'Accord de siège, la Cour supporte les frais d'exécution[4]. Enfin, la Cour doit prendre en charge tous les autres frais[5], à savoir, le transport de la personne condamnée[6], les frais de voyage et de séjour des élus et du personnel de la Cour, ainsi que les frais de tout avis ou rapport d'expert demandé par la Cour[7]. Le droit interne de l'État d'exécution peut également contribuer à détailler ou même compléter les dispositions précédentes. Ainsi, l'article 12 § 1 de la loi fédérale suisse sur la coopération avec la C.P.I. du 22 juin 2001 dispose qu':

> « [e]n règle générale, les demandes de la Cour sont exécutées gratuitement. Font exception :

---

[1] Voy. S.D.N., C.P.M., « Responsabilité de la Puissance mandataire en ce qui concerne le budget du territoire, tel qu'il est voté par le pouvoir législatif local », *Procès-verbal de la vingtième session tenue à Genève du 9 au 27 juin 1931*, doc., off., C.422.M.176.1931.VI, pp. 57-60.

[2] Il est cependant possible de prévoir explicitement que le gouvernement sous mandat aura à rembourser les dépenses du mandataire à l'occasion de l'exercice de son mandat. L'article 15 du mandat pour la Syrie et le Liban prévoit explicitement une telle hypothèse : « Dès l'entrée en vigueur du statut organique visé à l'article premier, le Mandataire s'entendra avec les Gouvernements locaux relativement au remboursement par ces derniers de toutes les dépenses encourues par le Mandataire pour l'organisation de l'administration, le développement des ressources locales et l'exécution des travaux publics d'un caractère permanent dont le bénéfice resterait acquis aux pays. Cette entente sera communiquée au Conseil de la Société des Nations », Mandat pour la Syrie et le Liban (catégorie A) conclu entre le Conseil de la S.D.N. et la France, doc. off., C.528.M.313.1922.VI.

[3] Règle 208 (1) du *Règlement de procédure et de preuve de la C.P.I.* voy. également, l'article 100 (1) du *Statut de Rome de la C.P.I.*

[4] Article 103 (4) du *Statut de Rome de la C.P.I.*

[5] Règle 208 (2) du *Règlement de procédure et de preuve de la C.P.I.*

[6] Règle 208 (2) du *Règlement de procédure et de preuve de la C.P.I.*

[7] Article 100 (1) (c) à (e) du *Statut de Rome de la C.P.I.*

a. les frais liés aux voyages et à la protection des témoins et des experts ou au transfèrement temporaire des détenus, en vertu de l'art. 93 du Statut ;
b. les frais de traduction, d'interprétation et de transcription ;
c. les frais de déplacement et de séjour des juges, du procureur, des procureurs adjoints, du greffier, du greffier adjoint et du personnel des organes de la Cour ;
d. les coûts des expertises ou rapports d'experts ordonnés par la Cour ;
e. les frais liés au transport des personnes remises à la Cour ;
f. après consultation, tous frais extraordinaires que peut entraîner l'exécution d'une demande »[1].

Ainsi, l'exécution est réalisée, en principe, gratuitement par l'État délégataire, mais l'organisation délégante, à savoir la C.P.I., peut être amenée à supporter certaines dépenses. En tout cas, aucune contrepartie financière n'est prévue pour l'exercice de la délégation.

260. Le financement des opérations militaires autorisées. Si la question du financement des O.M.P.[2] ne pose pas de problème et a déjà été réglée par la Cour internationale de Justice[3] qui a considéré que les dépenses des O.M.P. sont des dépenses de l'ONU en se fondant sur la pratique de l'A.G.N.U. qu'elle juge conforme à l'article 17 § 2 de la Charte[4], celle du financement des opérations autorisées ne trouve pas

[1] Entrée en vigueur le 1er juillet 2002.

[2] Voy. sur cette question, FLORY, M., « L'Organisation des Nations Unies et les opérations de maintien de la paix », *A.F.D.I.*, vol. 11, 1965, pp. 446-468 ; DORMOY, D., « Les opérations de maintien de la paix de l'Organisation des Nations Unies. Aspects récents de la question de leur financement », *A.F.D.I.*, vol. 39, 1993, pp. 131-156.

[3] *Certaines dépenses des Nations Unies (article 17, para- graphe 2, de la Charte)*, Avis consultatif du 20 juillet 1962, *Rec.* 1962, p. 151. Dans cet avis consultatif, la Cour a décidé que les dépenses relatives aux O.M.P. sont des dépenses de l'Organisation au sens de l'article 17 § 2 de la Charte (*ibid.*, 165). Cet avis a été entériné par l'A.G.N.U. voy. notamment la résolution 1854 (XVII), relative aux « Procédures administratives et budgétaires de l'ONU », du 19 décembre 1962, et la résolution 1874, doc. off., A/RES/1874 S. IV du 27 juin 1963. Voy. également, RUZIE, D., « L'année des Nations Unies (19 sept. 1962-16 sept. 1963), problèmes juridiques », *A.F.D.I.*, vol. 9, 1963. pp. 542-560, sp. pp. 547-549.

[4] Sur la notion des dépenses de l'organisation voy. BASTID-BURDEAU, G., « Article 17. Paragraphe 1 et 2 », *in* COT, J.-P., PELLET, A., FORTEAU, M., (dir.), *La Charte des Nations Unies. Commentaire article par article*, *op. cit.*, pp. 775-789.

pour le moment de réponse univoque[1]. En effet, les opérations autorisées/déléguées par l'ONU ne sont pas considérées comme des opérations des Nations Unies, et par conséquent, ces dépenses « n'entrent pas dans le champ de l'article 17 de la Charte »[2]. Cette solution vaut pour les opérations autorisées à titre individuel ou collectif. Elle vaut également pour les opérations d'appui à des O.M.P.[3] ou encore pour des O.M.P. mises en place par une organisation régionale après autorisation du Conseil de sécurité[4]. Généralement, comme l'observe le Professeur Sicilianos à propos des opérations militaires autorisées, « le Conseil de sécurité énonce expressément dans la plupart de ses résolutions contenant une autorisation que les dépenses d'exécution des opérations appartiennent aux États « participants » ou plus généralement aux États « intéressés » »[5]. Les opérations autorisées sont alors à la charge des délégataires[6], voire à celle d'autres États ou organisations non participant à travers notamment l'ouverture d'un fond d'affection spécial[7].

261. Il est cependant à noter que plusieurs réflexions ont été menées sur cette question du financement à la demande tant des organisations régionales que de l'ONU. Ainsi, un Groupe d'experts a été mis en place

---

[1] *Certaines dépenses des Nations Unies (article 17, para- graphe 2, de la Charte)*, Avis consultatif du 20 juillet 1962, *Rec.* 1962, p. 151, pp. 159-161.

[2] SICILIANOS, L.-A., « Entre multilatéralisme et unilatéralisme : l'autorisation par le Conseil de sécurité de recourir à la force », *op. cit.,* p. 148.

[3] *Ibid.,* p. 149.

[4] Les O.M.P. qui comportent des mesures coercitives armées doivent en effet être autorisées par le Conseil de sécurité au sens de l'article 53 de la Charte de l'ONU. Voy. BOISSON de CHAZOURNES, L., « Les relations entre organisations régionales et organisation universelle », *op. cit.,* 265-271 ; TEHINDRAZANARIVELO, D. L., « Relations entre l'Union Africaine et l'Organisation des Nations Unies : La question du financement des operations régionales de maintien de la paix », *in Actes du colloque en l'honneur du 80e anniversaire du professeur Georges Abi-Saab, Annuaire africain de droit international*, vol. 20, 2013-2014, pp. 55-83, pp. 59-61.

[5] SICILIANOS, L.-A., « Entre multilatéralisme et unilatéralisme : l'autorisation par le Conseil de sécurité de recourir à la force », *op. cit.*, p. 148.

[6] Voy. par exemple la résolution 940 (1994) du 31 juillet 1994, point 4.

[7] Tel fut le cas par exemple pour le financement de l'opération de la Force internationale au Timor Oriental (INTERFET) autorisée par le Conseil de sécurité (Résolution 1264 (1999) du 15 septembre 1999). Pour plus de détails, *Premier rapport périodique sur les opérations de la Force internationale au Timor oriental*, 4 octobre 1999, doc. off. S/1999/1025, notamment § 10-19. Voy. Pour d'autres exemple, SICILIANOS, L.-A., « Entre multilatéralisme et unilatéralisme : l'autorisation par le Conseil de sécurité de recourir à la force », *op. cit.,* p. 148, n.b.p. n°415.

pour étudier les modalités d'appui des O.M.P. de l'Union africaine. Dans son rapport paru en décembre 2008, le Groupe recommanda « de financer, pendant une durée maximum de six mois, au moyen de contributions mises en recouvrement par l'ONU, les opérations de maintien de la paix de l'Union africaine autorisées par le Conseil de sécurité. Deux conditions devront être remplies : 1) l'approbation du Conseil de sécurité et de l'Assemblée générale, qui se fera au cas par cas ; 2) un accord entre l'Union africaine et l'Organisation des Nations Unies en vertu duquel l'opération passerait progressivement sous la direction de l'ONU dans les six mois »[1]. Cette recommandation n'a pas été entérinée par l'ONU. Dans son rapport sur l'appui aux opérations de maintien de la paix de l'Union africaine autorisées par l'ONU[2], l'ancien Secrétaire général, Ban Ki-Moon[3], soulignait plutôt la nécessité d'appuyer les O.M.P. autorisées par le Conseil de sécurité par le seul biais d'un appui technique, personnel ou administratif[4]. Il favorisait également la création d'un fonds d'affectation spécial ou encore l'appel à des donateurs internationaux au soutien de ces opérations[5]. Les difficultés financières de l'organisation mondiale rendant en effet difficile de lui faire supporter les dépenses de ces opérations, le Secrétaire général appelait à associer pour ces dépenses les partenaires internationaux de l'organisation. Ceci n'est cependant pas, semble-il, la vision de l'Union africaine qui appelle à associer activement l'ONU dans les dépenses des O.M.P. qu'elle a autorisées[6].

---

[1] *Rapport du Groupe d'experts Union Africaine-ONU sur les modalités d'appui des opérations de maintien de la paix de l'Union africaine*, 31 décembre 2008, doc. off., A/63/666-S/2008/813.

[2] *Rapport du Secrétaire général sur l'appui aux opérations de maintien de la paix de l'Union africaine autorisées par l'ONU*, Septembre 2009, doc. off., A/64/359–S/2009/470.

[3] A comparer cependant avec le rapport de 2005 de Kofi Annan qui semble opter, à titre exceptionnel, pour un engagement de l'ONU pour le financement des O.M.P. autorisées par l'ONU, Rapport du Secrétaire général, *Dans une liberté plus grande : développement, sécurité et respect des droits de l'homme pour tous*, 24 mars 2005, doc. off., A/59/2005 § 215.

[4] *Rapport du Secrétaire général sur l'appui aux opérations de maintien de la paix de l'Union africaine autorisées par l'ONU*, *op. cit.* § 62.

[5] *Ibid.* § 50-60.

[6] Voy. la *Décision sur les activités du Conseil de paix et sécurité de l'Union africaine et l'état de paix et de la sécurité en Afrique*, doc. off., Assembly/AU/Dec. 145 (VIII), 29-30 janvier 2007 § 20. Voy. également, TEHINDRAZANARIVELO, D. L., « Relations entre l'Union Africaine et l'Organisation des Nations Unies : La question du financement des operations régionales de maintien de la paix », *op. cit.*, pp. 55-83.

262. En revanche, lorsque le délégataire est une société privée, la charge financière est à supporter par l'organisation internationale délégante. Tel est le cas notamment du recours à des E.M.S.P. pour un appui logistique ou personnel aux opérations militaires ou humanitaires de certaines organisations internationales. Cet accord financier va de pair avec la finalité des entreprises privées de réaliser du profit à chaque intervention.

263. Conclusion. La pratique du financement du délégataire de l'organisation internationale illustre comment la délégation en droit international se distingue de celle du droit interne, notamment par son objet et son objectif. La solidarité des partenaires de l'organisation internationale et leur contribution à son objectif, ou de leur propre objectif au nom d'une solidarité internationale, peut s'avérer suffisante pour ne pas requérir de contrepartie financière. Le délégataire pourrait toutefois demander une aide financière, s'il ne peut pas faire face seul aux dépenses engendrées par l'exercice des compétences déléguées[1]. En tout état de cause, il ne s'agit nullement d'aboutir à un profit financier pour le délégataire, exception faite des sociétés privées qui par leur nature recherchent des bénéfices. C'est sans doute la raison pour laquelle elles ne sont pas, pour le moment, des destinataires principaux de la délégation des compétences des organisations internationales.

264. Les obligations vis-à-vis des tiers. L'organisation internationale délégante est amenée à supporter des obligations vis-à-vis de tiers durant la délégation ou ou à l'issue de l'exercice des compétences déléguées.

265. La délégation de l'exploitation des fonds marins par l'A.I.F.M. illustre les obligations que l'organisation peut être amenée à assumer. En effet, l'article 34 du Règlement relatif à la prospection et à l'exploration des nodules polymétalliques dans la Zone prévoit que « [t]out État côtier qui a des raisons de penser qu'une activité menée

---

[1] Il est en effet possible que l'État ou l'organisation régionale autorisée par le Conseil de sécurité de recourir à la force puisse demander, si besoin, l'aide financière au Conseil pour l'exécution de la délégation. Le paragraphe 2 de l'article 17 du Protocole relatif au CPS de l'Union Africaine – dont l'objet est de traiter les relations avec les Nations Inies et les autres organisations internationales – dispose en ce sens qu' « [à] chaque fois que nécessaire, recours sera fait aux Nations Unies pour obtenir l'assistance financière, logistique et militaire nécessaire pour les activités de l'Union dans le domaine de la promotion et du maintien de la paix, de la sécurité et de la stabilité en Afrique, conformément aux dispositions du chapitre VIII de la Charte des Nations unies relatives au rôle des Organisations régionales dans le maintien de la paix et de la sécurité internationales ».

dans la Zone par un contractant est susceptible de causer ou de menacer de causer un dommage grave au milieu marin dans des zones maritimes sur lesquelles il exerce sa juridiction ou sa souveraineté peut en aviser par écrit le Secrétaire général pour lui exposer ces raisons [...]. S'il existe des raisons sérieuses de croire que le milieu marin risque de subir un dommage grave, le Secrétaire général prend les dispositions décrites à l'article 33, et si nécessaire, prend immédiatement des mesures conservatoires comme prévu au paragraphe 3 dudit article ». L'article 33 du même règlement[1], permet en effet au Secrétaire général de recourir à la « procédure d'Ordres »[2] en cas d'urgence qui lui permet, lorsqu'« il existe des raisons sérieuses de croire que le milieu marin risque de subir un dommage grave »[3], de « prendre immédiatement toutes les mesures conservatoires d'ordre pratique qui peuvent raisonnablement être prises en l'espèce pour prévenir, maîtriser et réduire au minimum tout dommage ou menace de dommage grave au milieu marin »[4].

266. A l'issue de la délégation, les obligations de l'organisation internationale vis-à-vis des tiers peuvent être de différentes natures.

267. Premièrement, l'organisation délégante peut être amenée à se placer comme garant de l'exécution des obligations contractées à l'occasion de la délégation. Le mandat de la S.D.N. permet d'illustrer une telle situation. Ainsi, le Conseil de la S.D.N. s'engage, à la fin du mandat, à garantir les obligations contractées par son délégataire au nom du territoire sous mandat. À titre d'exemple, l'article 28 du mandat pour la Palestine[5] disposait que, à la fin du mandat conféré par la S.D.N. au Royaume-Uni, « le Conseil de la Société prendra toutes les dispositions nécessaires pour sauvegarder à perpétuité, sous la garantie de la Société, les droits garantis par les articles 13 et 14 et usera de toute son influence pour que le Gouvernement de Palestine, sous la garantie de la Société, assume pleinement toutes les obligations financières légitimement contractées par l'administration de la Palestine pendant la

---

[1] Article 33 du *Règlement relatif à la prospection et à l'exploration des nodules polymétalliques dans la Zone, op. cit.*

[2] *Idem*. L'article 33 est intitulé : « Ordres en cas d'urgence ».

[3] *Ibid.*, article 34.

[4] *Ibid.*, article 33 § 3.

[5] *Charte du mandat pour la Palestine, op. cit.*

durée du mandat, y compris les droits des fonctionnaires à des pensions ou à des gratifications »[1].

268. Deuxièmement, l'organisation délégante, du fait de la délégation, devient le destinataire réel des obligations contractées par le délégataire. C'est le cas d'une délégation lors de la conclusion d'un accord au nom et pour le compte de l'organisation internationale délégante.

2. L'exercice par la l'organisation délégante, des compétences déléguées

269. La question qui se pose ici est de savoir si le délégant conserve toujours la possibilité d'exercer ses compétentes concomitamment à l'exercice de celles-ci par le délégataire.

270. En droit interne français, la délégation a pour effet d'empêcher le délégant d'exercer les compétences déléguées pendant le temps de la délégation[2]. Autrement dit, le délégant se trouve « dépossédé »[3] de ses compétences pendant la durée de la délégation[4]. La délégation de signature constitue toutefois une exception dans la mesure où le délégant conserve toujours la possibilité d'agir dans le domaine de compétence pour lequel il a délégué sa signature : « [l]a délégation de signature ne modifie pas la répartition des compétences dans la hiérarchie administrative, elle s'apparente à une mesure d'organisation interne ; l'autorité qui a délégué sa signature conserve sa compétence et continue à l'exercer car elle peut être amenée à signer personnellement un certain nombre de décisions pour lesquelles elle a délégué sa signature. À tout moment, elle peut décider aux lieu et place du délégataire »[5]. Une telle solution se justifie en droit administratif

---

[1] Voy. avec quasiment le même contenu, l'article 19 de la *Charte du mandat de la S.D.N. pour la Syrie et le Liban*, entrée en vigueur le 29 septembre 1923, doc. off., C.528.M.313.1922.VI.

[2] Voy. *ex. multis*, FOURE, B., *Droit des collectivités territoriales*, Paris, Dalloz, 5ème éd., 2018, 803 p., p. 648 ; DELVOLVE, J., *Les délégations de matières en droit public*, Paris, Sirey, 1930, 354 p., p. 112.

[3] DUMONT, C., « Les délégations », *in La compétence. Acte du colloque organisé les 12 et 13 juin 2008 par l'AFDA*, Paris, Lexis Nexis, 2008, pp. 219-231, p. 220.

[4] DELVOLVE, J., *Les délégations de matières en droit public*, Paris, Sirey, 1930, 354 p., p. 112.

[5] DUMONT, C., « Les délégations », *op. cit.*, p. 222.

français par la distinction[1] entre la délégation de signature en tant que « modalité de l'organisation interne d'un service ou d'une administration »[2] et la délégation de pouvoir dont l'objet est l'« aménagement des compétences entre différentes autorités administratives »[3]. Le droit anglais s'est également saisi de la question[4] et des réponses contradictoires ont été apportées par les juridictions anglaises[5]. Cependant, il est possible de retenir, avec la doctrine[6], la position de la Haute Cour de Grande Bretagne, dans l'affaire *Huth v. Clarke*[7] comme un principe général de droit gouvernant la délégation en droit anglais. En l'espèce, un comité exécutif, nommé d'après la loi de 1878 sur les maladies contagieuses des animaux, qui avait légalement autorisé des sous-comités locaux à prendre des règlements pour le muselage des chiens, avait de lui-même édicté une ordonnance selon laquelle tout chien d'un sous-district devrait être efficacement muselé ou maintenu sous contrôle approprié. Le défenseur, comparaissant pour manquement à cette ordonnance, avait fait valoir que l'ordonnance était *ultra vires* au motif qu'elle ne pouvait être rendue que par le sous-comité. La Haute Cour a estimé que le pouvoir délégant pouvait à tout moment reprendre son autorité. La délégation n'impliquerait, selon la Cour, ni une abdication ni une soustraction temporaire du pouvoir.

271. Dans le cadre d'une délégation par une organisation internationale, la délégation de compétence n'est pas un abandon de celle-ci. En effet, « [e]n déléguant une compétence [...], [une organisation internationale] ne s'en serait pas dessaisie définitivement »[8]. Le Professeur Dan Sarooshi explique, à juste titre,

---

[1] Sur la naissance de la distinction entre délégation de pouvoir et délégation de signature, voy. TUSSEAU. G., « Le juge administratif et la délégation du pouvoir de suspension d'un fonctionnaire : A propos de l'arrêt du Conseil d'Etat du 22 novembre 2004, Ministre de la jeunesse, de l'éducation nationale et de la recherche c/ M. A., req. n° 244515 », *R.F.D.A.*, 2005, pp. 1-13.

[2] Conclusion de M. MERIC dans l'affaire CE 28 juin 1957, reproduit in *R.D.P.*, 1957, pp. 1072- 1076, p. 1073.

[3] *Idem.*

[4] Voy. BAILEY, S., « Delegation and Concurrent Exercises of Power », *Judicial Review*, vol. 10-1, 2005, pp. 84-89.

[5] Voy. sur une telle contradiction, *Idem.*

[6] *Idem.*

[7] *Huth v Clarke*, 16 juin 1890, *Queen's bench division*, vol. XXV, pp. 391-395.

[8] Exposé écrit du gouvernement de la république française, du 15 février, 1954, pp. 25-43, p. 34, dans l'affaire C.I.J. *Effet de jugements du tribunal administratif des Nations Unies accordant indemnité*, 13 juillet 1954, Rec., p. 61.

que le délégant d'une compétence ne se prive pas du pouvoir d'exercer la compétence déléguée[1]. Selon lui : « *A delegation of powers does not involve the transfer of a power in toto. Accordingly, the organ of an international organization which delegates a power does not prima facie denude itself of the right to exercize the power* »[2]. Autrement dit, l'organisation internationale délégante peut exercer les compétences déléguées simultanément à l'exercice de celles-ci par son délégataire[3]. La concurrence de décisions qui en résulte est résolue d'après Dan Sarooshi en hiérarchisant les décisions. Selon lui, toute décision prise par l'organe principal dans l'exercice de la compétence en question l'emporte sur toute décision prise par le délégataire dans l'exercice de cette même compétence[4]. Cette solution, qui s'appuie sur la pratique de délégation à l'intérieur d'une même organisation internationale, semble pouvoir être transposable à la délégation par une organisation internationale à un sujet extérieur. Elle est justifiée par le pouvoir de contrôle qu'exerce le délégant sur son délégataire et par sa capacité de mettre fin, à tout moment, à la délégation de compétence[5]. André De Hoogh précise, toutefois, que la prévalence de la décision du délégant sur celle du délégataire ne consisterait pas à reconnaître au délégant le pouvoir de contredire son délégataire mais seulement celui de modifier les actes de son délégataire : « *It may be suggested that the proper way to see this would not be that the delegator may take decisions in opposition to those of the delegate, but that the delegator may change the rules of the game, i.e. reverse the transfer of power and then exercise it itself or to impose restrictions on the exercise of power by the delegate. Thus Sarooshi's [...] observation [...], that the organ delegating could later exercise its power in a manner contrary to the*

[1] SAROOSHI, D., *The United Nations and the Development of Collective Security. The Delegation by the UN Security Council of its Chapter VII Powers*, *op. cit.*, p. 7. L'auteur appuie sa conclusion sur la pratique de délégation en droit anglais et en droit australien, voy. *idem*., n.b.p n° 26.

[2] *Ibid.*, p. 7; ŠMUCLEROVÁ, M., « The Differing Legal Relationships between States and International Organizations and Their Implications for International Organizations' Responsibility : Delegation of Powers to States», *op. cit.*, p. 192. Voy. *contra* GAUTIER, Y., *La délégation en droit communautaire*, *op. cit.*, p. 463.

[3] SAROOSHI, D., *The United Nations and the Development of Collective Security. The Delegation by the UN Security Council of its Chapter VII Powers, op. cit.*, p. 7.

[4] *Idem.*

[5] *Idem.*

way it was exercised by the delegate earlier, is the preferred way to go »[1].

272. La compétence de contrôle d'une organisation internationale est une parfaite illustration de cette concomitance d'exercice de compétence[2]. Si le contrôle peut être délégué à un sujet externe à l'organisation qui l'exerce pour son compte, l'organisation délégante peut aussi procéder d'elle-même à cet exercice. Tel est le cas du contrôle des conditions de détention dans l'État délégataire de la compétence d'emprisonnement des juridictions pénales internationales. La C.P.I., l'a délégué, le plus souvent au C.I.C.R.[3]. L'article 106-1 du Statut de Rome prévoit en effet que « [l]'exécution d'une peine d'emprisonnement est soumise au contrôle de la Cour ». Pour ce faire, la règle 211 des règlements de procédure et de preuves de la Cour reconnaît à son Président « un pouvoir de contrôle global tant sur les conditions de détention que sur la nature de la peine »[4]. L'exercice de compétence de contrôle de la bonne exécution des peines, par un tiers externe, n'empêche donc pas le Président de la Cour d'exercer, concomitamment avec le délégataire, un contrôle sur l'exécution de la peine dans les conditions prévues par la règle 211 du Règlement de procédure et de preuve de la C.P.I.

273. De même, une délégation de recours à la force par le Conseil de sécurité à des États ou organisations régionales n'empêche pas, *a priori,* l'intervention directe du Conseil par l'établissement d'une Opération de Maintien de la Paix auprès des opérations autorisées. Le Professeur Geslin note à ce propos que « [l]e concept de délégation de pouvoirs ne peut pas, dans le cadre des actions coercitives, être transposé dans son intégralité. En effet, la délégation de pouvoirs entraîne un transfert de compétences au profit du délégataire et un dessaisissement total du délégant (au regard, bien évidemment, de la seule compétence déléguée). Or, le système instauré par la Charte des Nations Unies ne peut se satisfaire d'un tel schéma, en ce sens qu'il ne

---

[1] DE HOOGH, A., "Attribution or Delegation of (Legislative) Power by the Security Council ? The Case of the United Nations Transitional Administration in East Timor (UNTAET)", *op. cit.,* p. 14, n.b.p. n°56.

[2] Voy. *infra,* Chapitre II.

[3] Voy. *infra,* Chapitre II, section II, Paragraphe I.

[4] BREJON, A., « Le contrôle de l'exécution des peines prononcées par la Cour pénale internationale : une confiance démesurée de la CPI à l'État ? », *op. cit.*, p. 227.

peut y avoir de transfert de compétences, ni *a fortiori* de dessaisissement du Conseil »[1].

274. Deux exceptions à ce principe d'exercice concomitant de la compétence déléguée peuvent être citées. La première résulte de la nature de la compétence déléguée qui empêche, matériellement, un exercice de cette compétence par le délégataire concomitamment à celui effectué par le délégant. Dans ce cas, la délégation de cette compétence de l'organisation et son exercice par un délégataire conduit à ce que le délégant ne puisse exercer la compétence tant qu'elle est exercée par son délégataire. Citons, en illustration, l'exécution par délégation d'une peine d'emprisonnement décidée par une juridiction internationale dont la réalisation par le délégataire éteint automatiquement l'exercice de cette exécution par un autre sujet[2]. La seconde exception est l'introduction dans l'accord de délégation d'une clause qui empêche l'exercice de la compétence objet de la délégation par le délégant. Ainsi, l'article 24 du Règlement relatif à la prospection et à l'exploration des nodules polymétalliques dans la Zone prévoit que : « [l]e cocontractant a le droit exclusif d'exploration de nodules polymétalliques »[3].

---

[1] GESLIN, A., « Le pouvoir d'habilitation du Conseil de sécurité : la délégation des pouvoirs du Conseil aux organisations internationales », *op. cit.*, p. 494.

[2] Une telle hypothèse est illustrée également dans le cas de la délégation de poursuite pénale entre États, définie comme « un accord international ayant pour objet le transfert d'une poursuite pénale de l'État délégant à l'État délégataire », *in* HARARI, M., JAKOB, R., JENNI, E., « la délégation de la poursuite pénale à la suisse », *Semaine judiciaire*, 2013, n°12 § 1. « Lorsque la délégation est acceptée, la compétence dans l'État délégant sera « suspendue » pendant le temps où elle sera exercée par l'État délégataire », *in* LUDWICZAK, M., *La délégation internationale de la compétence pénale*, *op. cit.*, p. 115. Voy. également, ALT-MAES, F., *La délégation de compétence en droit pénal international*, thèse, Université de Paris, 1975, pp. 186-187.

[3] Doc. off., ISBA/19/C/17.

Paragraphe 2. L'effet habilitant dans les rapports entre le délégataire et le(s) tiers

275. Tout mécanisme de délégation établit un rapport entre le délégant et le délégataire. Tout autre sujet est tiers à la délégation[1]. Tel est le cas de la population d'un territoire administré par délégation ou d'une personne détenue à la suite d'un jugement de la C.P.I., ou encore d'un sujet cocontractant avec le délégataire agissant sur le fondement de la délégation. Les membres d'une organisation internationale délégante ou ceux d'un sujet délégataire, pris à titre individuel, sont également des tiers à la délégation[2]. Il convient alors de se demander si la fonction habilitante de la délégation produit des effets juridiques au-delà des parties à la délégation, autrement dit, à l'égard des tiers.
Partant du principe *Res inter alios acta*, qui signifie que les conventions n'ont d'effets qu'entre les parties contractantes[3], on pourrait répondre par la négative à cette question. Néanmoins, si la délégation de compétence a souvent pour objet de remplacer l'organisation dans son rapport avec autrui, elle produit tout naturellement des effets juridiques à l'égard de tiers. La pluralité des fonctions potentielles que le délégataire est appelé à remplir en lieu et pour le compte de l'organisation délégante est telle qu'il est difficile d'établir de manière exhaustive une classification des effets que peut produire la délégation à l'égard d'un tiers. Il est toutefois possible d'étudier de tels effets en fonction de l'implication, directe ou indirecte, des tiers dans la mise en

---

[1] Le terme « tiers » désigne, en droit international, tout sujet de droit dans l'ordre juridique international qui n'est pas partie à une relation conventionnelle ou contractuelle entre deux ou plusieurs autres sujets. Voy. en ce sens, article 2 § 1 h) de la Convention de Vienne de 1986 qui prévoit que « [l]'expression « Etat tiers » et l'expression « organisation tierce » s'entendent respectivement : i) D'un Etat; ii) D'une organisation internationale; qui n'est pas partie au traité; », doc. off., A/CONF.129/15. Sur cette notion de tiers, voy. CHINKIN, Ch., *Third Parties in International Law*, Oxford, Clarendon Press, 1993, 385 p., sp. pp. 7-15.

[2] Pour plus de détails, voy. BRAUD, Ph., « Recherche sur l'État tiers en droit international public », *R.G.D.I.P.*, 1968, pp. 17-96, pp. 41-42.

[3] Un tel principe trouve son inspiration en droit interne privé sur le fondement du principe de l'autonomie de la volonté et d'égalité juridique entre les particuliers. Voy. l'article 1199, *al.* 1er du Code civil français (ancien article 1165) : « le contrat ne crée d'obligations qu'entre les parties ». L'article 34 des Conventions de Vienne de 1969 et de 1986 prévoit également un tel principe : « Un traité ne crée ni obligation ni droits pour un Etat tiers ou pour une organisation tierce ».

œuvre de la délégation. Seul le cas des tiers impliqués directement sera étudié ici[1].

276. Le tiers est affecté directement lorsqu'il ne fait pas partie du lien de la délégation *stricto sensu* mais qu'il subit cette délégation. Autrement dit, il est tiers au rapport contractuel car il n'est ni délégant, ni délégataire, mais directement affecté par l'objet de la délégation. Deux hypothèses peuvent alors être observées : celle de l'exigence du consentement du tiers directement affecté pour donner effet à la délégation, et celle dans laquelle un tel consentement n'affecte pas vraiment la délégation.

277. Hypothèse de l'exigence du consentement du tiers directement affecté. Le consentement d'un tiers peut parfois paraître nécessaire afin que le délégataire puisse mettre en œuvre les compétences qui lui ont été déléguées. Un tel consentement est explicitement prévu dans la délégation de la protection diplomatique entre les États. Ainsi, la Convention de Vienne sur les relations consulaires de 1963[2] prévoit une obligation de notification de l'État d'envoi et d'acceptation préalable de l'État tiers sur le territoire duquel le délégataire exercera la compétence de la protection diplomatique de l'État délégant. L'article 8 de cette convention, intitulé « Exercice de fonctions consulaires pour le compte d'un État tiers » dispose ainsi qu'« [a]près notification appropriée à l'État de résidence et à moins que celui-ci ne s'y oppose, un poste consulaire de l'État d'envoi peut exercer des fonctions consulaires dans l'État de résidence pour le compte d'un État tiers ». De même, l'article 46 de la Convention de Vienne sur les relations diplomatiques prévoit qu'« [a]vec le consentement préalable de l'État accréditaire, et sur demande d'un État tiers non représenté dans cet État, l'État accréditant peut assumer la protection temporaire des intérêts de l'État tiers et de ses ressortissants »[3]. L'acceptation préalable de l'État de résidence est entendue comme une confirmation de son pouvoir souverain sur son

[1] Un tiers non impliqué par la délégation de compétence ne nécessite pas d'être évoqué ici car vis-à-vis d'un tel tiers, le principe *Res inter alios acta* semble pleinement applicable.

[2] Conclue le 24 avril 1963 et entrée en vigueur le 19 mars 1967, *R.T.N.U.,* vol. 596, p. 261.

[3] Pour un commentaire de cette disposition et des illustrations de sa mise en pratique dans les relations internationale voy. DENZA, E., *Diplomatic Law. Commentary on the Vienna Convention on Diplomatic Relations*, 4ème éd., Oxford, Oxford University Press,2016, 453 p., pp. 398-405.

territoire[1]. Il est en effet logique d'exiger le consentement préalable de l'État de résidence comme condition de l'exercice de la délégation de compétence par le délégataire d'autant que ce consentement est déjà requis pour l'exercice de cette compétence par le titulaire principal[2].

278. La même solution est envisageable pour une délégation de compétence d'une organisation internationale qui a pour effet de mettre un tiers, souverain notamment, en rapport avec le délégataire. Par exemple, une délégation de la compétence de négocier ou de conclure un traité ne peut être mise en œuvre sans le consentement du tiers vis-à-vis duquel le délégataire agit. L'acceptation de la délégation produit en effet des effets directs pour ce tiers[3]. Cette hypothèse de l'exigence du consentement du tiers directement affecté ne vaut pas seulement en cas de délégation de compétences normatives de l'organisation mais également pour certaine(s) délégation(s) de compétence opérationnelle. Tel est le cas de la délégation à des EMSP de compétence(s) relative(s) à la protection et la sûreté d'agents d'une opération de maintien de la paix dont la réalisation nécessite l'indispensable acceptation préalable par l'État sur le territoire duquel l'entreprise intervient pour le compte de l'ONU[4]. Cet État est en effet un tiers affecté directement par ladite délégation. Tel est également le cas de la délégation de l'exécution des peines prononcées par les juridictions pénales internationales dont le contrôle nécessite le consentement de l'État d'exécution. Ce consentement est prévu explicitement par les accords d'exécution. Ainsi, l'article 6 § 1 de l'Accord entre le Gouvernement de la République française et l'Organisation des Nations Unies concernant l'exécution des peines prononcées par le Tribunal pénal international

---

[1] AHMAD, M. A., *L'institution consulaire et le droit international : étude de la Convention de Vienne du 24 avril 1963 sur les relations consulaires et la pratique des États dans ce domaine*, Paris, L.G.D.J., 1973, 311 p., p. 67.

[2] L'article 2 § 1 de la Convention de Vienne de 1963 selon lequel « [l]'établissement de relations consulaires entre États se fait par consentement mutuel », combiné avec l'article 4 de la même convention dont le paragraphe premier dispose : « Un poste consulaire ne peut être établi sur le territoire de l'État de résidence qu'avec le consentement de cet État ».

[3] A l'instar d'une représentation, pour ce tiers, voy. en ce sens DAOUDI, R., *La représentation en droit international*, *op. cit.*, pp. 236-238.

[4] Les O.M.P. sont des opérations de l'ONU dont la présence est due au consentement de l'État sur le territoire duquel l'opération est déployée. Le principe de consensualisme peut cependant être dépassé par une résolution prise sur le fondement du Chapitre VII de la Charte dans le cas d'opérations d'imposition de la paix « *peace inforcement* ».

pour le Rwanda dispose que « [l]es autorités compétentes de l'État [français] permettent l'inspection périodique et impromptue des conditions de détention et du traitement des détenus par le Comité international de la Croix-Rouge (C.I.C.R.), qui détermine la fréquence des visites »[1]. Le consentement de l'État sur le territoire duquel le contrôle sera exercé repose sur sa souveraineté[2].
Ainsi tout tiers affecté directement par la délégation et qui donne son consentement à celle-ci, subit volontairement la délégation et ses effets juridiques.

279. Hypothèse de la non-exigence du consentement du tiers directement affecté. Une autre hypothèse observée dans la pratique des organisations internationales est celle d'un tiers affecté directement par la délégation qui subit l'effet de la délégation sans que son consentement joue un rôle quelconque dans l'exercice effectif de la délégation. Tel est le cas d'une délégation de l'administration de territoire par la S.D.N. Certes, le paragraphe 4 de l'article 22 du Pacte précise que « (l)es vœux de ces communautés doivent être pris d'abord en considération pour le choix du mandataire ». Cette disposition n'implique toutefois pas que le consentement des communautés sous mandat soit déterminant pour l'exercice de l'administration de leur territoire. L'absence d'un tel consentement n'empêchera donc pas juridiquement le délégataire d'exercer une telle compétence bien qu'elle puisse altérer l'efficacité de l'exercice de la délégation qui lui a été confiée. Le professeur Henri Rollin considère, à juste titre, que « cette condition nécessaire pour le fonctionnement de l'institution ne l'est pas pour sa validité »[3]. De même, on peut citer l'article 103 du Statut de Rome, relatif au choix de l'État d'exécution des peines décidées par la C.P.I., qui prévoit de prendre en considération les « vues

---

[1] Voy. également l'article 4 point 8 du *Modèle d'accord sur l'exécution des peines prononcées par la C.P.I., op. cit.* Voy. toutefois l'article 6 § 1 de l'accord conclu entre l'Autriche et l'ONU relatif à l'exécution des peines prononcées par le T.P.I.Y., moins précis en ce qui concerne l'autorité de contrôle à désigner.

[2] Il est à noter que l'accord de délégation de contrôle conclu entre la C.P.I. et le C.I.C.R. renvoie, quoi qu'implicitement, au consentement de l'État chargé de l'exécution, en ce qu'il dispose que : « le CICR peut rendre visite aux personnes condamnées et transférées dans l'État chargé de l'exécution de leur peine <u>conformément aux accords bilatéraux d'exécution des peines</u> conclus entre la CPI et les États chargés de l'exécution des peines ».

[3] ROLLIN, H., « Les Mandats Internationaux », *op. cit.,* p.37.

de la personne condamnée »[1]. En effet, si la Cour peut entendre l'avis de la personne condamnée[2], ni elle ni son délégataire ne sont liés par celui-ci[3]. De même, l'exécution de la compétence de recours à la force déléguée par le Conseil de sécurité à des États ou à des organisations internationales, prise sur le fondement du Chapitre VII, ne nécessite pas d'acceptation préalable de l'État sur le territoire duquel l'intervention se déroulera. Ainsi, certains tiers peuvent être affectés par une délégation et subir les effets de la délégation sans être partie à l'accord de délégation, ni y consentir.

Section II. La non-substitution du délégataire au délégant

280. Dès lors que le délégataire remplace l'organisation internationale délégante dans l'exercice d'une ou plusieurs de ses missions, il est légitime de s'interroger sur le contenu exact de la compétence conférée au délégataire. La question qui se pose est celle de savoir si une telle délégation entraîne un transfert au délégataire des droits, privilèges et obligations de l'organisation internationale délégante. Le Professeur Condorelli avait déjà exprimé les mêmes interrogations à propos des opérations militaires autorisées par le Conseil de sécurité : « il y a de quoi se demander, en vérité, pourquoi celui à qui est confiée la tâche de remplacer le policier absent ne devrait pas jouir, *mutatis mutandis*, du même traitement auquel ce dernier aurait eu droit et être soumis au même régime juridique ! »[4].

281. L'analyse de la pratique des délégations de compétence d'une organisation internationale montre clairement qu'une délégation ne s'accompagne pas systématiquement d'un transfert des privilèges et obligations du délégant au délégataire (Paragraphe 1). Face à ce constat de non-substitution du délégataire à l'organisation internationale

---

[1] Article 103, 3, c. du statut de la C.P.I. voy. également la règle 203 du *Règlement de procédure et de preuve* de la C.P.I.

[2] BREJON, A., « Le contrôle de l'exécution des peines prononcées par la Cour pénale internationale : une confiance démesurée de la CPI à l'État ? », *op. cit.*, p. 223. L'auteur observe que « dans l'affaire *Lubanga Dyilo*, l'avis du condamné, abondant dans le sens de l'Etat d'origine, semble avoir été pris en compte », *idem*.

[3] *Idem.*

[4] CONDORELLI, L., « Le statut des forces de l'ONU et le droit international humanitaire », *op. cit.*, p. 134.

délégante, il semble nécessaire d'essayer de déterminer le droit applicable à l'exercice de la délégation (Paragraphe 2).

Paragraphe 1. L'absence de transfert des privilèges et obligations de l'organisation délégante

282. À la lumière de la pratique des organisations internationales en matière de délégation de compétence, nous avons observé que la délégation de compétence ne s'accompagne automatiquement ni d'un transfert des privilèges et immunités (B), ni d'un transfert d'obligations du délégant au délégataire (A).

A. L'absence de transfert automatique des obligations de l'organisation délégante

283. Il s'agit ici d'analyser les effets du recours à la délégation sur les obligations du délégataire et de savoir si la délégation de compétence emporte également une délégation des obligations du délégant. La théorie de la succession fonctionnelle a été avancée pour appuyer l'hypothèse d'un transfert d'obligations concomitant à une délégation. L'étude de la pratique des organisations internationales et de la doctrine contredisent cet argumentaire et nous conduit à l'écarter en cas de délégation de compétence par une organisation internationale.

284. Présentation de la théorie de la succession d'obligations. La succession d'obligations a initialement été évoquée pour expliquer la transmission par des États, qui créent une organisation internationale, de certaines de leurs obligations juridiques à cette dernière. Elle se fonde sur la théorie de la succession fonctionnelle[1] qui prévoit que le transfert de compétences et fonctions soit assorti d'un transfert d'obligations. La C.J.C.E., dans les affaires jointes 21 à 24-72,

---

[1] Cette théorie s'inspire par analogie de celle de la succession d'États en droit international. *Voy.* MIRON, A, *Le droit dérivé des organisations internationales de coopération dans les ordres juridiques internes*, thèse, Université Paris Ouest Nanterre La Défense, 2014, 678 p., pp. 130-131. La doctrine admet, en effet, que « l'un [des] sujets [de droit international] peut dans certains cas devenir partie à un traité sans l'avoir expressément souhaité, du fait de la survenance d'une situation objective (une succession d'États, par exemple, à l'égard au moins de certain traité, comme les accords frontaliers) », *in* FORTEAU, M., « Le droit applicable en matière de droits de l'homme aux administrations territoriales gérées par des organisations internationales », *in* S.F.D.I., *La soumission des organisations internationales aux normes internationales relatives aux droits de l'homme*, *op. cit.*, pp. 7-34, p. 24.

International Fruit Company[1], a appliqué la théorie de la succession fonctionnelle afin d'opposer à la C.E.E. les obligations du GATT[2]. La Cour a constaté « qu'au moment de conclure le traité instituant la Communauté économique européenne, les États membres étaient liés par les engagements de l'Accord général »[3], tout en observant « que la Communauté a assumé [...] les fonctions inhérentes à la politique tarifaire et commerciale ». En conséquence, elle déclara « que les États membres, en conférant ces compétences à la Communauté, marquaient leur volonté de la lier par les obligations contractées en vertu de l'Accord général »[4]. La Cour en tire comme conclusion « qu'il apparaît dès lors que, dans toute la mesure où, en vertu du traité C.E.E., la Communauté a assumé des compétences précédemment exercées par les États membres dans le domaine d'application de l'Accord général, les dispositions de cet accord ont pour effet de lier la Communauté »[5]. Cet argumentaire de la succession d'obligations entre États et organisation internationale naissante a été repris par une partie de la doctrine pour expliquer l'opposabilité à l'organisation internationale

---

[1] C.J.C.E., affaires jointes C-21/72 à 24/72, *International Fruit Company NV et autres c. Produktschap voor Groenten en Fruit*, 12 décembre 1972, Rec. p. 1219.

[2] La Communauté européenne a été créée postérieurement aux traités du GATT et n'a pas ratifié ces traités. Voy. GRILLO-PASQUARELLI, E., « La participation de la CEE aux accords multilatéraux », *in* SIMON, D., GRILLO-PASQUARELLI, E., KLEMAN, N., (dir.), *La Communauté économique européenne dans les relations internationales*, Nancy, Centre Universitaire Européen, 1972, 312 p., pp. 133-200, p. 145.

[3] C.J.C.E., affaires jointes C-21/72 à 24/72, *International Fruit Company NV et autres c. Produktschap voor Groenten en Fruit*, 12 décembre 1972, Rec. p. 1219 § 10.

[4] *Ibid.* § 15.

[5] *Ibid.* § 18. Il est à noter cependant qu'une telle théorie n'a pas été acceptée pour opposer à la Communauté la Convention européenne des droits de l'homme. Ainsi, la Commission des droits de l'homme a jugé irrecevable une requête dirigée contre les Communautés européennes en tant que telles, relevant que celles-ci, ne sont pas partie contractante à la Convention E.D.H. (Commission E.D.H., *Confédération française démocratique du travail c. Communautés européennes*, 10 juillet 1978, requête n° 8030/77). Une telle décision a été l'objet de critiques par certains auteurs en faveur d'une opposabilité de la Convention E.D.H. aux Communautés européennes. Voy. en ce sens, PESCATORE, P., « La Cour de justice des Communautés européennes et la Convention européenne des droits de l'homme », *in* MATSCHER, F., PETZOLD, H., (dir.), *Protection des droits de l'homme : la dimension européenne, Mélanges en l'honneur de Gérard J. WIARDA,* Köln, Carl Heymanns Verlag KG, Köln, 2ème éd. 1990, 750 p., pp. 441-455, sp. pp. 450-451.

des obligations internationales de ses membres[1]. Ce même argument peut-il être utilisé en cas de délégation de l'exercice de compétences et fonctions de l'organisation internationale délégante ? Certains pourraient avancer que l'entité délégataire doit, dans l'exercice de ses fonctions et compétences déléguées, respecter les mêmes obligations que devrait en principe respecter l'organisation internationale délégante titulaire desdites compétences et fonctions. La succession des obligations de l'organisation internationale à son délégataire pourrait ainsi trouver légitimement son fondement dans la fonction de la délégation[2], en ce que le délégataire agit en lieu et place de l'organisation internationale délégante normalement compétente[3]. Elle serait également un atout pour affermir la sécurité juridique des actes commis par délégation et renforcer le lien entre l'organisation délégante et son délégataire. En outre, la théorie de la succession fonctionnelle a déjà trouvé application en droit international dans le cadre de la succession entre organisations internationales, notamment lorsque l'ONU a succédé à la S.D.N. En effet, dans son avis consultatif du 21 juin 1971, la C.I.J. a jugé que l'A.G.N.U. conserve une compétence de surveillance et de contrôle de l'administration du Territoire sous mandat, telle qu'était exercée précédemment par le Conseil de la S.D.N.[4]. M. Virally, exposant la portée de cette jurisprudence, a écrit : « [l]'intérêt de cette jurisprudence est dans sa portée. Elle affirme la permanence de certaines fonctions internationales, indépendamment de

---

[1] Voy. SCHERMERS, H. G., " The Legal Bases of International Organization Action", *in* DUPUY, R.-J., (dir.), *Manuel sur les organisations internationales*, Martinus Nijhoff, Dordrecht, 1988, pp. 401-411, p. 403. L'auteur explique que les organisations internationales sont liées par tous les traités auxquels tous ses États membres étaient partie lors de la création de ladite organisation. Il appuie son affirmation sur le fait que le transfert des compétences, lors de la création de l'organisation ne peut s'effectuer que si leurs exercices s'effectuent dans les mêmes limites et restrictions qui s'imposaient aux États membres avant la création de l'organisation, en vertu du principe *nemo plusjuris transferre potest quam ipse habet*.

[2] Idée inspirée de FORTEAU, M., « Le droit applicable en matière de droits de l'homme aux administrations territoriales gérées par des organisations internationales », *op. cit.*, p. 25.

[3] Voy. en ce sens, à propos du fondement de la succession fonctionnelle entre l'autorité administrant un territoire et l'État administré, FORTEAU, M., « Le droit applicable en matière de droits de l'homme aux administrations territoriales gérées par des organisations internationales », *idem*.

[4] *Conséquences juridiques pour les États de la présence continue de l'Afrique du Sud en Namibie (Sud-Ouest africain) nonobstant la résolution 276 (1970) du Conseil de sécurité,* avis consultatif, C.I.J. Recueil 1971, p. 16 § 72.

l'identité de l'organisation qui en a la charge à une époque ou à une autre : c'est là le principe de la succession »[1].

285. Toutefois, il ne nous semble pas que cette théorie soit applicable à la délégation de compétence par une organisation internationale. En effet, la théorie de la succession fonctionnelle a été invoquée pour la seule détermination de certaines obligations des autorités administrant un territoire[2], et concerne exclusivement l'autorité administrante et l'autorité administrée. Elle s'appuie sur un lien de rattachement avec le territoire lié à l'objet de la délégation[3] et non pas sur la relation conventionnelle entre l'organisation délégante et l'État délégataire. Le Professeur Forteau a fort justement indiqué que la persistance de la compétence mandatée par le mandant ne reflète pas la pratique du droit international en la matière[4]. En effet, il a été considéré que le maintien de certaines obligations, relatives aux droits de l'homme notamment, se justifie en partie par le droit international coutumier en la matière[5]. La théorie de la succession fonctionnelle ne permet donc pas d'expliquer le transfert d'obligations entre l'ONU et les autorités administrant les territoires[6], et encore moins à le généraliser à toute délégation effectuée par une organisation internationale.

---

[1] VIRALLY, M., « L'ONU devant le droit », *J.D.I.,* vol. 99, 1972, pp. 501-533, p. 512.

[2] Elle avait été présentée comme argumentaire afin de maintenir en vigueur les traités sur les droits de l'homme dans les territoires administrés par l'ONU comme en Afrique du Sud ou bien encore par une Coalition internationale sous autorisation de l'ONU comme en Irak. Pour plus de détails, voy. DE WET, E., "The Direct Administration of Territories by the United Nations and its Member States in the Post Cold War Era : Legal Bases and Implications for National Law" *Max Planck UNYB,* 2004, pp. 291-340.

[3] L'essence de cet argument semble être le contrôle *de facto* sur le territoire, combinée à la nature des obligations, qui impliquerait la succession automatique desdites obligations, d'après E. DE WET, *idem.*

[4] FORTEAU, M., « Le droit applicable en matière de droits de l'homme aux administrations territoriales gérées par des organisations internationales », *op. cit.,* pp. 25-26.

[5] DE WET, E., « The Direct Administration of Territories by the United Nations and its Member States in the Post Cold War Era : Legal Bases and Implications for National Law », *op. cit.*, p. 319.

[6] KANETAKE, M., *The UN Security Council and Domestic Actors : Distance in international law*, Routledge, 2017, 238 p., p. 111.

286. Il convient ainsi de ne pas confondre délégation et succession. La succession est un transfert de fonctions et d'obligations[1], alors que la délégation se définit seulement par le transfert de fonctions. Tout transfert d'obligations qui peut accompagner une délégation doit être considéré comme un élément extérieur à la délégation. D'autant plus que la personnalité juridique distincte du sujet délégataire ne permet pas que lui soit imposée, sauf acceptation de sa part[2], une obligation du seul fait d'exercer une compétence pour le compte de son délégant. Les délégataires d'une organisation internationale sont des sujets indépendants de l'organisation, et ne sont donc liés par aucune des obligations de l'organisation délégante[3]. Seule une disposition explicite de l'accord de délégation permettrait un tel transfert d'obligations à ses délégataires, ce qui n'est pas observé dans les cas étudiés. En effet, aucune des Chartes de mandats conclues entre la S.D.N. et les États mandataires, aucun accord de tutelle sous l'ONU, ou accords d'exécution n'ont prévu un quelconque transfert d'obligations de l'organisation délégante à son délégataire. De même, à aucun moment, les délégataires de la S.D.N., de l'ONU ou de la C.P.I. n'ont prétendu être liés par les obligations de l'organisation délégante. Cette conclusion est valable également pour la délégation de compétences du Conseil de sécurité à des États ou à des organisations internationales, ou encore pour la délégation de compétence de l'A.I.F.M. à des cocontractants privés ou publics.

---

[1] En ce sens, AMERASINGHE, C.F., "The Ways and Means of International Organizations : Dissolution and Succession" *in* R.-J. DUPUY (dir.), *Manuel sur les organisations internationales, op. cit.*, pp. 365-376, p. 373.

[2] Aucun des accords de délégation étudiés ne mentionne une telle acceptation.

[3] Le délégataire de l'organisation internationale est, en effet, considéré comme tiers aux obligations contractées par elle et ses obligations ne lui sont alors pas opposables au nom du principe de droit international général « *pacta tertiis nec nocent nec prosunt* » Voy. l'article 34 des C.V.D.T. de 1969 et de 1986. Sur cet article voy. KLIMIS, E., « Article 34, Convention de 1986 », *in* CORTEN, O., KLEIN, P. (dir.), CORTEN, O., KLEIN, P., (dir.), *Les Conventions de Vienne sur le droit des traités. Commentaire article par article, op. cit.*, pp. 1417-1423. Sur le principe de l'effet des traités à l'égard de tiers, voy. notamment CAHIER, Ph., « Le problème des effets des traités à l'égard des États tiers », *R.C.A.D.I.*, 1974, vol. 143, pp. 589-736, sp. pp. 609-617 et pp. 698-723.

B. L'absence de transfert automatique des immunités et privilèges de l'organisation délégante

287. Théorie des immunités. La question de l'immunité fait partie des questions classiques en droit international. Il a, en effet, été admis très tôt en droit international des immunités de l'État, de ses biens et de ses représentants présents sur le territoire d'un autre État. La naissance des organisations internationales a été accompagnée de la reconnaissance à celles-ci d'immunités et privilèges. Toutefois, le fondement et l'étendue des immunités des organisations internationales sont distincts de ceux des immunités des États[1]. Les immunités des organisations internationales ont pour objet de garantir leur indépendance et leur capacité de mener leurs activités sans ingérence des États sur le territoire duquel elles interviennent[2]. Ainsi, la théorie de nécessité fonctionnelle a-t-elle été invoquée pour expliquer ces immunités[3]. Toutefois, l'octroi des immunités à l'organisation internationale n'est pas effectué de manière automatique dès sa naissance, mais nécessite un acte juridique lui conférant de telles immunités. Il est incertain que l'interprétation des nécessités fonctionnelles puisse servir à justifier un droit à l'immunité d'une entité autre que l'organisation internationale, quand bien même elle exercerait une compétence pour le compte de cette dernière. En effet, il est admis par beaucoup d'auteurs que les immunités des organisation internationales découlent principalement du droit conventionnel[4]. Il n'y

---

[1] « L'immunité est accordée aux organisations internationales pour leur permettre d'exercer leurs fonctions de manière indépendante en empêchant leurs États membres – et l'État d'accueil en premier lieu – d'exercer une influence injustifiée », *in* Rapport, *L'obligation des institutions internationales de répondre de leurs actes en cas de violations des droits de l'homme*, Assemblée parlementaire, Rapporteur : M. José María BENEYTO, 17 décembre 2013, doc. off., 13370.

[2] C.E.D.H., *Beer et Regan c. Allemagne*, 18 février 1999, Requête n° 28934/95 § 53.

[3] Voy. l'article 105 de la Charte, par exemple, qui prévoit l'octroi d'une immunité fonctionnelle à l'organisation et à ses agents. Voy. également, La *Convention sur les privilèges et immunités des Nations Unies*, adoptée par l'A.G.N.U. le 13 février 1946, notamment l'article VI, section 22.

[4] En ce sens, WOOD. M., « Do International Organizations Enjoy Immunity under Customary International Law », *in* BLOKKER, N., SCHRIJVER, N. (dir.), *Immunity of International Organizations*, Leiden, Boston, Brill, Nijhoff, 2015, 363 p., pp. 29-60 ; BLOKKER, N., « Jurisdictional Immunities of International Organisations – Origins, Fundamentals and Challenges », *in* RUYS, T. ANGELET, N. FERRO, L., (dir.), *The Cambridge Handbook of Immunities and International Law*, Cambridge, Cambridge University Press, 790 p., pp. 185-200 ; BENLOLO-CARABOT, M., « Les

aurait donc pas de transfert des privilèges et immunités, accordés par un sujet de droit international à l'organisation internationale délégante, sans le consentement dudit sujet ayant octroyé de tels privilèges et immunités. En outre, la pratique des juridictions internes est restrictive quant à l'octroi des immunités aux organisations internationales. Elles auraient, en effet, refusé d'admettre une immunité de juridiction aux organes subsidiaires de l'ONU[1]. Tel fut le cas pour la Commission économique des Nations Unies pour l'Amérique latine[2] ou de l'UNRWA[3]. En effet, l'indépendance croissante de ces organes subsidiaires a permis de douter de leur lien organique avec l'ONU et à empêcher le juge interne de leur appliquer, dans certains cas, les règles relatives à l'immunité de l'ONU[4]. Il est vrai que ces décisions ne

---

immunités de l'Union européenne dans les États tiers », *A.F.D.I.*, vol. 55, 2009, pp. 783-818, pp. 793-797 ; KLEIN, P., *La responsabilité des organisations internationales dans les ordres juridiques internes et en droit des gens*, Bruxelles, Bruylant, 1998, 673 p., pp. 227-231 ; POIRAT, F., « Les immunités des sujets du droit international (États et organisations internationales) », *in* VERHOEVEN, J. (dir.), *Le droit international des immunités : contestation ou consolidation ?*, Bruxelles, Larcier, 2004, 283 p., pp. 11-60, pp. 28-32. Voy. *contra*, LALIVE, J.-F., « L'immunité de juridiction des États et des organisations internationales », *R.C.A.D.I.*, 1953-III, tome 84, pp. 205-396, sp. pp. 304-305 ; SEIDL-HOHENVELDERN, I., « L'immunité de juridiction et d'exécution des États et des organisations internationales », *in Droit international. Cours et travaux*, Paris, Pedone, 1981, 174 p., pp. 109-167, p. 160 ; MOUSSE, J., *Le contentieux des organisations internationales et de l'Union européenne*, Bruxelles, Bruylant, 1997, p. 193, n.b.p. n° 23 et pp. 376-380 ; BEKKER, P. H. F., *The Legal Position of Intergovernmental Organizations. A Functional Necessity Analysis of Their Legal Status and Immunities,* Dordrecht/Boston/London, Martinus Nijhoff Publishers, 1994, pp. 144-151.

[1] Voy. les affaires *Y. c/ UNRWA*, 1954 (Jordanie), *W c/ UNRWA*, 1952 (Liban), X c/ UNRWA, 1953 (Liban), *WW c/UNRWA*, 1955-1956 (Syrie), *cité par* WOUTERS, J., SCHMIDT, P., « Challenging acts of other United Nations' organs, subsidiary organs, and officials », *in* REINISCH, A. (dir.), *Challenging Acts of International Organizations Before National Courts*, New York, Oxford University Press, 2010, 302 p., pp. 77-110, p. 91, npb. 68 à 71.

[2] Voy. WOUTERS, J., SCHMIDT, P., « Challenging acts of other United Nations' organs, subsidiary organs, and officials », *op. cit.*, p. 91.

[3] *Idem.*

[4] Tribunal de Gaza, *YY c. UNRWA*, 17 août 1957, *Rapport annuel du Directeur de l'Office de secours et de travaux des Nations Unies pour les réfugiés de Palestine dans le Proche-Orient pour la période du 1er juillet 1956 au 30 juin 1957,* supplément n° 14, doc. off., A/3686, 1957, p. 50, n.b.p. n°34. Voy. également WOUTERS, J., SCHMIDT, P., « Challenging acts of other United Nations' organs, subsidiary organs, and officials », *op. cit.*, p. 86. Des considérations politiques de l'époque ont pu affecter

reflètent pas la réalité de l'étendue et de l'application de l'immunité en droit international[1], elles nous éclairent, cependant, sur la position restrictive de son application par le juge interne. Si les considérations politiques de l'époque ont pu affecter certains jugements[2], le raisonnement du juge interne confirme, à tort, que seule l'organisation internationale peut se prévaloir des immunités[3]. Cette application restrictive des immunités s'impose avec force lorsqu'il y a délégation. Dans ce cadre, le Professeur A. Reinsich a fort justement observé que les juridictions internes n'ont pas accepté l'élargissement du champ d'application personnelle de l'immunité : « *attempts to broaden the personal scope of immunity, for instance through concepts of delegation, etc., were generally not accepted by the judiciary* »[4].

288. À suivre l'interprétation doctrinale et jurisprudentielle, une délégation de compétence ne conduit pas à un transfert de privilèges et

---

certains jugements. Tel est le cas notamment entre l'Égypte et l'UNRWA, voy. en ce sens, le *Rapport annuel du Directeur de l'Office de secours et de travaux des Nations Unies pour les réfugiés de Palestine dans le Proche-Orient pour la période du 1er juillet 1956 au 30 juin 1957,* supplément n° 14, doc. off., A/3686, 1957, p. 50 §§ 11-14.

[1] Il est en effet admis que les organes subsidiaires d'une organisation internationale bénéficient également des privilèges et immunités accordés à leur organisation constituante. C'est ainsi que le sous-Comité du Comité IV/2, chargé de la préparation de l'article 105 de la Charte des Nations Unies, a déclaré que : « L'alinéa I, (1), de ce projet d'article vise l'Organisation, envisagée comme entité distincte. Partant, il vise également tous les organes de l'Organisation, c'est-à-dire aussi bien les organes ou autorités établis par la Charte eux-mêmes que les autres corps et organismes qu'ils établiraient ultérieurement en vertu des pouvoirs qu'ils tiennent de la Charte », i*n Documents de la Conférence des Nations Unies sur l'organisation internationale*, 22 vol., vol. XIII, (Commission IV : Organe judiciaire), San Francisco, 1945, pp. 776-777.

[2] Tel est le cas notamment entre l'Égypte et l'UNRWA, voy. le *Rapport annuel du Directeur de l'Office de secours et de travaux des Nations Unies pour les réfugiés de Palestine dans le Proche-Orient pour la période du 1er juillet 1956 au 30 juin 1957, op.cit.* § 11 à 14.

[3] Dans une affaire devant un tribunal à Gaza, le juge interne a refusé l'exception d'immunité soulevée par l'UNRWA au motif que celui-ci n'est pas un organe de l'ONU et ne dispose donc pas d'immunité de juridiction, voy. Tribunal de Gaza, *YY c. UNRWA*, 17 août 1957, *Rapport annuel du Directeur de l'Office de secours et de travaux des Nations Unies pour les réfugiés de Palestine dans le Proche-Orient pour la période du 1er juillet 1956 au 30 juin 1957, op. cit.,* p. 50, n.b.p. n°34. Voy. également WOUTERS, J., SCHMIDT, P., « Challenging acts of other United Nations' organs, subsidiary organs, and officials », *op. cit*., p. 86.

[4] REINISCH, A., *International Organizations before National Courts*, Cambridge, Gambridge University Press, 2000, 449 p., p. 172.

immunités de l'organisation internationale délégante au délégataire. Une telle conclusion est confirmée par différents cas dans la pratique des organisations internationales pouvant inclure une délégation de ses compétences. En effet, aucune des Chartes de mandat conclus entre la S.D.N. et les États mandataires, aucun accord de tutelle sous l'ONU, ou accord d'exécution n'a prévu un quelconque transfert d'immunité ou de privilèges de l'organisation délégante à son délégataire. De même, à aucun moment, les délégataires de la S.D.N., de l'ONU ou de la C.P.I. n'ont prétendu agir avec les immunités ou les privilèges de l'organisation délégante.

289. Le cas de l'immunité des partenaires d'une organisation internationale. Les partenariats des organisations internationales sont de plus en plus fréquents dans les relations internationales[1]. Pour des raisons techniques ou financières, les organisations internationales peuvent en effet être amenées à se joindre à des partenaires pour l'exercice de leurs compétences[2], voire de leur déléguer certaines compétences[3]. L'immunité du partenaire de l'organisation internationale peut, dans ce cas, être fondée soit sur un accord spécifique avec le(s) État(s) qui les lui accordent, soit sur celle de l'organisation internationale partenaire. On distingue alors deux situations.

---

[1] Voy. FROMAGEAU, E., *La théorie des institutions du droit administratif global : étude des interactions avec le droit international public*, *op. cit.*, *passim*; BOISSON DE CHAZOURNES, L., « Relations with Other International Organizations », *op. cit.*, pp. 701-703. La question des partenariats public-privé en droit international est étudiée par la doctrine, notamment dans le domaine de la santé, voy. par exemple, BURCI, G. L., « Public/Private Partnerships in the Public Health Sector », *I.O.L.R.*,2009, n° 6, pp. 359-382 ; RUNAVOT, M-C., « Les partenariats public-privé dans le domaine de la santé : réflexions sur un nouveau mode d'exercice de l'autorité publique internationale », *A.F.D.I.*, vol. 60, 2014. pp. 655-684; CLARKE, L., *Public-private partnerships and responsibility under international law, a global health perpective*, *op. cit.* ; KLABBERS, J., *Advanced Introduction to The Law of International Organizations*, Elgar Publishing, 2015, 132 p., pp. 111-112 ; WILLIAMS, O. D., RUSHTON, S., (dir.), *Partnerships and Foundations in Global Health Governance*, New York, Palgrave Macmillan, 2011, 308 p ; JACOB, P., « Quel droit pour les partenariats public privé ? », *op. cit.*, pp. 143-159.

[2] JACOB, P., « La mise en œuvre des normes et opération de l'organisation internationale », *op. cit.*, pp. 887-888.

[3] JANMYR, M., *Protecting civilians in refugee camps: unable and unwilling states, UNHCR and international responsibility*, *op. cit.*, pp. 310-341.

290. La première situation est celle de « partenariats formels » (*Formal Partnerships*)[1], qui sont hébergés (*Hosted partnerships*) par l'organisation internationale[2]. Ces partenaires bénéficient de la même immunité que celle accordée à l'organisation internationale[3], car l'accord d'hébergement les assimile à des fonctionnaires et agents de l'organisation internationale qui héberge[4]. Tel est le cas de l'Alliance mondiale de la vaccination et de l'immunisation (ci-après, GAVI), hébergée jusqu'à la fin de l'année 2008 par le Fonds des Nations Unies pour l'Enfance (ci-après, UNICEF)[5]. De même, le Fonds Mondial de Lutte contre le Sida, la Tuberculose et la Paludisme (ci-après, le Fonds Mondial)[6] et le Partenariat Halte à la Tuberculose (ci-après, Stop BT)

---

[1] L'O.M.S. « entend par « partenariats formels » les partenariats qui sont dotés ou non de la personnalité juridique mais qui ont leur propre organe directeur (par exemple un conseil ou un comité directeur), qui prennent des décisions concernant les orientations, les plans de travail et le budget. L'OMS héberge actuellement plusieurs partenariats de ce type, qui n'ont pas été constitués en tant qu'entités juridiques », *in* « Politique concernant la participation de l'OMS à des partenariats mondiaux pour la santé et les modalités d'hébergement », 21 mai 2010, doc. off., WHA63.10 § 6.

[2] Les partenariats formels se caractérisent par le fait qu'ils ne sont pas des entités juridiques distinctes et fonctionnent plutôt par l'intermédiaire de l'entité juridique de l'organisation internationale hébergeant d'après CLARKE, L., *Public-private partnerships and responsibility under international law, a global health perspective*, *op. cit.*, pp. 6-7 : « *formal partnerships or alliances are not separate legal entities and instead work through the legal entity of the host international organization* ». Voy. également O.M.S., « Politique concernant la participation de l'OMS à des partenariats mondiaux pour la santé et les modalités d'hébergement », *op. cit.* § 6.

[3] Le partenariat entre l'O.M.S. et le R.B.M. pour en finir avec le paludisme, hébergé par ce premier, permet d'étendre l'immunité de juridiction au Partenariat R.B.M. et prévoit que le personnel du Secrétariat R.B.M. sera considéré comme un membre du personnel de l'O.M.S. et également des fonctionnaires de l'O.M.S. aux fins de l'obtention de privilèges et immunités, voy. O.M.S., « Politique concernant la participation de l'OMS à des partenariats mondiaux pour la santé et les modalités d'hébergement », *op. cit.* § 13. Voy. également CLARKE, L., *Public-private partnerships and responsibility under international law, a global health perspective*, *op. cit.*, p. 66 ; JACOB, P., « Quel droit pour les partenariats public privé ? », *op. cit.*, pp. 152-155.

[4] CLARKE, L., *Public-private partnerships and responsibility under international law, a global health perspective*, *op. cit.*, pp. 79-80.

[5] BURCI, G. L., « Public/Private Partnerships in the Public Health Sector », *op. cit.*, p. 362.

[6] Le Fonds mondial a été créé en 2002 en tant que fondation de droit suisse. Lors de sa création, le Fonds mondial a signé un accord sur les services administratifs avec l'O.M.S. En plus de prévoir que l'O.M.S. assurerait le secrétariat du Fonds mondial,

ont été hébergés par l'O.M.S.[1] puis par le Bureau des Nations Unies pour les services d'appui aux projets (ci-après U.N.O.P.S.)[2].

291. La seconde situation est celle de partenaires agissant au titre de « *Separate Organizations* »[3], c'est-à-dire constitués comme des entités juridiques distinctes dotées de la structure administrative et juridique d'une société ou d'une fiducie à but non lucratif en vertu du droit national[4]. Ces partenaires ne sont pas couverts par l'immunité de l'organisation internationale. Il leur est cependant possible de conclure un accord avec l'État sur le territoire duquel ils ont leur siège ou leurs activités qui lui accorde alors une immunité[5]. Le développement du statut du GAVI illustre parfaitement les deux situations. Le GAVI, crée en 2000, a d'abord été hébergé par l'UNICEF et a bénéficié, à ce titre, des privilèges de cette organisation. En 2009, il se détache de l'UNICEF, n'y est plus hébergé et devient une « institution

---

elle a également étendu les privilèges et immunités dont jouit l'O.M.S. au Fonds mondial. À compter du 1er janvier 2009, l'accord sur les services administratifs avec l'O.M.S. a été résilié et le Fonds mondial est devenu administrativement autonome. Mais cela a également entraîné la suppression des privilèges et immunités accordés au Fonds mondial par le biais de l'O.M.S. Le Fonds mondial jouissait cependant à cette époque de privilèges et d'immunités en Suisse et aux États-Unis par le biais d'autres arrangements. Le Fonds mondial, au moment de la rédaction du présent rapport, s'efforce d'étendre son immunité à d'autres juridictions et a récemment fait ainsi en Moldavie, au Monténégro, au Rwanda, au Swaziland, au Ghana, en Éthiopie et en Géorgie. Voy. pour plus de détails, CLARKE, L., *Public-private partnerships and responsibility under international law, a global health perspective*, *op. cit*., pp. 70-71.

[1] CLARKE, L., *Public-private partnerships and responsibility under international law, a global health perspective*, *op. cit*., p. 66.

[2] *RBM Partnership Annual Report*, 2017, p. 6, *cité par* JACOB, P., « Quel droit pour les partenariats public privé ? », *op. cit.*, p. 147, n.b.p. n°21.

[3] BURCI, G. L., « Public/Private Partnerships in the Public Health Sector », *Iop. cit.*, pp. 367-368; CLARKE, L., *Public-private partnerships and responsibility under international law, a global health perspective*, *op. cit*., p. 7 et pp. 25-33.

[4] BURCI, G. L., « Public/Private Partnerships in the Public Health Sector », *op. cit.*, p. 367 : « *These PPPs are constituted as separate legal entities, with the administrative and legal structure of a non-profit corporation or trust under national law* ».

[5] À titre d'exemple, le CICR, la FISCR, l'UIP, le Fonds mondial de lutte contre le sida, la tuberculose et le paludisme, ainsi que GAVI Alliance sont considérés comme des institutions particulières ayant des fonctions d'intérêt international et bénéficient à ce titre des privilèges et immunités à travers des accords conclus avec les États notamment avec la Suisse.

internationale » de droit suisse[1]. Il bénéficie, depuis, des privilèges et immunités reconnus aux « institutions internationales »[2] par la *Loi fédérale sur les privilèges, les immunités et les facilités, ainsi que sur les aides financières accordées par la Suisse en tant qu'État hôte*. En outre, le GAVI a conclu un accord en 2009 avec le Conseil fédéral suisse qui détermine son statut en Suisse[3].

292. Cas des opérations militaires autorisées par le Conseil de sécurité. Les contingents militaires autorisés à recourir à la force par délégation du Conseil de sécurité ne font pas partie du personnel des Nations Unies[4] et, en conséquence, ne sont pas couverts par les immunités de l'ONU[5]. Toutefois, ces contingents nationaux missionnés pour ces opérations peuvent être protégés contre la juridiction du for par des accords spécifiques conclus par leurs États d'envoi avec l'État hôte. Ainsi, plusieurs résolutions du Conseil de sécurité délégant à l'U.E. le recours à la force prévoient la négociation d'accords d'immunité avec l'État hôte de l'opération sur le territoire duquel l'U.E. intervient pour le compte de l'ONU. Citons la résolution 1778 autorisant la mise en place de l'opération EUFOR Tchad/RCA[6] qui invite les gouvernements de la République du Tchad et de la République centrafricaine ainsi que l'Union européenne à conclure dès que possible des accords sur le statut des forces de l'opération de l'Union européenne[7]. Durant la période de négociation, il peut être envisagé unc

---

[1] Voy. les article 1et 29 du *Statut de GAVI Alliance*, approuvé le 29 octobre 2008 et modifié le 16-17 novembre 2011, le 14-15 juin 2017 et 6-7 juin 2018.

[2] Article 7 de la *Loi fédérale sur les privilèges, les immunités et les facilités, ainsi que sur les aides financières accordées par la Suisse en tant qu'État hôte* du 22 juin 2007.

[3] *Accord entre le Conseil fédéral suisse et GAVI Alliance (Global Alliance for Vaccines and Immunization) en vue de déterminer le statut juridique de GAVI Alliance en Suisse*, conclu le 23 juin 2009, entré en vigueur avec effet dès le 1er janvier 2009.

[4] SICILIANOS, L.-A., « Entre multilatéralisme et unilatéralisme : l'autorisation par le Conseil de sécurité de recourir à la force », *op. cit.*, pp. 143-146.

[5] *Ibid.*, p. 364.

[6] S/RES/1778 (2007), point 6. L'opération EUFOR Tchad/RCA a été mise en place par l'Union européenne sur autorisation du Conseil de sécurité sur le fondement du Chapitre VII de la Charte par la résolution 1778 adoptée le 25 septembre 2007.

[7] *Ibid.*, point 11. Un tel accord a été conclu en 2008. Voy. Décision 2008/266/PESC du conseil du 28 janvier 2008 concernant la conclusion de l'accord entre l'Union européenne et la République du Tchad relatif au statut des forces placées sous la direction de l'Union européenne dans la République du Tchad, *JOUE*, L 83/39 du 26 mars 2008 ; décision 2008/389/PESC du Conseil du 7 avril 2008 concernant la

protection transitoire des agents de ces forces à l'identique du personnel onusien. Une telle protection est expressément comprise dans la résolution 1671 du 25 avril 2006 autorisant le déploiement d'Eufor R.D.Congo en République démocratique du Congo, qui « *[i]nvite instamment* le Gouvernement de la République démocratique du Congo et l'Union européenne à conclure un accord sur le statut des forces avant le déploiement des éléments avancés d'Eufor R.D.Congo [...] et décide que, jusqu'à la conclusion d'un tel accord, les dispositions de l'accord sur le statut des forces de la MONUC en date du 4 mai 2000 s'appliqueront *mutadis mutandis* entre l'Union européenne et le Gouvernement de la République démocratique du Congo au profit d'Eufor R.D.Congo, y compris à d'éventuels pays contributeurs tiers »[1]. Dans ce cas, un transfert d'immunités est prévu mais il demeure exceptionnel et transitoire.

293. L'UE a effectivement conclu plusieurs *Status Of Force Agreement* (SOFA) et des *Status Of Mission Agreement* (SOMA). On peut mentionner le SOMA conclu entre l'Union Africaine et le Soudan[2] prévoyant l'application des dispositions pertinentes de la Convention générale sur les privilèges et immunités de l'O.U.A. au personnel de l'UE[3] déployé au soutien de l'AMIS II[4], ou encore l'extension du Règlement 2000/47 de la MINUK, qui définit le statut, les privilèges et les immunités de la KFOR et de la MINUK au Kosovo.

294. Les mêmes solutions ont été envisagées pour les opérations de l'OTAN. Ainsi, l'annexe B de l'Accord militaire technique (AMT) du 9 juin 1999[5] conclu entre la KFOR, le gouvernement de la RFY et la

---

conclusion de l'accord entre l'Union européenne et la République centrafricaine relatif au statut des forces placées sous la direction de l'Union européenne dans la République centrafricaine, *JOUE*, L 136/45 du 24 mai 2008.

[1] Doc. off., S/RES/1671 (2006), point 12, italique dans le texte.

[2] *Status of Mission Agreement (SOMA) on the Establishment and Management of the Ceasefire Commission in the Darfur Area of the Sudan (CFC)*, 4 June 2004, *cité par* SARI, A., « Status of Forces and Status of Mission Agreements Under the ESDP : the EU's evolving practice », *EJIL*, 2008, vol. 19, n° 1, pp. 67-100, p. 74, npb. n° 50.

[3] Voy. article 12 § 1 de l'*Action commune 2005/557/PESC du Conseil du 18 juillet 2005 concernant l'action de soutien civilo-militaire de l'Union européenne à la mission de l'Union africaine dans la région soudanaise du Darfour*, CELEX : 32005E0557. Voy. également les considérants 14 et 15 de cette même Action commune du Conseil.

[4] *Mission de l'Union africaine au Darfour.*

[5] *Military Technical Agreement between the International Security Force ("KFOR") and the Governments of the Federal Republic of Yugoslavia and the Republic of Serbia*, 9 juin 1999.

République de Serbie prévoit une immunité de juridiction de la KFOR et de ses personnels pour les litiges en relation avec l'exercice des activités de la KFOR : « *The international security force ("KFOR") nor any of its personnel or staff shall be liable for any damage to public or private property that they may cause in the course of duties related to the implementation of this Agreement. The parties will agree a Status of Forces Agreement (SOFA) as soon as possible* »[1]. Aucun accord relatif au statut de forces (SOFA) de l'OTAN n'a néanmoins été négocié. L'octroi de privilèges et immunités à la KFOR est une initiative de la MINUK. Le règlement adopté par cette dernière en date du 18 août 2000 prévoit ainsi dans ses sections 2 et 3, que la KFOR, la MINUK et leurs personnels jouissent de l'immunité de juridiction[2]. Les agents de la KFOR bénéficient de cette immunité uniquement dans l'exercice de leurs fonctions et pour les actes accomplis par eux dans le cadre de leurs fonctions officielles[3]. Cette immunité peut être levée comme le dispose la section 6.2 : « [l]es demandes de levée d'immunité concernant les personnels de la KFOR doivent être transmises aux commandants respectifs des contingents nationaux dont ils relèvent »[4]. L'immunité conférée aux agents de la KFOR est ainsi fondée sur un acte de la MINUK, elle-même agissant en fait comme une entité de

---

[1] *Idem.*, annexe B, point 3.

[2] *Règlement n° 2000/47 du 18 août 2000 sur le statut, les privilèges et immunités de la KFOR et de la MINUK et de leur personnel au Kosovo in R.G.D.I.P.*, 2000/4, pp. 1134-1137 ; Commission européenne pour la démocratie par le droit (Commission de Venise), *avis sur les droits de l'homme au Kosovo : établissement éventuel de mécanismes de contrôle*, adopté par la Commission de Venise lors de sa 60ème Session plénière, Venise, 8 et 9 octobre 2004, avis n° 280 / 2004, doc. off., CDL-AD(2004)033. Voy. également, Conseil de sécurité, 8541e séance, 10 juin 2019, doc. off., S/PV.8541, sp. pp. 2-6.

[3] Section 2 du *Règlement n° 2000/47 du 18 août 2000 sur le statut, les privilèges et immunités de la KFOR et de la MINUK et de leur personnel au Kosovo, op. cit.*

[4] Section 6. 2, *ibid.*

substitution du Kosovo[1]. La résolution 1244[2] étant muette sur la question de l'immunité qui ne peut se fonder sur la simple délégation de compétence effectuée par le Conseil de sécurité.

295. Il est vrai que certains auteurs ont pu déceler dans l'affaire *Behrami*[3] la reconnaissance d'une immunité de juridiction pour des actes adoptés par des États et des organisations internationales en vertu d'une délégation du Conseil de sécurité, au moins devant le juge de Strasbourg[4]. Or, d'après nous, il s'agit d'une surinterprétation de l'intention prêtée à la Cour. Celle-ci a uniquement décidé de sa compétence *ratione personae* en considérant les actes comme imputables à l'ONU sur le fondement de la délégation[5]. Celle-ci n'étant pas signataire de la Convention, la Cour s'est alors déclarée incompétente.

296. Il est également possible que les délégataires de l'ONU se voient confier une immunité de juridiction par le Conseil de sécurité agissant sur le fondement du Chapitre VII. Ainsi, dans sa résolution 1244 du 12 juillet 2002, agissant sous le fondement du Chapitre VII, le Conseil de sécurité a décidé de confier une immunité devant la C.P.I. aux personnels des sujets délégataires du Conseil de sécurité : « 1. Demande, conformément à l'article 16 du Statut de Rome, que, s'il survenait une affaire concernant des responsables ou des personnels en

---

[1] L'immunité conférée à la MINUK a ainsi été objet de critiques, voy. Ombudsperson Institution in Kosovo Special Report n°1, « *On the compatibility with recognized international standards of UNMIK Regulation No. 2000/47 on the Status, Privileges and Immunities of KFOR and UNMIK and Their Personnel in Kosovo (18 August 2000) and on the implementation of the above Regulation* », 26 avril 2001 § 23, *cité par* I.D.I., « L'administration territoriale par les Nations Unies et d'autres institutions internationales habilitées par les Nations Unies. Rapport préliminaire », Rapporteur : Linos-Alexandre Sicilianos, *Annuaire de l'IDI.*, pp. 333-408, p. 398, n.b.p. n°205. Voy. également, STAHN, C., « The United Nations Transitional Administrations in Kosovo and East Timor : A First Analysis », *Max Planck Yearbook of United Nations Law*, Vol. 5, 2001, pp. 105-183, pp. 159-162. Voy. *contra* PREZAS, *L'administration de collectivités territoriales par les Nations Unies : étude de la substitution de l'organisation internationale à l'État dans l'exercice des pouvoirs de gouvernement*, Bruxelles, Anthemis, 2012, 584 p., pp. 481-487.

[2] Doc. off., S/RES/1244 (1999).

[3] C.E.D.H., *Behrami et Behrami c. France et Saramati c. France, Allemagne et Norvège, op. cit.*

[4] HAMONIC, A., *Les relations entre l'Union européenne et l'ONU dans le domaine de la gestion des crises*, Bruxelles, Bruylant, 2018, 894 p., p. 554.

[5] C.E.D.H., *Behrami et Behrami c. France et Saramati c. France, Allemagne et Norvège, op. cit.* § 151. Également, C.E.D.H, *décision, Berić et autres c. Bosnie-Herzégovine,* 16 octobre 2007, n° 36357/04.

activité ou d'anciens responsables ou personnels d'un État contributeur qui n'est pas partie au Statut de Rome à raison d'actes ou d'omissions liés à des opérations établies ou autorisées par l'Organisation des Nations Unies, la C.P.I., pendant une période de 12 mois commençant le 1er juillet 2002, n'engage ni ne mène aucune enquête ou aucune poursuite, sauf si le Conseil de sécurité en décide autrement »[1]. Cette immunité qui concerne les personnels composants les contingents des États délégataires, est directement liée à la délégation confiée à leur État d'appartenance. À supposer pouvoir établir une responsabilité pénale des personnes morales devant la C.P.I., une immunité de juridiction devrait leur être applicable dans les mêmes conditions.

297. Le cas des sociétés militaires et de sécurité privée. Les sociétés militaires et de sécurité privée (ci-après S.M.S.P.) qui agissent par délégation pour le compte d'une organisation internationale ne bénéficient pas des privilèges et immunités de celle-ci. Il est toutefois possible, dans certains cas, qu'une S.M.S.P. se voit attribuer des privilèges et immunités sur le fondement d'un *Status of Forces Agreement* (SOFA)[2]. Tel fut le cas pour les S.M.S.P. qui sont intervenues en Irak et en Afghanistan. Par exemple, l'Autorité provisoire de la Coalition agissant en Irak avait accordé à ses cocontractants privés[3], y compris les S.M.S.P.[4], des immunités de poursuite en Irak. Ainsi, l'immunité de juridiction peut être attribuée à ces personnes privées soit par accord avec l'État sur le territoire duquel elles interviennent, soit par une décision unilatérale de celui-ci ou d'une

---

[1] Résolution 1422 du 12 juillet 2002, doc. off., S/RES/1422 (2002). Cette immunité de juridiction devant la C.P.I. a été justifiée par le Conseil en ces termes : « *Considérant* que les opérations établies ou autorisées par le Conseil de sécurité de l'Organisation des Nations Unies ont pour mission de maintenir ou de rétablir la paix et la sécurité internationales, *Considérant en outre* qu'il est dans l'intérêt de la paix et de la sécurité internationales de faire en sorte que les États Membres soient en mesure de concourir aux opérations décidées ou autorisées par le Conseil de sécurité », *in* Préambule de la Résolution 1422, *ibid.*, *italique dans le texte*.

[2] PARODI, F., *Les sociétés militaires et de sécurité privées en droit international et droit comparé*, thèse, Université Paris 1 Panthéon-Sorbonne, 2009, 484 p., pp. 97-81 ; MASO, C. R., « Status of Forces Agreement (SOFA) : What Is It, and How Has It Been Utilized? », *CRS Report for Congress*, 15 mars 2012.

[3] Section 4, point 3 du *Status Of The Coalition Provisional Authority*, Coalition Provisional Authority Order 17 (Revised), Mnf - Iraq, Certain Missions And Personnel In Iraq, 27 juin 2004, doc. off., CPA/ORD/27 June 2004/17.

[4] GILLARD, E-Ch., « Quand l'entreprise s'en va-t-en guerre : les sociétés militaires et sociétés de sécurité privées et le droit international », *R.I.C.R.*, vol. 88, Sélection française, 2006, pp. 173-224, p. 192.

entité agissant pour son compte et en son nom. La délégation accordée aux S.M.S.P. ne leur attribue donc pas en soi des privilèges et/ou des immunités.

298. L'affaire de *l'aéroport de Linz*. La non-transitivité de l'immunité peut également être déduite de certaines décisions de jurisprudence nationale. Dans l'affaire de l'aéroport de Linz, la Cour suprême autrichienne a été saisie d'une action intentée par une société gestionnaire d'un aéroport commercial civil situé sur le territoire autrichien contre les États-Unis, pour l'utilisation de l'aéroport à des fins d'opérations militaires dans le cadre de l'IFOR et de la SFOR dans les Balkans[1]. La société de gestion de l'aéroport demandait le versement de droits de redevances dus pour l'usage de l'aéroport par les forces de l'air des États-Unis. Le tribunal de district de *Linz* saisi rejeta la demande en s'appuyant sur la théorie de l'immunité de l'État. La Cour suprême a confirmé la décision des juges de première instance. Son raisonnement est le suivant : après avoir distingué entre les actes *iure imperii* et *iure gestionis*, la Cour a décidé que seuls les premiers sont couverts par l'immunité de juridiction[2]. L'interrogation de la Cour était de savoir si les atterrissages et décollages dans un aéroport civil relevaient ou non des actes privés[3]. Selon la Cour, les actes pris par les forces aériennes des États-Unis sont des mesures auxiliaires dans l'accomplissement d'une mission effectuée dans le cadre d'une résolution du Conseil de sécurité. Ainsi, la Cour suprême autrichienne a déduit que les mesures litigieuses relevaient des actes de la puissance publique (*iure imperii*) pris sur le fondement du chapitre VII de la Charte[4]. La Cour n'a toutefois pas évoqué la question de l'immunité de l'ONU ou de l'OTAN, elle n'a pas non plus analysé les comportements d'un État ou d'une organisation internationale sous couvert d'une éventuelle immunité de leur délégant. Elle ne s'est pas déclarée incompétente sur le fondement de l'immunité de ces organisations et la

[1] Cour suprême d'Autriche, *Airport Linz v. United States*, 28 août 2003, décision n° 2, Ob 156/03k, WITTICH, S., « Austrian Judicial Decisions Involving Questions of International Law/Osterreichische Judikatur zum Internationalen Recht », *Austrian review of international and European law*, vol. 8, 2003, pp. 423-502, sp. pp. 430-436; WITTICH, S., "Airport Linz v. United States", *A.J.I.L.*, vol. 99, n°1, 2005, pp. 248-252; *Juristische Blätter*, n° 126, 2004, pp. 390-394 (en allemande).

[2] WITTICH, S., « Austrian Judicial Decisions Involving Questions of International Law/Osterreichische Judikatur zum Internationalen Recht », *op. cit.*, p. 435.

[3] Selon la Cour suprême, une telle qualification relève du droit international et non pas du droit interne, voy. *idem*.

[4] *Idem.*.

délégation n'apparaît dans ses analyses que pour qualifier la nature des comportements en cause en *iure imperii* sur le fondement du chapitre VII.

299. Conclusion. Le délégataire de l'organisation internationale agissant pour son intérêt et dans l'exercice des compétences qui lui ont été confiées ne bénéficie pas systématiquement des mêmes immunités que l'organisation internationale délégante. En outre, la pratique étudiée montre que ce n'est pas la délégation qui est la cause de l'octroi des privilèges et immunités au délégataire. Lorsque celui-ci invoque une immunité ou un privilège, il le fait soit en sa propre qualité lui permettant d'en bénéficier, soit sur la base d'un accord indépendant de celui de la délégation comme c'est le cas avec les accords de SOFA. On peut estimer cela regrettable notamment au regard des délégations de recours à des mesures coercitives. En effet, le personnel des délégataires du Conseil de sécurité se trouve dans une position inégale face aux juridictions nationales ou internationales selon les accords conclus par le délégataire. Le poids politique des délégataires et leurs capacités de négocier des accords relatifs aux privilèges et immunités de leurs personnels conduit à des différences dans la protection de leurs personnels durant l'exercice d'une même compétence déléguée.

En tout état de cause, l'absence de transfert d'immunité(s) et/ou de privilège(s) de l'organisation internationale délégante à son ou ses délégataire(s) confirme que la délégation ne vaut pas substitution totale.

Paragraphe 2. Détermination du droit applicable à l'exercice de la délégation

300. L'absence de transitivité des obligations, privilèges et immunités de l'organisation internationale délégante au délégataire amène à s'interroger sur le droit applicable au délégataire lors de la mise en œuvre de la compétence déléguée. Autrement dit, il faut maintenant identifier les règles juridiques que le délégataire de l'organisation internationale doit observer lors de l'exercice de la délégation. L'enjeu est double. Il s'agit pour l'organisation internationale délégante de ne pas se soustraire à ses obligations internationales par voie de délégation[1]. Il s'agit également pour le délégataire de ne pas ignorer ses

---

[1] Cette affirmation est incluse dans l'article 17 du Projet d'articles sur la responsabilité des organisations internationales de 2011, qui permet l'engagement de la responsabilité internationale d'une organisation internationale pour détournement de

obligations internationales en exerçant une compétence par voie de délégation. En effet, le principe selon lequel un sujet de droit international ne saurait se soustraire à sa responsabilité internationale par délégation de ses compétences à une entité extérieure, peut également s'apprécier au niveau de délégataire[1]. Celui-ci ne doit pas en effet se désengager de ses obligations par le seul fait d'agir pour le compte d'un autre sujet[2].

301. Le droit applicable au délégataire est à déterminer méthodiquement au cas par cas. Toutefois, plusieurs éléments nous permettent d'identifier un *corpus* de règles juridiques auquel le délégataire de l'organisation est soumis et qu'il doit observer lors de l'exercice de la délégation. L'élément premier à prendre en compte s'avère être l'accord de délégation. Celui-ci devrait idéalement inclure les obligations qui doivent être observées par le délégataire de la manière la plus détaillée possible. Or, il ressort de la lecture des accords étudiés qu'aucune liste exhaustive de ces obligations n'est dressée. Il est alors nécessaire d'étudier, en fonction du statut du sujet délégataire, les règles qui lui sont opposables[3].

302. L'analyse de la pratique met en exergue que le délégataire d'une organisation internationale est soumis, lors de l'exécution de la délégation, à des règles issues du droit international conventionnel ou coutumier (A), et qu'il est également amené à appliquer ou respecter des normes issues d'un autre ordre juridique (B).

---

ses obligations par voie de délégation. Pour plus de détails sur cette disposition voy. *infra*, chapitre 3.

[1] BROWNLIE, I., « State responsibility : the problem of delegation », *in* GINTHER K. et *al.* (dir.), *Völkerrecht zwischen normativen Anspruch un politischer realität. Festchrift fur Karl Zemanek, Berlin, Dunchet & Humbolt,* 1994, pp.299-306, sp. p. 300, qui écrit « *A State cannot by delegation (even if this be genuine avoid responsibility for breaches of its duties under international law* » ; JACOB, P., « Imputation et modes informels d'institutionnalisation des relations internationales », *in* DUBIN, L., RUNAVOT, M.-C. (dir.), *Le phénomène institutionnel international dans tous ses Etats : Transformation, déformation, ou reformation?,* Paris, Pedone, 2014, pp. 217-230 sp., pp. 224-225.

[2] Voy. en ce sens, C.E.D.H., G. Ch., 12 septembre 2012, *Nada c/ Suisse*, requête n° 10593/08 § 170 ; C.E.D.H., *Al-Adsani c. Royaume-Uni,* 21 novembre 2001, requête n°35763/97 § 55 ; C.E.D.H., *Al-Saadoon et Mufdhi c. Royaume-Uni*, 2 mars 2010, requête n° 61498/08 § 126 ; C.E.D.H., *Al-Jedda c. Royaume-Uni*, arrêt du 7 juillet 2011, requête n° 27021/08 § 102.

[3] Notamment en fonction de son rattachement à l'ordre juridique international ou à un ordre juridique interne.

A. La soumission du délégataire au droit international

303. Le fondement de la soumission du délégataire au droit international varie en fonction de son statut juridique (1), et le contenu du droit qui lui est applicable varie selon l'objet de la compétence déléguée (2).

1. Le fondement de la soumission du délégataire au droit international

304. Il est assez aisé de déterminer le fondement de l'applicabilité du droit international à un État, une organisation internationale ou une entité privée délégataire d'une organisation internationale.

305. Lorsque le délégataire est un État, il est tenu, en tant que sujet de droit international, de respecter ses propres obligations internationales[1]. Les organisations internationales sont quant à elles tenues au respect d'obligations internationales issues de deux sources. La première est le droit international coutumier qui est opposable à toute organisation internationale en tant que sujet de droit international[2]. La seconde résulte des conventions internationales qui la lient en tant que délégataire[3], ainsi que de ses propres déclarations et actes unilatéraux pris soit à l'occasion de l'acceptation de la délégation soit indépendamment de celle-ci. Il est donc essentiel d'étudier au cas par cas les engagements conventionnels ou unilatéraux de l'organisation internationale délégataire en question.

---

[1] COMBACAU, J., « Pas une puissance, une liberté : la souveraineté de l'Etat », *Pouvoirs*, 1993, pp. 47-58.

[2] Voy. C.I.J., *Interprétation de l'accord du 25 mars 1951 entre l'OMS et l'Égypte*, avis du 20 décembre 1980, *Rec.* p.73, pp. 89-90 ; C.J.C.E., *Anklagemyndigheden contre Peter Michael Poulsen et Diva Navigation*, 24 novembre 1992, aff. n° C-286/90, ECLI:EU:C:1992:453 § 10 ; T.P.I.C.E., *Opel Austria GmbH c. Conseil de l'Union européenne*, 22 janvier 1997, aff., n° T-115/94, ECLI:EU:T:1997:3. Voy. Egalement, l'Opinion concordante du juge MALINVERNI, sous l'afaire *Nada c. Suisse*, Grande Chambre,12 septembre 2012, Requête n°10593/08 § 20. Pour un appui doctrinal voy. notamment, SCHERMERS, H. G., « The Legal Bases of International Organization Action », *op.cit.,* p. 403 ; FORTEAU, M., « Le droit applicable en matière de droits de l'homme aux administrations territoriales gérées par des organisations internationales », *op. cit.*, pp. 7-34, sp. pp. 14-18 (voir spécifiquement sa note de bas de page n° 35 et la doctrine citée en ce sens) ; CONDORELLI, L., « Conclusions », *in* PALMIERI, G. M. (dir.), *Les évolutions de la protection juridictionnelle des fonctionnaires internationaux et européens : développements récents*, Bruxelles, Bruylant, 2012, 364 p., pp. 347-359, p. 350.

[3] Y compris le traité constitutif de l'organisation internationale et les accords de délégation qu'elle a acceptés.

306. Lorsque le délégataire de l'organisation internationale est une personne ou entité privée, l'applicabilité et l'opposabilité des normes de droit international résultent à la fois des règles que ces entités s'engagent à respecter en tant qu'entités privées rattachées à un ordre juridique déterminé, et aussi des auto-engagements qu'elles s'imposent dans leur action multinationale.

2. Le contenu du droit international applicable au délégataire

307. Une attention particulière doit être accordée ici aux règles du droit international des droits de l'homme et du droit international humanitaire. En effet, le respect de ces normes a été le plus souvent à la fois une finalité du recours à la délégation et un moyen de son encadrement. Le contenu du droit applicable peut être déterminé grâce à l'étude de certaines pratiques de délégation. Nous nous limiterons ici à en étudier les grandes lignes sans aucunement prétendre présenter une analyse approfondie et exhaustive pour chaque cas de délégation.

308. Cas de la délégation d'administration de territoire (Mandat de la S.D.N.). De prime abord, l'article 22 du Pacte qui met en place le système de mandat prévoit clairement que l'objectif d'une telle administration déléguée est de réaliser « [l]e bien être et le développement de ces peuples » qui forment « une mission sacrée de civilisation ». Un tel objectif ne pourrait être réalisé sans garantir que l'administration de territoire soit exercée en application des règles de droit international, notamment celles relatives à la protection des droits et libertés fondamentaux. Le paragraphe 5 de cet article dispose ainsi que : « [l]e degré de développement où se trouvent d'autres peuples, spécialement ceux de l'Afrique centrale, exige que le mandataire y assume l'administration du territoire à des conditions qui, avec la prohibition d'abus, tels que la traite des esclaves, le trafic des armes et celui de l'alcool, garantiront la liberté de conscience et de religion, sans autres limitations que celles que peut imposer le maintien de l'ordre public et des bonnes mœurs, et l'interdiction d'établir des fortifications ou des bases militaires ou navales et de donner aux indigènes une instruction militaire, si ce n'est pour la police ou la défense du territoire et qui assureront également aux autres membres de la Société des conditions d'égalité pour les échanges et le commerce ».

309. Les Chartes de mandat de la S.D.N. vont plus loin dans l'identification des obligations internationales du délégataire en faisant expressément référence au respect de certaines normes des droits de l'homme par la puissance mandataire lors de l'administration des territories sous mandat. Ainsi, elles énumèrent une liste d'obligations relatives aux droits des minorités et des indigènes[1], à la garantie des

[1] On peut ainsi lire dans l'article 8 de la Charte de Mandat français sur la Syrie et le Liban que « [l]e Mandataire garantira à toute personne la plus complète liberté de conscience ainsi que le libre exercice de toutes les formes de culte compatibles avec l'ordre public et les bonnes mœurs. Il n'y aura aucune inégalité de traitement entre les habitants de la Syrie et du Liban du fait des différences de race, de religion ou de langue », doc. off., C.528.M.313.1922.VI. Voy. également l'article 2 Mandat britannique sur la Palestine (catégorie A), doc. off., C. 529. M. 314. 1922.VI : « Le Mandataire assumera [...] la sauvegarde des droits civils et religieux de tous les habitants de la Palestine, à quelque race ou religion qu'ils appartiennent » ; article 3 du Mandat britannique sur l'Irak (catégorie A), mis en place en 1922 par un traité signé entre la Grande Bretagne et l'Irak, et approuvé par le Conseil de la S.D.N. le 27 décembre 1924, doc. off., C.216.M.77.1926.VI.c ; article 7 du Mandat britannique sur le Cameroun (catégorie B), 20 juillet 1922, doc. off., C.449(1).c.M.345(c).1922.VI ; article 7 du Mandat français sur le Cameroun (catégorie B), 20 juillet 1922, doc. off., C.449(l).e.M.345(e).1922.VI ; article 7 du Mandat français sur le Togo (catégorie B), (Acte de Londres du 20 juillet 1922), doc. off., C.449(1).d.M.345(d).1922.VI ; article 7 du Mandat britannique au Togo (catégorie B), doc. off., C.449(l).b.M.345(b).1922.VI ; article 8 du Mandat belge sur l'Est africain (Ruanda-Urundi) (catégorie B), doc. off., C.449(l).f.M.345(f).1922.VI ; article 8 du Mandat britannique sur l'Est africain (Territoire du Tanganyika) (catégorie B), doc. off., C.449(1).a.M.345(a).1922.VI ; article 5 du Mandat Union sud-africaine au Sud-Ouest africain (catégorie C), 17 décembre 1920, doc. off., 21/31/14 D ; article 5 du Mandat japonais sur les anciennes colonies allemandes situées au nord de l'Équateur dans l'Océan Pacifique (catégorie C), doc. off., 21/31/14 E ; article 5 du Mandat de l'Australie sur la Nouvelle-Guinée (catégorie C), doc. off., 21/31/14 C ; article 5 du Mandat de la Nouvelle-Zélande au Samoa Occidental (catégorie C), doc. off., 21/31/14 B ; article 5 du Mandat britannique sur Nauru (catégorie C), doc. off., 21/31/14 A.

droits et libertés des ressortissants étrangers[1], à l'interdiction de l'esclavage[2] et du travail forcé[1].

[1] Voy. les articles 9, 11 et 14 du Mandat britannique sur l'Irak (catégorie A), mis en place en 1922 par un traité signé entre la Grande Bretagne et l'Irak, et approuvé par le Conseil de la S.D.N. le 27 décembre 1924, doc. off., C.216.M.77.1926.VI.c ; articles 11 et 14 du Mandat pour la Syrie et le Liban (catégorie A) conclu entre le Conseil de la S.D.N. et la France, doc. off., C.528.M.313.1922.VI ; articles 9, 10, 18 et 21 du Mandat britannique sur la Palestine (catégorie A), doc. off., C. 529. M. 314. 1922. VI ; article 7 du Mandat britannique sur le Cameroun (catégorie B), 20 juillet 1922, doc. off., C.449(1).c.M.345(c).1922.VI ; article 7 du Mandat français sur le Cameroun (catégorie B), 20 juillet 1922, doc. off., C.449(l).e.M.345(e).1922.VI ; article 7 du Mandat français sur le Togo (catégorie B), (Acte de Londres du 20 juillet 1922), doc. off., C.449(1).d.M.345(d).1922.VI ; article 7 du Mandat britannique au Togo (catégorie B), doc. off., C.449(l).b.M.345(b).1922.VI ; article 8 du Mandat belge sur l'Est africain (Ruanda-Urundi) (catégorie B), doc. off., C.449(l).f.M.345(f).1922.VI ; article 8 du Mandat britannique sur l'Est africain (Territoire du Tanganyika) (catégorie B), doc. off., C.449(1).a.M.345(a).1922.VI ; article 5 du Mandat Union sud-africaine au Sud-Ouest africain (catégorie C), 17 décembre 1920, doc. off., 21/31/14 D ; article 5 du Mandat japonais sur les anciennes colonies allemandes situées au nord de l'Équateur dans l'Océan Pacifique (catégorie C), doc. off., 21/31/14 E ; article 5 du Mandat de l'Australie sur la Nouvelle-Guinée (catégorie C), doc. off., 21/31/14 C ; article 5 du Mandat de la Nouvelle-Zélande au Samoa Occidental (catégorie C), doc. off., 21/31/14 B ; article 5 du Mandat britannique sur Nauru (catégorie C), doc. off., 21/31/14 A.

[2] Voy. l'article 12 du Mandat pour la Syrie et le Liban (catégorie A) conclu entre le Conseil de la S.D.N. et la France, doc. off., C.528.M.313.1922.VI ; article 19 : Mandat britannique sur la Palestine (catégorie A), doc. off., C. 529. M. 314. 1922. VI ; article 19 du Mandat britannique en Transjordanie (catégorie A), doc. off., C.P.M.269 ; article 4 du Mandat britannique sur le Cameroun (catégorie B), 20 juillet 1922, doc. off., C.449(1).c.M.345(c).1922.VI ; article 4 du Mandat français sur le Cameroun (catégorie B), 20 juillet 1922, doc. off., C.449(l).e.M.345(e).1922.VI ; article 4 du Mandat français sur le Togo (catégorie B), (Acte de Londres du 20 juillet 1922), doc. off., C.449(1).d.M.345(d).1922.VI ; article 4 du Mandat britannique au Togo (catégorie B), doc. off., C.449(l).b.M.345(b).1922.VI ; article 5 du Mandat belge sur l'Est africain (Ruanda-Urundi) (catégorie B), doc. off., C.449(l).f.M.345(f).1922.VI ; article 5 et article 9 du Mandat britannique sur l'Est africain (Territoire du Tanganyika) (catégorie B), doc. off., C.449(1).a.M.345(a).1922.VI ; article 3 du Mandat Union sud-africaine au Sud-Ouest africain (catégorie C), 17 décembre 1920, doc. off., 21/31/14 D ; article 3 du Mandat japonais sur les anciennes colonies allemandes situées au nord de l'Équateur dans l'Océan Pacifique (catégorie C), doc. off., 21/31/14 E ; article 3 du Mandat de l'Australie sur la Nouvelle-Guinée (catégorie C), doc. off., 21/31/14 C ; article 3 du Mandat de la Nouvelle-Zélande au Samoa Occidental (catégorie C), doc. off., 21/31/14 B ; article 3 du Mandat britannique sur Nauru (catégorie C), doc. off., 21/31/14 A.

310. Cas de la délégation d'administration de territoire (Tutelle de l'ONU). Le système de la délégation de l'administration de territoire sous tutelle de l'ONU insiste également sur le respect par l'autorité délégataire des droits de l'homme dans l'exécution de la délégation[2]. L'article 76 de la Charte prévoit ainsi explicitement que, dans le cadre des « fins essentielles du régime de tutelle », l'autorité administrante doit « encourager le respect des droits de l'homme et des libertés fondamentales pour tous, sans distinction de race, de sexe, de langue ou de religion, et développer le sentiment de l'interdépendance des peuples du monde ». Une telle disposition « exclut donc toute discrimination fondée sur la race, le sexe, la langue ou la religion »[3]. En application de cette disposition, les accords de tutelle ont prévu explicitement le respect de ces normes. Ainsi, l'article 4 de l'accord de tutelle pour le Territoire du Samoa Occidental dispose que « [l]'Autorité chargée de l'administration s'engage à […] encourager le respect des droits de l'Homme et des libertés fondamentales pour tous, sans distinction de race, de sexe, de langue ou de religion, et développer le sentiment de l'interdépendance des peuples du monde »[4]. Certains

---

[1] Voy. l'article 4 du Mandat britannique sur le Cameroun (catégorie B), 20 juillet 1922, doc. off., C.449(1).c.M.345(c).1922.VI ; article 4 du Mandat français sur le Cameroun (catégorie B), 20 juillet 1922, doc. off., C.449(l).e.M.345(e).1922.VI ; article 4 du Mandat français sur le Togo (catégorie B), (Acte de Londres du 20 juillet 1922), doc. off., C.449(1).d.M.345(d).1922.VI ; article 4 du Mandat britannique au Togo (catégorie B), doc. off., C.449(l).b.M.345(b).1922.VI ; article 5 du Mandat belge sur l'Est africain (Ruanda-Urundi) (catégorie B), doc. off., C.449(l).f.M.345(f).1922.VI ; article 5 du Mandat britannique sur l'Est africain (Territoire du Tanganyika) (catégorie B), doc. off., C.449(1).a.M.345(a).1922.VI ; article 3 du Mandat Union sud-africaine au Sud-Ouest africain (catégorie C), 17 décembre 1920, doc. off., 21/31/14 D ; article 3 du Mandat japonais sur les anciennes colonies allemandes situées au nord de l'Équateur dans l'Océan Pacifique (catégorie C), doc. off., 21/31/14 E ; article 3 du Mandat de l'Australie sur la Nouvelle-Guinée (catégorie C), doc. off., 21/31/14 C ; article 3 du Mandat de la Nouvelle-Zélande au Samoa Occidental (catégorie C), doc. off., 21/31/14 B ; article 3 du Mandat britannique sur Nauru (catégorie C), doc. off., 21/31/14 A.

[2] Voy. VEDOVATO, G., « Les accords de tutelle », *op. cit.*, pp. 678-682.

[3] GLELE-AHANHANZO, M., « Article 76 », in COT, J.-P., PELLET, A., FORTEAU, M., (dir.), *La Charte des Nations Unies. Commentaire article par article*, *op. cit.,* 1799-1814, p. 1805.

[4] Article 4, lettre c de l'Accord de tutelle pour le Territoire du Samoa Occidental, *R.T.N.U.,* vol. 8, n° 115, p. 71. Voy. également : l'article 13 de l'Accord de tutelle pour le Territoire du Tanganyika, *R.T.N.U.,* vol. 8, n° 116, p. 91 ; article 13 de l'Accord de tutelle pour le Territoire du Ruanda-Urundi, *R.T.N.U.,* vol. 8, n° 117, p.

autres droits et libértés ont également été consacrés par les accords telle « la liberté de parole, de presse, de réunion et de pétition »[1].

311. Lorsqu'une intervention ou une présence militaire étrangère sur un territoire s'accompagne d'une administration du territoire, la question de l'application du droit de l'occupation se pose. Alors que cette question n'a pas été soulevée pour l'administration de territoire sous mandat, la doctrine a débattu de l'application du droit de l'occupation lorsque la présence des forces étrangères a été autorisée par le Conseil de sécurité[2]. L'autorisation par le Conseil de sécurité

---

105 ; article 13 de l'Accord de tutelle pour le Territoire du Cameroun sous administration britannique, *R.T.N.U.,* vol. 8, n° 118, p. 119 ; article 10 de l'Accord de tutelle pour le Territoire du Cameroun sous administration française, *R.T.N.U.,* vol. 8, n° 119, p. 135 ; article 13 de l'Accord de tutelle pour le Territoire du Togo sous administration britannique, *R.T.N.U.,* vol. 8, n° 120, p. 151 ; article 10 de l'Accord de tutelle pour le Territoire du Togo sous administration française, *R.T.N.U.,* vol. 8, n° 121, p. 165 ; article 8 § 2, lettre d, de l'Accord de tutelle pour le Territoire de la Nouvelle-Guinée, *R.T.N.U.,* vol. 8, n° 122, p. 181 ; article 7 de l'Accord de tutelle pour les iles antérieurement placées sous Mandat japonais, *R.T.N.U.,* vol. 8, n° 123, p. 189 ; article 5 § 2 lettre d, de l'Accord de tutelle pour le Territoire de Nauru, *R.T.N.U.,* vol. 10, n° 138, p. 3 ; articles 3 § 3 et article 19 de l'Accord de tutelle pour le Territoire de la Somalie sous administration italienne, *R.T.N.U.,* vol. 118, n° 381, p. 255, ainsi que l'article 8 de la Déclaration de principes constitutionnels annexée à cet accord, *R.T.N.U.,* vol. 118, n° 381, p. 275.

[1] Article 12 de l'Accord de tutelle pour le Territoire du Samoa Occidental, *R.T.N.U.,* vol. 8, n° 115, p. 71 ; Article 14 de l'Accord de tutelle pour le Territoire du Tanganyika, *R.T.N.U.,* vol. 8, n° 116, p. 91 ; article 14 de l'Accord de tutelle pour le Territoire du Cameroun sous administration britannique, *R.T.N.U.,* vol. 8, n° 118, p. 119 ; article 10 *in fine* de l'Accord de tutelle pour le Territoire du Cameroun sous administration française, *R.T.N.U.,* vol. 8, n° 119, p. 135 ; article 14 de l'Accord de tutelle pour le Territoire du Togo sous administration britannique, *R.T.N.U.,* vol. 8, n° 120, p. 151 ; article 10 *in fine* de l'Accord de tutelle pour le Territoire du Togo sous administration française, *R.T.N.U.,* vol. 8, n° 121, p. 165 ; article 8 § 2, lettre d, de l'Accord de tutelle pour le Territoire de la Nouvelle-Guinée, *R.T.N.U.,* vol. 8, n° 122, p. 181 ; article 7 de l'Accord de tutelle pour les îles antérieurement placées sous Mandat japonais, *R.T.N.U.,* vol. 8, n° 123, p. 189 ; article 5 § 2 lettre d, de l'Accord de tutelle pour le Territoire de Nauru, *R.T.N.U.,* vol. 10, n° 138, p. 3 ; article 20 de l'Accord de tutelle pour le Territoire de la Somalie sous administration italienne, *R.T.N.U.,* vol. 118, n° 381, p. 255.

[2] Contre l'application du droit d'occupation, voy. D'ASPREMONT, J., DE HEMPTINNE, J., *Droit international humanitaire*, Paris, Pedone, 2012, 508 p., pp. 135-136. Pour l'application du droit d'occupation, voy. KOLB, R., VITÉ, S., *Le droit de l'occupation militaire : perspectives historiques et enjeux juridiques actuels*, *op. cit.*, p. 275 ss.

aurait un « rôle « déqualifiant » »[1] sans être pour autant banni. En d'autres termes, « rien n'empêche le Conseil de sécurité d'obliger expressément les Etats Mandatés à respecter les règles relatives à l'occupation »[2]. De plus, l'autorisation par le Conseil de sécurité n'exclurait pas l'application d'autres règles du droit des conflits armés[3].

312. Cas de la délégation de recours à la force. L'autorisation de recours à la force confiée par le Conseil de sécurité permet qu'un contingent d'un État, seul ou en coalition avec un (d') autre(s) ou encore dans le cadre d'une organisation régionale, use de la force armée dans certaines situations sur le fondement du chapitre VII de la Charte de l'ONU. Le droit international applicable dans une telle situation relève du droit des conflits armées et du droit international des droits de l'homme[4].

313. Le droit international des droits de l'homme est applicable même en situation de conflit armé. Il est reconnu, en effet, que le droit international des droits de l'homme et le droit des conflits armés sont « complémentaires et ne s'excluent pas l'un l'autre »[5]. L'article 15 paragraphe 2 de la Convention E.D.H. dispose ainsi expressément qu'on ne peut pas déroger à certains droits même en cas de conflit armé, tels que le droit à la vie (article 2)[6], l'interdiction de la torture (article 3), l'interdiction de l'esclavage (article 4 § 1), ainsi que le principe de légalité des délits et des peines (article 7).

314. En pratique, les droits fondamentaux de l'Homme ont déjà été reconnus comme pleinement applicables alors même que la délégation

---

[1] D'ASPREMONT, J., DE HEMPTINNE, J., *Droit international humanitaire*, *op. cit.*, p. 136.
[2] *Idem.*
[3] *Idem.*
[4] Il est à noter que le champ d'application de ces deux branches de droit n'est pas le même : le droit international des droits de l'homme s'applique, *ratione personae*, dans les relations entre l'État et les individus sous sa juridiction alors que le droit international humanitaire s'applique dans les relations entre les parties à un conflit armé. Voy. en ce sens, T.P.I.Y., *Procureur c/ Dragoljub Kunarac Radomir Kovac et Zoran Vukovic,* jugement du 22 février 2001, affaires n° IT-96-23-T& IT-96-23/1-T § 470, lettre i). Pour plus de détails sur la distinction entre les champs d'application de ces deux branches de droit, voy. D'ASPREMONT, J., DE HEMPTINNE, J., *Droit international humanitaire, op. cit.*, p. 81.
[5] Observation générale n°31 sur la nature de l'obligation juridique générale imposée aux États parties au Pacte, 29 mars 2004, doc. off., HRI/GEN/1/Rev.7 (2004) § 11.
[6] Sauf pour le cas de décès résultant d'actes licites de guerre.

s'exerçait durant un conflit armé[1]. Ainsi, la Cour E.D.H.[2], la Commission interaméricaine des droits de l'homme[3] et la C.I.J. ont eu concrètement à appliquer le droit international des droits de l'homme dans des situations de conflit armé[4].

315. L'applicabilité du droit international humanitaire aux forces multinationales, tout comme à d'autres acteurs, « dépend exclusivement des circonstances sur le terrain, indépendamment du mandat international qui peut leur avoir été confié »[5]. La délégation par le Conseil de sécurité n'emporte pas en elle-même de conséquence sur la qualification du conflit et sur l'applicabilité du droit y applicable[6]. Selon l'article 2 commun aux Conventions de Genève de 1949, il suffit qu'au moins un État intervienne militairement sur un territoire étranger, ou, conformément à l'interprétation de l'article 2 § 2 de la Convention sur la sécurité du personnel des Nations Unies et du personnel associé de 1994[7], qu'une organisation internationale le fasse, pour que les critères établissant l'existence d'un conflit armé international soient réunis, ce qui entraîne l'applicabilité du droit international humanitaire

---

[1] Sur l'application des droits de l'homme en période de conflit armée voy. notamment KOLB, R., PORETTO, G., VITTE, S., *L'application du droit international humanitaire et des droits de l'homme aux organisations internationales, forces de paix et administrations civiles et transitoires, op. cit.* ; KOLB, R., VITTE, S., *Le droit de l'occupation militaire. Perspectives historiques et enjeux juridiques actuels*, Bruxelles, Bruylant, 2009, 482 p., pp. 303-307.

[2] C.E.D.H., *Loizidou c. Turquie (exceptions préliminaires)*, arrêt du 23 mars 1995, série A, vol. 310 ; C.E.D.H., *Chypre c. Turquie*, 10 mai 2001, n° 25781/94, rec., 2001-IV § 136.

[3] Commission inter-américaine des droits de l'Homme, *Coard et al. v. the United States*, 29 septembre 1999, rapport n° 109/99, affaire n°10.951§ 39.

[4] C.I.J., *Licéité de la menace ou de l'emploi d'armes nucléaires,* avis consultatif du 8 juillet 1996, Rec. 1996, p. 226 § 24-25 ; C.I.J., *Conséquences juridiques de l'édification d'un mur dans le territoire palestinien occupé*, avis consultatif du 9 juillet 2004, Rec., 2004, p. 136 § 105-106 ; C.I.J., *Activités armées sur le territoire du Congo (République démocratique du Congo c. Ouganda)*, arrêt du 19 décembre 2005, Rec. 2005, p. 168 § 216-217.

[5] *Le droit international humanitaire et les défis posés par les conflits armés contemporains*, Rapport établi par le Comité international de la Croix-Rouge, Genève, Suisse 8-10 décembre 2015, doc. off., 32IC/15/11, 72 p., p. 28.

[6] À moins que la résolution de délégation procède à une telle qualification et détermine explicitement le droit applicable.

[7] *Convention sur la sécurité du personnel des Nations Unies et du personnel associé*, adoptée par la résolution 49/59 de l'Assemblée générale des Nations Unies le 9 décembre 1994.

dans son ensemble[1]. Cependant, les organisations internationales et régionales qui n'ont pas accepté ces conventions ne sont généralement pas liées par elles. Néanmoins, la doctrine a avancé des arguments en faveur de l'applicabilité du *jus in bello* aux organisations internationales et régionales. Le Professeur L.A. Sicilianos, en se basant sur la circulaire du Secrétaire général relative au respect du droit international humanitaire par les forces des Nations Unies de 1999[2], explique que, de la même manière que l'ONU[3], les organisations internationales sont soumises au droit des conflits armés « dans la mesure où elles constituent des forces militaires ayant mandat de recourir aux armes, tout en exerçant le commandement et le contrôle des forces en question »[4]. Cette approche semble être parfaitement cohérente avec l'objectif de rétablissement de la paix et de la sécurité internationale, tel qu'énoncé dans la Charte des Nations Unies, qui délègue la mise en œuvre de cet objectif à des organisations internationales ou régionales. Les organisations internationales délégataires du Conseil de sécurité ne sauraient donc ignorer les normes du *jus in bello* dans leur action pour le compte de l'ONU puisqu'elles agissent comme forces armées dans une zone de conflit. Il est notamment admis que certaine(s) règle(s) du droit des conflits armés leur sont opposables en tant que sujet de droit international du fait de leur caractère *erga omnes*[5]. La C.I.J. a ainsi déclaré, dans son avis rendu sur la *Licéité de la menace ou de l'emploi d'armes nucléaires*, que :

---

[1] Voy. KIRSCH, Ph., « La Convention sur la sécurité du personnel des Nations Unies et du personnel associé », *in* EMANUELLI, C., (dir.), *Les casques bleus : policiers ou combattants* ?, Montréal, Wilson & Lafleur, 1997, pp. p. 56, KOLB, R., « Applicability of international humanitarian law to forces under the command of an international organization », *op. cit.,* p. 64.

[2] *Circulaire du Secrétaire général, Respect du droit international humanitaire par les forces des Nations Unies*, 6 août 1999, doc. off., ST/SGB/1999/13.

[3] *Ibid*., article 1. Voy. également, l'article 2 de la résolution de l'I.D.I., « Les conditions d'application des règles humanitaires relatives aux conflits armés aux hostilités dans lesquelles les Forces des Nations Unies peuvent être engagées », Session de Zagreb, 1971.

[4] SICILIANOS, L.-A., « Entre multilatéralisme et unilatéralisme : l'autorisation par le Conseil de sécurité de recourir à la force », *op. cit.*, p. 312.

[5] Dès qu'une organisation régionale a la personnalité juridique, elle est liée par les règles du droit humanitaire coutumier, telle qu'elles sont définies par le C.I.C.R., voy. en ce sens, DAVID, E., « Rapport introductif », *in* MILLET-DEVALLE, A-S., (dir.), *L'Union Européenne et le droit international humanitaire,* Paris, Pedone, 2010, pp. 12-13. Une telle affirmation est déjà déclarée par la C.I.J., *Interprétation de l'accord*

> « [c]'est sans doute parce qu'un grand nombre de règles du droit humanitaire applicable dans les conflits armés sont si fondamentales pour le respect de la personne humaine et pour des « considérations élémentaires d'humanité » […] que la Convention IV de La Haye et les Conventions de Genève ont bénéficié d'une large adhésion des États. Ces règles fondamentales s'imposent d'ailleurs à tous les États, qu'ils aient ou non ratifié les instruments conventionnels qui les expriment, parce qu'elles constituent des principes intransgressibles du droit international coutumier »[1].

Cet avis de la Cour pourrait s'appliquer, *mutatis mutandis*, à tous les sujets de l'ordre juridique international et donc aux organisations internationales et régionales délégataires[2]. Les « principes et règles fondamentaux » du droit humanitaire s'appliqueraient non seulement aux forces des Nations Unies *stricto sensu*[3], mais aussi aux organisations autorisées à recourir à la force au titre du chapitre VII et/ou VIII de la Charte de l'ONU.

316. En tout état de cause, les organisations régionales délégataires du Conseil de sécurité adoptent souvent des directives de politique militaire applicable dans les conflits armés. Ainsi, l'OTAN a adopté des lignes directrices relatives à la prévention et à l'intervention en cas de violences sexuelles et sexistes liées aux conflits[4], ainsi qu'à la protection des civils[5] et à celle des enfants dans les conflits armés[6].

317. Cas de la délégation d'exécution des peines. Les statuts des juridictions internationales et les accords régissant l'exécution des condamnations prononcées par la C.P.I. et les tribunaux pénaux internationaux font référence au respect des normes internationales relatives à la protection des droits humains. Le Statut de la C.P.I.

---

du 25 mars 1951 entre l'OMS et l'Égypte, avis du 20 décembre 1980, *Rec.* p.73, pp. 89-90.

[1] C.I.J., *Licéité de la menace ou de l'emploi d'armes nucléaires,* avis consultatif du 8 juillet 1996, Rec. 1996, p. 226, par 79.

[2] SICILIANOS, L.-A., « Entre multilatéralisme et unilatéralisme : l'autorisation par le Conseil de sécurité de recourir à la force », *op. cit.*, pp. 311-313.

[3] Au sens de la *Circulaire du Secrétaire général, Respect du droit international humanitaire par les forces des Nations Unies*, 6 août 1999, doc. off., ST/SGB/1999/13.

[4] NATO, "Taking Action on Conflict-related Sexual and Gender-based Violence", 2016.

[5] NATO, "NATO Policy for the Protection of Civilians", 2016.

[6] NATO, "NATO and Children in Armed Conflict", 2016.

mentionne ainsi explicitement l'exigence de conformité des conditions de détention « aux règles conventionnelles internationales largement acceptées en matière de traitement des détenus »[1]. Il est à noter que l'article 106 du Statut de Rome se réfère uniquement aux « règles conventionnelles »[2]. Ainsi, d'après cet article, ce sont les seules normes devant être respectées par les États exécutants[3]. Parmi ces normes conventionnelles, citons les dispositions de la Convention contre la torture de 1984[4] et de ses homologues régionaux[5]. La conclusion des accords de délégation de l'exécution des peines élargit le spectre des normes à respecter. À titre d'exemple, le modèle d'accords d'exécution avec la C.P.I. prévoit que l'exécution des peines doit être « conforme aux règles internationales largement acceptées en matière de traitement

---

[1] Article 106 § 2 du Statut de Rome. Une telle exigence n'a pas été prévue par le statut de T.P.I.R. et du T.P.I.R. mais peut en être déduite selon la doctrine. Voy. en ce sens CASSESE, A., *International Criminal Law*, Oxford, Oxford University Press, 2003, p. 436.

[2] La doctrine voit dans ce choix terminologique une crainte par les États de se voir imposer les normes internationales coutumières. En ce sens, voy. CLARK, R. S., « Article 106 Supervision of enforcement of sentences and conditions of imprisonment », *in* TRIFFTERER, O., AMBOS, K., *The Rome Statute of the International Criminal Court. A Commentary*, Munich, Beck/Hart/Nomos, 3ème éd., 2016, pp. 2192-2195, p. 2193.

[3] Il est à noter que le projet de 1994 de la C.D.I. utilise le terme « norme internationale » comme seule référence au droit applicable. Le projet de 1997 a, quant à lui, associé le droit interne de l'État d'exécution avec les normes internationales avant d'être remplacé par les « règles conventionnelles internationales » lors de la Conférence de Rome. Voy. sur l'évolution historique, NTOUBAND, F. Z., « Article 106. Contrôle de l'exécution de la peine et conditions de détention », *in* FERNANDEZ, J., PACREAU, X., (dir.), *Statut de Rome de la Cour pénale internationale, Commentaire article par article*, Vol. II., Paris, Pedone, 2012, pp. 1975-1979, p. 1975-1976.

[4] *Convention contre la torture et autres peines ou traitements cruels, inhumains ou dégradants*, adoptée par l'Assemblée générale dans sa résolution 39/46 du 10 décembre 1984 et entrée en vigueur le 26 juin 1987.

[5] La protection des droits des détenus est déjà consacrée par plusieurs dispositions internationales ou régionales relatives à la détention des personnes. On peut ainsi citer de manière non exhaustive : l'article 10 §1 du Pacte international relatif aux droits civils et politiques, les articles 5(2) et 7 de la Convention américaine des droits de l'Homme, l'article 3 de la Convention européenne des droits de l'Homme, ou encore l'article 5 de la Charte africaine des droits de l'homme et des peuples. Voy. également, CLARK, R. S. « Article 106 Supervision of enforcement of sentences and conditions of imprisonment », *in* TRIFFTERER, O., AMBOS, K., *The Rome Statute of the International Criminal Court. A Commentary*, Munich, Beck/Hart/Nomos, 3ème éd., 2016, pp. 2192-2195, p. 2193.

des détenus »[1]. Le même modèle précise, dans son préambule, qu'il s'agit des « règles du droit international généralement acceptées qui régissent le traitement des détenus, parmi lesquelles l'Ensemble de règles minima pour le traitement des détenus (les Règles Nelson Mandela) adopté par l'Assemblée générale dans sa résolution 70/175 du 17 décembre 2015, l'Ensemble de principes pour la protection de toutes les personnes soumises à une forme quelconque de détention ou d'emprisonnement adopté par l'Assemblée générale dans sa résolution 43/173 du 9 décembre 1988, et les Principes fondamentaux relatifs au traitement des détenus adoptés par l'Assemblée générale dans sa résolution 45/111 du 14 décembre 1990 »[2]. Ces références[3] ont été reprises par la plupart des accords d'exécution conclus par la Cour, avec quelquefois une extension du corps de règles applicables[4].

318. On retrouve les mêmes instruments internationaux protecteurs dans les accords de délégation conclus avec des États exécutant les jugements des T.P.I.Y.[5] et T.P.I.R.[6]. Il est ainsi explicitement indiqué que la détention doit être conforme à l'ensemble des règles minimum pour le traitement des détenus, à l'ensemble des principes pour la protection de toutes les personnes soumises à une forme quelconque de détention ou d'emprisonnement, ainsi qu'aux principes fondamentaux relatifs au traitement des détenus[7].

---

[1] Article 4 § 1et 4 du *Modèle d'accord sur l'exécution des peines prononcées par la C.P.I., op. cit.*

[2] *Modèle d'accord sur l'exécution des peines prononcées par la C.P.I. , op. cit.*

[3] Ces instruments ont valeur de recommandations et n'ont aucune force contraignante.

[4] Voy. par exemple, le préambule de *l'Accord entre la C.P.I. et le Gouvernement finlandais sur l'exécution des peines prononcées par la Cour,* qui inclut « les Principes fondamentaux relatifs au traitement des détenus adoptés par l'Assemblée générale dans sa résolution 45/111 du 14 décembre 1990 et la recommandation Rec(2006)2 du Comité des ministres du Conseil de l'Europe aux États membres sur les règles pénitentiaires européennes », entré en vigueur le 24 avril 2011, doc. off., ICC-PRES/07-01-11.

[5] Article 3 § 5 de l'Accord entre le T.P.I.Y. et l'Italie ; Article 3 §5 de l'Accord entre le T.P.I.Y. et la Norvège.

[6] Art. 3 § 3 de l'Accord entre le T.P.I.R. et le Rwanda ; Art. 3 § 5 l'Accord entre le T.P.I.R. et la Suède ; Article 3 § 5 de de l'Accord entre le T.P.I.R. et l'Italie ; Article 3 § 5 de l'Accord entre le T.P.I.R. et la France ; Article 3 § 3 de l'Accord entre le T.P.I.R. et le Swaziland ; Article 3 §3 de l'Accord entre le T.P.I.R. et le Mali ; Article 3 § 3 de l'Accord entre le T.P.I.R. et le Bénin.

[7] Seuls les accords avec l'Autriche, la Grande-Bretagne et la Pologne font exception. Ils renvoient à des conditions de détention des détenus conformes aux principes

319. La chambre de première instance du T.P.I.Y. dans son premier jugement *Erdemovic* avait souligné l'importance de cette intégration des droits de l'homme dans les instruments internationaux encadrant l'exécution de la peine :

> « La Chambre considère que la sanction imposée et son exécution doivent toujours se conformer aux principes minimaux d'humanité et de dignité qui inspirent les normes internationales en matière de protection des droits des condamnés, consacrés notamment dans le Pacte international relatif aux droits civils et politiques en son article 10, la Convention américaine relative aux droits de l'homme en son article 5 paragraphe 2 et, plus particulièrement en ce qui concerne les peines, l'article 5 de la Déclaration universelle des droits de l'homme et l'article 3 de la Convention européenne des droits de l'homme. La Chambre se réfère également aux instruments suivants : Ensemble des règles minima pour le traitement des détenus ; Principes fondamentaux relatifs au traitement des détenus ; Ensemble de principes pour la protection de toutes les personnes soumises à une forme quelconque de détention ou d'emprisonnement ; Règles Pénitentiaires Européennes et Règlement portant régime de détention des personnes en attente de jugement ou d'appel devant le Tribunal ou détenues sur l'ordre du Tribunal »[1].

320. La lecture des *Principes fondamentaux relatifs au traitement des détenus,* adoptés par l'Assemblée générale des Nations Unies en 1990[2], confirme l'importance majeure que prête l'ONU au traitement

---

fondamentaux des droits de l'homme, sans plus de précisions. Voy., par exemple, l'article 3 § 3 de l'*Agreement Between The United Nations And The Government Of The United Kingdom Of Great Britain And Northern Ireland On The Enforcement Of Sentences Of The International Criminal Tribunal For The Former Yugoslavia*, 11 mars 2004 : « *The conditions of imprisonment shall be equivalent to those applicable to prisoners serving sentences under the law of the United Kingdom and shall be in accordance with relevant human rights standards* », en ligne : https://www.icty.org/x/file/Legal%20Library/Member_States_Cooperation/enforcement_agreement_uk_11_03_04_en.pdf

[1] T.P.I.Y., Chambre de première instance, *Procureur c/ Drazen Erdemovic*, 29 nov. 1996, IT-96-22 § 74.

[2] *Principes fondamentaux relatifs au traitement des détenus*, adoptés par l'A.G.N.U., 14 décembre 1990, doc. off., A/RES/45/111.

des détenus[1]. Le respect des droits de l'homme des individus emprisonnés y est, en effet, parfaitement exposé : « sauf pour ce qui est des limitations qui sont évidemment rendues nécessaires par leur incarcération, tous les détenus doivent continuer à jouir des droits de l'homme et des libertés fondamentales énoncés dans la Déclaration universelle des droits de l'homme »[2]. Ces principes ont trouvé une application concrète dans l'élaboration de l'*Ensemble de règles minima,* qui concernent les locaux de détention[3], l'hygiène personnelle[4], les vêtements et la literie[5], l'alimentation[6], l'exercice physique[7], les services médicaux[8], la discipline et les punitions[9], les moyens de contrainte[10], les contacts avec le monde extérieur[11], le personnel pénitentiaire[12] et les inspections[13]. Certaines de ces dispositions reflètent d'ailleurs l'état du droit international coutumier[14]. On peut ainsi citer l'interdiction des peines corporelles, la mise au cachot obscur et toute sanction cruelle, inhumaine ou dégradante qui ne peut être imposée au titre de sanction disciplinaire[15]. S'ajoute à ce corpus, l'*Ensemble de principes pour la protection de toutes les personnes soumises à une forme quelconque de détention ou*

---

[1] Voy. notamment le Paragraphe 3 du Préambule des *Principes fondamentaux relatifs au traitement des détenus*, adopté par l'A.G.N.U., 14 décembre 1990, doc. off., A/RES/45/111.

[2] *Principes fondamentaux relatifs au traitement des détenus*, adoptés par l'A.G.N.U., 14 décembre 1990, *op. cit.* § 5.

[3] Règle 9 à 14 de *l'Ensemble de règles minima pour le traitement des détenus*, adopté par le premier Congrès des Nations Unies pour la prévention du crime et le traitement des délinquants, tenu à Genève en 1955 et approuvé par le Conseil économique et social dans ses résolutions 663 C (XXIV) du 31 juillet 1957 et 2076 (LXII) du 13 mai 1977.

[4] Règle 15 à 16, *idem.*

[5] Règle 17 à 19, *idem.*

[6] Règle 20, *idem.*

[7] Règle 2, *idem.*

[8] Règle 22 à 26, *idem.*

[9] Règle 27 à 32, *idem.*

[10] Règle 33 à 34, *idem.*

[11] Règle 37 à 39, *idem.*

[12] Règle 36, *idem.*

[13] Règle 36 § 2 et règle 55, *idem.*

[14] RODLEY, N., POLLARD, M., *The Treatment of Prisoners under International Law,* Oxford, Oxford University Press, 3ème éd., 2009, 697 p., pp. 380-384.

[15] Règle 31 de *l'Ensemble de règles minima pour le traitement des détenus*, *op. cit.*

d'emprisonnement[1], adopté par l'Assemblée générale des Nations Unies en 1988 et qui sert à la protection des individus dans un cadre légal, à savoir le droit de la personne détenue à communiquer avec sa famille[2], et avec son avocat[3], à bénéficier d'un examen et de traitements médicaux[4], à introduire un recours contre ces mesures devant l'autorité supérieure[5], etc. Toutes ces règles ont pour objectif que « [t]oute personne soumise à une forme quelconque de détention ou d'emprisonnement [soit] traitée avec humanité et avec le respect de la dignité inhérent à la personne humaine »[6].

321.Cas de la délégation de l'exploitation des fonds marins. La délégation de l'exploitation des ressources des fonds marins par l'A.I.F.M. à des opérateurs privés est régie par un ensemble des normes de droit international. En effet, l'article 4 § 6 point a de l'annexe III à la C.N.D.M, *Dispositions de base régissant la prospection, l'exploration et l'exploitation*, prévoit que « [l]es critères de qualification exigent que tout demandeur, sans exception, s'engage dans sa demande à : a) accepter comme exécutoires et à respecter les obligations qui lui incombent en vertu de la partie XI, des règles, règlements et procédures de l'Autorité, des décisions des organes de celle-ci et des clauses des contrats qu'il a conclus avec l'Autorité […] ». Ainsi, d'après cet article, le cocontractant délégataire de l'A.I.F.M. est tenu par les dispositions de la Convention de 1982 et des règlements relatifs à la conduite des opérations adoptés par l'A.I.F.M. ainsi qu'aux normes de droit international qui ne sont pas incompatibles avec la Convention. Ainsi, en application de cette disposition, les accords de délégation de l'exploitation des fonds marins contiennent explicitement une disposition nommée droit applicable faisant référence aux normes précitées. L'article 27. 1 de l'*Agreement on exploration for polymetallic nodules between the International Seabed Authority and Federal Institute for Geosciences and Natural Resources of FRG*

---

[1] *Ensemble de principes pour la protection de toutes les personnes soumises à une forme quelconque de détention ou d'emprisonnement*, Résolution 43/173 de l'Assemblée générale, adoptée le 9 décembre1988.

[2] Principe 15 de l'*Ensemble de principes pour la protection de toutes les personnes soumises à une forme quelconque de détention ou d'emprisonnement*, Résolution 43/173 de l'Assemblée générale, adoptée le 9 décembre1988.

[3] Principe 18, *idem*.

[4] Principe 24, *idem*.

[5] Principe 30 § 2, *idem*.

[6] Principe premier, *idem*. Pour une analyse détaillée, voy. RODLEY, N., POLLARD, M., *The Treatment of Prisoners under International Law, op. cit.*, pp. 452-460.

dispose : « *This contract shall be governed by the terms of this contract, the rules, regulations and procedures of the Authority, Part XI of the Convention, the Agreement and other rules of international law not incompatible with the Convention* »[1]. Cette disposition est presque identique à celle prévue par l'article 27.1 des Clauses types de contrat d'exploration énoncées à l'annexe IV du *Règlement relatif à la prospection et à l'exploration des nodules polymétalliques dans la Zone* adopté par le Conseil de l'A.I.F.M.[2].

322. Conclusion. Les dispositions du droit international, notamment en matière des droits de l'homme, de droit international humanitaire sont applicables au délégataire indépendamment de l'accord de délégation lorsqu'il agit dans l'exercice des compétences déléguées pour le compte d'une organisation internationale. Ainsi, le fait d'agir pour une organisation internationale délégante ne doit en aucun cas conduire à un manquement du délégataire à ses obligations internationales, notamment en matière des droits de l'homme et du droit humanitaire.

B. La soumission du délégataire aux normes d'un autre ordre juridique

323. Certains accords de délégation ont prévu le respect par le délégataire de ses propres règles ou de règles issues de l'ordre juridique interne d'un tiers lors de l'exécution de la délégation[3].

324. Applicabilité du droit interne du délégataire. Le droit de l'ordre juridique interne d'un sujet délégataire est nécessairement pertinent dans la détermination du *corpus* juridique qui lui est

---

[1] *Agreement on exploration for polymetallic nodules between the International Seabed Authority and Federal Institute for Geosciences and Natural Resources of FRG, op. cit.*

[2] « Le présent contrat est régi par ses dispositions, les règles, règlements et procédures de l'Autorité, la partie XI de la Convention, l'Accord et les autres règles de droit international qui ne sont pas incompatibles avec la Convention », adopté par le Conseil de l'A.I.F.M., 22 juillet 2013, doc. off., ISBA/19/C/17. Il est à noter que ces clauses types de contrat d'exploitation doivent être contenues dans tous les contrats d'exploitation entre l'A.I.F.M. et son cocontractant d'après l'article 23.1 du *Règlement relatif à la prospection et à l'exploration des nodules polymétalliques dans la Zone*.

[3] Il est possible, toutefois, d'écarter explicitement l'application du droit interne comme ce fut le cas dans la section 4 du *Règlement n° 2000/47 du 18 août 2000 sur le statut, les privilèges et immunités de la KFOR et de la MINUK et de leur personnel au Kosovo in R.G.D.I.P.*, 2000/4, pp. 1134-1137. Voy. DAILLIER, P., « Les nouveaux modes de coopération », *op. cit.*, p. 291.

applicable lors de la mise en œuvre de la délégation de compétence. Le droit interne du délégataire doit se comprendre comme le droit national de l'État ayant reçu la délégation, le droit de l'organisation délégataire ou encore, si le délégataire est une personne ou entité privée, du droit interne de cette entité, étant précisé que celle-ci est également assujettie au droit interne de son État de rattachement.

325. Les exemples ne manquent pas. Mais, le plus illustratif en la matière est celui de l'exécution par un État de la peine prononcée par une juridiction pénale internationale. L'article 106 (2) du Statut de Rome[1], l'article 27[2] du Statut du T.P.I.Y. et l'article 26[3] du Statut du T.P.I.R. relatifs au droit applicable à l'incarcération des personnes jugées coupables par les juridictions pénales internationales se réfèrent principalement aux normes nationales en vigueur. Ainsi, c'est le droit interne de l'État d'exécution qui régit les conditions de détention[4]. Toutefois, des craintes ont pu être émises sur la soumission d'un emprisonnement à la seule législation nationale de l'État d'exécution. Certains auteurs ont ainsi observé, à juste titre, que l'application du droit interne de l'État d'exécution entraînera invariablement des distinctions de traitement entre les détenus en fonction du pays d'accueil qui accepte les prisonniers ce qui conduit inévitablement à une inégalité concrète de traitement en fonction de l'État d'exécution[5]. Toutefois, l'exécution des peines internationales est subordonnée non seulement aux législations nationales, mais également, on l'a dit, au droit international[6]. En outre, la peine décidée par la C.P.I. est

---

[1] Article 106 § 2 du Statut de Rome de la C.P.I.

[2] Article 27 du Statut actualisé du T.P.I.Y.

[3] Article 26 du statut du T.P.I.R.

[4] Voy. l'article 106 § 2 du Statut de la C.P.I. ; L'article 4 § 1et 4 du *Modèle d'accord sur l'exécution des peines prononcées par la C.P.I., op. cit.* ; l'article 6 §1 de l'*Accord entre la C.P.I. et le Gouvernement finlandais sur l'exécution des peines prononcées par la Cour*, entrée en vigueur le 24 avril 2011, doc. off., ICC-PRES/07-01-11.

[5] Par exemple, la vie carcérale en Suède ou en Norvège est très probablement préférable à la prison aux États-Unis ou dans de nombreux pays d'Afrique et du Moyen-Orient, d'après PENROSE, M. M., « Spandau Revisited : The Question of Detention for International War Crimes », *New York Law School Journal of Human Rights*, vol. XVI., 2000, pp. 553-591, pp. 567-568 ; ELASSAL, E-F., « Coupable ! L'exécution des peines prononcées par les instances pénales internationales : (in)égalité de traitement entre les condamnés ? », *Mémoire*, Université Laval, Québec, 2013, 240 p., p. 97.

[6] NTOUBAND, F. Z., « Article 106. Contrôle de l'exécution de la peine et conditions de détention », *op. cit.,* p. 1975.

contraignante pour l'État d'exécution, qui ne peut pas la modifier[1], et l'incarcération doit s'effectuer, on l'a vu, selon les normes internationales et sous le contrôle de l'instance qui a rendu le jugement[2]. L'objectif est de garantir que les conditions d'emprisonnement soient au moins équivalentes à celles des autres détenus de l'État qui ont été condamnés pour des infractions similaires[3].

326. Certains accords de mandat ou de tutelle relatifs à l'administration territoriale faisaient déjà une référence expresse aux lois internes de l'autorité délégataire comme applicables aux territoires administrés. En effet, l'article 22 du Pacte avait prévu qu'« il y a des territoires, tels que le Sud-Ouest africain et certaines îles du Pacifique austral, qui ne sauraient être mieux administrés que sous les lois du mandataire comme une partie intégrante de son territoire, sous réserve des garanties prévues plus haut dans l'intérêt de la population indigène »[4]. Ainsi, dans les mandats de nature B et C, les Chartes de mandat ont toutes prévu l'application du droit interne du mandataire. Par exemple, l'article 9 du Mandat français sur le Togo (catégorie B) prévoyait l'application de la législation française pour l'administration du territoire en cause : « [l]a Puissance mandataire aura pleins pouvoirs d'administration et de législation sur les contrées faisant l'objet du mandat. Ces *contrées seront administrées selon la législation de la Puissance mandataire* comme partie intégrante de son territoire et sous réserve des dispositions qui précèdent »[5]. On peut encore citer

[1] Article 105 § 1 du Statut de Rome de la C.P.I.

[2] Voy. par exemple l'article 106 § 1 du Statut de Rome de la C.P.I., qui dispose en ce sens que « [l]'exécution d'une peine d'emprisonnement est soumise au contrôle de la Cour. Elle est conforme aux règles conventionnelles internationales largement acceptées en matière de traitement des détenus ». Ainsi, le contrôle de la conformité des conditions de détention aux règles internationales appropriées est contraignant pour le délégataire même si l'accord de délégation ne le prévoit pas explicitement. Voy. à ce propos, *infra* Chapitre 2.

[3] Article 106 § 2 du Statut de Rome de la C.P.I.

[4] Article 22 § 6 du Pacte de la S.D.N.

[5] Mandat français sur le Togo, Acte de Londres du 20 juillet 1922, doc. off., C.449(1).d.M.345(d).1922.VI. Voy. également l'article 9 du Mandat français sur le Cameroun (catégorie B), 20 juillet 1922, doc. off., C.449(l).e.M.345(e).1922.VI ; article 9 du Mandat britannique sur le Cameroun (catégorie B), 20 juillet 1922, doc. off., C.449(1).c.M.345(c).1922.VI ; article 9 du Mandat britannique au Togo (catégorie B), doc. off., C.449(l).b.M.345(b).1922.VI ; article 10 du Mandat belge sur l'Est africain (Ruanda-Urundi) (catégorie B), doc. off., C.449(l).f.M.345(f).1922.VI. Le Mandat britannique sur l'Est africain n'a pas prévu aussi explicitement une telle

l'article 2 du Mandat de l'Union sud-africaine sur le Sud-Ouest africain (catégorie C) : « [l]e Mandataire aura pleins pouvoirs d'administration et de législation sur le territoire faisant l'objet du Mandat. Ce territoire sera administré selon la législation du Mandataire comme partie intégrante de son territoire. Le Mandataire est en conséquence autorisé à appliquer aux régions soumises au Mandat la législation de l'Union de l'Afrique du Sud, sous réserve des modifications nécessitées par les conditions locales. Le Mandataire accroîtra, par tous les moyens en son pouvoir, le bien-être matériel et moral ainsi que le progrès social des habitants du territoire soumis au présent Mandat »[1]. Les mandats de type A n'ont quant à eux pas prévu explicitement une telle applicabilité du droit interne du mandataire[2].

327. Des dispositions similaires ont été reprises dans les accords de tutelle. Ainsi, l'article 8 de la déclaration constitutionnelle annexée à l'Accord de tutelle pour le Territoire de la Somalie sous administration italienne rappelait : « [l]'Autorité chargée de l'administration, *conformément aux principes énoncés dans sa propre Constitution et sa propre législation*, garantira à tous les habitants du Territoire les droits de l'homme et les libertés fondamentales, ainsi que la pleine égalité devant la loi, sans distinction de race, de sexe, de langue, d'opinion politique ou de religion »[3]. De même, l'article 5 de l'Accord de tutelle pour le Territoire du Cameroun sous administration britannique prévoyait que : « [p]our la réalisation des buts précités et à toutes les fins nécessaires du présent Accord, l'Autorité chargée de l'administration : a) Aura pleins pouvoirs de législation, d'administration et de juridiction sur le Territoire et *l'administrera*

application. Son article 3 disposait que : « [l]e Mandataire aura pleins pouvoirs de législation et d'administration », *in* doc. off., C.449(1).a.M.345(a).1922.VI.

[1] Mandat Union sud-africaine au Sud-Ouest africain (catégorie C), 17 décembre 1920, doc. off., 21/31/14 D. Voy. également, l'article 2 du Mandat japonais sur les anciennes colonies allemandes situées au nord de l'Équateur dans l'Océan Pacifique (catégorie C), doc. off., 21/31/14 E ; l'article 2 du Mandat de l'Australie sur la Nouvelle-Guinée (catégorie C), doc. off., 21/31/14 C ; l'article 2 du Mandat de la Nouvelle-Zélande au Samoa Occidental (catégorie C), doc. off., 21/31/14 B ; l'article 2 du Mandat britannique sur Nauru (catégorie C), doc. off., 21/31/14 A.

[2] Voy. l'article 1er du Mandat britannique sur la Palestine : « [l]e mandataire aura pleins pouvoirs de législation et d'administration, sous réserve des limites qui peuvent être fixées par les termes du présent mandat », doc. off., C. 529. M. 314. 1922. VI.

[3] *Déclaration de principes constitutionnels* annexée à l'Accord de tutelle pour le Territoire de la Somalie sous administration italienne, *R.T.N.U.,* vol. 118, n° 381, p. 274.

conformément à sa propre législation, comme partie intégrante de son territoire, avec les modifications que pourraient exiger les conditions locales et sous réserve des dispositions de la Charte des Nations Unies et du présent Accord »[1]. Rappelons aussi l'article 3 de l'Accord de tutelle pour le Territoire du Samoa Occidental qui disposait que : « [s]ous réserve des dispositions du présent Accord et de la Charte des Nations Unies, l'Autorité chargée de l'administration aura pleins pouvoirs d'administration, de législation et de juridiction sur le Territoire *et pourra appliquer au Territoire celles des lois de la Nouvelle-Zélande qui paraîtront convenir aux conditions et nécessités locales, sous réserve des modifications qu'elle pourra juger désirables* »[2].

328. Lorsque l'accord de délégation est sous forme contractuelle avec une entité ou une personne privée, le contrat de délégation conclu avec l'organisation exclut le plus souvent l'application des droits nationaux et fait référence à des principes de droit international régissant les contrats[3]. Toutefois, le délégataire peut être amené, lors de l'exercice des compétences déléguées à tenir compte des normes nationales. On peut, par exemple, citer le droit interne de l'État en lien de rattachement, personnel ou territorial, d'une entreprise militaire et de sécurité privée ou encore le droit interne de l'État de nationalité de

---

[1] Accord de tutelle pour le Territoire du Cameroun sous administration britannique, *R.T.N.U.*, vol. 8, n° 118, p. 119 (nous soulignons). Voy. également dans le même sens, article 3 de l'Accord de tutelle pour le Territoire du Samoa Occidental, *R.T.N.U.*, vol. 8, n° 115, p. 71 ; article 5 § 1 de l'Accord de tutelle pour le Territoire du Ruanda-Urundi, *R.T.N.U.*, vol. 8, n° 117, p. 105 ; article 5 lettre a, de l'Accord de tutelle pour le Territoire de la Somalie sous administration italienne, *R.T.N.U.*, vol. 118, n° 381, p. 255 ; article 4 lettre A de l'Accord de tutelle pour le Territoire du Cameroun sous administration française, *R.T.N.U.*, vol. 8, n° 119, p. 135 ; article 5 lettre a, de l'Accord de tutelle pour le Territoire du Togo sous administration britannique, *R.T.N.U.*, vol. 8, n° 120, p. 151 ; article 4 lettre a § 1, de l'Accord de tutelle pour le Territoire du Togo sous administration française, *R.T.N.U.*, vol. 8, n° 121, p. 165 ; article 4 de l'Accord de tutelle pour le Territoire de la Nouvelle-Guinée, *R.T.N.U.*, vol. 8, n° 122, p. 181 ; article 3 de l'Accord de tutelle pour les iles antérieurement placées sous Mandat japonais, *R.T.N.U.*, vol. 8, n° 123, p. 189 ; article 7 de l'Accord de tutelle pour le Territoire de la Somalie sous administration italienne, *R.T.N.U.*, vol. 118, n° 381, p. 255 et l'article 8 de la *Déclaration de principes constitutionnels* annexée à cet accord, *R.T.N.U.*, vol. 118, n° 381, p. 274.

[2] Article 3 de l'Accord de tutelle pour le Territoire du Samoa Occidental, *R.T.N.U.*, vol. 8, n° 115, p. 71.

[3] Néanmoins, il n'y a pas de règle juridique qui exclut qu'ils contractualisent selon le droit d'un État si l'organisation l'a décidé.

la société d'extraction des minerais des fonds marins. Ainsi, l'article 21 § 3 des Dispositions de base régissant la prospection, l'exploration et l'exploitation prévoit la possibilité d'appliquer les lois internes de l'État ayant un lien de rattachement personnel avec le délégataire de l'A.I.F.M. notamment celles relatives à la protection du milieu marin pour autant qu'elles ne sont pas incompatibles avec les règles de l'A.I.F.M.[1].

329. Applicabilité du droit interne d'un tiers. Il a été observé dans la pratique des interventions des organisations internationales sur le territoire d'États, l'obligation de respecter leurs règles de droit interne. Ainsi, dans sa résolution 1502 de 2003, le Conseil de sécurité avait « *[r]éaffirm[é]* que tous les membres du personnel humanitaire, ainsi que du personnel des Nations Unies et du personnel associé ont l'obligation de respecter les lois des pays dans lesquels ils exercent leurs activités, conformément au droit international et à la Charte des Nations Unies »[2].

330. Le respect du droit interne d'un tiers est également prévu s'agissant de l'administration de territoire déléguée par la S.D.N. ou par l'ONU. Les lois locales des populations administrées ont ainsi été mentionnées comme devant être prises en compte par le délégataire lors de l'exécution de la délégation. Citons, à titre d'exemple, l'article 9 du Mandat britannique sur la Palestine qui dispose : « [l]e Mandataire assumera la responsabilité de veiller à l'institution en Palestine d'un système judiciaire assurant, tant aux étrangers qu'aux indigènes, la garantie complète de leurs droits. Le respect du statut personnel des diverses populations et communautés et de leurs intérêts d'ordre religieux sera entièrement garanti. En particulier, *le Mandataire exercera le contrôle de l'administration des Wakoufs, en parfaite conformité avec les lois religieuses et la volonté des fondateurs* »[3]. De même, l'article 8 et l'article 13 de l'accord de tutelle pour le Territoire du Tanganyika disposent que « [l]'Autorité chargée de l'administration devra, dans l'établissement des lois relatives à la tenure du sol ou au transfert de la propriété foncière et des ressources naturelles, [doit] *prendre en considération les lois et les coutumes indigènes, respecter*

---

[1] Article 21 § 3 des Dispositions de base régissant la prospection, l'exploration et l'exploitation, annexe III de la C.N.U.D.M. de 1982.

[2] S/RES/1502 (2003), 26 août 2003 § 4 du préambule, *italique dans le texte.*

[3] Mandat britannique sur la Palestine conclu à Londres le 24 juillet 1922, doc. off., C. 529. M. 314. 1922. VI.

les droits et sauvegarder les intérêts, tant présents que futurs, de la population indigène […] »[1].

331. Le droit islamique a été généralement reconnu ou pris en considération par les Puissances chargées de l'administration, au moins en matière de statut personnel[2]. Ainsi, l'article 7 de la *Déclaration de principes constitutionnels* annexée à l'accord de tutelle pour le Territoire de la Somalie sous administration italienne, dispose : « *Selon qu'il sera opportun* dans chaque cas d'espèce, l'Autorité chargée de l'administration *appliquera la législation territoriale, le droit musulman et le droit coutumier local* »[3].

---

[1] Accord de tutelle pour le Territoire du Tanganyika, *R.T.N.U.,* vol. 8, n° 116, p. 91. Voy. également, les articles 8 et 13 de l'Accord de tutelle pour le Territoire du Cameroun sous administration britannique, *R.T.N.U.,* vol. 8, n° 118, p. 119 ; les articles 7 et 8 de l'Accord de tutelle pour le Territoire du Cameroun sous administration française, *R.T.N.U.,* vol. 8, n° 119, p. 135 ; les articles 8 et 13 de l'Accord de tutelle pour le Territoire du Togo sous administration britannique, *R.T.N.U.,* vol. 8, n° 120, p. 151 ; les articles 7 et 8 de l'Accord de tutelle pour le Territoire du Togo sous administration française, *R.T.N.U.,* vol. 8, n° 121, p. 165 ; article 5 §2, b de l'Accord de tutelle pour le Territoire de Nauru, *R.T.N.U.,* vol. 10, n° 138, p. 3 ; article 15 lettre a, de l'Accord de tutelle pour le Territoire de la Somalie sous administration italienne, *R.T.N.U.,* vol. 118, n° 381, p. 255, ainsi que les articles 7 et 9 de la *Déclaration de principes constitutionnels* annexée à cet accord, *R.T.N.U.,* vol. 118, n° 381, p. 274.

[2] Voy. par exemple, l'article 4 de l'Accord de tutelle pour le Territoire de la Somalie sous administration italienne, *R.T.N.U.,* vol. 118, n° 381, p. 255, ainsi que les articles 7 de la *Déclaration de principes constitutionnels* annexée à cet accord, *R.T.N.U.,* vol. 118, n° 381, p. 274.

[3] Article 7 de la *Déclaration de principes constitutionnels* annexée à l'Accord de tutelle pour le Territoire de la Somalie sous administration italienne, *R.T.N.U.,* vol. 118, n° 381, p. 274.

CHAPITRE II. CONTRÔLE DE L'EXÉCUTION DE LA DÉLÉGATION

332. L'étude du régime de la délégation de compétences par une organisation internationale soulève naturellement des questions sur les modalités de mise en œuvre de ces compétences déléguées et sur le degré de contrôle maintenu par le délégant sur le déroulement des actions entreprises à cette occasion. Il est essentiel de souligner que la délégation ne signifie pas l'abandon des compétences, et il est parfaitement logique d'affirmer qu'un contrôle doit être établi par l'organisation internationale à l'égard de son délégataire.

333. La fonction du contrôle. Le contrôle en droit international revêt une double fonction : il consiste à vérifier « la régularité de l'investiture des compétences des sujets de droit »[1] et à examiner « la façon dont ces compétences sont exercées »[2]. Si la première de ces fonctions s'exerce en amont de la délégation et ne constitue pas un de ses effets, le contrôle de l'exercice des compétences par le délégataire est directement lié à l'existence de la délégation. Il permettrait la « vérification de la conformité d'un acte, d'une situation ou d'un comportement aux normes qui les régissent »[3]. Ce contrôle englobe notamment l'établissement de faits pertinents, leur évaluation juridique et la recommandation de tout ajustement correctif qui pourrait être nécessaire[4]. En somme, il offre à l'organisation délégante l'occasion d'« exerce[r] un droit de regard plus ou moins étendu sur les activités [de son délégataire] »[5].

334. Références du contrôle. Le contrôle vise à vérifier que le délégataire respecte tout un *corpus* de normes juridiques, notamment, l'accord de délégation, ainsi que le droit primaire ou dérivé de l'organisation délégante qui constituent la base normative du contrôle.

---

[1] KOPELMANAS, L., « Le contrôle international », *R.C.A.D.I.*, 1950, vol. 77, pp. 55-149, p. 63.

[2] *Idem.*

[3] SALMON, J. (dir.), *Dictionnaire de droit international public, op. cit.*, entrée « Contrôle », p. 261.

[4] HAHN, H. J., « International Controls », *in* BERNHARD, R. (dir), *Encyclopedia of Public International Law. Instalment 9 : International Relations and Legal Cooperation in General Diplomacy and Consular Relations*, Amsterdam, Elsevier Science Publishers, 1986, 425 p., pp. 177-182, p. 177.

[5] MARCEL, M., « Le contrôle exercé par les organisations internationales sur les activités des États membres », *A.F.D.I.*, vol. 5, 1959. pp. 411-431, pp. 411-412.

Le droit interne du délégataire ou encore ses déclarations peuvent également contribuer à l'évaluation de la légalité d'un comportement spécifique[1]. Globalement, l'ensemble du droit applicable au délégataire sert de référence pour le contrôle des actes et des comportements pris par délégation[2].

335. Le contrôle comme effet de la délégation. Certains auteurs considèrent que le contrôle est une condition nécessaire à l'existence ou à la validité de la délégation[3]. Ce point de vue a pu être renforcé par la jurisprudence internationale, qui accorde une importance particulière à l'exigence de contrôle par le délégant sur le délégataire[4]. Cependant, nous estimons que cette position est erronée. Certes, la délégation en droit interne s'inscrit généralement dans un cadre hiérarchique qui permet d'identifier le contrôle comme un élément constitutif de la délégation, né de la place du délégataire vis-à-vis du délégant, son supérieur hiérarchique. Toutefois, un tel raisonnement ne s'applique pas lorsque l'organisation internationale effectue une délégation à un sujet qui lui est externe. Dans ce cas, le contrôle découle directement de l'habilitation du délégataire par l'organisation internationale délégante[5]. Il constitue ainsi un effet de la délégation plutôt qu'une condition de son existence ou de sa validité.

---

[1] En ce sens déjà, à propos du contrôle international, voy. HAHN, H. J., « International Controls », *op. cit.*, p. 178.

[2] Sur le droit applicable voy. *supra*, Partie II, Ch. I. section 2, paragraphe 2.

[3] A ce propos, citons l'avis de Dan Sarooshi publié en 2003, selon lequel, « *[t]he third precondition for an agency relationship is that the principal is able to exercise control over the acts of its agent. This is generally recognized as being an essential element of an agency relationship* », *in* SAROOSHI, D., "Some Preliminary Remarks on The Conferral by States of Powers on International Organizations", *op. cit.* Il est à noter que Sarooshi distingue entre "*Agency relationships*" et "*delegation*". D'après lui, dans le cas des relations d'agence, les États (*The Principal*) peuvent exercer un contrôle direct sur l'exercice des pouvoirs de l'organisation (*The Agent*). Tel n'est pas le cas d'une délégation où l'élément de contrôle n'est pas requis. Par contre, ce que l'on entend par délégation dans notre thèse est plus proche du sens d'*agency relationship*, définie comme suit : « *in general, a principal has empowered an agent to act on its behalf to change certain of its rights and duties* », *in* SAROOSHI, D., *International Organizations and their Exercise of Sovereign Power*, *op. cit.*, p. 33.

[4] GAUTIER, Y., « Organisations internationales », *Répertoire de droit commentaire*, Dalloz § 110. Voy. également, LENAERTS, K., "Regulating the regulatory process : delegation of powers in the European Community", *European law review*, 1993, pp. 23-49.

[5] En ce sens, le Professeur Gautier explique que « [d]ans la mesure où la Communauté semble habilitée à déléguer des compétences d'exécution à de telles structures

336. Le contrôle revêt une importance cruciale dans les relations entre l'organisation internationale délégante et le bénéficiaire de la délégation (Section 1). Son efficacité dépend des modalités choisies par l'organisation internationale délégante (Section 2).

Section I. Importance du contrôle dans l'opération de la délégation

337. Le contrôle dans l'opération de la délégation obéit à une nécessité théorique (Paragraphe 1) et s'appuie sur un fondement juridique (Paragraphe 2).

Paragraphe 1. Nécessité théorique du contrôle

338. Lorsqu'une organisation internationale délègue une partie de ses compétences, elle vise à les faire exercer par un tiers. Ce délégataire est censé agir au nom et pour le compte de l'organisation délégante, et cette dernière est tenue de rendre compte de cet exercice à ses membres. Le contrôle devient ainsi un élément indispensable de la délégation, servant de mécanisme de vérification par l'organisation internationale pour s'assurer que les compétences déléguées sont correctement mises en œuvre afin de garantir le respect de sa volonté. Cette affirmation ne doit pas être sous-estimée. En effet, il a été observé que « la délégation des activités opérationnelles […] comporte toujours le risque de voir les États ou [les] organisations régionales poursuivre leurs objectifs propres, servir leurs intérêts plus que ceux de la communauté internationale »[1]. Le maintien d'un contrôle sur le délégataire permet donc de s'assurer que l'agissement de celui-ci est effectué dans l'intérêt de l'organisation délégante. Ce contrôle contribue également à renforcer l'état de droit en garantissant que l'action du délégataire reste conforme au cadre de la délégation qui lui a été confiée. De plus, il assure une cohérence dans l'exercice des compétences déléguées lorsque celles-ci sont attribuées à plusieurs destinataires. À titre d'exemple, le T.P.I.Y. a souligné cette nécessité afin de garantir la concordance de l'exécution des peines entre les États d'exécution : « [l]a Chambre considère qu'il découle du principe de l'égalité devant la

---

internationales, il est indispensable qu'elle puisse valablement contrôler la manière dont ces structures exercent de telles compétences », *in* GAUTIER, Y., « Organisations internationales », *op. cit.* § 110.

[1] THOME, N., *Les pouvoirs du Conseil de sécurité au regard de la pratique récente du Chapitre VII de la Charte des Nations Unies*, *op. cit.*, p. 312.

loi, qu'il ne peut y avoir de disparités substantielles d'un Etat à un autre dans l'exécution des peines prononcées par un tribunal international. Elle recommande donc un certain degré d'uniformité et de cohérence dans l'exécution des sentences pénales internationales »[1].
Le contrôle garantit donc que l'objectif initial du délégant est atteint et que le cadre légal de la délégation est respecté. Il serait, par extension, une garantie de l'efficacité de la délégation.

339. Par voie de conséquence, le contrôle constituerait un moyen de légitimer la délégation décidée par l'organisation et serait ainsi indispensable à la crédibilité de l'organisation internationale délégante[2]. En effet, la réputation de celle-ci peut être mise en jeu par la manière dont sont exercées les compétences par le délégataire[3]. Le secrétaire général de l'ONU avait ainsi souligné les difficultés nées de la délégation du recours à la force et les risques de l'absence d'un contrôle : « le prestige et la crédibilité de l'Organisation peuvent en souffrir. Il y a aussi le risque que les États concernés se réclament de la légitimité et de l'approbation internationales pour des actes de force que n'avait pas en fait envisagés au départ le Conseil de sécurité. Les États Membres autorisés à agir de la sorte ont, au cours d'opérations récentes, rendu compte plus complètement et plus régulièrement de leurs activités au Conseil de sécurité »[4]. En contrepoint, le contrôle paraît également nécessaire pour le délégataire de l'organisation

---

[1] T.P.I.Y., *Le procureur c/ Dranzen Erdemović*, n° IT-96-22, jugement du 29 novembre 1996 § 72.

[2] En ce sens, bien que dans un contexte différent, François Gianviti, ancien directeur du service juridique du F.M.I. avait écrit : « *International organizations are also subject to the rule of law. Their members, their debtors and their creditors all expect them to carry out their activities at all times in conformity with the rules that apply to them [...]. If international organizations are to be successful at this task, they must be credible. To be credible, they must apply the rule of law to their own situation, just as they encourage others to apply it to theirs* », *in* GIANVITI, F., 'Economic, Social and Cultural Rights and the International Monetary Fund', 2002, (en ligne : at www.imf.org/external/np/leg/sem/2002/cdmfl/eng/gianv3.pdf).

[3] « *A reputation for complying with international law is an important facet of an IO's legitimacy. The perception that an IO is legitimate is, in turn, crucial to that IO's ability to secure cooperation and support from its member states* », *in* DAUGIRDAS, K., "Reputation and the Responsibility of International Organizations", EJIL (2014), vol. 25, n° 4, pp. 991-1018, p. 993. Voy. également du même auteur, "Reputation as a Disciplinarian of International Organizations", *A.J.I.L.*, 2019, vol. 113, n° 2, pp. 221-271.

[4] *Supplément à l'agenda pour la paix*, 25 janvier 1995 § 80, doc. off., A/50/60-S/1995/1.

internationale qui voit ses actions rendues légitimes aux yeux des observateurs et de l'opinion publique[1].

340. La nécessité de ce contrôle est d'autant plus renforcée que l'exécution desdites compétences peut engager la responsabilité de l'organisation internationale vis-à-vis de ses membres ou de tiers[2]. Tel est le cas notamment du Conseil de sécurité qui délègue ses compétences coercitives à des États ou à des organisations régionales, mais qui n'est pas pour autant libéré de ses obligations internationales[3]. On verra également que ce contrôle permet d'identifier qui, du délégataire ou du délégant, est responsable d'une action illégitime[4].

341. En outre, l'exercice de ce contrôle contribue à vérifier plus globalement la contribution réelle des sujets délégataires dans la vie sociale de l'ordre juridique international. Comme la note à juste titre Lazare Kopelmanas dans son cours à La Haye, « [l]e contrôle de l'exercice des compétences […] est une condition essentielle du développement des relations internationales, puisque l'existence d'un tel contrôle permet seul de constater si les relations entre les entités composant l'ordre international obéissent aux nécessités de la vie sociale internationale. En l'absence d'un tel contrôle, chaque entité composante resterait entièrement libre de ses actions, de sorte que le phénomène social international risquerait de disparaître »[5]. Le contrôle d'une délégation, en droit international, aurait ainsi pour fonction, au moins dans certaines délégations, d'établir un rapport social entre le délégant et le délégataire permettant à ce dernier de rester en lien avec l'organisation internationale délégante dans l'exercice de sa fonction sociale internationale.

342. Le contrôle de la délégation permet enfin de garantir l'équilibre entre, d'une part, la nécessité d'exécuter par voie de délégation la compétence de l'organisation internationale dans le respect du cadre

---

[1] Sur l'importance de l'opinion publique dans le droit et les relations internationales, voy. Marcel MERLE, *Les acteurs dans les relations internationales*, Paris, Economica, 1986, pp. 183-200.

[2] Voy. *infra*, Chapitre III.

[3] En effet, « l'organisation internationale ne devrait pas pouvoir se soustraire à sa responsabilité par voie de délégation », *in* Rapport de la C.D.I., Documents officiels de l'Assemblée générale, Sixième Commission, cinquante-neuvième session, 22ème séance, doc. off., A/C.6/59/SR.22 § 24, cité par la C.D.I., commentaires sous l'article 17 § 1.

[4] Voy. *infra*.

[5] KOPELMANAS, L., « Le contrôle international », *R.C.A.D.I.*, 1950, vol. 77, pp. 55-149, p. 64.

légal de la délégation et des normes pertinentes du droit international, et d'autre part, la nécessité de laisser un degré de flexibilité au délégataire de l'organisation dans l'exercice des compétences déléguées afin de prendre en compte les considérations liées à la fois à la nature du délégataire et à l'objet de la délégation. Un tel équilibre a été souligné par le T.P.I.Y. dans son jugement *Erdemović* de 1996[1]. Il a en effet déclaré que le régime d'exécution des peines prononcées par les juridictions pénales internationales représente « un équilibre entre le principe de la primauté du Tribunal et les contraintes issues du droit interne de l'Etat concerné »[2].

343. L'exercice d'un contrôle sur le délégataire de l'organisation internationale dans l'exercice des compétences déléguées est donc nécessaire et légitime [3] et dispose d'un solide fondement juridique.

Paragraphe 2. Fondement juridique du contrôle

344. Le contrôle tire son fondement à la fois de l'acte constitutif de l'organisation délégante et de la nature conventionnelle de la délégation entre l'organisation internationale et le délégataire des compétences à exercer[4]. En concluant un accord de délégation, le délégant et son délégataire consentent en effet non seulement au transfert de

---

[1] T.P.I.Y., *Le procureur c/ Dranzen Erdemović*, n° IT-96-22, jugement du 29 novembre 1996 § 71.

[2] Communiqué de presse, « L'accord entre l'Italie et l'ONU sur l'exécution des peines du Tribunal : un compromis équilibré entre le droit international et le droit interne », 6 février 1997, doc. off., CC/PIO/155-F. Voy. également, Communiqué de presse, « La Finlande est le deuxième État signataire d'un accord sur l'exécution des peines », 8 mai 1997, CC/PIO/192-F : « L'accord conclu avec la Finlande est basé sur la nécessité de trouver un compromis entre le doit international et le droit national. Il établit un équilibre entre la primauté du Tribunal et la nécessité, pour la Finlande, de se conformer à ses propres lois. Ainsi, la primauté du Tribunal international est maintenue, mais les autorités finlandaises conservent, sous le contrôle du T.P.I.Y., une certaine latitude quant à l'exécution des peines ».

[3] La doctrine a souligné la nécessité de ce contrôle. Voy. à propos du recours à la force déléguée, SAROOSHI, D., *The United Nations and the Development Of Collective Security. The Delegation by the UN Security Council of its Chapter VII Powers*, *op. cit.*, p. 8 et *passim* ; DE WET, E., « The relationship between the Security Council and regional organizations during enforcement action under Chapter VII of the United Nations », *op. cit.*, pp. 10-13; DE WET, E., *The Chapter VII powers of the United Nations security Council*, *op. cit.*, pp. 265-268; CHRISTAKIS, T., BANNELIER, K., « Acteur vigilant ou spectateur impuissant ? Le contrôle exercé par le Conseil de sécurité sur les Etats autorisés à recourir à la force », *R.B.D.I.*, 2004, n° 2, pp. 498-527.

[4] Sur cette nature voy. *supra*, Partie I, Ch. III.

compétence(s), mais aussi à une obligation de contrôle de la mise en œuvre des compétences déléguées. Si certains actes constitutifs prévoient le contrôle, ce sont les accords de délégation qui détaillent les moyens et les méthodes permettant à l'organisation internationale de contrôler et de surveiller le comportement de son délégataire[1] (A).

345. L'absence de précision sur ce contrôle, voire de sa mention, dans l'accord de délégation ne peut toutefois pas être perçue comme une cause permettant au délégataire d'échapper à l'obligation de rendre compte à son délégant. Le contrôle a en effet un fondement implicite qui découle du consentement à l'acte de délégation par le délégataire. Ce dernier, en acceptant d'exercer des compétences pour le compte de l'organisation délégante, souscrit tacitement à la supervision de l'organisation délégante titulaire des compétences exercées (B).

A. Un fondement explicite

346. L'obligation du contrôle à exercer sur le délégataire peut être prévue dans les actes constitutifs de l'organisation délégante. Elle est en tout état de cause précisée dans l'accord de délégation.

347. L'acte constitutif de l'organisation délégante. Plusieurs actes constitutifs d'organisations internationales ont prévu l'exercice d'un contrôle en cas d'exercice par un tiers de certaines compétences dont l'organisation est titulaire. Ainsi, l'article 87 de la Charte des Nations Unies prévoit, avec précision, les méthodes de contrôle qui s'offrent à l'ONU pour surveiller l'autorité exerçant la tutelle : sont indiqués l'examen des rapports de l'autorité administrante, la réception des pétitions et la planification des visites sur place[2]. De même, l'article 54

---

[1] Le contrôle international est prévu généralement de façon explicite par des accords bilatéraux ou multilatéraux. Voy. HAHN, H. J., « International Controls », *in* BERNHARD, R., (dir), *Encyclopedia of Public International Law. Instalment 9: International Relations and Legal Cooperation in General Diplomacy and Consular Relations*, Amsterdam, Elsevier Science Publishers, 1986, 425 p., pp. 177-182, p. 178.

[2] « L'Assemblée générale et, sous son autorité, le Conseil de tutelle, dans l'exercice de leurs fonctions, peuvent : a. examiner les rapports soumis par l'autorité chargée de l'administration ; b. recevoir des pétitions et les examiner en consultation avec ladite autorité ; c. faire procéder à des visites périodiques dans les territoires administrés par ladite autorité, à des dates convenues avec elle ; d. prendre ces dispositions et toutes autres conformément aux termes des accords de tutelle ». Voy. également, l'article 88 de la Charte : « Le Conseil de tutelle établit un questionnaire portant sur les progrès des habitants de chaque territoire sous tutelle dans les domaines politique, économique et social et dans celui de l'instruction; l'autorité chargée de

de la Charte de l'ONU prévoit l'exercice d'un contrôle sur les organisations régionales délégataires du Conseil de sécurité sur le fondement du Chapitre VIII, sous la forme d'une obligation d'information au Conseil de toute action entreprise ou envisagée par une de ces organisations. Dans la même veine, l'article 106 du Statut de la C.P.I. dispose clairement que « [l]'exécution d'une peine d'emprisonnement est soumise au contrôle de la Cour »[1] qui vérifie la conformité de la détention aux normes conventionnelles internationales largement acceptées régissant le traitement des détenus[2]. Néanmoins, dans tous les cas, le contrôle mentionné reste relativement abstrait et il est judicieux que les accords de délégation explicitent ses modalités et sa mise en œuvre.

348. L'accord de délégation. La diversité des contrôles auxquels peut procéder une organisation internationale délégante se perçoit à la lecture des accords de délégation. Ces derniers contiennent en effet plusieurs éléments qui précisent les modalités de la mise en œuvre de la délégation et servent comme cadre au contrôle exercé par le délégant sur son délégataire[3]. Nous reviendrons sur l'ensemble de ces éléments, mais notons déjà la variété des mentions expresses du contrôle des compétences déléguées : l'exigence de rapports annuels

---

l'administration de chaque territoire sous tutelle relevant de la compétence de l'Assemblée générale adresse à celle-ci un rapport annuel fondé sur le questionnaire précité ».

[1] Article 106 § 1 du Statut de la C.P.I. Voy. également, l'article 27 de Statut du T.P.I.Y. et l'article 26 du Statut du T.P.I.R.

[2] Article 106 § 1 du Statut de la C.P.I.

[3] Ce sont des éléments de temporalité (durée de la délégation et moment du contrôle), mais également sur l'objet de la délégation, l'auteur du contrôle, etc. Voy. en ce sens la section II, *infra*.

d'informations[1], l'obligation d'information[2], la venue sur place des membres du personnel de l'organisation délégante ou d'autres entités

[1] Voy. par exemple, dans le cas du mandat de la S.D.N., l'article 17 de la Charte de mandat pour la Syrie et le Liban (catégorie A) conclu entre le Conseil de la S.D.N. et la France : « Le Mandataire adressera au Conseil de la Société des Nations, un rapport annuel répondant à ses vues sur les mesures prises pendant l'année pour l'application du présent mandat. Les textes de toutes les lois et de tous les règlements promulgués pendant l'année seront annexés audit rapport ». Voy. également, l'article 24 de la Charte du mandat pour la Palestine (catégorie A), conclu entre le Conseil de la Société des Nation et Royaume Uni ; l'article 11 de la Charte du Mandat britannique sur l'Est Africain (Tanganyika) (mandat B) ; l'article 6 du Charte du mandat pour les anciennes colonies allemandes situées au nord de l'équateur, dans l'océan Pacifique (mandat C) entre le Conseil de la S.D.N. et le Japon, le 17 décembre 1920. Pour les tutelles de l'ONU, voy. l'article 14 de l'Accord de tutelle pour le Territoire du Samoa Occidental, *R.T.N.U.,* vol. 8, n° 115, p. 71; l'article 16 de l'Accord de tutelle pour le Territoire du Tanganyika, *R.T.N.U.,* vol. 8, n° 116, p. 91; l'article 16 de l'Accord de tutelle pour le Territoire du Ruanda-Urundi, *R.T.N.U.,* vol. 8, n° 117, p. 105 ; l'article 16 de l'Accord de tutelle pour le Territoire du Cameroun sous administration britannique, *R.T.N.U.,* vol. 8, n° 118, p. 119 ; l'article 2 de l'Accord de tutelle pour le Territoire du Cameroun sous administration française, *R.T.N.U.,* vol. 8, n° 119, p. 135; l'article 16 de l'Accord de tutelle pour le Territoire du Togo sous administration britannique, *R.T.N.U.,* vol. 8, n° 120, p. 151; l'article 2 de l'Accord de tutelle pour le Territoire du Togo sous administration française, *R.T.N.U.,* vol. 8, n° 121, p. 165; l'article 5 § 1 de l'Accord de tutelle pour le Territoire de la Somalie sous administration italienne, *R.T.N.U.,* vol. 118, n° 381, p. 255. Voy. également, par référence aux articles pertinents de la Charte, l'article 8 § 1 de l'Accord de tutelle pour le Territoire de la Nouvelle-Guinée, *R.T.N.U.,* vol. 8, n° 122, p. 181 et l'article 5§ 1 de l'Accord de tutelle pour le Territoire de Nauru, *R.T.N.U.,* vol. 10, n° 138, p. 3.

[2] Dans la quasi-totalité de ses résolutions d'autorisation de recours à la force, le Conseil de sécurité prévoit explicitement le devoir des États et organisations internationales délégataires de le tenir informé des mesures adoptées pour la mise en œuvre de la délégation. Il est à noter que : « Même si la formulation choisie par le Conseil de sécurité peut prêter à confusion – celui-ci le plus souvent « prie » les Etats de le tenir informer et non l'« exige » –, plusieurs indices montrent qu'il s'agit sans doute pour les Etats d'une obligation et non d'une simple faculté », *in* CHRISTAKIS, T., BANNELIER, K., « Acteur vigilant ou spectateur impuissant ? Le contrôle exercé par le Conseil de sécurité sur les Etats autorisés à recourir à la force », *R.B.D.I.*, 2004, n° 2, p. 498-527, p. 516.

mandatées par cette dernière[1], la mention de la durée et/ou de la finalité de l'exercice délégué, etc.[2].

349. Un contrôle explicitement détaillé dans l'accord de délégation permet d'anticiper les dérives potentielles du ou des délégataires, rend efficace l'exercice de la compétence déléguée et permet de résoudre facilement un différend relatif à un comportement du délégataire lors de sa mission exercée au nom et/ou pour le compte de l'organisation internationale délégante.

B. Un fondement implicite

350. Même en l'absence d'une disposition explicite, l'organisation internationale délégante dispose d'un pouvoir de contrôle sur le comportement de son délégataire. En effet, l'acceptation de la délégation par le délégataire contient implicitement son acceptation à rendre compte à son délégant. L'obligation de rendre compte et le pouvoir de contrôle sont en effet les deux « faces d'une même médaille ». Ce contrôle est considéré comme le corollaire dit d'exigence générale[3] de toute délégation et est reconnu comme tel à la fois par la C.J.C.E. dans l'affaire *Meroni* qui préconise une surveillance étroite du délégataire par le délégant[4] et par la doctrine[5]. Il est toutefois difficile en pratique d'exercer un contrôle sans que les parties concernées aient prévu les modalités de son exercice. Dans ce cas, la

---

[1] Voy. par exemple, l'article 6 § 1 de l'Accord entre les Nations Unies et le gouvernement fédéral autrichien régissant l'exécution des peines imposées par le Tribunal pénal international pour l'ex-Yougoslavie du 23 juillet 1999 : «1. Les autorités compétentes de l'État requis permettent la visite du/des prisonnier(s) par le Tribunal international, ou tout organe désigné par ce dernier, en application de l'article 27 du Statut et de la législation autrichienne sous réserve du Statut. Lesdites autorités acceptent qu'il soit procédé aux visites à tout moment et sur une base régulière. Le Tribunal international décide de la fréquence de ces visites. Des rapports sur les conditions de détention et de traitement du/des prisonnier(s), fondés sur les constatations des visites, sont établis, le cas échéant ». Voy. également, l'article 6 § 1 de l'Accord entre le Gouvernement de la République française et l'Organisation des Nations Unies concernant l'exécution des peines prononcées par le T.P.I.R. signé à Arusha le 14 mars 2003 (voy. la Loi n° 2004-495 du 7 juin 2004 autorisant l'approbation de l'accord, *J.O.R.F.*, n°131 du 8 juin 2004).

[2] Voy. *infra,* section II, Paragraphe 1.

[3] D'après GAUTIER, Y., *La délégation en droit communautaire*, *op. cit.*, p. 465.

[4] C.J.C.E., 13 juin 1958, *Meroni*, aff. 9/56, Rec. voy. également GAUTIER, Y., *La délégation en droit communautaire*, *op. cit*., p. 465.

[5] GAUTIER, Y., *La délégation en droit communautaire*, *op. cit.*, p. 465 ; CAICEDO, J.J., *La répartition de la responsabilité internationale entre les organisations internationales et leurs Etats membres*, *op. cit.*, p. 271.

seule possibilité qui s'offre à l'organisation délégante est la révocation[1] de la délégation. La C.I.J. a ainsi reconnu dans son avis de 1971 l'existence du contrôle du mandataire au moyen du pouvoir de l'ONU de révoquer le mandat alors que celui-ci n'était initialement pas prévu dans l'accord de délégation[2].

Section II. L'exercice du contrôle

351. Le contrôle suppose, pour reprendre les termes de Jean Charpentier, « une information de l'autorité de contrôle sur la conduite du sujet contrôlé, une interprétation éventuelle par le premier de la règle qui s'applique au second, et enfin l'appréciation par l'autorité de contrôle de la conformité à la règle de la conduite du sujet contrôlé »[3]. Dans une délégation de compétence, le délégant doit ainsi vérifier la conduite de son délégataire, interpréter si besoin l'étendue de sa délégation et apprécier la conformité de ses comportements à la délégation qui lui a été accordée. Une variété de mécanismes et de moyens permet au délégant de s'acquitter de ce contrôle. Une typologie de ces mécanismes a été établie par souci de clarté (Paragraphe 1). Le résultat du contrôle, s'il conclut à l'identification d'un manquement de la part du délégataire, va immanquablement conduire le délégant à réagir. Plusieurs possibilités lui sont offertes (Paragraphe 2).

---

[1] La révocation constitue le moyen extrême du contrôle mais possède l'avantage de pouvoir s'exercer de manière unilatérale. Pour plus de détails, voy. *infra,* section 2, paragraphe 3.

[2] C.I.J., *Conséquences juridiques pour les États de la présence continue de l'Afrique du Sud en Namibie (Sud-Ouest africain) nonobstant la résolution 276 (1970) du Conseil de sécurité,* avis consultatif, 21 juin 1971, Rec., 1971, p. 16 § 98 : « Partant de l'idée que les mandats étaient révocables, le projet du président Wilson ne contenait pas de disposition expresse relative à la révocation [...]. Le fait que ce droit d'appel spécial n'ait pas été incorporé au Pacte ne saurait être interprété comme excluant l'application du principe général de droit d'après lequel il faut présumer que le pouvoir de mettre fin, comme conséquence d'une violation, à un mandat comme d'ailleurs à toute convention, existe de façon inhérente, même s'il n'est pas exprimé ».

[3] « L'opération de contrôle suppose [...] deux acteurs : un sujet de droit astreint à un certain comportement et une autorité chargée d'en vérifier la rectitude », *in* CHARPENTIER, J., « Le contrôle par les organisations internationales de l'exécution des obligations des États », *R.C.A.D.I.*, vol. 182, 1983, pp. 139-245, pp. 152-153.

Paragraphe 1. Typologie des mécanismes de contrôle

352. En droit international, comme en droit interne, « [o]n distingue diverses formes de contrôle suivant l'organe qui l'exerce, son objet et ses modalités »[1]. Nous avons choisi de répertorier ces mécanismes en fonction de leur nature et de ne pas de les énumérer simplement dans une *liste à la Prévert*. On distinguera[2] ainsi le contrôle institutionnel[3] – direct ou indirect – de l'organisation internationale délégante (A) du contrôle contentieux[4] d'une juridiction interne ou internationale saisie à l'occasion de la mise en œuvre de la délégation (B).

A. Le contrôle institutionnel

353. Les modalités du contrôle institutionnel. La délégation crée un rapport juridique qui place le délégataire à un rang hiérarchique « inférieur » vis-à-vis de l'organisation délégante[5]. Cela permet à celle-ci de superviser les actes et comportements de celui-là, voire de les

---

[1] SALMON, J. (dir.), *Dictionnaire de droit international public*, *op. cit.*, entrée « Contrôle », p. 261.

[2] Jean CHARPENTIER utilise la même subdivision dans son chapitre II, Partie II, de son Cours à La Haye, *in* « Le contrôle par les organisations internationales de l'exécution des obligations des États », *R.C.A.D.I.*, vol. 182, 1983, pp. 139-245, pp. 196 ss.

[3] Le contrôle institutionnel est un contrôle systématique ou permanent qui consiste en des vérifications par une autorité de contrôle avant le déclenchement d'une action litigieuse, CHARPENTIER, J., « Le contrôle par les organisations internationales de l'exécution des obligations des États », *R.C.A.D.I.*, vol. 182, 1983, pp. 139-245, p. 196 ; VIRALLY, M., *L'Organisation mondiale*, Paris, Armand Colin, 1972, 587 p., p. 333.

[4] Voy. VIRALLY, M., *L'Organisation mondiale*, *op. cit.*, p. 334.

[5] Voy. à propos de la délégation du recours à la force, PEYRO LIOPIS, A., *Force, ONU et organisations régionales*, *op. cit.*, p. 280 : « En vertu de l'article 24 §1 de la Charte, « *la responsabilité principale du maintien de la paix et de la sécurité internationales*» appartient au Conseil de sécurité. En conséquence, la délégation aux Etats et aux organisations régionales de ses compétences opérationnelles entraîne une relation hiérarchisée entre le Conseil de sécurité et les organisations régionales. En effet, dès lors que l'organisation régionale décide, soit de répondre à une demande du Conseil de sécurité, soit de recourir à la force armée après l'obtention de son autorisation, elle accepte de ce fait l'autorité du Conseil de sécurité et s'engage à respecter ses décisions. Le recours à la force armée devra alors se dérouler dans le cadre de la résolution du Conseil et respecter les limites que celui-ci aura indiquées. Ainsi le Secrétaire général affirmait-il dans son Agenda pour la paix qu'« *[a]ux termes de la Charte, le Conseil de sécurité a, et continuera d'avoir, la responsabilité principale du maintien de la paix et de la sécurité internationales* », *in* Agenda pour la paix : diplomatie préventive, rétablissement de la paix, maintien de la paix, doc. off., A/47/277, S/24111, 17 juin 1992.

réorienter en lui adressant des avis, des recommandations[1], des directives et/ou des instructions[2]. Ce contrôle institutionnel est exercé par le(s) agent(s) et/ou organe(s) de l'organisation internationale délégante et connaît lui-même plusieurs modalités. En effet, comme le note le professeur Daillier, « rien n'interdit la création d'un mécanisme de contrôle, *a priori* ou *a posteriori*, qui peut prendre des formes variées, adaptées aux spécificités de l'ordre juridique de l'organisation et aux modalités de la délégation »[3].

On peut considérer que le contrôle institutionnel débute dès l'écriture de l'accord de délégation. Il est alors formel et antérieur à son exercice ou *a priori* (1). Il se poursuit dès que la délégation est mise en œuvre. Il est alors *a posteriori* (2).

1. Le contrôle a priori

354. Objectif. Le contrôle *a priori* a pour objet de minimiser tout risque de détournement de la délégation confiée au délégataire. Il facilite et améliore, de ce fait, un possible contrôle *a posteriori* du délégataire. Il se concrétise dans le choix du délégataire[4] mais se manifeste surtout dans la description des objectifs et moyens de la délégation ainsi que dans la détermination de sa durée.

355. Le choix du délégataire. Le contrôle peut être exercé par le délégant lors de l'examen des candidatures de délégataires potentiels. Il s'agit alors d'un contrôle préventif qui cherche à établir la capacité

[1] Par exemple, les recommandations adressées par l'A.G.N.U. aux autorités administrant des territoires, voy., entre autres, les résolutions 558 (VI) du 18 janvier 1952, 562 (VI) du 18 janvier 1952, 752 (VIII) du 9 décembre 1953. Il est à noter que l'A.G.N.U. possède un pouvoir de formuler des textes de recommandations (voir les articles 10, 11 § 1et 2 et article 13 de la Charte).

[2] Il convient de rappeler, à ce propos, la possibilité de diriger la mise en œuvre des compétences déléguées par l'adoption, par l'organisation délégante, d'une décision obligatoire pour son délégataire, ce qui « pourrait constituer [selon la Commission de droit international], dans certaines circonstances, une forme de direction ou de contrôle dans la commission d'un fait », *in* Commentaire sous article 15 du projet d'articles sur la responsabilité des organisations internationales, *Annuaire de la C.D.I.*, 2011, vol. II, deuxième partie, p. 66 § 4.

[3] DAILLIER, P., « Les nouveaux modes de coopération », *op. cit.*, p. 292.

[4] La concrétisation de ce contrôle *a priori* le prive de sa pleine efficacité. En effet, le choix du délégataire ne dépend pas de la seule volonté de l'organisation délégante mais des considérations politiques ou pratiques qui peuvent conduire à « imposer » un délégataire à l'organisation comme dans l'administration de certains territoires ou encore lors d'un recours à la force.

juridique et opérationnelle de mise en œuvre du délégant[1]. Ainsi, lors du choix de l'État d'exécution de la peine prononcée par elles, les juridictions pénales internationales prennent en compte différents critères permettant de contrôler par avance la capacité (et la crédibilité) de l'État à exercer la compétence objet de la délégation[2]. Le choix du délégataire est doublement contrôlé : une première fois, lors de l'inscription d'un État sur la liste prévue pour l'exécution des peines des juridictions pénales internationales et une deuxième fois lors de la désignation de l'État d'exécution. Le premier contrôle permet un filtrage des États en fonction de leur capacité d'accueillir les condamnés des juridictions pénales internationales ; le second permet de vérifier, au cas par cas, les conditions de détention d'un condamné.

356. Suivant la même logique, la Convention des Nations Unies sur le droit de la mer[3] prévoit dans son article 153, en matière de licences d'exploration et d'exploitation octroyées par l'A.I.F.M pour permettre l'accès à la Zone internationale des fonds marins, que chaque co-contractant potentiel présente une version détaillée de son plan de travail évaluée par la Commission technique et juridique (*legal and technical commission*) qui fournit ses recommandations à l'A.I.F.M., seule décisionnaire du choix final[4].

357. De même, en matière d'administration de territoire, le délégataire de la S.D.N. devait être un État suffisamment développé pour pouvoir remplir la mission qui lui est confiée[5].

---

[1] L'organisation internationale peut également prendre en compte la réputation de l'entité candidate à la délégation notamment lors du recours à des entreprises militaires privées. Sur le recours des organisations internationales, notamment l'ONU, à des E.M.S.P. voy. PRESSLER, J., "Responsibility of the United Nations for the Activities of Private Military and Security Companies in Peacekeeping Operations: In Need of a New International Instrument", *Max Planck Yearbook of United Nations Law*, Vol. 18, Issue 1, 2014, pp. 152-187.

[2] Règle 200-2 RPP de la C.P.I. : « La Présidence n'inscrit pas un État sur la liste visée au paragraphe 1 a) de l'article 103, si elle n'approuve pas les conditions dont cet État assortit son acceptation. La Présidence peut demander un complément d'information à cet État avant de prendre une décision ».

[3] C.N.U.D.M., 10 décembre 1982, entrée en vigueur le 16 novembre 1994, conformément à l'article 308 § 1.

[4] Cette procédure préalable peut s'apprécier comme un contrôle *a priori* de l'aptitude du futur co-contractant.

[5] Voy. l'article 22 § 2 du Pacte de la S.D.N. : « La meilleure méthode de réaliser pratiquement ce principe [le bien être et le développement de ces peuples] est de confier la tutelle de ces peuples aux nations développées qui, en raison de leurs

358. En revanche, en matière d'opération militaire autorisée par le Conseil de sécurité, ni la Charte, ni les résolutions d'autorisation n'indiquent de critères de choix par avance. Le plus souvent, le Conseil de sécurité délègue ses compétences aux États qui s'estiment capables et prêts à mettre en œuvre la compétence déléguée. Dans certain cas, le délégataire a toutefois été désigné de manière nominative[1]; un tel choix est justifié par des considérations politiques, géographiques ou historiques[2] ce qui pourrait être considéré en soi comme un contrôle *a priori* de la capacité du délégataire à agir dans une situation précise.

359. L'encadrement des moyens et des objectifs. L'encadrement précis des moyens et des objectifs de la délégation établit également un contrôle formel *a priori* : « la détermination aussi claire que possible des objectifs d'une opération et [de son] contenu [...] constitue l'élément par excellence de l'autorité exercée [par le délégant] »[3]. Cette formulation tirée de l'analyse de L.-A. Sicilianos de l'autorisation du recours à la force vaut, *mutatis mutandis*, pour toute délégation de compétence. En ce sens, l'étude de certains accords de délégation renseigne sur le degré de précision nécessaire pour assurer ensuite un contrôle efficace lors de la mise en œuvre de la délégation. Les accords bilatéraux conclus par la CPI avec les États exécutants en sont un archétype. Ces accords établissent en effet un cadre strict et clair pour la réclusion des personnes condamnées[4]. Ainsi, l'État d'exécution doit

---

ressources, de leur expérience ou de leur position géographique, sont le mieux à même d'assumer cette responsabilité et qui consentent à l'accepter : elles exerceraient cette tutelle en qualité de mandataires et au nom de la Société ».

[1] La résolution 221 (1966) du Conseil de sécurité a ainsi explicitement indiqué le choix du délégataire : « *Prie* le Gouvernement du Royaume-Uni de Grande-Bretagne et d'Irlande du Nord d'empêcher au besoin par la force, l'arrivée à Beira de navires dont on a lieu de croire qu'ils transportent du pétrole destiné à la Rhodésie du Sud, et habilite le Royaume-Uni à saisir et à détenir le pétrolier connu sous le nom de Joanna-V lors de son départ de Beira, dans le cas où sa cargaison de pétrole aurait été déchargée dans ce port ».

[2] Voy. *supra,* Partie 1, Chapitre 3, section 2, paragraphe 3.

[3] SICILIANOS, L-A., « Entre multilatéralisme et unilatéralisme : l'autorisation par le Conseil de sécurité de recourir à la force », *R.C.A.D.I.*, vol. 339, 2008, p. 71.

[4] Citons ainsi les accords entre la C.P.I. et le Gouvernement de la République du Mali (doc. off., ICC-PRES/11-01-12), le gouvernement de l'Autriche (doc. off., ICC-PRES/01-01-05), de la Serbie (doc. off., ICC-PRES/09-03-11), du Royaume-Uni (doc. off., ICC-PRES/04-01-07), de la Belgique (doc. off., ICC-PRES/06-01-10 et doc. off., ICC-PRES/16-03-14), du Danemark (doc. off., ICC-PRES/12-02-12), de Finlande (doc. off., ICC-PRES/07-01-11), de Norvège (doc. off. ICC-CPI-20160707-

respecter le prononcé de la Cour[1]. S'il ressent le besoin d'apporter des modifications à la manière d'exécuter la peine prononcée, il en avise la juridiction internationale qui doit se prononcer pour ou contre ce changement[2].

360. Les contrats de délégation conclus entre les organisations internationales et des entités privées insistent également de manière particulièrement précise sur le contenu et le contour de la délégation. Ils précisent la zone concernée ainsi que le type d'activité(s) à mener et contiennent un plan de travail très précis[3]. L'activité de production et d'exploitation de lanceurs[4] déléguée par l'Agence Spatiale Européenne à la société privée Arianespace[5] illustre de la même manière la rigueur dans la détermination du contenu de la délégation. Cette délégation encadre l'activité de la société en imposant notamment que « les autres activités que le fournisseur de services de lancement pourrait exercer

---

PR1229). Voy. également les articles L. 627-16 et L. 627-17 du Code de procédure pénale français.

[1] D'après les dispositions de l'article 105 (1) du Statut de la CPI, la peine d'emprisonnement est exécutoire pour les États parties sous réserve des conditions qu'un État ait éventuellement formulées comme le prévoit l'article 103(1)(b). Voy. également l'article 110 du même Statut.

[2] Voy. par exemple l'article 103 point 2, a) : « L'État chargé de l'exécution avise la Cour de toute circonstance, y compris la réalisation de toute condition convenue en application du paragraphe 1, qui serait de nature à modifier sensiblement les conditions ou la durée de la détention. La Cour est avisée au moins 45 jours à l'avance de toute circonstance de ce type connue ou prévisible. Pendant ce délai, l'État chargé de l'exécution ne prend aucune mesure qui pourrait être contraire à ses obligations en vertu de l'article 110 ». Voy. également l'article 27 du Statut du T.P.I.R. et article 28 du Statut du T.P.I.Y.

[3] Pour exemple, voy. *Agreement on exploration for polymetallic nodules between the International Seabed Autority and Federal Institute for Geosciences and Natural Ressources of FRG, op. cit.*

[4] Voy. la Convention portant création d'une Agence spatiale européenne du 30 mai 1975, précisément l'article V. 1. a) et 2. b) et l'article VI b).

[5] Voy. la *Déclaration de certains gouvernements européens relative à la phase d'exploitation des lanceurs Ariane, Vega et Soyouz au Centre spatial guyanais*. Cette déclaration a été mise à jour plusieurs fois. Voy. l'ultime mise à jour publiée par Décret n° 2016-1778 du 19 décembre 2016 portant publication de la déclaration de certains gouvernements européens relative à la phase d'exploitation des lanceurs Ariane, Vega et Soyouz au Centre spatial guyanais, adoptée à Paris le 30 mars 2007 (1). Pour l'historique de cette délégation, voy. BAUDIN, C. « Un tableau historique du programme Ariane et des solutions juridiques », ESA, disponible en ligne : http://www.esa.int/esapub/bulletin/bullet83/bau83.htm

[fassent] l'objet d'une consultation du Conseil de l'ASE et [n'aient pas] d'incidence négative sur l'objectif principal de son entreprise »[1].

361. Certaines autorisations du Conseil de sécurité caractérisent aussi précisément l'objet et les objectifs de la délégation, à l'instar de la résolution 221 (1966)[2], qui limite l'action du délégataire à l'arrestation, sous certaines conditions, d'un navire expressément nommé[3]. De même, la résolution 929 (1994) à l'origine de l'opération *Turquoise* visait strictement à assurer la protection des personnes déplacées, des réfugiés et des civils à risque, au Rwanda en 1994[4]. La finalité de l'opération autorisée baptisée « Soutenir la démocratie » était également strictement définie dans la résolution 940 (1994), à savoir la fin du putsch militaire et le retour à la démocratie[5]. Des observations analogues valent *mutatis mutandis* pour l'autorisation accordée en 2008

---

[1] Point III de la *Déclaration de certains gouvernements européens relative à la phase d'exploitation des lanceurs Ariane, Vega et Soyouz au Centre spatial guyanais.*

[2] Doc. off., S/RES/221 (1966), 9 avril 1966.

[3] Dans cette résolution, le Conseil de sécurité, « habilite le Royaume-Uni à saisir et à détenir le pétrolier connu sous le nom de Joanna-V lors de son départ de Beira, dans le cas où sa cargaison de pétrole aurait été déchargée dans ce port ».

[4] Point 2 de la résolution 929 du 22 juin 1994. Cette visée humanitaire avait déjà été décrite dans une résolution précédente, aux paragraphes (a) et (b) du point 4 de la résolution 925 (1994) et proposée par la France, principal acteur de l'opération Turquoise.

[5] Question concernant Haïti (autorisation force multinationale), résolution 940 du 31 juillet 1994, point 4 : «Agissant en vertu du Chapitre VII de la Charte des Nations Unies, autorise des Etats membres à constituer une force multinationale placée sous un commandement et un contrôle unifiés et à utiliser dans ce cadre tous les moyens nécessaires pour faciliter le départ d'Haïti des dirigeants militaires, eu égard à l'Accord de Governors Island, et le prompt retour du Président légitimement élu, ainsi que pour instaurer et maintenir un climat sûr et stable qui permette d'appliquer l'Accord de Governors Island, étant entendu que le coût de l'exécution de cette opération temporaire sera à la charge des Etats membres participants ». À propos de cette résolution, voy. CORTEN, O., « Kaleidoscope : La résolution 940 du Conseil de sécurité autorisant une intervention militaire en Haïti : L'émergence d'un principe de légitimité démocratique en droit international? », *E.J.I.L.*, vol. 6, n° 1, 1995, pp. 116-133. Voy. également la résolution 1101 (1997) qui « Autorise les États Membres participant à la force multinationale de protection à mener les opérations requises, de manière neutre et impartiale, pour atteindre les objectifs définis au paragraphe 2, et, agissant en vertu du Chapitre VII de la Charte des Nations Unies, autorise en outre ces États Membres à assurer la sécurité et la liberté de circulation du personnel de ladite force de protection », relative à la situation en Albanie, doc. off., S/RES/1101 (1997) du 28 mars 1997, point 4.

dans le contexte de la lutte contre la piraterie et les vols à main armée au large des côtes somaliennes[1].

362. La clarté de l'objet de la délégation et sa finalité ont pour objet à la fois d'assurer l'efficacité du contrôle à venir et d'éviter les mauvaises interprétations de la part du ou des délégataires de l'organisation internationale. Cela vaut particulièrement pour les délégations du recours à la force armée par l'ONU[2]. Le Conseil de sécurité, en tant qu'entité responsable principale du maintien de la paix et de la sécurité internationales doit s'assurer que sa volonté est suivie. Nous pouvons ainsi reprendre les propos du président du Conseil de sécurité concernant les autorisations de recourir à la force armée selon lesquels le « mandat [doit être] clair, [comprendre] un exposé des objectifs, des règles d'engagement, un plan d'action élaboré, [...] et des arrangements prévoyant des rapports réguliers »[3]. Il faut donc éviter l'emploi d'un langage large et ambigu[4], et si tel n'est pas le cas,

---

[1] Dans la résolution 1816 du 2 juin 2008, point 7, le Conseil de Sécurité : «*[d]écide* que, pour une période de six mois à compter de l'adoption de la présente résolution, les Etats qui coopèrent avec le Gouvernement fédéral de transition à la lutte contre la piraterie et les vols à main armée au large des côtes somaliennes et dont le gouvernement fédéral [somalien] de transition aura préalablement communiqué les noms au Secrétaire général sont autorisés : a) A entrer dans les eaux territoriales de la Somalie afin de réprimer les actes de piraterie et les vols à main armée en mer, *d'une manière conforme à l'action autorisée en haute mer en cas de piraterie en application du droit international applicable* [...] ». La résolution faisait référence à la C.N.U.D.M. permet de préciser les éléments d'exercice de la délégation, notamment les articles 105 à 107 de ladite Convention. Ainsi, seul un navire ou aéronef militaire de l'État délégataire ou portant des marques extérieurs de service public peut effectuer une saisie pour cause de piraterie (article 107) ; cette saisine devant être suffisamment motivée (article 106).

[2] LAGRANGE, Ph., « Le Conseil de sécurité et l'autorisation de prendre toutes les mesures nécessaires », *op. cit.*, p. 231.

[3] Déclaration du Président du Conseil du 30 novembre 1998, doc. off., S/PRST/1998/35.

[4] La précision et la clarté de l'accord de délégation permettent d'évaluer la fin de la délégation lorsqu'une date de fin de délégation n'est pas précise car la réalisation de l'objectif de la délégation entraînera la résiliation automatique de la délégation des pouvoirs. Voy. en ce sens, SAROOSHI, D., *The United Nations and the Development Of Collective Security. The Delegation by the UN Security Council of its Chapter VII Powers*, *op. cit.*, p. 41; DE WET, E., « The relationship between the Security Council and regional organizations during enforcement action under Chapter VII of the United Nations », *op. cit.,* p. 18.

l'interprétation de l'accord doit être faite de manière restrictive[1]. Ces exigences préviennent le risque que les délégataires agissent dans leurs propres intérêts, au détriment de celui de l'organisation délégante, tout en « se réclam[ant] de la légitimité et de l'approbation internationales pour des actes de force que n'avait pas en fait envisagé au départ le Conseil de sécurité »[2].

363. La clarté de l'objet délégué ne préjuge toutefois pas de l'ampleur de la délégation. En effet, préciser l'objet de la délégation sert à faciliter le contrôle mais ne restreint pas nécessairement le but de la délégation. Par exemple, la résolution 1244 (1999) prise sur le fondement du Chapitre VII de la Charte des Nations Unies, autorisait une présence internationale de sécurité dans la province serbe du Kosovo[3]. Cet objectif de grande ampleur est pour autant strictement encadré dans le paragraphe 9 de cette résolution qui détaille avec précision l'objet des compétences octroyées au délégataire[4].

364. L'encadrement temporel de la délégation est un autre aspect du contrôle *a priori* et peut paraître, en soi, d'utilisation plutôt aisée. Il

---

1 DE WET, E., « The relationship between the Security Council and regional organizations during enforcement action under Chapter VII of the United Nations », *op. cit.*, p. 18.

2 BOUTROS-GHALI, B., « Supplément à l'Agenda pour la paix », 3 janvier 1995, doc. off., A/50/60-S/1995/1 § 80.

3 S/RES/1244 (1999) § 7. Pour plus de détails, voy. GUILLAUME M., MARHIC G., ETIENNE G., « Le cadre juridique de l'action de la KFOR au Kosovo », *A.F.D.I.*, vol. 45, 1999. pp. 308-334.

4 S/RES/1244 (1999) § 9, dans laquelle, le Conseil de sécurité : « Décide que les responsabilités de la présence internationale de sécurité qui sera déployée et agira au Kosovo incluront les suivantes : a) Prévenir la reprise des hostilités, maintenir le cessez-le-feu et l'imposer s'il y a lieu, et assurer le retrait des forces militaires, policières et paramilitaires fédérales et de la République se trouvant au Kosovo et les empêcher d'y revenir, si ce n'est en conformité avec le point 6 de l'annexe 2; b) Démilitariser l'Armée de libération du Kosovo (ALK) et les autres groupes armés d'Albanais du Kosovo, comme le prévoit le paragraphe 15; c) Établir un environnement sûr pour que les réfugiés et les personnes déplacées puissent rentrer chez eux, que la présence internationale civile puisse opérer, qu'une administration intérimaire puisse être établie, et que l'aide humanitaire puisse être acheminée; d) Assurer le maintien de l'ordre et la sécurité publics jusqu'à ce que la présence internationale civile puisse s'en charger; e) Superviser le déminage jusqu'à ce que la présence internationale civile puisse, le cas échéant, s'en charger; f) Appuyer le travail de la présence internationale civile selon qu'il conviendra et assurer une coordination étroite avec ce travail; g) Exercer les fonctions requises en matière de surveillance des frontières; h) Assurer la protection et la liberté de circulation pour elle-même, pour la présence internationale civile et pour les autres organisations internationales; ».

est ainsi expressément indiqué dans les contrats d'exploration de l'A.I.F.M.[1] et dans les accords d'exécution des jugements de la C.P.I. dont le cadre temporel correspond au temps de réclusion ordonné.

365. Cependant, l'encadrement temporel de la délégation n'est pas toujours prévu. Ainsi, l'administration déléguée par mandat durait aussi longtemps que l'émancipation du territoire placé sous ce régime n'était pas déclarée. Ni l'article 22 du Pacte, ni les accords de mandat n'ont prévu une durée déterminée de l'exercice de l'administration. La situation était identique dans l'administration sous tutelle de l'ONU[2] à l'exception de l'accord de tutelle pour le Territoire de la Somalie sous administration italienne dont l'article 24 a fixé un terme à la tutelle[3].

366. Dans le cadre du recours à la force, le Conseil de sécurité peut donner délégation de recours à la force sans détermination d'un délai. Tel fut le cas de la résolution 678[4] ou encore de la résolution 1973[5], qui ne prévoyaient pas de date limite de l'autorisation. En procédant ainsi, « *the Security Council renounces considerable control over the*

---

[1] *Agreement on exploration for polymetallic nodules between the International Seabed Autority and Federal Institute for Geosciences and Natural Ressources of FRG*, *op. cit.*, appendix II, point 3.1.

[2] MATRINGE, J., « Article 75 », *in* COT, J.-P., PELLET, A., FORTEAU, M., (dir.), *La Charte des Nations Unies. Commentaire article par article, op. cit.,* pp. 1791-1797, p. 1797. Voy. *supra,* Partie I, Ch. 3, section 2, paragraphe 2.

[3] Article 24 de l'Accord de tutelle pour le Territoire de la Somalie sous administration italienne, *R.T.N.U.,* vol. 118, n° 381, p. 255 (approuvé par l'Assemblé générale des Nations Unis, résolution 289 (IV) du 2 décembre 1950) : « Le présent Accord cessera d'être en vigueur dix ans après la date de l'approbation de l'Accord de tutelle par l'Assemblée générale ; à l'expiration de cette période, le Territoire deviendra un État souverain indépendant ».

[4] S/RES/678(1990), 29 novembre 1990. Cette résolution n'a jamais été considérée comme caduque par son auteur. C'est la raison pour laquelle cette résolution avait été invoquée par les États-Unis et le Royaume-Uni comme base de leur fondement juridique de l'opération militaire de 2003 contre l'Irak. Voy. GAZZINI, T., "The Rules on the Use of Force at the Beginning of the XXI Century", *Journal of Conflict & Security Law*, 2006, vol. 11, n° 3, pp. 319-342, pp. 323-324.

[5] S/RES/1973 (2011), 17 mars 2011. Le Conseil de sécurité a mis fin, par cette résolution, à la délégation accordée aux États et organisations internationales d'utiliser la force pour protéger les civils et à l'autorisation d'appliquer la zone d'exclusion aérienne en Lybie, par sa résolution 2016 du 27 octobre 2011, prise sur le fondement du Chapitre VII : « *Le Conseil de sécurité* [...] *Agissant* en vertu du Chapitre VII de la Charte des Nations Unies [...], *[d]écide* que les dispositions des paragraphes 4 et 5 de la résolution 1973 (2011) deviendront caduques le 31 octobre 2011 à 23 h 59, heure libyenne [et] *[d]écide* également que les dispositions des paragraphes 6 à 12 de la résolution 1973 (2011) deviendront caduques le 31 octobre 2011 à 23 h 59, heure libyenne », *in* S/RES/2016 (2011), 27 octobre 2011, *italique dans le texte*.

operation since the adoption of a new resolution is required to terminate the authorization. This will only happen if one or more permanent members that support the authorization do not block the adoption of such a new resolution»[1]. C'est la raison pour laquelle le président du Conseil de sécurité a insisté sur la nécessité d'encadrer la temporalité en vue de l'arrêt des opérations autorisées[2].

367. Cependant, les opérations autorisées dont la durée est prévue ne sont pas rares[3] : l'opération Turquoise a été conscrite à deux mois à compter de l'adoption de la résolution 929 (1994)[4] ; les résolutions 1386 (2001)[5] et 1464 (2003)[6], visant le maintien de la sécurité par le biais

---

[1] BLOKKER, N., « Outsourcing the Use of Force : Towards More Security Council Control of Authorized Operations? », *in* WELLER, M. (dir.), *The Oxford Handbook of the Use of Force in International Law*, 2015, pp. 202-226, p. 217.

[2] Déclaration du Président du Conseil de sécurité du 30 novembre 1998, doc. off., S/PRST/1998/35, 3 p., sp. p. 2 : « en général, les opérations devraient avoir un mandat clair, y compris un exposé des objectifs, des règles d'engagement, un plan d'action élaboré, un calendrier de désengagement, et des arrangements prévoyant des rapports réguliers au Conseil devraient être prévus ». « Cette prise de position, écrit Sicilianos, entend signifier que le Conseil conserve le contrôle de l'autorisation qu'il accorde […] », *in* SICILIANOS, L-A., « Entre multilatéralisme et unilatéralisme : l'autorisation par le Conseil de sécurité de recourir à la force », *R.C.A.D.I.*, vol. 339, 2008, p. 90. Voy. également BLOKKER, N., « Is the authorization authorized? Powers and practice of the UN security Council to authorize the use of the force by "coalitions of the able and willing" », *op. cit.*, pp. 562-563.

[3] BLOKKER, N., « Outsourcing the Use of Force : Towards More Security Council Control of Authorized Operations? », *op. cit.*, p. 217 : « *Almost all other authorizations adopted by the Security Council during the 1990s have time limits, covering periods of not more than one year. The same is true for the authorization resolutions adopted in the period from 2000 to 2012*».

[4] S/RES 929 (1994) § 4.

[5] S/RES/1386 (2001) : « 1. Autorise […] à la constitution pour six mois d'une force internationale d'assistance à la sécurité pour aider l'Autorité intérimaire afghane à maintenir la sécurité à Kaboul et dans ses environs, de telle sorte que l'Autorité intérimaire afghane et le personnel des Nations Unies puissent travailler dans un environnement sûr ».

[6] S/RES/1464 (2003) : « 9. Agissant en vertu du Chapitre VII de la Charte des Nations Unies, et conformément à la proposition contenue au paragraphe 14 des conclusions de la Conférence des chefs d'État sur la Côte d'Ivoire (S/2003/99), autorise les États Membres participant à la force de la CEDEAO en vertu du Chapitre VIII, de même que les forces françaises qui les soutiennent, à prendre les mesures nécessaires pour assurer la sécurité et la liberté de circulation de leurs personnels et pour assurer, sans préjudice des responsabilités du Gouvernement de réconciliation nationale, la protection des civils immédiatement menacés de violences physiques à l'intérieur de leurs zones d'opérations et en fonction de leurs moyens, pour une période de six mois

d'une présence internationale respectivement en Afghanistan et en Côte d'Ivoire, ont été, chacune, limitées à six mois ; la résolution 1484 (2003), qui a permis l'intervention de la force multinationale intérimaire d'urgence en République démocratique du Congo « jusqu'au 1er septembre 2003 »[1] et l'autorisation donnée à l'Union européenne d'intervenir en République démocratique du Congo en 2006 pour soutenir la Mission des Nations Unies (MONUC) se limitaient à la période électorale[2].

368. Le contrôle *a priori* peut toutefois se révéler insuffisant s'il n'est exercé que de manière artificielle. Le contrôle *a posteriori* vient alors pallier l'insuffisance du premier.

2. Le contrôle a posteriori

369. Finalité et modalités du contrôle *a posteriori*. Le contrôle *a posteriori* « vérifie après coup si [l'action] s'est bien exercée conformément à [l'habilitation confiée au délégataire] »[3] et permet la contestation de celle-ci si besoin[4]. Il peut être prévu dans l'acte constitutif de l'organisation délégante[5] ou, le plus souvent, dans l'acte ou l'accord de délégation [6].

Ce contrôle peut prendre de multiples formes, selon son auteur, son étendue et ses moyens. Ainsi, d'après son auteur, on peut distinguer

---

à l'issue de laquelle le Conseil évaluera la situation sur la base des rapports mentionnés au paragraphe 10 ci-dessous et discutera du bien-fondé du renouvellement de l'autorisation; ».

[1] *Ibid.* § 1.

[2] S/RES/1671(2006) § 1.

[3] CHARPENTIER, J., « Le contrôle par les organisations internationales de l'exécution des obligations des États», *R.C.A.D.I.*, vol. 182, 1983, pp. 139-245, p. 154.

[4] DAILLIER, P., « Les nouveaux modes de coopération », *op.cit.*, p. 292 ; GAUTIER, Y., *La délégation en droit communautaire*, *op. cit.*, p. 466.

[5] Par exemple, l'article 54 de la Charte de l'ONU prévoit l'obligation d'informer le Conseil de sécurité « de toute action entreprise, ou envisagée » par les organisations régionales délégataires. Pour plus de détails sur cette obligation, voy. GUEUYOU, M, « Article 54 », *in* COT, J.-P., PELLET, A., FORTEAU, M., (dir.), *La Charte des Nations Unies. Commentaire article par article*, *op. cit.*, pp. 1439-1449, pp. 1440-1443.

[6] Voy. par exemple la résolution 794 du 3 décembre 1992 § 18 : « Prie le secrétaire général et, en tant que de besoin, les États concernés de lui présenter régulièrement des rapports, dont le premier sera établi au plus tard 15 jours après l'adoption de la présente résolution, sur l'application de celle-ci et la réalisation de [son]objectif ». Il en est de même pour la résolution 929 du 21 juin 1994 qui reprend presque à l'identique cette formulation.

entre un contrôle direct exercé par l'organisation internationale délégante et un contrôle effectué par un (ou des) autre(s) sujet(s) (a). Selon l'étendue et les moyens employés pour l'exercice du contrôle, on peut distinguer un contrôle superficiel et un contrôle intensifié (b).

a. Contrôle direct et indirect

370. Le contrôle direct. L'organisation internationale exerce le plus souvent elle-même le contrôle sur son délégataire. Celui-ci est alors exercé soit par l'organe à l'origine de la délégation, comme le Conseil de sécurité dans le cas d'un recours à la force délégué ou l'A.I.F.M. pour une délégation de l'exploration des fonds marins, soit par un autre organe subsidiaire de l'organisation[1], créé spécifiquement à cet effet. Tel fut le cas du contrôle exercé par la Commission des mandats[2] créée spécialement pour vérifier au nom du Conseil de la S.D.N. si le mandataire s'était tenu aux « limites des pouvoirs [...] conférés, s'il a fait bon usage de ses pouvoirs et si son administration a été conforme aux intérêts de la population indigène »[3]. Le contrôle des puissances chargées de la tutelle, dévolu d'après l'article 87 de la Charte à l'Assemblée générale, est finalement exercé par le Conseil de tutelle, sous le contrôle de l'Assemblée, ou bien sous le contrôle du Conseil de sécurité en ce qui concerne les territoires stratégiques[4].

371. Le contrôle indirect. Dans de rares cas, l'exercice du contrôle peut également être confié à des sujets extérieurs à l'organisation délégante. En ce sens la C.P.I. et les tribunaux pénaux internationaux délèguent le contrôle de l'exécution des peines au Comité international

---

[1] Il est possible aussi que l'organisation internationale délégante associe d'autres entités, en fonction de leur qualité et de leurs compétences, juridiques ou opérationnelles, dans l'exercice de son contrôle. Par exemple, les représentants des plusieurs institutions spécialisées de l'ONU ont pu participer aux travaux du Conseil de tutelle pour les questions qui les intéressaient, voy. *Rapport du Conseil de Tutelle, 19 juin 1971-16 juin 1972*, doc. off., A/870.4, point 7, qui mentionne la participation des représentants de l'OIT, du FAO, de l'UNESCO et de l'OMS.

[2] Article 22 par 9 : « Une commission permanente sera chargée de recevoir et d'examiner les rapports annuels des mandataires et de donner au Conseil son avis sur toutes questions relatives à l'exécution des mandats ». Voy. également, ROUSSEAU, Ch., *Droit international public*, tome 2, p. 393 et FAUCHILLE, P., *Traité de droit international public*, tome I, 2ème partie, Paix, Paris, Rousseau, 1925, pp. 876-877.

[3] FAUCHILLE, P., *Traité de droit international public*, tome I, 2ème partie, Paix, Paris, Rousseau, 1925, p. 878.

[4] VEÏCOPOULOS, N., *Traité des territoires dépendants, tome I. Le système de tutelle d'après la Charte de San Francisco*, Paris, SIREY, 1960, 521 p.

de la Croix-Rouge (C.I.C.R.)[1] qui « fait office d'organe de surveillance de la plupart des établissements pénitentiaires des tribunaux pénaux internationaux »[2]. Une telle délégation du contrôle peut être prévue aussi bien dans l'accord entre la juridiction internationale et l'organisme délégataire que dans celui conclu entre l'organisation et l'État d'exécution. Citons, à ce propos, l'article 4 point 8 du modèle d'accord entre les États et la C.P.I. sur l'exécution des peines prononcées par la Cour[3] et l'article 6 de l'accord d'exécution signé entre la France et les T.P.I.[4] qui prévoient une procédure d'inspection périodique exercée par le C.I.C.R.[5] pour contrôler les conditions de

---

[1] Voy. par exemple, *Accord entre la C.P.I. et le Comité international de la Croix-Rouge sur les visites aux personnes privées de liberté en vertu de la juridiction de la C.P.I., op. cit.*

[2] *in Accords de coopération*, publication de la C.P.I., en ligne : https://www.icc-cpi.int/news/seminarBooks/Cooperation_Agreements_Fra.pdf

[3] « [La C.P.I.] autorise le Comité international de la Croix-Rouge (ci-après « le CICR ») à mener à tout moment et de manière périodique des inspections aux fins de contrôle des conditions de détention et du traitement de la ou des personnes condamnées, la fréquence des visites étant déterminée par le CICR. Après chaque visite que le CICR effectue dans l'État chargé de l'exécution de la peine : (a) le CICR présente à [...] la Présidence un rapport confidentiel faisant état de ses constatations, et, le cas échéant, de ses recommandations ; (b) [...] et la Présidence se consultent sur les constatations du rapport. La Présidence invite ensuite [...] à l'informer de toutes modifications apportées aux conditions de détention par suite des recommandations du CICR ; (c) dans les 30 jours suivant la réception du rapport, [...] et la Présidence adressent au CICR une réponse conjointe. Ils/elles y répondent aux constatations exposées dans le rapport et indiquent en détail les mesures visant à la mise en œuvre des recommandations du CICR par [...] et la Présidence », *in Modèle d'accord entre la C.P.I. et les États sur l'exécution des peines, op. cit.*

[4] Voy. le Projet de loi autorisant l'approbation de l'accord entre le Gouvernement de la République française et l'ONU concernant l'exécution des peines prononcées par le T.P.I.R., Assemblée Nationale, 15 octobre 2003, n°1149 et le Projet de loi autorisant l'approbation de l'accord entre le Gouvernement de la République française et l'ONU concernant l'exécution des peines prononcées par le T.P.I.Y., Assemblée Nationale, 25 juillet 2001, n° 3253.

[5] Selon *l'Accord entre le Gouvernement de la République française et l'ONU concernant l'exécution des peines prononcées par le T.P.I.R.* : « 1. Les autorités compétentes de l'Etat requis permettent l'inspection périodique et impromptue des conditions de détention et du traitement des détenus par le Comité international de la Croix-Rouge (CICR), qui détermine la fréquence des visites. Le CICR présente un rapport confidentiel fondé sur les constatations de son inspection à l'Etat requis et au président du Tribunal international. 2. L'Etat requis et le Président du Tribunal international se consultent sur les constatations des rapports visés au paragraphe 1 ci-dessus. Le Président du Tribunal international peut ensuite demander à l'Etat requis

détention et de traitement des détenus[1]. Signalons que, si la plupart des accords d'exécution conclus entre les juridictions pénales internationales et les États d'exécution ont désigné le C.I.C.R. comme autorité d'inspection[2], plusieurs États membres à la Convention européenne pour la prévention de la torture et des peines ou traitements inhumains ou dégradants de 1987[3] ont préféré désigner le Comité européen pour la prévention de la torture et des peines ou traitements inhumains ou dégradants (C.P.T.)[4].

---

de l'informer des suites qu'il a réservées aux suggestions du CICR », en ligne : https://unictr.irmct.org/sites/unictr.org/files/legal-library/france-fr.pdf

[1] « Article 6. Inspection. 1. Les autorités compétentes de l'Etat requis permettent l'inspection périodique et impromptue des conditions de détention et du traitement des détenus par le Comité international de la Croix-Rouge (CICR), qui détermine la fréquence des visites. Le CICR présente un rapport confidentiel fondé sur les constatations de son inspection à l'Etat requis et au président du Tribunal international. 2. L'Etat requis et le Président du Tribunal international se consultent sur les constatations des rapports visés au paragraphe 1 ci-dessus. Le Président du Tribunal international peut ensuite demander à l'Etat requis de l'informer des suites qu'il a réservées aux suggestions du CICR ».

[2] SNACKEN, S., KIEFER, N., "Oversight of international imprisonment : the Committee for the Prevention of Torture", *op. cit.*, p. 325.

[3] Conclue à Strasbourg le 26 novembre 1987 et entrée en vigueur le 1er février 1989, Série des traités européens n° 126. D'après l'article 1 de la Convention : « Il est institué un Comité européen pour la prévention de la torture et des peines ou traitements inhumains ou dégradants (ci-après dénommé : « le Comité »). Par le moyen de visites, le Comité examine le traitement des personnes privées de liberté en vue de renforcer, le cas échéant, leur protection contre la torture et les peines ou traitements inhumains ou dégradants ».

[4] Voy. l'article 6 de *l'Accord entre le Gouvernement du Royaume-Uni de Grande-Bretagne et d'Irlande du Nord et la C.P.I. sur l'exécution des peines prononcées par la Cour* du 8 décembre 2007, doc. off., ICC-PRES/04-01-07 : « Les autorités nationales compétentes du Royaume-Uni autorisent le Comité européen pour la prévention de la torture et des peines ou traitements inhumains ou dégradants (ci-après « le CPT ») à inspecter, à tout moment et périodiquement, les conditions de détention et de traitement du ou des condamnés détenus en vertu du présent accord, le CPT fixant la fréquence des visites [...]. 3. Afin de contrôler l'exécution des peines d'emprisonnement, la présidence peut, le cas échéant, demander au Royaume-Uni tous renseignement, rapport ou expertise nécessaire ». Voy. également les accords conclus entre le Royaume-Uni, l'Albanie, l'Ukraine et le Portugal et le T.P.I.Y. et aussi l'accord conclu entre l'Allemagne et le T.P.I.Y. concernant *Stanislav Galic*. Voy. à propos du contrôle exercé par le CPT, l'étude de Sonja SNACKEN et Nik KIEFER, « Oversight of international imprisonment : the Committee for the Prevention of Torture », *op. cit.,* pp. 322-355.

b. L'intensité du contrôle

372. L'observation de la pratique du contrôle *a posteriori* de la délégation nous permet d'affirmer que le délégant exerce un contrôle des comportements du délégataire différencié selon son intensité. Il peut s'agir d'un simple contrôle superficiel de l'action de son délégataire (i) ou plus intense quand il est possible[1] (ii). L'intensité peut dépendre des éléments liés notamment à l'objet de la délégation, à la nature du sujet délégataire ainsi que du contexte politique ou historique[2].

i. Le contrôle superficiel

373. Ce contrôle résulte à la fois de l'obligation faite à l'organisation internationale délégante de garder un minimum d'autorité sur son délégataire et de l'obligation du délégataire de rendre compte ou d'informer son délégant[3]. Il présente l'avantage de laisser une certaine autonomie au délégataire dans la manière de mettre en œuvre les compétences qui lui ont été déléguées. Ce contrôle a pu être exercé concrètement soit de manière incitative[4] soit de manière impérative[5].

---

[1] Voy. Chapitre III responsabilité *infra*.

[2] Le degré d'intensité du contrôle exercé par l'organisation internationale délégante peut affecter la répartition de la responsabilité entre l'organisation internationale et son délégataire. Cette question sera étudiée *infra*, Chapitre 3.

[3] En ce sens, I.L.A., *Conférence de Berlin, Rapport final, 71ème Rapport, I.L.A.*, 2004, troisième Partie, point 3, section 3.

[4] Par exemple, certaines formules utilisées par le Conseil de sécurité qui « demande » ou « prie » son ou ses délégataires de lui rendre compte de l'exercice de la délégation. Ce contrôle *a minima* apparaît par exemple dans la résolution 678 (1990) où le Conseil se restreint à « demander [à être tenu] régulièrement au courant » ou encore la résolution 1511 (2003) où le Conseil « prie […] de lui rendre compte ». Voy., LAGRANGE, Ph., « Le Conseil de sécurité et l'autorisation de prendre toutes les mesures nécessaires », *op. cit.,* pp. 228-229.

[5] Voy. par exemple l'article 54 de la Charte des Nations Unies : « Le Conseil de sécurité doit, en tout temps, être tenu pleinement au courant de toute action entreprise ou envisagée, en vertu d'accords régionaux ou par des organismes régionaux, pour le maintien de la paix et de la sécurité internationales ». Partant de cette disposition, la doctrine a également déduit que l'obligation d'information s'applique également aux États délégataires : « cette procédure d'information est obligatoire, au terme de l'article 54 de la Charte, lorsque l'habilitation est donnée à des organisations régionales. Par analogie, on pourrait donc penser que ce qui s'impose aux Etats lorsqu'ils agissent au sein d'une Organisation régionale s'impose aussi à eux lorsqu'ils agissent individuellement », *in* CHRISTAKIS, T., BANNELIER, K., « Acteur vigilant ou spectateur impuissant ? Le contrôle exercé par le Conseil de

Dans tous les cas, il constitue un contrôle institutionnel dit « sur pièce »[1].

374. La forme la plus fréquente de ce contrôle consiste en la transmission de rapports[2]. Le délégataire est alors amené à rédiger des rapports – le plus souvent de manière périodique – permettant d'informer son délégant des moyens et méthodes employés dans l'exercice des compétences déléguées[3].

375. S'agissant des délégations de recourir à la force armée, l'article 54 de la Charte des Nations Unies exige que l'organisation régionale délégataire du recours à la force fasse un rapport au Conseil de sécurité et lui notifie « toute action entreprise ou envisagée »[4]. Cette même obligation vaut pour toute délégation sur le fondement du Chapitre VII[5]. Cette exigence fait donc naître une « obligation procédurale »[6] de notification à la charge du délégataire du Conseil de sécurité[7]. Ce dernier avait de lui-même indiqué que « l'on pourrait faciliter la surveillance de ces opérations en améliorant la communication et les échanges d'informations, par exemple en établissant régulièrement des rapports […] et en organisant régulièrement des réunions d'information entre les membres du Conseil et les organisations régionales et sous-

---

sécurité sur les Etats autorisés à recourir à la force », *R.B.D.I.*, 2004, n° 2, p. 498-527, p. 516.

[1] Notons que les réunions d'informations tenues par l'organisation délégante avec son délégataire sont également inclues dans ce contrôle sur pièces car elles donnent souvent lieu à un rapport qui sera étudié par la suite par l'organisation délégante.

[2] Sur la fréquence des rapports, voy. LAGRANGE, Ph., « Le Conseil de sécurité et l'autorisation de prendre toutes les mesures nécessaires », *op. cit.,* pp. 229-230.

[3] Voy. par exemple, la résolution S/RES/816 (1993) du 31 mars 1993, point 7 (Bosnie-Herzégovine) : « 7. Prie également les Etats Membres concernés d'informer immédiatement le Secrétaire général de toute mesure prise en vertu de l'autorisation conférée par le paragraphe 4 ci-dessus ».

[4] Article 54 de la Charte des Nations Unies. Pour plus de détails, voy. GUEUYOU, M, « Article 54 », *in* COT, J.-P., PELLET, A., FORTEAU, M., (dir.), *La Charte des Nations Unies. Commentaire article par article, op. cit.,* pp. 1439-1449.

[5] SAROOSHI, D., *The United Nations and the Development Of Collective Security. The Delegation by the UN Security Council of its Chapter VII Powers, op. cit.*, p. 161 : « *The purpose of Article 54 is applicable to the exercize of delegated Chapter VII powers since the action taken is for the ame objective : the restoration or maintenance of international peace and security* ».

[6] GUEUYOU, M, « Article 54 », *in* COT, J.-P., PELLET, A., FORTEAU, M., (dir.), *La Charte des Nations Unies. Commentaire article par article, op. cit.,* p. 1440.

[7] DE WET, E., « The relationship between the Security Council and regional organizations during enforcement action under Chapter VII of the United Nations », *op. cit.*, p. 20.

régionales et les États Membres exécutant les opérations en question, ceux qui fournissent des contingents et les autres États Membres participants»[1].

376. Ce devoir juridique d'information existe pour d'autres délégations. Il en est ainsi dans le cadre d'une délégation de l'exploitation des fonds marins[2]. La soumission du délégataire à ce contrôle est expressément indiquée à l'article 14 de de l'annexe III à la C.N.U.D.M, *Dispositions de base régissant la prospection, l'exploration et l'exploitation*, prévoyant que la supervision nécessite la collaboration active des exploitants qui « communique[nt] à l'Autorité, à des intervalles fixés par elle, toutes les données qui sont à la fois nécessaires et pertinentes en vue de l'exercice effectif par les principaux organes de l'Autorité de leurs pouvoirs et fonctions en ce qui concerne le secteur visé par le plan de travail »[3]. Le terme « communiquer » doit être compris dans son sens large comme toute méthode permettant d'informer le délégant sur l'action de son délégataire telles que la

---

[1] Déclaration du président du Conseil de sécurité au nom du Conseil, à la 3950e séance du Conseil de sécurité, tenue le 30 novembre 1998, au sujet de la question intitulée "La situation en Afrique", doc. off., S/PRST/1998/35.

[2] Article 5 par 2 de l'annexe III à la C.N.U.D.M, *Dispositions de base régissant la prospection, l'exploration et l'exploitation* : « 1. Lorsqu'il soumet un plan de travail, tout demandeur met à la disposition de l'Autorité *une description générale de l'équipement et des méthodes* qui seront utilisées pour les activités menées dans la zone et autres informations pertinentes qui ne sont pas propriété industrielle et qui portent sur les caractéristiques des techniques envisagées, ainsi que des informations indiquant où ces techniques sont disponibles. 2. Tout exploitant *communique à l'Autorité les changements apportés à la description, aux données et aux informations mises à la disposition de l'Autorité en vertu du par. 1 chaque fois qu'une modification ou une innovation technique importante est introduite* ». Pour exemple, voy. *Agreement on exploration for polymetallic nodules between the International Seabed Autority and Federal Institute for Geosciences and Natural Ressources of FRG*, *op. cit.*

[3] Article 14 § 1 de l'annexe III à la C.N.U.D.M. *Dispositions de base régissant la prospection, l'exploration et l'exploitation.* Par ailleurs, les États parties qui patronnent la demande d'exploitation ont eux aussi une obligation de moyen : ils doivent veiller à ce que les activités menées par leurs contractants soient conformes aux obligations issues du contrat et de la Convention (Article 4 par 4 de l'annexe III). « 3. [Ils] aident l'Autorité en prenant toutes les mesures nécessaires pour assurer le respect de ces textes [...] » (en cas de manquement, alors que l'État a adopté des mesures raisonnablement appropriées, l'État n'est pas responsable des manquements du contractant (article 4 § 4 de l'annexe III)). Sur l'obligation de moyen voy. COMBACAU, J., « Obligations de résultat et obligations de comportement. Quelques questions et pas de réponse », *Le droit international, unité et diversité* : *Mélanges offerts à Paul Reuter*, Paris, Pedone, 1981, 582 p., pp. 181-204, sp., p. 194-197.

transmission de rapports, les réunions d'information, et /ou la rédaction de questionnaires au délégataire.

377. De même, dans le cas de la délégation d'administration de territoire[1], le contrôle de la puissance administrante par l'organisation délégante consiste essentiellement en un contrôle superficiel prenant une forme de contrôle sur pièces. Ainsi, sous la S.D.N., tantôt l'article 22 du Pacte, tantôt les chartes de mandat, ont veillé à inclure cette méthode de contrôle en précisant que le mandataire devra envoyer au Conseil de la S.D.N. un rapport annuel concernant l'administration des territoires qui lui ont été confiés[2]. Pour cela, des Commissions des Mandats furent crées pour exercer un contrôle au nom du Conseil de la S.D.N.[3] et recevoir les rapports annuels des puissances mandataires. Ceux-ci devaient « exposer l'ensemble de la situation morale et matérielle des peuples sous mandats »[4]. Ils devaient alors permettre que la Commission puisse donner un avis consultatif[5] sur toute question relative à l'exécution du mandat, à savoir si le mandataire s'est tenu aux « limites des pouvoirs [...] conférés, s'il a fait bon usage de ses pouvoirs et si son administration a été conforme aux intérêts de la

---

[1] Article 22. 7 du Pacte de la S.D.N. : « Dans tous les cas, le mandataire doit envoyer au Conseil un rapport annuel concernant les territoires dont il a la charge » ; Article 88 de la Charte des Nations Unies : « Le Conseil de tutelle établit un questionnaire portant sur les progrès des habitants de chaque territoire sous tutelle dans les domaines politique, économique et social et dans celui de l'instruction ; l'autorité chargée de l'administration de chaque territoire sous tutelle relevant de la compétence de l'Assemblée générale adresse à celle-ci un rapport annuel fondé sur le questionnaire précité ».

[2] *Idem.* Voy. également : l'article 6 de la Charte du mandat pour les anciennes colonies allemandes situées au nord de l'équateur, dans l'océan Pacifique (mandat C) entre le Conseil de la S.D.N. et le Japon, le 17 décembre 1920 ; l'article 11 de la Charte du Mandat britannique sur l'Est Africain (Tanganyika) (mandat B) ; l'article 24 de la Charte du mandat pour la Palestine (catégorie A), conclue entre le Conseil de la Société des Nation et le Royaume uni ; l'article 17 de la Charte du mandat pour la Syrie et le Liban (catégorie A) conclue entre le Conseil de la S.D.N. et la France, premier considérant.

[3] En vertu de l'article 22 § 9 du Pacte : « [u]ne Commission permanente sera chargée de recevoir et d'examiner les rapports annuels des Mandataires et de donner au Conseil son avis sur toutes questions relatives à l'exécution des mandats ».

[4] FAUCHILLE, P., *Traité de droit international public*, tome I, 2ème partie, Paix, Paris, Rousseau, 1925, 1182 p., p. 878

[5] La Commission des mandats fut appelée « l'organe consultatif du Conseil en matière de mandats » par Jesús María Yepes et Fernando Pereira da Silva, *Commentaire théorique et pratique du Pacte de la Société des Nations et des statuts de l'Union panaméricaine*, tome III (art. 18 à 26), A. Pedone, 1934, p. 225.

population indigène »[1]. La situation est identique en ce qui concerne la tutelle des Nations Unies, la Charte de l'ONU ayant prévu un contrôle limité se traduisant par un examen des « rapports soumis par l'autorité chargée de l'administration »[2] combiné parfois avec d'autres méthodes de surveillance[3].

378. La pratique révèle cependant l'inefficacité d'un tel contrôle[4]. Le degré de précision des rapports pêche souvent. Il semble évident que le délégataire de l'organisation internationale ne divulguera pas des informations qui mettent en cause la légalité de son action[5] ou l'efficacité des opérations qu'il désire entreprendre[6]. Le rapport d'information soumis au Conseil de sécurité par le représentant des États-Unis, en application du paragraphe 4 de la résolution 678 (1990) du 29 novembre 1990 du Conseil de sécurité[7], constitue un exemple saisissant : il n'est composé que de trois pages ayant pour objet d'informer le Conseil de sécurité sur les opérations entreprises en vertu de ladite résolution entre le 23 et le 27 février 1991.

ii. Le contrôle intense

379. Dans certains cas, l'organisation délégante ne se contente pas des communications d'informations transmises par son délégataire et opte pour un contrôle intense de l'exercice de la délégation. Ce contrôle est effectué sur place. L'organisation délégante peut ainsi organiser des inspections et des enquêtes sur le terrain[8]. Ainsi, l'article 153 de la

---

[1] FAUCHILLE, P., *Traité de droit international public*, tome I, 2ème partie, Paix, Paris, Rousseau, 1925, p. 878.

[2] Article 87 lettre a de la Charte des Nations Unies.

[3] Article 87 lettre a de la Charte des Nations Unies.

[4] DE WET, E., « The relationship between the Security Council and regional organizations during enforcement action under Chapter VII of the United Nations », *op. cit.*, p. 20.

[5] *Idem.*

[6] *Idem* : « *they would most likely refuse to [divulge any information] on the premise that the effectiveness of military operations depends on their secrecy* » ; SAROOSHI, D., *The United Nations and the Development Of Collective Security. The Delegation by the UN Security Council of its Chapter VII Powers*, *op. cit.*, p. 162.

[7] Lettre datée du 5 mars 1991, adressée au président du Conseil de sécurité par le représentant permanent des États-Unis d'Amérique auprès de l'Organisation des Nations Unies, doc. off., S/22341, 8 mars 1991.

[8] Des investigations sur place peuvent également être menées par des O.N.G. dont le résultat est transmis à l'organisation délégante. Voy. en ce sens le rapport établi par l'Organisation arabe des droits de l'homme, Centre Palestinien pour les Droits de

C.N.U.D.M. stipule que l'A.I.F.M. a « le droit d'inspecter toutes les installations qui sont utilisées pour des activités menées dans la Zone et qui sont situées dans celle-ci » [1]. De même, la norme 94 du Règlement de la C.P.I.[2] prévoit que des inspections du quartier pénitentiaire sont effectuées périodiquement et à l'improviste par une autorité d'inspection indépendante ayant « pour mission de contrôler les conditions de détention des personnes détenues et le traitement qui leur est réservé ». L'appréciation des résultats d'une telle inspection revient en dernier ressort à l'organisation internationale délégante qui peut demander à son délégataire une explication sur son comportement, voire prendre des mesures en cas de dépassement de l'habilitation[3].

380. Citons également l'instauration des visites sur place qui a été considérée comme un élément important pour le contrôle de

---

l'Homme et International Legal Assistance Consortium, « Report of the Independent Civil Society Fact-Finding Mission to Libya », janvier 2012, (en ligne, www.pchrgaza.org/files/2012/FFM_Libya-Report.pdf). Le rapport expose notamment les visites effectuées par les ONG qui ont examiné une grande variété de cibles attaquées par l'OTAN, telles les installations militaires ; les objectifs militaires (chars et véhicules blindés de transport de troupes), des cibles initialement civiles qui auraient été converties en objectifs militaires par les forces de Kadhafi (point 57 du rapport).

[1] Article 153 C.N.D.U.M., point 5.

[2] Règlement de la C.P.I., mai 2004, doc. off., ICC-BD/01-01-04.

[3] Voy. *infra*.

l'administration sous tutelle de territoires[1] et a servi à l'obtention de compléments d'informations au Comité permanent des pétitions[2].

381. Une limite importante de ce contrôle sur place est qu'il ne permet pas l'effet de surprise. En effet, aucun contrôle inopiné n'est prévu : les Commissions d'enquête, tout comme les visites qui mènent des opérations de contrôle ou d'établissement des faits sur le territoire d'un État, ont toujours comme condition indispensable le consentement exprès et préalable de l'État à contrôler. Même quand le délégant dispose d'un pouvoir de décision, la venue sur place de ses agents a toujours été exercé en accord avec le délégataire. Par exemple, tous les accords de tutelle conclus entre l'ONU et les États administrants

---

[1] Depuis 1948, un plan de visites annuelles a été établi par le Conseil de Tutelle, et le budget arrêté par l'ONU de façon à prévoir une mission par an. Le Conseil de tutelle avait ainsi envoyé des missions de visites périodique dans les territoires sous tutelle de l'ONU. Pour l'exposé de cette pratique, voy. RUZIÉ, D., FLORY, Th., TAVERNIER, P., « L'année des Nations Unies (17 septembre 1963 - 15 septembre 1964) : Questions juridiques », *A.F.D.I.,* vol. 10, 1964, pp. 479-497, p. 491 ; FLORY, Th., TAVERNIER, P., « L'année des Nations Unies (15 septembre 1964 – 21 septembre 1965) : Questions juridiques », *A.F.D.I.,* vol. 11, 1965, pp. 546-581, pp. 573-574 ; TAVERNIER, P., « L'année des Nations Unies (21septembre 1965 – 20 septembre 1966) : Questions juridiques », *A.F.D.I.,* vol. 12, 1966, pp. 259-290, p. 280 ; TAVERNIER, P., « L'année des Nations Unies (21 septembre 1966 – 19 septembre 1967) : Questions juridiques », *A.F.D.I.,* vol. 13, 1967. pp. 364-395, pp. 383-384 ; TAVERNIER, P., « L'année des Nations Unies (20 décembre 1967 –21 décembre 1968) : Questions juridiques », *A.F.D.I.,* vol. 14, 1968, pp. pp. 389-407, p. 403 ; TAVERNIER, P., « L'année des Nations Unies (22 décembre 1968 – 17 décembre 1969) : Questions juridiques », *A.F.D.I.,* vol. 15, 1969, pp. 375-401, p. 396 ; TAVERNIER, P., « L'année des Nations Unies (18 décembre 1969 – 17 décembre 1970) : Questions juridiques », *A.F.D.I.,* vol. 16, 1970, pp. 475-513, pp. 500-501 ; TAVERNIER, P., « L'année des Nations Unies (18 décembre 1970 – 22 décembre 1971) : Questions juridiques », *A.F.D.I.,* vol. 17, 1971, pp. 552-582, p. 575 ; TAVERNIER, P., « L'année des Nations Unies (23 décembre 1971 – 19 décembre 1972) : Questions juridiques », *A.F.D.I.,* vol. 18, 1972, pp. 512-543, p. 532 ; TAVERNIER, P., « L'année des Nations Unies (30 janvier 1979 – 14 janvier 1980) : Questions juridiques », *A.F.D.I.,* vol. 25, 1979, pp. 460-490, p. 480 ; TAVERNIER, P., « L'année des Nations Unies (1er janvier 198 – 21 décembre 1982) : Questions juridiques », *A.F.D.I.,* vol. 28, 1982, pp. 634-671, p. 664 ; TAVERNIER, P., « L'année des Nations Unies (22 décembre 1982 – 21 décembre 1983) : Questions juridiques », *A.F.D.I.,* vol. 29, 1983, pp. 432-465, pp. 459-460 ; TAVERNIER, P., « L'année des Nations Unies (19 décembre 1984 – 18 décembre 1985) : Questions juridiques », *A.F.D.I.,* vol. 31, 1985, pp. 534-564, p. 559 ; TAVERNIER, P., « L'année des Nations Unies (19 décembre 1985 – 19 décembre 1986) : Questions juridiques », *A.F.D.I.,* vol. 32, 1986, pp. 495-527, 519.

[2] Article 87 de la Charte et article 83-3 du Règlement intérieur du Conseil des tutelles du 23 avril 1947.

disposent que les visites périodiques qui peuvent être organisées par l'Assemblée générale ou le Conseil de tutelle « auront lieu à des dates déterminées de concert avec l'Autorité chargée de l'administration »[1].

B. Le contrôle juridictionnel

382. Il est difficile d'évoquer, à l'instar du droit interne, l'existence d'un contrôle juridictionnel du comportement du délégataire d'une organisation internationale. En effet, la spécificité de l'ordre juridique international et le statut juridique de ses sujets, État ou organisation internationale, est tel qu'il peut faire écran à la saisine d'un juge international ou interne. Toutefois, certaines délégations de compétences ont prévu la mise en place d'un contrôle juridictionnel de l'exercice de la délégation. Ce contrôle s'explique par la volonté d'instaurer un mécanisme de règlement des différends qui peuvent naître entre l'organisation délégante et son délégataire. Il s'explique également par la volonté du délégant de protéger les droits de l'homme, notamment lorsque la délégation a pour objet de lier le délégataire de l'organisation à une population ou à un individu.

---

[1] « Article 87 », *in Répertoire de la pratique suivie par les organes des Nations Unies*, 1945–1954, vol. 4, pp. 347-431, p. 394. Voy. également, l'article 87 lettre c de la Charte qui prévoit la compétence de l'Assemblée générale et, sous son autorité, le Conseil de tutelle, de : « faire procéder à des visites périodiques dans les territoires administrés par ladite autorité, *à des dates convenues avec elle* ». Voy. également l'article 3 de l'Accord de tutelle pour le Territoire du Tanganyika, *R.T.N.U.*, vol. 8, n° 116, p. 91 ; l'article 3 de l'Accord de tutelle pour le Territoire du Ruanda-Urundi, *R.T.N.U.*, vol. 8, n° 117, p. 105 ; l'article 3 de l'Accord de tutelle pour le Territoire du Cameroun sous administration britannique, *R.T.N.U.*, vol. 8, n° 118, p. 119 ; l'article 2 de l'Accord de tutelle pour le Territoire du Cameroun sous administration française, *R.T.N.U.*, vol. 8, n° 119, p. 135 ; l'article 3 de l'Accord de tutelle pour le Territoire du Togo sous administration britannique, *R.T.N.U.*, vol. 8, n° 120, p. 151 ; l'article 2 de l'Accord de tutelle pour le Territoire du Togo sous administration française, *R.T.N.U.*, vol. 8, n° 121, p. 165 ; l'article 5 de l'Accord de tutelle pour le Territoire de Nauru, *R.T.N.U.*, vol. 10, n° 138, p. 3 ; l'article 5 de l'Accord de tutelle pour le Territoire de Nauru, *R.T.N.U.*, vol. 10, n° 138, p. 3 (qui fait référence à l'article 87 de la Charte ; et l'Accord de tutelle pour le Territoire du Samoa Occidental, *R.T.N.U.*, vol. 8, n° 115, p. 71 (dont l'article 87 de la Charte est annexé).

383. Ainsi, un contrôle juridictionnel a été prévu dans le cas des Chartes de mandat de la S.D.N.[1], des accords de tutelle[2] et de la C.N.U.D.M. de 1982.

384. Le contrôle juridictionnel de l'administrant de territoire. Il y a bien eu établissement d'un contrôle juridictionnel pour le mandat. S'il n'était pas prévu dans l'article 22 du Pacte, toutes les chartes de mandat comportent une clause compromissoire[3] rappelant la

---

[1] Voy., par exemple, l'article 26 du Mandat britannique sur la Palestine : « Le Mandataire accepte que tout différend, quel qu'il soit, qui viendrait s'élever entre lui et un autre Membre de la Société des Nations, relatif à l'interprétation ou l'application des dispositions du mandat et qui ne serait pas susceptible d'être réglé par des négociations, soit soumis la Cour permanente de Justice internationale, prévue par l'article 14 du Pacte de la Société des Nations ».

[2] Voy. l'article 16 de l'Accord de tutelle pour le Territoire du Samoa Occidental, R.T.N.U., vol. 8, n° 115, p. 71 : « Tout différend qui viendrait à s'élever entre l'Autorité chargée de l'administration et un autre Membre des Nations Unies relativement à l'interprétation ou à l'application des dispositions du présent accord sera, s'il ne peut être réglé par voie de négociations ou par un autre moyen analogue, soumis à la Cour internationale de Justice ». Voy. également, article 19 de l'Accord de tutelle pour le Territoire du Tanganyika, *R.T.N.U.,* vol. 8, n° 116, p. 91 ; article 19 de l'Accord de tutelle pour le Territoire du Ruanda-Urundi, *R.T.N.U.,* vol. 8, n° 117, p. 105 ; article 19 de l'Accord de tutelle pour le Territoire du Cameroun sous administration britannique, *R.T.N.U.,* vol. 8, n° 118 ; article 13 de l'Accord de tutelle pour le Territoire du Cameroun sous administration française, *R.T.N.U.,* vol. 8, n° 119, p. 135 ; article 19 de l'Accord de tutelle pour le Territoire du Togo sous administration britannique, *R.T.N.U.,* vol. 8, n° 120, p. 151 ; article 13 de l'Accord de tutelle pour le Territoire du Togo sous administration française, *R.T.N.U.,* vol. 8, n° 121, p. 165 ; article 22 de l'Accord de tutelle pour le Territoire de la Somalie sous administration italienne, *R.T.N.U.,* vol. 118, n° 381. Toutefois, aucune disposition n'explicite une telle voie de recours dans l'Accord de tutelle pour le Territoire de la Nouvelle-Guinée, *R.T.N.U.,* vol. 8, n° 122, p. 181, ou dans l'Accord de tutelle pour les îles antérieurement placées sous Mandat japonais, *R.T.N.U.,* vol. 8, n° 123, p. 189, l'Accord de tutelle pour le Territoire de Nauru, *R.T.N.U.,* vol. 10, n° 138, p. 3.

[3] Par exemple, article 26 du Mandat pour la Palestine conclu entre le Conseil de la S.D.N. et le Royaume Uni, (catégorie A), approuvé le 24 juillet 1922 par le Conseil de la S.D.N., entré en vigueur le 29 septembre 1923., doc. off., C.529.M.314.1922.VI « Le Mandataire accepte que tout différend quel qu'il soit, qui viendrait à s'élever entre lui et un autre Membre de la Société des Nations, relatif à l'interprétation ou à l'application des dispositions du mandat et qui ne serait pas susceptible d'être réglé par des négociations, soit soumis à la Cour permanente de justice internationale, prévue par l'article 14 du Pacte de la Société des Nations ». Cette clause compromissoire figurait dans toutes les Chartes de mandat de la S.D.N., voy. l'article 20 de la Charte de mandat pour la Syrie et le Liban (catégorie A); l'article XVII du Mandat britannique en Irak (catégorie A) ; l'article 13 § 1 de la Charte du Mandat

compétence obligatoire de la Cour permanente de Justice internationale (C.P.J.I.)[1] pour tout différend entre la Puissance mandataire et tout membre de la S.D.N., relatif à l'interprétation ou l'application des dispositions du mandat[2]. Dans ce cas, le contentieux se règle par application du droit international. Concrètement, toutefois, l'effectivité de ce contrôle juridictionnel a été considérablement réduite. D'abord, seuls les différends concernant la violation des dispositions relatives au mandat relevaient de la compétence de la Cour. Ensuite, la saisine de la Cour était limitée aux États membres de la S.D.N. ou le gouvernement des États-Unis. Ainsi, un particulier concerné par l'exercice du mandat ne pouvait invoquer de droits issus du mandat devant la Cour à moins que son État s'en charge lui-même[3]. De même, la S.D.N. ne pouvait saisir la Cour sur la base de telles clauses compromissoires[4]. Seule la

---

britannique sur l'Est Africain (Tanganyika) (mandat B) ; l'article 12 du Mandat français au Cameroun du 20 juillet 1922 ; l'article 12 du Mandat français sur le Togo (Acte de Londres du 20 juillet 1922) ; l'article 7 du Mandat Union sud-africaine au Sud-Ouest africain (catégorie C) ; Mandat de l'Australie sur la Nouvelle-Guinée (catégorie C) ; l'article 7 du Mandat de la Nouvelle-Zélande au Samoa Occidental (catégorie C) ; l'article 7 du Mandat britannique sur Nauru (catégorie C). Voy. sur cette clause compromissoire, FEINBERG, N., « La juridiction et la jurisprudence de la Cour permanente de justice internationale en matière de mandats et de minorités », *R.C.A.D.I.*, 1937, vol., 59, pp. 596-601.

[1] « (L)e rôle spécialement imparti à la Cour était [...] essentiel puisqu'elle devait servir d'ultimes moyens de protection, par voie de recours judiciaire contre tous abus ou violations possible du Mandat. [...]. C'est à cette fin essentielle que la clause a été rédigée dans des termes très généraux embrassant « tout différend, quel qu'il soit, entre [le Mandataire] et un autre Membre de la Société des Nations relatif à l'interprétation ou à l'application des dispositions du Mandat, et qui ne soit pas susceptible d'être réglé par des négociations », *in* C.I.J., *Affaires du Sud-Ouest africain, (Éthiopie c. Afrique du Sud ; Libéria c. Afrique du Sud), Exceptions préliminaires*, arrêt du 21 décembre 1962, Rec. 1962, pp. 336-338.

[2] La C.P.J.I. pouvait aussi donner un avis consultatif après sa saisine par le Conseil : « Si des difficultés survenaient au sujet de l'interprétation d'un Mandat ou de la nature des obligations d'un Mandataire et que ces difficultés ne puissent être réglées par des discussions ou par un renvoi à un comité *ad hoc* de juristes, procédure courante à la Société des Nations, le Conseil pouvait en dernier ressort demander à la Cour un avis consultatif. L'avis ne lierait évidemment pas le Mandataire – tel n'était pas le but recherché – mais assisterait le Conseil dans ses travaux », *in Sud-Ouest africain, deuxième phase*, arrêt, C.I.J. Recueil, 1966, pp. 44-45, par 81.

[3] C'est le cas par exemple dans l'affaire *Mavrommatis*, concernant des travaux publics en Palestine, C.P.J.I., Affaire des *Concessions Mavrommatis en Palestine* (Grèce c. Royaume-Uni), arrêt du 30 aout 1924, Série A, n° 2, p. 11.

[4] D'après DISTEFANO, G., « Article 22 », *op. cit.*, p. 943.

voie de l'avis consultatif lui était ouverte[1], voie dont le Conseil n'a jamais fait usage[2]. En conséquence, la C.P.J.I. n'a pu prendre de décision que dans une seule affaire, l'affaire *Mavrommatis* entre la Grèce et la Turquie[3].

385. La succession de l'ONU à la S.D.N. a conduit à transposer la compétence de la C.P.J.I. à la C.I.J.[4]. Celle-ci a été saisie à plusieurs reprises au sujet du mandat sur le Sud-Ouest africain (devenue Namibie)[5].

---

[1] « Si des difficultés survenaient au sujet de l'interprétation d'un Mandat ou de la nature des obligations d'un Mandataire et que ces difficultés ne puissent être réglées par des discussions ou par un renvoi à un comité *ad hoc* de juristes, procédure courante à la Société des Nations, le Conseil pouvait en dernier ressort demander à la Cour un avis consultatif. L'avis ne lierait évidemment pas le Mandataire – tel n'était pas le but recherché – mais assisterait le Conseil dans ses travaux », *in Sud-Ouest africain, deuxième phase*, arrêt, C.I.J. Recueil, 1966, p. 44-45, par 81.

[2] DISTEFANO, G., « Article 22 », *op. cit.*, p. 944 : « le Conseil n'a jamais manifesté son intention de déférer une question ou un différend à la C.P.J.I. Encore moins a-t-il jamais essayé de la saisir ».

[3] Cette affaire a donné lieu à trois arrêts de la Cour : C.P.J.I., *Affaire des Concessions Mavrommatis en Palestine* (Grèce c. Royaume-Uni), série A, n°2, 30 août 1924 ; C.P.J.I., Affaire des *Concessions Mavrommatis à Jérusalem* (Grèce c. Royaume-Uni), série A, n°5, 26 mars 1925 ; C.P.J.I., Affaire des *Concessions Mavrommatis en Palestine (réadapatation) (compétence)* (Grèce c. Royaume-Uni), série A, n°11, 10 octobre 1927.

[4] C.I.J., *Statut international du Sud-Ouest africain*, avis du 11 juillet 1950, Rec., 1950, p. 128, sp. p. 138 : « [s]uivant l'article 7 du Mandat [pour le Sud-Ouest africain], les différends qui viendraient à s'élever entre l'État mandataire et un autre Membre de la Société des Nations et relatifs à l'interprétation ou à l'application des dispositions du Mandat devaient être soumis, au cas où ils n'auraient pas été réglés par des négociations, à la Cour permanente de Justice internationale. Vu l'article 37 du Statut de la Cour internationale de Justice et l'article 80, paragraphe premier, de la Charte, la Cour est d'avis que cette disposition du Mandat est encore en vigueur et qu'en conséquence l'Union sud-africaine est tenue de reconnaître comme obligatoire la juridiction de la Cour dans les termes prévus par ces dispositions ».

[5] Cette affaire a donné lieu à deux arrêts (C.I.J., *Sud-Ouest africain* (Éthiopie c. Afrique du Sud ; Libéria c. Afrique du Sud), Exceptions préliminaires, arrêt du 21 décembre 1962, *Rec.*1962, p.319 ; C.I.J., *Sud-Ouest africain, deuxième phase*, arrêt du18 juillet 1966, *Rec.* 1966, p. 6) et quatre avis de la Cour internationale de justice (C.I.J., *Procédure de vote applicable aux questions touchant les rapports et pétitions relatifs au Territoire du Sud-Ouest africain*, avis consultatif du 7 juin 1955, *Rec.* 1950, p. 67 ; C.I.J., *Statut international du Sud-Ouest africain*, avis consultatif du 11 juillet 1950, *Rec.* 1950, p. 128 ; C.I.J., *Admissibilité de l'audition de pétitionnaires par le Comité du Sud-Ouest africain*, Avis consultatif du 17 juin 1956, *Rec.* 1956, p. 23 ; C.I.J., *Conséquences juridiques pour les États de la présence continue de l'Afrique*

386. Le contrôle juridictionnel a pu dans de rares cas être exercé par des juridictions internes. Ainsi, plusieurs requêtes relatives à l'administration par la France de territoires sous son mandat ont été introduites devant le Conseil d'État français par des ressortissants de ces territoires[1]. Cette pratique des Puissances mandataires a, ce faisant, tempéré les restrictions relatives à l'accès au juge international des individus et populations habitants dans les territoires administrés.

387. Le mécanisme de pétition. Dans le contexte du mandat de la S.D.N., s'est développé un mécanisme de surveillance[2] que l'on pourrait qualifier de quasi-juridictionnel[3]. En effet, la S.D.N. a introduit

---

du Sud en Namibie (Sud-Ouest africain) nonobstant la résolution 276 (1970) du Conseil de sécurité, avis consultatif, 21 juin 1971, *Rec.* 1971, p. 16). Pour une présentation de ces affaires, voy. CRAWFORD, J. MERTENSKÖTTER, P., « The South West Africa Cases (1949 to 1971) », *in* BJORGE, E., MILES, C., (dir.), *Landmark Cases in Public International Law*, Portland, Hart Publishing, 2017, 621 p., pp. 263-282.

[1] Voy. par exemple, C.E, 3 juillet 1931, *Karl et Toto Samé,* rec. *Sirey, Recueil Lebon,* 1931, pp. 722-723 (cette affaire marque un assouplissement du contrôle du juge administratif qui décide depuis lors que lorsqu'il s'agit d'interpréter un traité international, il sursoit à statuer jusqu'à ce que le ministère des affaires étrangères donne son interprétation, qui a effet obligatoire. Voy. également, *State v. Tuhadeleni and Others*, South Africa, Supreme Court, Appellate Division, 22 novembre 1968, ILR, vol. 52, p. 39, (Juge Per Steyn), *cité par* DISTEFANO, G., « Article 22 », *op. cit.,* p. 947. Toutefois, des décisions des juridictions internes de l'Afrique du Sud ont rejeté toute possibilité de contrôler la compatibilité des décisions et des lois internes relatives au Sud-ouest africain avec les dispositions du mandat de 17 décembre 1920. Par exemple, Cour suprême du Sud-Ouest africain, *Binga c. l'Administrateur général du Sud-Ouest africain et al,* jugement du 22 juin 1984, *A.J.N.U.*, 1988, pp. 455-497 ; Cour suprême d'Afrique du Sud, Chambre d'appel, *Binga c. le Cabinet pour le Sud-Ouest africain et al,* jugement du 24 mars 1988, *A.J.N.U.*, 1988, pp. 455-497 : « Les clauses du mandat pour le Sud-Ouest africain n'ont pas été incorporées dans le droit interne de l'Afrique du Sud. Le Parlement sud-africain a, à l'égard du territoire, une compétence législative illimitée que les clauses du mandat ne restreignent en aucune manière. L'argument du requérant selon lequel les Proclamations sont en conflit avec des normes supérieures de l'ordre juridique interne ne tient pas ».

[2] Le droit de pétition n'a été ni prévu par l'article 22 du Pacte, ni par les différents textes des mandats.

[3] En effet, comme l'écrit le professeur DISTEFANO : « Assurément, l'un des aspects les plus innovateurs de ce mécanisme de surveillance résidait dans son caractère à la fois autonome et permanent. À cet égard, les pétitions n'accomplissaient pas seulement une fonction d'information. De surcroît, leur simple soumission déclenchait un processus d'examen des allégations y contenues », *in* DISTEFANO, G., « Article 22 », *op. cit.,* p. 940.

par sa décision du 31 janvier 1923[1] un mécanisme de pétition[2] accessible aux habitants de territoires sous mandat[3]. Ce mécanisme permettait à ceux-ci de s'adresser au Conseil par l'intermédiaire du gouvernement de la Puissance mandataire qui y joignait ses propres commentaires et observations.

388. Si une telle procédure était motivée par le souci de respecter la souveraineté de l'État administrant[4], elle n'était absolument pas satisfaisante pour contrôler réellement le délégataire de l'organisation. En effet, un tel contrôle de la S.D.N. de l'administration territoriale par le biais de telles pétitions présentées indirectement par les habitants sous mandat trouvait ses limites dans la bonne volonté de la Puissance administrante qui servait d'intermédiaire entre les pétitionnaires et la S.D.N. C'est en ce sens que le représentant de Haïti a soutenu à la troisième Assemblée de la S.D.N.[5] la mise en place d'une procédure directe ; « Il est inconcevable, à son avis, que l'on transmette une plainte à celui dont on se plaint ; la liberté et l'indépendance de ceux

---

[1] Résolution du Conseil de la S.D.N. en date du 31 janvier 1923. Voy. DISTEFANO, G., « Article 22 », *op. cit.*, p. 939 ; STOYANOVSKY, J., *La théorie Générale des mandats internationaux*, Paris, Les Presses Universitaires de France, 1925, 251 p., p. 147.

[2] Sur ce mécanisme, voy. BEAUTE, J., *Le droit de pétition dans les territoires sous tutelles*, Paris, L.G.D.J., 1962, 265 p.

[2] Notons également que l'Association du Code de conduite international des entreprises de sécurité privée (*ICoCA*) a mis en place un système de plaintes ouvertes aux personnes privées contre les allégations de violation du Code de conduite par les EMSP. Ce mécanisme est toutefois peu efficace et non juridictionnel d'après JÄGERS, N., « Regulating the Private Security Industry : Connecting the Public and the Private through Transnational Private Regulation », *Human Rights and International Legal Discourse,* 2012, p. 91.

[3] La décision du Conseil de la S.D.N. du 31 janvier 1923 distinguait un deuxième type de pétitions émanant d'autres sources que des habitants des territoires. Ce second type de pétitions « serait communiqué au Président de la C.P.M. Ce dernier serait chargé de faire le départ entre celles qui, par la nature de leur contenu ou l'autorité ou le désintéressement de leurs auteurs, seraient dignes de retenir l'attention, et les autres, manifestement insignifiantes. », d'après la Résolution du Conseil de la S.D.N. en date du 31 janvier 1923.

[4] Il a en effet été soutenu que cette procédure de pétition indirecte permet davantage de préserver « le prestige et l'autorité du gouvernement du Mandataire [...]. [Elle] repose sur la confiance dans le mandataire. L'envoi direct des pétitions est susceptible de créer une atmosphère de méfiance et de suspicion entre le Mandataire et les organes compétents de la S.D.N », *in* STOYANOVSKY, J., *La théorie Générale des mandats internationaux*, Paris, Les Presses Universitaires de France, 1925, 251 p., pp. 147-148.

[5] Actes de la 3ème Assemblée, 1922, séances plénières, p. 156.

qui voudraient se plaindre ne sont pas suffisamment garanties »[1]. L'effectivité de ce mécanisme de contrôle était d'autant plus réduite qu'il était impossible d'entendre les pétitionnaires et qu'il n'avait été prévu aucune sanction efficace en cas de constatation d'une violation du mandat par la puissance administrante[2].

389. Ce mécanisme de pétition a pourtant été intégré dans la Charte des Nations Unies en son article 87 et dans le règlement du Conseil des Tutelles du 23 avril 1947, aux articles 76 à 93[3]. Un comité permanent des pétitions[4] réceptionne les demandes[5], les examine[6] et peut entendre les pétitionnaires[7] afin de communiquer ses recommandations au Conseil des Tutelles ou à l'A.G.N.U. qui peuvent statuer sur la suite à donner à ces pétitions. Les procédures développées par le Conseil de Tutelle à propos de la pétition ne seront guère différentes de celles développées précédemment sous la S.D.N. L'indépendance des territoires sous mandat et la diminution progressive et rapide des activités du Conseil de Tutelle ne permirent pas à ce système de contrôle de se développer[8].

390. Le contrôle juridictionnel du cocontractant de l'A.I.F.M. La délégation de l'exploitation et de l'exploration des fonds marins fait un pas plus significatif en la matière en prévoyant un double mécanisme de contrôle juridictionnel du délégataire de l'A.I.F.M.[9]. En effet, la

---

[1] STOYANOVSKY, J., *La théorie Générale des mandats internationaux*, Paris, Les Presses Universitaires de France, 1925, p. 251 p., p 148.

[2] Il n'y a eu, de fait, aucune sanction véritable mais au mieux une formulation demandant de présenter annuellement des renseignements spéciaux sur la suite donnée aux recommandations (d'après l'article 90 par 6 du Règlement intérieur amendé par la résolution du Conseil de Tutelle 467 (XI)). En ce sens, BEAUTE, J., *Le droit de pétition dans les territoires sous tutelles*, *op. cit.*, pp. 38-40 et pp. 128-130.

[3] Doc. off., T/1/REV.1.

[4] Résolution 467 (XI) du Conseil de Tutelle du 22 juillet 1952 portant modification du Règlement intérieur de 1947.

[5] Article 85 du Règlement intérieur du Conseil des tutelles du 23 avril 1947. Voy. Certaines illustrations de ces pétitions détaillées par BEAUTE, J., *Le droit de pétition dans les territoires sous tutelles*, *op. cit.*, pp. 196-246.

[6] L'examen des pétitions s'effectue toujours en collaboration avec l'autorité administrante, BEAUTE, J., *ibid.*, p. 126. Voy. l'article 87, alinéa b de la Charte des Nations Unies et l'article 92 du règlement Conseil des tutelles du 23 avril 1947.

[7] Article 78 et 80 du Règlement intérieur du Conseil des tutelles du 23 avril 1947.

[8] BEAUTE, J., *Le droit de pétition dans les territoires sous tutelles*, *op. cit.*, p. 246.

[9] Voy. l'article 186 de la C.N.U.D.M. Pour illustration, voy. *Agreement on exploration for polymetallic nodules between the International Seabed Authority and Federal Institute for Geosciences and Natural Resources of FRG*, *op. cit.*, Appendix II, section 25 point 1.

C.N.U.D.M. a mis en place une « Chambre pour le règlement des différends relatifs aux fonds marins »[1]. Cette Chambre peut être saisie, selon l'article 187, en cas de différends portant sur des activités menées dans la Zone « entre parties à un contrat, qu'il s'agisse d'Etats Parties, de l'Autorité ou de l'Entreprise, ou d'entreprises d'État ou de personnes physiques ou morales [...] »[2]. Elle est compétente notamment pour « l'interprétation ou l'exécution d'un contrat ou d'un plan de travail »[3] et pour juger « des actes ou omissions d'une partie au contrat concernant des activités menées dans la Zone et affectant l'autre partie ou portant directement atteinte à ses intérêts légitimes »[4]. Ainsi, en cas de différend relatif à l'interprétation ou à l'exécution du contrat, la Chambre peut exercer un contrôle juridictionnel de la conformité de l'action du cocontractant de l'A.I.F.M. au regard du contrat et de la Convention de *Montego Bay*.

391. Cette dernière a également prévu, dans son article 188[5], une procédure d'arbitrage commercial[6] pour les « différends relatifs à l'interprétation ou à l'application du contrat visés à l'article 187, lettre c), i) ». Ce tribunal arbitral a compétence, par défaut, pour toute demande des parties au différend[7], à l'exception des demandes relatives à l'interprétation de la Convention qui relève de la compétence de la Chambre de règlement des différends relatifs aux fonds marins [8]. Pour

---

[1] Article 186 de la C.N.U.D.M.

[2] Article 187, lettre c), de la C.N.U.D.M. C'est la Commission juridique et technique, d'après l'article 165 § 2 lettre i), de la C.N.U.D.M., qui recommande au Conseil de saisir au nom de l'Autorité, la Chambre pour le règlement des différends.

[3] Article 187, lettre c), i), de la C.N.U.D.M.

[4] Article 187, lettre c), ii), de la C.N.U.D.M.

[5] Article 188, 2, a), de la C.N.U.D.M. : « Les différends relatifs à l'interprétation ou à l'application d'un contrat visés à l'article 187, lettre c), i), sont soumis, à la demande de toute partie au différend, à un arbitrage commercial obligatoire, à moins que les parties au différend n'en conviennent autrement. Le tribunal arbitral commercial saisi d'un tel différend n'a pas compétence pour se prononcer sur un point d'interprétation de la Convention. Si le différend comporte un point d'interprétation de la partie XI et des annexes qui s'y rapportent au sujet des activités menées dans la Zone, ce point est renvoyé pour décision à la Chambre pour le règlement des différends relatifs aux fonds marins ».

[6] L'établissement de ce tribunal arbitral met en exergue la nature commerciale du contrat.

[7] En ce sens, voy. SUN, L. « Dispute Settlement relating to Deep Seabed Mining : A Participant's Perspective », *M.J.I.L.*, 2017, vol. 18, pp. 1-24.

[8] Article 188, 2, a), de la C.N.U.D.M.

le moment, aucun contrôle juridictionnel n'a été exercé sur le fondement de ces articles.

392. L'inspection de comités *ad hoc*. Il a été établi un autre mécanisme quasi-juridictionnel dans le cadre d'autorisations de recours à la force comme dans celui des O.M.P.[1] : l'établissement de comités veillant au respect des droits de l'homme durant ces opérations. Le Comité des droits de l'homme pour EULEX Kosovo[2] était ainsi destiné à recevoir des plaintes écrites, et potentiellement, des dépositions orales « de toute personne, autre que le personnel d'EULEX Kosovo, se disant victime d'une violation des droits de l'homme commise par EULEX Kosovo »[3]. Ne disposant d'aucun pouvoir de contrainte, le Comité pouvait transmettre des recommandations au chef de la mission européenne aux fins de réparation d'éventuels dommages[4].

---

[1] CADY, J-C., « Établir l'état de droit au Kosovo. Succès et échecs des Nations Unies », *focus stratégique*, n° 34, novembre 2011, 50 p.

[2] Le Comité a été créé par une décision de l'Union européenne du 20 novembre 2009, d'après *Avis sur les mécanismes existants pour vérifier la compatibilité avec les droits de l'homme des actions de la MINUK et d'EULEX au Kosovo*, adopté par la Commission de Venise lors de sa 85e session plénière, Venise, 17-18 décembre 2010, doc. off., CDL-AD(2010)051, p. 13.

[3] *Ibid.*, p. 16.

[4] La *restitutio in integrum* est le mode de réparation le mieux adapté dans le cas d'une violation des droits de l'homme. Les demandes de compensation financière pour des allégations de dommages causés par EULEX Kosovo étaient quant à elle traitées par le biais de la couverture d'assurance existante. Les demandes en ce sens devraient donc être adressées au chef de mission qui veillera à ce que la plainte soit dûment traitée. « La Commission de Venise estime qu'en principe, la *restitutio in integrum* est le mode de réparation le mieux adapté dans le cas d'une violation des droits de l'homme. Il est donc crucial que le Comité puisse recommander des mesures de réparation visant à supprimer les effets de la violation ainsi que ses causes. Cependant, la réparation la mieux adaptée est dans certains cas le versement d'une compensation financière, mesure que le Comité ne peut recommander. Dans un tel cas, il sera possible de demander une compensation financière – au moins pour les dommages matériels – dans le cadre du régime d'assurance sur la responsabilité des tiers personnes d'EULEX. La Commission souligne cependant que la procédure prévue dans le cadre du régime d'assurance ne doit pas être excessivement longue et complexe. Elle note à cet égard que le chef de mission EULEX s'est engagé à surveiller les procédures d'assurance afin qu'elles restent efficaces », *in Avis sur les mécanismes existants pour vérifier la compatibilité avec les droits de l'homme des actions de la MINUK et d'EULEX au Kosovo, op. cit.*, p. 16.

Paragraphe 2. Les mesures possibles à l'issue du contrôle

393. Si, d'après Jean Charpentier, « les mesures permettant de donner effet à la constatation du manquement [relèvent] non pas du pouvoir de contrôle mais du pouvoir de sanction »[1], elles pourraient tout autant constituer la forme aboutie du contrôle. Le droit de révision et le droit de révocation seraient alors deux mesures *a posteriori* potentiellement utiles au délégant mécontent de l'agissement de son délégataire[2]. Quoiqu'il en soit, les conséquences des constatations d'une dérive du délégataire par l'autorité délégante méritent d'être envisagées. On peut dresser une liste générale des mesures que peut prendre l'organisation internationale délégante à l'issue d'un contrôle indiquant un manquement de son délégataire à ses obligations. L'organisation délégante peut, en principe, agir en révisant les actes du délégataire (A), en révoquant celui-ci (B) ou en le sanctionnant (C). Toutefois, de telles mesures ne sont pas toujours faciles à concrétiser, notamment lorsque des considérations politiques ou procédurales peuvent rendre difficile, voire impossible, leur mise en œuvre[3]. De fait, dans ce cas, l'organisation délégante se trouve démunie de tout moyen d'action contre son délégataire et ne peut que constater et signaler la dérive ou le manquement de ce dernier[4].

A. La révision des actes du délégataire

394. Il serait tout à fait cohérent de reconnaitre au délégant le pouvoir de modifier les actes adoptés par son délégataire. Rappelons en ce sens, que l'I.L.A., dans son Rapport final de la Conférence de Berlin de 2004[5], avait conditionné la légalité de la délégation de compétence

---

[1] CHARPENTIER, J., « Le contrôle par les organisations internationales de l'exécution des obligations des États », *R.C.A.D.I.*, 1983, vol. 182, pp. 143-245, p. 11.

[2] Les deux méthodes sont d'usage dans le cadre d'une délégation inter-institutionnelle dans l'Union européenne. Voy. BERGSTRÖM, C. F., IN RITLENG, D. (dir.), *Rulemaking by the European Commission : The new system for delegation of powers*, 2016.

[3] On fait référence ici notamment au droit de veto des grandes puissances pouvant empêcher toute sanction du délégataire par l'organisation des Nations Unies surtout lorsque le délégataire en dispose.

[4] Il en est ainsi par exemple des suites apportées aux pétitions relatives à l'administration des territoires qui se trouvaient incluses dans des résolutions, allant du moindre au plus fort impact selon le contexte politique entourant les demandes. Pour plus de détails sur ce point, voy. BEAUTE, J., *Le droit de pétition dans les territoires sous tutelles*, *op. cit.*, pp. 128-130.

[5] I.L.A., « Accountability of international organisations», *Conférence de Berlin, op. cit.,* pp. 164-241.

par la conservation par l'organisation délégante du pouvoir de modifier, à tout moment, les décisions prises ou les actions menées dans le cadre de la délégation[1].

395. Toutefois, peu de pratique ne vient appuyer ces affirmations. Seule, à notre connaissance, la violation du mandat du Sud-Ouest africain (Namibie) confié à l'Afrique du Sud a conduit l'Assemblée générale des Nations Unies à condamner cet État et à demander le retrait des actes en cause sans les réviser. En effet, on peut considérer que, sauf accord contraire entre délégataire et délégant, ce dernier ne peut ni annuler, ni modifier les actes adoptés par le premier mais peut seulement lui demander d'y mettre fin. Cette révision est, peut-on encore supposer, conditionnée à ce que les actes en cause le permettent. Un délégant désireux la révision des actes de son délégataire doit, en effet, en mesurer les conséquences au regard des effets potentiels des actes du délégataire, notamment les droits acquis des tiers de bonne foi.

396. Notons que ce pouvoir de révision n'est pas permis à un juge international quand le délégataire est un État. La nature spécifique du droit international empêche le juge saisi d'un acte juridique adopté par un État souverain délégataire d'une organisation internationale, d'annuler ses actes ou de les modifier, à moins qu'une telle compétence ne lui ait été préalablement reconnue. Tel était le cas dans l'affaire *Concessions Mavrommatis en Palestine*[2], la Cour ayant été saisie par le gouvernement grec à propos, notamment, du refus du gouvernement britannique, en tant que puissance mandataire pour la Palestine[3], de reconnaître les droits d'un citoyen grec issus de contrats qu'il avait

---

[1] *Ibid.*, p. 204 : « *the legality of such process is conditioned upon the IO retaining the right to change at any time the decisions taken or actions carried out pursuant to that process* ». L'I.L.A. ne distingue pas entre délégation et autorisation ; les deux notions semblent être utilisées comme synonymes dans son projet d'articles concernant la responsabilité des organisations internationales. Ainsi, dans la section 3 de son projet de 2004, par 2, il est précisé que « *When a State or a group of States acts under a delegation or authorisation by an IO of powers or functions conferred on the IO by its constituent instruments, the international legal responsibility of the IO remains unaffected* ». Il semble donc que l'I.L.A. connaisse l'existence d'un mécanisme de délégation qu'elle considère comme synonyme d'autorisation.

[2] *Affaire des concessions Mavromatis en Palestine,* C.P.J.I., arrêt, série A, n° 2, 30 août 1924.

[3] Voy. le Mandat pour la Palestine, 12 août 1922, doc. off., C. 529. M. 314. 1922. VI.

conclu avec les autorités ottomanes au sujet de concessions pour certains travaux publics à exécuter en Palestine[1].

B. La révocation du délégataire

397. « [U]ne délégation peut toujours être retirée par le pouvoir qui l'a consentie »[2]. Cette phrase de portée générale souligne la nature spécifique de la délégation, qui permet sa révocation malgré son caractère contractuel.

398. La révocation peut être définie comme l'« acte unilatéral par lequel celui qui avait confié une mission à une personne met fin à cette mission, soit *ad nutum*, soit pour des motifs déterminés »[3]. Il est le moyen de contrôle ultime exercé par le délégant sur son délégataire : « Si la manière dont il use de sa délégation ne convient pas [au] délégant, celui-ci n'a qu'à révoquer le mandat »[4].

---

[1] Le mandat n'évoque donc pas les concessions. Voy. en ce sens l'article 11 du Mandat britannique sur la Palestine, *idem.*, qui dispose que : « [l]'Administration de la Palestine prendra toutes mesures nécessaires pour sauvegarder les intérêts de la communauté concernant le développement du pays et, sous réserve des obligations internationales acceptées par le Mandataire, elle aura pleins pouvoirs pour décider quant à la propriété ou au contrôle public de toutes les ressources naturelles du pays, ou des travaux et services d'utilité publique déjà établis ou à y établir. Elle introduira un régime agraire adapté aux besoins du pays, en ayant égard, entre autres choses, aux avantages qu'il pourrait y avoir à encourager la colonisation intense et la culture intensive de la terre ». C'est le Protocole XII lié au Traité de paix entre les puissances alliées et la Turquie du 24 juillet 1923 dit Traité de Lausanne qui établit des critères suivant lesquels certaines concessions doivent être maintenues et la procédure à suivre, notamment, pour les négociations administratives relatives à la réadaptation de certaines concessions et l'évaluation des indemnités éventuelles à accorder aux concessionnaires.

[2] ESMEIN, A., « De la délégation du pouvoir législatif : à l'occasion du projet dit « *Des pleins pouvoirs* », présenté par M. Grispi au Parlement Italien », *Revue politique et parlementaire*, 1894, tome 1, pp. 200-224, p. 216. Voy. aussi « la probabilité du retrait de la délégation » telle qu'énoncé par GAUTIER, Y., *La délégation en droit communautaire*, *op. cit.*, p. 466. Voy. également dans le même sens, CAICEDO, J.J., *La répartition de la responsabilité internationale entre les organisations internationales et leurs Etats membres*, *op. cit.*, pp. 266-267 ; SAROOSHI, D., *International Organizations and their Exercise of Sovereign Power*, *op. cit.*, p. 29 et, pp. 54-58.

[3] CORNU, G., *Vocabulaires juridiques*, *op. cit.*, entrée « Révocation », sens 1, b. Cette définition, choisie par CORNU pour expliquer la révocation « dans les relations privées (civiles ou commerciales) », est applicable *mutadis mutandis* dans notre étude de délégation de compétence par une organisation internationale.

[4] TCHERNOF, J., *Le droit de protection exercé par un État à l'égard de ses nationaux résidants à l'étranger*, thèse, université de Paris, 1898, 535 p., p. 390.

399. Concrètement, le pouvoir de révocation a été reconnu à l'organisation internationale délégante dans toutes les délégations étudiées.

400. Ainsi l'A.I.F.M. peut-elle suspendre ou arrêter l'exploration et l'exploitation de la Zone, notamment « lorsque, malgré les avertissements de l'Autorité, le contractant a mené ses activités de telle manière qu'elles entraînent des infractions graves, réitérées et délibérées, aux clauses fondamentales du contrat, aux règles, règlements et procédures de l'Autorité et à la partie XI [de la C.N.U.D.M.] »[1].

401. En matière d'exécution des peines prononcées par les juridictions pénales internationales, le contrôle[2] ou la supervision[3] exercé(e) par ces juridictions peut être interprété(e) comme incluant le pouvoir de révoquer l'État d'exécution. En ce sens, Evelise Plénet écrit : « Par contrôle ou supervision, il faut comprendre que les Tribunaux ont un rôle d'observateur, et qu'ils peuvent, en cas d'exécution non conforme de la peine par l'État d'exécution, retirer le condamné de l'emprise du droit national et le transférer dans un autre État afin que le condamné exécute sa peine conformément à la volonté du Tribunal »[4].

402. Il a également été soutenu que le Conseil de sécurité peut décider de retirer à un État ou à une organisation internationale l'autorisation de recourir à la force armée[5]. En ce sens, le bureau des

---

[1] Article18 par 1, lettre a, de l'annexe III « Dispositions de base régissant la prospection, l'exploration et l'exploitation », de la C.N.U.D.M. Voy. également l'article 162 lettre w, de la de la C.N.U.D.M. selon lequel, le Conseil, en tant qu'organe exécutif de l'Autorité, a le pouvoir d' « émet[tre] des ordres en cas d'urgence, y compris éventuellement l'ordre de suspendre ou de modifier les opérations, afin de prévenir tout dommage grave pouvant être causé au milieu marin par des activités menées dans la Zone ».

[2] Article 27 du statut du T.P.I.Y. et article106 du statut de la C.P.I.

[3] Article 26 du statut du T.P.I.R. Voy. également l'article 27 du statut du T.P.I.Y. dans sa version anglaise et l'article 106 du statut de la C.P.I. dans sa version anglaise.

[4] PLENET, E., *Vers la création d'une prison internationale, L'exécution des peines prononcées par les juridictions pénales internationales*, *op. cit.*, p. 93.

[5] Voy., en ce sens, l'article 3 de la Résolution de l'I.D.I. relative à l'autorisation du recours à la force par les Nations Unies, Session de Rhodes, 9 septembre 2011 : « Lorsque le Conseil de sécurité autorise un État ou un accord ou organisme régional à prendre les mesures [coercitives militaires], il peut par la suite modifier ou mettre fin à cette autorisation » ; COUSTON, M., *Droit de la sécurité internationale*, Bruxelles, Larcier, 2016, 345 p., p. 191, qui reconnaît « le droit pour le C.S.N.U. de retirer ou de modifier sa délégation de manière discrétionnaire » ; PEYRO LIOPIS,

affaires juridiques de l'ONU a déclaré, dans son avis « Statut du Commandement des Nations Unies en Corée - Résolution 84 (1950) du Conseil de sécurité » du 16 juin 1994, que « l'autorisation d'employer la force […] de même que le retrait de cette autorisation relèvent du Conseil de sécurité »[1]. En effet, ce pouvoir de retirer l'autorisation découle « de son pouvoir d'autoriser un recours à la force armée »[2]. L'I.D.I. a adopté une solution identique : « [l]orsque le Conseil de sécurité autorise un État ou un accord ou organisme régional à prendre [des mesures coercitives militaires], il peut par la suite […] mettre fin à cette autorisation »[3]. La révocation d'une telle délégation suppose alors une résolution adoptée par le Conseil de sécurité dans les mêmes conditions que la résolution portant autorisation, Or, le droit de *veto* d'un État membre du Conseil de sécurité pourrait mettre à mal l'exercice de la révocation par le Conseil.

403. En matière d'administration de territoire pour le compte de la S.D.N., le pouvoir de révocation a été reconnu à l'organisation pour sanctionner le comportement du délégataire à l'occasion de l'exécution des compétences déléguées[4], bien que les chartes de mandant et le Pacte

---

A., *Force, ONU et organisations régionales*, *op. cit.*, p. 281. Pour plus de détails sur la modification ou l'arrêt d'une autorisation, voy. BANNELIER, K., CHRISTAKIS, T., « Acteur vigilant ou spectateur impuissant ? Le contrôle exercé par le Conseil de sécurité sur les États autorisés à recourir à la force », *op. cit.*, pp. 519-526.

[1] Avis de Bureau des affaires juridiques de l'ONU, « Statut du Commandement des Nations Unies en Corée - Résolution 84 (1950) du Conseil de sécurité » du 16 juin 1994, *in Annuaire juridique des Nations Unies*, 1994, pp. 624-626, p. 626, point 5. Dans le même sens, le Professeur Weckel écrit, à propos de l'autorisation de recours à la force, que le Conseil de sécurité « possédait […] le pouvoir de retirer l'autorisation accordée aux alliés du Koweït », *in* WECKEL, Ph., « Le chapitre VII de la Charte et son application par le Conseil de Sécurité », *op. cit.*, p. 197.

[2] PEYRO LIOPIS, A., *Force, ONU et organisations régionales*, *op. cit.*, p. 281.

[3] Article 3 de la Résolution de l'I.D.I. relative à l'autorisation du recours à la force par les Nations Unies, Session de Rhodes, 9 septembre 2011.

[4] CASTANEDA, J., « La question du Sud-Ouest africain », *Les Cahiers de droit*, vol. 5, n°1, 1962, pp. 7-18, p. 11 : « Il est tout aussi logique et naturel de penser que si le mandataire n'exécute pas son obligation de suivre fidèlement les instructions que lui donne le mandant, ce dernier peut à son tour révoquer le mandataire fautif, par la révocation ou la rescision du mandat » ; STOYANOVSKY, J., *La théorie générale des mandats internationaux*, Paris, PUF, 1925, 251 p., pp. 114-116. Une partie de la doctrine avait exigé au préalable de la révocation une décision de la Cour permanente de justice internationale constatant une violation du mandat par la puissance mandataire. Pour plus de détails à ce propos, voy. DUGARD, J., « The Revocation of the Mandate for South West Africa », *A.J.I.L.*, vol. 62, n°1, 1968, pp. 78-97.

de la S.D.N ne le prévoyaient pas explicitement[1]. L'I.D.I. avait ainsi envisagé que la S.D.N. puisse unilatéralement mettre fin au mandat par la révocation de son mandataire[2]. La Cour Internationale de Justice avait explicité la raison de l'existence du pouvoir de révocation, dans son avis consultatif de 1971 : « Partant de l'idée que les mandats étaient révocables, le projet du président Wilson ne contenait pas de disposition expresse relative à la révocation [...]. Le fait que ce droit d'appel spécial n'ait pas été incorporé au Pacte, ne saurait être interprété comme excluant l'application du principe général de droit d'après lequel il faut présumer que le pouvoir de mettre fin, comme conséquence d'une violation, à un mandat comme d'ailleurs à toute convention, existe de façon inhérente, même s'il n'est pas exprimé »[3].

Ainsi, dans sa résolution 2145 (XXI) du 27 octobre 1966, l'Assemblée Générale des Nations Unies révoqua le mandat de l'Afrique du Sud sur la Namibie[4]. Cette résolution rappela tout d'abord « que l'Organisation des Nations Unies en tant que successeur de la Société des Nations a des pouvoirs de contrôle sur le Sud-Ouest africain »[5], et que, après ses constatations[6], « l'administration du

---

[1] DUGARD, J., « The Revocation of the Mandate for South West Africa », *A.J.I.L.*, vol. 62, n°1, 1968, pp. 78-97.

[2] Article VII de la résolution de l'I.D.I. relative aux Mandats internationaux, Session de Cambridge, 31 juillet 1931 : « Les fonctions de l'Etat mandataire prennent fin par démission ou révocation du mandataire, par les modes habituels d'expiration des engagements internationaux et aussi par abrogation du mandat et reconnaissance de la collectivité sous mandat comme indépendante [...]. La révocation de l'Etat mandataire et l'abrogation du mandat sont décidées par le Conseil de la S.D.N. ; l'abrogation peut résulter aussi de l'admission de la collectivité sous mandat comme Membre de la S.D.N. ».

[3] C.I.J., *Conséquences juridiques pour les États de la présence continue de l'Afrique du Sud en Namibie (Sud-Ouest africain) nonobstant la résolution 276 (1970) du Conseil de sécurité,* avis consultatif, 21 juin 1971, Rec., 1971, p. 16 § 98.

[4] Cette révocation a été confirmée par le Conseil de sécurité et approuvée par la Cour internationale de Justice, qui a déclaré dans son avis consultatif de 1971 qu' « [i]l faut donc voir dans la résolution en question l'exercice du droit de mettre fin à un certain rapport à la suite d'une violation délibérée et persistante d'obligations, qui détruit l'objet même et le but de ce rapport », *in* C.I.J., avis, 21 juin 1971 § 95. Voy. aussi *Ibid.* § 96 ss. Pour une étude de la question, voy. DUGARD, J., « The Revocation of the Mandate for South West Africa », *A.J.I.L.*, vol. 62, n°1, 1968, pp. 78-97.

[5] Assemblée générale des Nations Unies, résolution 2145 (XXI) du 27 octobre 1966.

[6] D'après « les rapports des divers comités qui ont été créés pour exercer les fonctions de contrôle de l'Organisation des Nations Unies sur l'administration du Territoire sous mandat du Sud-Ouest africain », Assemblée générale des Nations Unies, résolution 2145 (XXI) du 27 octobre 1966.

Territoire sous mandat par l'Afrique du Sud a été assurée d'une manière contraire au Mandat, à la Charte des Nations Unies et à la déclaration universelle des droits de l'homme »[1]. L'Assemblée Générale des Nations Unies décida ainsi de mettre fin au mandat[2], afin « que l'Afrique du Sud n'a[it] aucun autre droit d'administrer le Territoire et que, désormais, le Sud-Ouest africain relève directement de la responsabilité de l'Organisation des Nations Unies »[3]. Sous le régime de tutelle, la possibilité de la révocation unilatérale de l'Accord de tutelle a été écartée dans une seule situation : l'article 15 de l'Accord de tutelle sur les Iles du Pacifique[4], imposée par les États Unis lors de la négociation de l'accord et contre l'avis du représentant de l'URSS[5], qui prévoit que : « [l]es termes du présent Accord ne pourront être modifiés, amendés ou abrogés sans le consentement de l'Autorité chargée de l'administration ». Cette disposition ne créerait toutefois pas une interdiction générale de la révocation du délégataire de l'organisation, mais, au contraire, confirmerait, sauf disposition contraire, que le délégant a le pouvoir de le révoquer.

404. Ces exemples permettent de conclure que l'organisation internationale délégante détient le pouvoir de révoquer son délégataire. Si la mise en œuvre de ce pouvoir pourrait se révéler délicate,

---

1 Assemblée générale des Nations Unies, résolution 2145 (XXI) du 27 octobre 1966. La Cour avait alors déclaré « que l'Afrique du Sud a failli à ses obligations en ce qui concerne l'administration du Territoire sous mandat, n'a pas assuré le bien être moral et matériel et la sécurité des autochtones du Sud-Ouest africain et a, en fait, dénoncé le Mandat », Assemblée générale des Nations Unies, résolution 2145 (XXI) du 27 octobre 1966, point 3.

2 « Décide que le Mandat confié à Sa Majesté britannique pour être exercé en son nom par le Gouvernement de l'Union sud-africaine est terminé », Assemblée générale des Nations Unies, résolution 2145 (XXI) du 27 octobre 1966, point 4.

3 Assemblée générale des Nations Unies, résolution 2145 (XXI) du 27 octobre 1966, point 4. L'Assemblée générale avait alors créé un « comité spécial pour le Sud-Ouest africain, composé de quatorze Etats membres qui seront désignés par le Président de l'Assemblée générale et chargé de recommander des dispositions d'ordre pratique pour l'administration du Sud Oust africain, afin de permettre au peuple du Territoire d'exercer son droit à l'autodétermination et d'accéder à l'indépendance […] », *in ibid.,* point 6.

4 Accord de tutelle pour les îles antérieurement placées sous Mandat japonais, *R.T.N.U.,* vol. 8, n° 123, p. 189.

5 Lors de la rédaction de cet accord, le représentant l'URSS avait proposé d'inclure une disposition explicite prévoyant la possibilité de révoquer l'accord unilatéralement par le Conseil de Tutelle. Finalement, c'est la position américaine qui sera retenue dans l'article 15 de l'accord. Voy. GOY, R., « Le dernier territoire sous tutelle : les îles du Pacifique », *A.F.D.I.*, vol. 34, 1988, pp. 454-474, p. 471.

notamment en fonction de procédures internes à l'organisation internationale délégante et de ses conséquences, elle ne met pas en cause l'existence même de ce pouvoir de révocation[1].

C. Les sanctions financières et morales

405. Une sanction, en sus de la révision des actes du délégataire ou de la révocation de celui-ci est rarement inscrite dans les accords de délégation ou dans l'acte constitutif de l'organisation délégante.

406. Néanmoins, nous avons pu observer, dans le cadre de la délégation d'exploration et d'exploitation des ressources minérales dans les fonds marins internationaux, que la C.N.U.D.M. reconnaît à l'A.I.F.M. un pouvoir de sanctions pécuniaires à l'encontre de son délégataire en cas de manquement de ce dernier à ses obligations contractuelles[2]. L'article 18 paragraphe 1 de l'annexe III de la C.N.U.D.M., « Dispositions de base régissant la prospection, l'exploration et l'exploitation »[3], prévoit quant à lui explicitement que l'Autorité peut soumettre son délégataire, en cas de violation des clauses du contrat, à des amendes proportionnelles à la gravité de la situation. Cette possibilité de sanction est toutefois tempérée par une condition procédurale ; elle ne peut être infligée qu'après épuisement des voies de recours judiciaires ouvertes à son cocontractant conformément à la section 5 de la partie XI de la C.N.U.D.M.[4].

---

[1] Le droit de *veto* d'un État membre du Conseil de sécurité est une procédure de droit interne qui aurait pu mettre à mal l'exercice de la révocation par Conseil. La Cour E.D.H en a décidé autrement, voy. C.E.D.H., décision *Berhami c. France et Saramati c. France, Allemagne et Norvège*, requête n° 71412/01, n° 78166/01, 2 mai 2007 § 134 : « Si, aux termes de l'article 19 de la Résolution 1244 du Conseil de sécurité, tout membre permanent du Conseil de sécurité peut utiliser son droit de veto pour s'opposer à ce qu'on mette un terme à la délégation en question, la Cour estime qu'il ne s'agit pas d'un facteur qui suffit à lui seul pour conclure que le Conseil de sécurité ne conserve pas l'autorité et le contrôle ultimes ».

[2] Article 18 § 1, lettre a et b de l'annexe III, « Dispositions de base régissant la prospection, l'exploration et l'exploitation », de la C.N.U.D.M.

[3] Article18 §1, lettre a, de l'annexe III, « Dispositions de base régissant la prospection, l'exploration et l'exploitation », de la C.N.U.D.M. : « [l'] Autorité peut, dans les cas d'infraction aux clauses du contrat autres que ceux visés au § 1, l et. a), ou au lieu de prononcer la suspension ou la résiliation du contrat dans les cas visés au § 1, let. a), infliger au contractant des peines d'amende proportionnelles à la gravité de l'infraction ».

[4] Article18 par 3 de l'annexe III : « Sauf s'il s'agit des ordres émis en cas d'urgence en vertu de l'art. 162 § 2, let. w), l'Autorité ne peut faire exécuter une décision relative

407. En tout état de cause, une sanction pourrait être appliquée au délégataire par l'organisation délégante alors même qu'elle n'est pas prévue dans l'accord de délégation mais qu'elle est rendue possible par la position du délégataire vis-à-vis de son délégant. Tel a été le cas de la délégation de l'administration de territoire. Le Conseil de sécurité a imposé, sur le fondement du Chapitre VII de la Charte, un embargo économique à l'Afrique du Sud, alors autorité administrante de la Namibie, pour manquement à ses obligations internationales issues de la Charte des Nations Unies[1]. D'autres sanctions pourraient être possibles par application d'autres dispositions de la Charte. En ce sens, Hans Kelsen a soutenu que le non-respect de ses obligations issues de la Charte des Nations Unies par un État membre de l'ONU administrant un territoire par délégation peut être sanctionné par son expulsion de l'organisation en application de l'article 6 de la Charte des Nations Unies[2].

408. La sanction peut également revêtir un aspect moral. Elle correspond alors à une perte de réputation de l'entité délégataire qui peut limiter ses chances de bénéficier d'une nouvelle délégation par les organisations internationales. Ainsi, lors de la discussion au sein du Conseil de sécurité de la situation en Syrie[3], certains États (Russie,

---

à des peines pécuniaires ou à la suspension ou à la résiliation du contrat tant que le contractant n'a pas eu raisonnablement la possibilité d'épuiser les recours judiciaires dont il dispose conformément à la section 5 de la partie XI ».

[1] Voy., par exemple, la résolution S/RES/181(1963) du 7 août 1963 par laquelle le Conseil de sécurité «*[r]éprouve énergiquement* la politique de l'Afrique du Sud qui perpétue la discrimination raciale, politique incompatible avec les principes énoncés dans la Charte des Nations Unies et contraire aux obligations de ce pays en tant qu'Etat Membre de l'Organisation des Nations Unies ». Voy. également la résolution S/RES/182 du 4 décembre 1963 et la résolution S/RES/282 du 23 juillet 1970.

[2] KELSEN, H., *The law of the United Nations : a critical analysis of its fundamental problems, with supplement*, London, Stevens, 1951, 994 p., p. 694. Nonobstant que l'État délégataire soit membre de l'ONU. En ce sens, *ibid.,* p. 695. Voy. également, DISTEFANO, G., « Article 22 », *op. cit.*, p. 978.

[3] Le représentant de la Russie a déclaré que « [l]a situation en Syrie ne saurait être envisagée par le Conseil indépendamment de l'expérience libyenne. La communauté internationale est alarmée par les déclarations selon lesquelles la manière dont l'OTAN perçoit le respect des résolutions du Conseil de sécurité portant sur la Libye constitue un modèle à suivre dans le cadre des interventions futures de l'OTAN au titre de la mise en œuvre de la responsabilité de protéger » (Conseil de sécurité, 66ème année, 6627ème séance, 4 octobre 2011, doc. off., S/PV.6627, p. 4). Pour plus de détails, voy. ULFSTEIN, G., CHRISTIANSEN, H., « The legality of the NATO bombing in Libya », *International and Comparative Law Quarterly*, vol. 62, n°1, pp.

Chine, Brésil, Inde et Afrique du Sud) ont refusé de valider un projet de résolution dans la région après la précédente intervention contestée de l'OTAN en Libye ; en cause, une perte de crédibilité de l'organisation délégataire vis-à-vis de certains membres du Conseil de sécurité. Ces derniers considéraient que l'OTAN avait outrepassé les termes de la résolution 1973 lors de son intervention en Lybie et était partiellement responsable du chaos ambiant dans la région. La crédibilité de l'OTAN en avait été affectée.

409. Dans certains cas, la perte de crédibilité peut avoir des effets financiers sur le délégataire de l'organisation. Tel est le cas lorsque celui-ci est une entreprise privée qui cherche à réaliser un profit par la délégation. Cet aspect moral et financier a été reconnu comme affectant particulièrement les E.M.S.P.[1]. L'entreprise *Dyn Corp* a ainsi vu sa demande de renouvellement de contrat rejetée par la MINUSIL : « [l]e Comité des marchés au Siège a décidé de ne pas renouveler [le contrat de service de soutien logistique conclu avec *DynCorp]*. Après avoir soigneusement examiné le dossier, la Mission est parvenue à la conclusion que le contrat de *DynCorp* ne devait pas être renouvelé car cette entreprise omettait systématiquement d'honorer ses engagements contractuels, ne remédiait jamais aux graves lacunes signalées et ne disposait pas du personnel requis pour accomplir les tâches définies dans le contrat. Lorsqu'il est apparu que *DynCorp* n'avait pas fourni les services convenus selon les modalités spécifiées dans le contrat, la Mission a entrepris un examen des services fournis par *DynCorp* et de ceux qu'elle pourrait elle-même assurer. Il est ressorti de cet examen que la Mission disposait des ressources humaines et de la capacité matérielle de fournir les services requis plus efficacement et à un moindre coût »[2].

159-171; DEEKS, A., "The NATO Intervention in Libya-2011", *in* RUYS, T., CORTEN, O., HOFER, A., (dir.), *The Use of Force in International Law : A Case-Based Approach*, *op. cit.*, pp. 749- 759, sp. pp. 755-757.

[1] "*Reputation is a hugely significant factor in opening up potential markets*", *in* CAMERON, L., CHETAIL, V., *Privatizing War Private Military and Security Companies under Public International Law*, Cambridge, Cambridge University Press, 2013, 720 p., p. 665.

[2] « Budget de la Mission des Nations Unies en Sierra Leone pour la période du 1 juillet 2001 au 30 juin 2002 », *Rapport du secrétaire général*, 19 octobre 2001, doc. off., A/56/487 § 39. Le montant total des économisé par l'Organisation était de $325,621.34 par mois, soit $3,907,456.08 par an, d'après le « Budget de la Mission des Nations Unies en Sierra Leone pour la période du 1 juillet 2001 au 30 juin 2002 », *Rapport du secrétaire général*, 19 octobre 2001, doc. off., A/56/487 § 40.

CHAPITRE III. DÉLÉGATION ET ENGAGEMENT DE LA RESPONSABILITÉ INTERNATIONALE

410. La responsabilité, « corollaire nécessaire du droit »[1]. Tout ordre juridique comporte un régime d'engagement de la responsabilité de ses sujets en cas de violation de ses normes. C'est aussi le cas en droit international, où « la responsabilité apparaît comme le mécanisme régulateur essentiel et nécessaire des rapports mutuels » entre sujets de droit[2].

En sa qualité de sujet de l'ordre juridique international, toute organisation internationale peut « être amenée à supporter les conséquences dommageables »[3] non seulement « du fait d'actes accomplis par l'organisation [elle-même] ou par ses agents dans l'exercice de leurs fonctions officielles »[4], mais également de ceux qui ne lui sont pas directement imputables[5]. En ce sens, il est nécessaire d'établir les conséquences d'une délégation de compétence par une organisation internationale sur sa responsabilité.

411. L'étude de la portée de la délégation de compétence de l'organisation internationale sur sa responsabilité ne relève pas seulement de la théorie du droit. Elle répond aussi à des questionnements concrets, notamment lorsque l'exécution de certaines interventions militaires déléguées conduit à des violations du droit humanitaire par des États ou des organisations régionales délégataires[6].

---

[1] Affaire des *Réclamations britanniques dans la zone espagnole du Maroc Espagne c. Royaume-Uni*, 1er mai 1925, *RSA*, vol. II, pp. 615-742, p. 641 ; C.P.J.I., *Usine de Chorzów*, 26 juillet 1927, Rec., Série A, n° 8, p. 21 ; C.I.J., *Barcelona Traction, Light and Power Company, Limited (Belgique c. Espagne)*, deuxième phase, arrêt du 5 février 1970, *Rec.* 1970, p. 33 § 36 ; PELLET, A., DAILLIER, P., FORTEAU, M., *Droit international public, op. cit.*, p. 848 ; DUPUY, P-M., « Le fait générateur de la responsabilité internationale des États », *R.C.A.D.I.*, 1984-V, pp. 9-133, p. 21.

[2] COTTEREAU, G., « Système juridique et notion de responsabilité », *in* S.F.D.I., *La responsabilité dans le système international, colloque du Mans*, Paris, Pedone, 1991, 338 p., pp. 3-90, p. 3.

[3] C.I.J., *Différend relatif à l'immunité de juridiction d'un rapporteur spécial de la Commission des droits de l'homme*, avis du 29 avril 1999, Rec.1999, p. 89 § 66.

[4] Ibid., p. 88 § 66.

[5] Voy. notamment le Chapitre IV de la partie 2 du Projet d'articles sur la responsabilité des organisations internationales, 2011, *Annuaire de la Commission du droit international*, 2011, vol. II(2), doc. off., A/66/10.

[6] Amnesty International, « Intervention de l'OTAN en Yougoslavie 'dommages collatéraux' ou homicides illégaux ? Violations du droit de la guerre par l'OTAN lors

Les nombreux débats doctrinaux relatifs aux conséquences juridiques de la délégation par le Conseil de sécurité concernant le droit de recourir à la force armée en sont l'illustration. L'intérêt est devenu tel que les discussions se sont étendues à la portée de toute délégation de compétence sur l'engagement de la responsabilité internationale de l'organisation délégante et/ou de son délégataire[1]. Il est ainsi devenu nécessaire de comprendre les modalités relatives à l'engagement de la responsabilité du délégant et/ou du délégataire, suite à la commission d'actes illégaux durant l'exécution de la délégation de compétence par une entité autre que l'organisation internationale initialement compétente.

412. Déterminer l'effet de la délégation sur le régime de la responsabilité de l'organisation internationale délégante amène à s'interroger à la fois sur la portée du mécanisme de délégation et sur celle du comportement de son délégataire.

413. On peut mesurer l'incidence d'une délégation de compétence sur la responsabilité internationale de l'organisation délégante dans deux situations. La première, exclue de notre analyse, concerne la responsabilité de l'organisation internationale délégante pour prise de décision illicite[2] de déléguer sa compétence. Le fait internationalement illicite de l'organisation est constitué par cette décision[3], l'organisation internationale engageant sa responsabilité pour sa propre faute[4]. Dans

---

de l'opération 'force alliée' », Londres, Juin 2000, disponible en ligne, http://www.unhcr.org/refworld/pdfid/3ae6a9df4.pdf ; KIESEL, V., « L'Otan doit-elle payer ses victimes ? », article de presse, *Le Soir*, 29 juillet 2011.

[1] La question de la responsabilité internationale du délégataire est écartée de cette étude et ne sera abordée que pour éclairer celle de la responsabilité de l'organisation internationale délégante. Il est d'ores et déjà reconnu que la responsabilité de délégataire de l'organisation internationale est engagée dès lors que le comportement en cause lui est attribuable d'après les Projets d'articles sur la responsabilité des États de 2001 et sur la responsabilité des organisations internationales de 2011. Si le délégataire est une personne privée, il n'y a pas lieu d'évoquer de responsabilité internationale à son égard.

[2] THOME, N., *Les pouvoirs du Conseil de sécurité au regard de la pratique récente du Chapitre VII de la Charte des Nations Unies*, *op. cit.*, p. 349.

[3] ŠMUCLEROVÁ, M., « The Differing Legal Relationships between States and International Organizations and Their Implications for International Organizations' Responsibility : Delegation of Powers to States », *op. cit.*, pp. 197-198.

[4] LAUGIER, J.-P., *Contribution à la théorie générale de la responsabilité des organisations internationales*, thèse, Université d'Aix-Marseille, 1973, 560 p., pp. 390 ss.

ce cas, les règles classiques d'attribution d'un fait illicite s'appliquent[1]. Ainsi, on attribue la décision de déléguer à l'organisation, laquelle engage sa responsabilité si ladite décision contredit son droit primaire[2]. L'organisation est ainsi responsable de son propre comportement illicite[3]. La seconde situation, objet de ce chapitre, porte sur la responsabilité de l'organisation internationale du fait de l'exécution de la délégation par le délégataire[4]. Dans ce cas, la responsabilité de l'organisation délégante dépend de la manière dont la délégation de compétence est considérée dans l'opération d'attribution. Dans un premier temps, nous allons donc étudier le mécanisme de délégation à l'aune du projet de responsabilité des organisations internationales de 2011 et des commentaires y afférents (Section 1).

414. Rappelons que la Commission de droit international ne mentionne pas expressément dans ses travaux le concept de délégation. En outre, la pratique lacunaire des organisations internationales et les divergences de vues de la jurisprudence et de la doctrine rendent difficile de statuer aisément sur la place de la délégation en droit de la responsabilité. Face à l'insuffisance doctrinale et jurisprudentielle, nous tenterons donc dans un second temps d'esquisser un régime de responsabilité propre au procédé de délégation (Section 2).

---

[1] Voy. Chapitre deux du PAROI de 2011.

[2] En ce sens déjà, ŠMUCLEROVÁ, M., « The Differing Legal Relationships between States and International Organizations and Their Implications for International Organizations' Responsibility : Delegation of Powers to States», *op. cit.*, p. 197.

[3] REUTER, P., *La responsabilité internationale. Problèmes choisis*, Cours de doctorat 1955-1956, Paris, Cujas, reproduit, *in* REUTER, P., *Le développement de l'ordre juridique international. Ecrits de droit international*, Paris, Economica, 1995, pp. 377-560.

[4] ŠMUCLEROVÁ, M., « The Differing Legal Relationships between States and International Organizations and Their Implications for International Organizations' Responsibility : Delegation of Powers to States», *op. cit.*, pp. 199 ss.

Section I. La place de la délégation dans le projet de la Commission du droit international

415. Le projet d'articles de la C.D.I. sur la responsabilité des organisations internationales pour fait internationalement illicite (ci-après PAROI/projet de 2011)[1] s'inscrit dans la continuité du projet d'articles relatif à la responsabilité des États pour fait internationalement illicite de 2001 (ci-après PARE/projet de 2001)[2], et répond à l'ajournement des questions relatives à la responsabilité des organisations internationales par l'article 57 du projet de 2001. Le projet de 2011 doit être considéré comme un développement du droit international[3] plutôt qu'une codification du droit international coutumier existant[4]. Cependant, il est important dans la mesure où il sert de référence aux différentes juridictions internes ou internationales[5].

416. L'engagement de la responsabilité internationale d'une organisation internationale repose, d'après le projet de 2011, soit sur

---

[1] Le projet d'articles ainsi que les commentaires de la Commission y relatifs sont produits dans l'*Annuaire de la C.D.I. sur les travaux de sa 63ème session*, 2011, vol. II, 2ème partie, pp. 38-106.

[2] Projet d'articles sur la responsabilité de l'État pour fait internationalement illicite, adopté par la C.D.I. en seconde lecture en 2001, Voy. le texte du Projet et les commentaires de la Commission dans l'*Annuaire de la C.D.I. sur les travaux de sa 53ème session*, 2001, vol. II, 2ème partie, pp. 26-154.

[3] Au sens de l'alinéa a) du paragraphe 1 de l'Article 13 de la Charte des Nations Unies.

[4] RAO, P. S., « United Nations Responsibility for the conduct of 'blue helmets' : exploring the organic link », *in* RAGAZZI, M., (dir.), *Responsibility of International Organizations. Essays in Memory of Sir Ian Brownlie*, *op. cit*., pp. 405-414, p. 409 ; Commentaires sous Projet d'articles sur la responsabilité des organisations internationales, 2011, doc. off., A/66/10 § 5.

[5] Comme l'a déjà observé P. BODEAU-LIVINEC, « les différentes juridictions saisies ont toutes considéré qu'il leur fallait s'appuyer sur le projet de la C.D.I. relatif à la responsabilité des organisations internationales », *in* « Responsabilité pour faits illicites commis au cours d'opérations autorisées par le Conseil de sécurité : remarques sur quelques problèmes d'attribution », *in* BANNELIER, K., PISON, C., (dir.), *Le recours à la force autorisé par le Conseil de Sécurité - Droit et responsabilité,* Paris, Pedone, 2014, p. 203. Voy. également pour une compilation de ses décisions, Rapport du Secrétaire général, « Responsabilité des organisations internationales : Compilation de décisions des juridictions internationales », 26 avril 2017, doc. off., A/72/81.

l'imputation d'un comportement illicite à l'organisation internationale, soit, en l'absence de celle-ci, sur une attribution de la responsabilité[1].

417. Tout l'intérêt de l'analyse de la délégation à la lumière du projet de 2011 est de démontrer qu'elle n'est pas considérée comme un mode d'attribution de comportement (Paragraphe 1) ou de responsabilité (Paragraphe 2), et qu'elle évolue donc en dehors du droit de la responsabilité des organisations internationales tel qu'il est codifié par le Projet de 2011.

Paragraphe 1. L'absence de prise en compte de la délégation dans l'opération d'attribution du fait internationalement illicite

418. L'attribution de comportement vise à « identifier des faits qui, bien que matériellement accomplis par des individus – personnes physiques, peuvent être considérés comme ceux de l'entité corporative qu'est l'organisation internationale aux fins de responsabilité »[2].

419. Le PAROI, dans sa version finale, ne mentionne pas le concept de délégation de compétence dans l'opération d'attribution de comportement alors qu'existe, dans le projet d'articles sur la responsabilité pour fait internationalement illicite des États, un article 5 qui établit une attribution pour « habilitation »[3]. Selon cet article, « (l)e comportement d'une personne ou entité qui n'est pas un organe de

[1] « L'imputation du fait illicite et l'attribution ou l'imputation de la responsabilité ne sont pas la même chose et elles ne se dirigent pas nécessairement vers le même sujet », *in* AGO, R., « Deuxième rapport sur le Projet d'articles sur la responsabilité internationale de l'État », *Ann. CDI.*, 1970, vol. II, pp. 189-211, p. 209 § 59. Pour une utilisation de la distinction entre attribution de conduite et attribution de responsabilité, voy. notamment JACOB, P., *L'imputation d'un fait à l'Etat en droit international de la responsabilité*, *op. cit.*, pp. 19-21 ; D'ASPREMONT, J., « The Law of International Responsibility and Multilayered Institutional Veils : the Case of Authorized Regional Peace-Enforcement Operations », *in* BANNELIER, K., PISON, C., (dir.), *Le recours à la force autorisé par le Conseil de sécurité. Droit et responsabilité*, *op. cit.*, pp. 220-221.

[2] JACOB, P., « Les définitions des notions d''organe' et d'agent' retenues par la C.D.I. sont-elles opérationnelles ? », *R.B.D.I.*, 2013, p. 19.

[3] JACOB, P., *L'imputation d'un fait à l'Etat en droit international de la responsabilité*, *op. cit.*, pp. 363-374. Cette disposition n'a pas été retenue par le rapporteur de la C.D.I., le Professeur G. Gaja, dans le projet de 2011, pour qui « l'expression « puissance publique » ne peut pas être utilisée en ce qui concerne les organisations internationales ». Il existe pourtant des organisations internationales exerçant des compétences qui peuvent être considérées comme relevant de la catégorie de puissances publiques au sens de l'article 5 PARE. Il en est ainsi du recours à la force armée par le Conseil de sécurité, de l'administration d'un territoire par l'ONU ou de compétences exclusives de l'Union Européenne.

l'Etat [...] mais qui est habilitée par le droit de cet Etat à exercer des prérogatives de puissance publique, pour autant que, en l'espèce, cette personne ou entité agisse en cette qualité, est considéré comme un fait de l'Etat d'après le droit international ». L'habilitation de cet article correspond à la délégation de pouvoir de droit interne[1]. On aurait pu transposer cette disposition en droit des organisations internationales[2]. En effet, l'habilitation et la délégation ont une même fonction qui est de confier une compétence ou un pouvoir à un sujet tiers. En outre, l'objectif dudit article, à savoir éviter qu'un sujet de droit se soustraie à sa responsabilité par le seul fait de donner habilitation à d'autres personnes[3], est applicable aussi bien aux États qu'aux organisations internationales[4]. La C.D.I. a toutefois écarté l'analogie avec l'article 5 ARE :

> « [c]ette terminologie ne convient généralement pas dans le cas des organisations internationales. Il faudrait exprimer différemment le lien qu'une entité peut avoir avec une organisation internationale. Il est cependant superflu d'insérer dans le présent projet d'articles une disposition additionnelle pour tenir compte des personnes ou entités qui se trouvent dans une situation correspondante à celle qui est envisagée à l'article 5 des articles sur la responsabilité de l'État pour fait internationalement illicite. Le terme « agent » se voit conférer à

---

[1] Voy. Commentaire sous article 5, *Annuaire de la C.D.I..*, 2001, vol. II, deuxième partie, doc. off., A/CN.4/SER.A/2001/Add.1 (Part 2), pp. 44-45. Voy. également dans la doctrine, DIPLA, H., *La responsabilité de l'Etat pour violation des droits de l'homme. Problème d'imputation*, Paris, Pedone, 1994, 116 p., pp. 32-33; SAROOSHI, D., *The United Nations and the Developments of Collective Security : The Delegation by the UN Security Council of Its Chapter VII Powers*, *op. cit.*, p. 166; JACOB, P., *L'imputation d'un fait à l'Etat en droit international de la responsabilité*, *op. cit.*, p. 364 ; HENRIKSEN, A., *International Law*, Oxford, Oxford University Press, 2017, 346 p., p. 133.

[2] JACOB, P., *L'imputation d'un fait à l'Etat en droit international de la responsabilité*, *op. cit.*, p. 364, pour qui la notion peut être transposée en droit international général entre deux sujets de droit international, mais non pas à propos des personnes privées car « seule l'une des deux entités en cause est considérée comme sujet de droit au sein de cet ordre ».

[3] BROWNLIE, I., « State responsibility : the problem of delegation », *op. cit.*, p. 300; HENRIKSEN, A., *International Law*, Oxford, Oxford University Press, 2017, 346 p., p. 133.

[4] Voy. *infra* section 2, paragraphe 2.

l'alinéa *d* de l'article 2 une acception très large, qui couvre adéquatement ces personnes ou entités »[1].

420. La Commission a ainsi écarté, par principe, le procédé de délégation en tant que moyen d'attribution spécifique d'un comportement au sujet délégant. Cependant, elle n'exclut pas, la possibilité du recours à la délégation, mais estime que le délégataire peut être inclus dans la définition *extenso* du terme agent. Il est nécessaire de vérifier plus avant cette assertion. La délégation pourrait être incluse également dans le terme de mise à disposition et il est donc nécessaire de se confronter à cette interprétation. De ces réflexions, il apparaît que la classification du délégataire en tant qu'agent, qu'il soit mis à la disposition de l'organisation ou non, revêt une importance cruciale dans l'attribution d'un comportement illicite à l'organisation délégante. Pour ce faire, nous nous sommes appuyés sur le Chapitre II du projet de 2011 – intitulé « Attribution d'un comportement à une organisation internationale » – selon l'existence d'un lien organique[2] ou d'une mise à disposition[3]. En outre, l'analyse de la pratique de la délégation de compétence par les organisations internationales, notamment des opérations militaires « menées sous commandement et contrôle des Nations Unies » et celles « autorisées par [elle] et menées sous commandement et contrôle national ou régional » [4], ainsi que la lecture des jugements de la Cour E.D.H., démontrent que la délégation ne figure pas parmi les opérations d'attribution de comportement retenues par la C.D.I.[5]. Le délégataire ne possède pas de lien organique avec le délégant (A). Il n'est pas non plus mis à sa disposition (B).

---

[1] Commentaire sous article 6 PAROI, *Annuaire de la C.D.I.*, 2011, vol. II, deuxième partie, p. 55 § 10.

[2] Article 6 PAROI.

[3] Article 7 PAROI.

[4] C.D.I., « La responsabilité des organisations internationales, Commentaires et observations des organisations internationales », soixante-troisième session, Genève, 26 avril-3 juin et 4 juillet-12 août 2011, doc. off., A/CN.4/637/Add.1, p. 10 § 2.

[5] La pratique permet de qualifier le rapport entre délégant et délégataire afin d'établir s'il est possible d'intégrer la délégation dans le cadre de l'attribution de fait illicite prévue par le projet 2011.

A. L'absence de lien statutaire ou organique dans une délégation et l'exclusion de la qualité d'agent ou organe au délégataire de l'organisation

421. La C.D.I. a accordé de l'importance à la qualité juridique de la personne agissant pour le compte de l'organisation. Elle attribue ainsi à l'organisation internationale les comportements de ses agents et organes. L'article 6 PAROI prévoit que :

> « 1. Le comportement d'un organe ou agent d'une organisation internationale dans l'exercice des fonctions de cet organe ou agent est considéré comme un fait de cette organisation d'après le droit international, quelle que soit la position de l'organe ou [de] l'agent dans l'organisation. 2. Les règles de l'organisation s'appliquent pour déterminer les fonctions de ses organes et agents ».

422. En s'inspirant de ce schéma, nous pouvons formuler deux hypothèses. La première est que le délégataire est un agent ou un organe de l'organisation internationale. Dans une telle situation, la question de la responsabilité internationale est réglée à la lumière de l'article 6 du PAROI qui prévoit l'attribution des comportements des agents et organes de l'organisation à celle-ci. Une telle hypothèse se réalise lorsque la délégation est effectuée dans l'ordre interne de l'organisation entre celle-ci et ses propres agents et organes. Cette situation est exclue de notre champs d'étude. La seconde hypothèse est que la délégation de compétence conduise à qualifier le délégataire en agent ou organe de l'organisation et que l'article 6 PAROI trouve à s'appliquer.

423. Les définitions adoptées par la C.D.I. des termes "organe" et "agent" se rejoignent car les deux termes désignent, d'un point de vue fonctionnel, des personnes ou entités par le biais desquelles l'organisation agit, pour reprendre les termes de la définition donnée par la C.I.J. dans l'affaire *Réparation des dommages subis au service des Nations Unies*[1]. Ainsi, selon l'article 2 PAROI : « c) Le terme « organe d'une organisation internationale » s'entend de toute personne ou entité qui a ce statut d'après les règles de l'organisation ; d) Le terme « agent d'une organisation internationale » s'entend d'un fonctionnaire ou d'une autre personne ou entité, autre qu'un organe, qui a été chargé par l'organisation d'exercer, ou d'aider à exercer, l'une des fonctions

[1] *Réparation des dommages subis au service des Nations Unies,* avis consultatif, C.I.J., 11 avril 1949, Rec.,1949, p. 174, sp. p. 177.

de celle-ci, et par l'intermédiaire de laquelle, en conséquence, l'organisation agit ».

424. La C.D.I. les distingue ainsi artificiellement, en fonction de leur statut dans l'organisation internationale : l'organe est désigné comme tel par les règles de l'organisation, alors que l'agent, non nécessairement prévu statutairement, représente toute personne par l'intermédiaire de qui l'organisation agit[1]. Ainsi, comme l'exprime le Professeur Jacob, « ces définitions larges permettent-elles d'appréhender l'ensemble des moyens d'action des organisations internationales »[2]. Toutefois, il nous semble qu'une délégation de compétence ne permet pas en soi d'établir un lien organique entre l'organisation et son délégataire ; dit autrement, le délégataire ne peut être qualifié d'agent ou d'organe de l'organisation du seul fait de la délégation.

425. En effet, il est, tout d'abord, assez aisé d'éliminer sa qualité d'organe. Notre étude porte sur les délégations effectuées par l'organisation internationale à un sujet qui lui est extérieur et non pas entre les organes de celle-ci. Or, le régime de responsabilité de 2011 prévoit que le statut d'organe est défini par le droit interne de l'organisation[3] : les organes de l'organisation internationale sont soit des organes principaux prévus explicitement par l'acte constitutif de l'organisation internationale, soit des organes subsidiaires qui sont créés par un organe principal. Tel n'est pas le cas de l'exécutant d'une délégation, même *de facto*[4], puisqu'il existe préalablement à l'établissement de tout lien avec l'organisation internationale délégante. L'analyse des autorisations de recours à la force du Conseil de sécurité confirme qu'aucun lien organique n'est créé dans une résolution entre

---

[1] « Afin d'éviter un éventuel chevauchement entre les définitions respectives d'un « organe d'une organisation internationale » et d'un « agent d'une organisation internationale », ce dernier terme ne vise que les personnes ou entités qui ne relèvent pas de la définition énoncée à l'alinéa *c* », *in* Commentaire sous article 2 PAROI, *Annuaire de la C.D.I.*, 2011, vol. II, deuxième partie, p. 51 § 27.

[2] JACOB, P., « Les définitions des notions d''organe' et d'agent' retenues par la CDI sont-elles opérationnelles ? », *op.cit.*, p. 22.

[3] Article 2 § c PAROI.

[4] Selon I. MOULIER, B. TAXIL, il n'est pas admissible d'utiliser, dans ce projet d'articles de 2011, la qualification d'organes *de facto* de l'organisation, *in* « L'engagement de la Responsabilité de l'organisation internationale », *in* LAGRANGE, E., SOREL, J-M., *Traité de droit des organisations internationales*, *op.cit.*, pp. 1013-1041, sp. p. 1017.

l'ONU et les exécutants de la délégation[1]. En ce sens, la Cour E.D.H. dans son affaire *Behrami et Behrami* c. *France* a distingué la MINUK « organe subsidiaire de l'ONU instauré en vertu du chapitre VII de la Charte, de sorte que l'inaction litigieuse est, en principe, attribuable à l'ONU », et la KFOR qui « exerce des pouvoirs que le Conseil de sécurité lui a légalement délégués en vertu du chapitre VII [...] »[2].

426. Voyons maintenant si le délégataire peut être considéré comme agent de l'organisation internationale délégante. Il est vrai que la définition établie par la C.D.I. du terme « agent » est tellement large qu'il est légitime de se demander si elle ne comprend pas le délégataire d'une organisation[3]. Néanmoins, tous les agents d'une organisation internationale ont en commun d'être des exécutants sans pouvoir discrétionnaire[4]. Cette situation ne correspond pas à celle du délégataire qui s'identifie comme une entité ou sujet de droit indépendant, accomplissant une fonction dédiée avec une certaine marge d'appréciation[5]. Par conséquent, à la lumière de ces considérations, il est difficile de qualifier systématiquement tout délégataire en tant

---

[1] Cependant, certains auteurs ont considéré que les États autorisés deviennent, de manière informelle, un organe subsidiaire du Conseil de sécurité. Voy. en ce sens, RESS, G., BRÖHMER, J., « Article 53 », *in* B. Simma, *et al.* (dir.), *The Charter of the United Nations : A Commentary*, 2ème éd., Oxford, Oxford University Press, 2002, p. 860 (§ 1); KOLB, R., « Article 53 », *in* COT, J-P., PELLET, A., FORTEAU, M., (dir.), *La Charte des Nations Unies, commentaires article par article*, *op. cit.*, pp. 1426-1429, p. 1411 ; SAROOSHI, D., *The United Nations and the Developments of Collective Security : The Delegation by the UN Security Council of Its Chapter VII Powers*, Oxford, Oxford University Press, 1999, pp. 89-90 ; DOMINICE, Ch., « La responsabilité internationale des Nations Unies », *in* J.-P. COT, A. PELLET, M. FORTEAU (dir.), *La Charte des Nations Unies, Commentaire article par article*, Paris, *Economica*, 2005, vol. 1, pp. 140-162, sp. p. 149.

[2] C.E.D.H., *Behrami et Behrami* c. *France* (Grande Chambre), *op. cit.* *§* 143.

[3] La définition du terme « agent » est basée, d'après la CDI, sur la définition donnée par la C.I.J. dans son affaire *Réparation des dommages subis au service des Nations Unies* de 1949, *Rec.* p. 177. Voy. Commentaire sous article 2 § 23, *Annuaire de la C.D.I.*, 2011, vol. II, deuxième partie, p. 51.

[4] DOMINICE, Ch., « La responsabilité internationale des Nations Unies », *op. cit.*, p. 149 ; SMUCLEROVA, M., *Le recours à la coercition par le Conseil de sécurité des Nations Unies*, thèse, Université Paris 1 Panthéon-Sorbonne, 2010, pp. 40-41.

[5] Voy. PELLET, A., « Préface », *in* KREIPE, N., *Les autorisations données par le Conseil de sécurité des Nations Unies à des mesures militaires*, *op. cit.*, p. VII : « dans le cas d'utilisation de la force armée autorisée explicitement ou implicitement par le Conseil, les Etats ne sont que les « agents » de l'Organisation ». Voy. également, *supra,* Partie II, Chapitre 1, section 1, paragraphe 1.

qu'agent ou organe de son délégant[1]. Il en résulte que l'article 6 PAROI relatif à l'attribution d'un comportement d'un agent ou d'un organe d'une organisation internationale à cette dernière ne peut servir de fondement pour attribuer le comportement d'un délégataire de l'organisation internationale à cette dernière. Cette conclusion va de pair avec l'affirmation selon laquelle la personnalité juridique que possèdent certains exécutants « rompt la chaîne d'attribution »[2].

B. L'absence de mise à disposition dans le rapport de délégation

427. Le délégataire d'une organisation internationale peut-il être considéré comme mis à la disposition de l'organisation internationale ? Si la réponse est affirmative, l'article 7 du PAROI s'applique. En effet, la C.D.I. a consacré cet article à la mise à disposition comme moyen d'attribution de comportement à l'organisation internationale :

> « [l]e comportement d'un organe d'un État ou d'un organe ou agent d'une organisation internationale mis à la disposition d'une autre organisation internationale est considéré comme un fait de cette dernière d'après le droit international pour autant qu'elle exerce un contrôle effectif sur ce comportement ».

428. La notion de mise à disposition n'est toutefois pas définie dans le Projet d'articles de 2011 sur la responsabilité des organisations internationales. Elle correspond de manière générale au prêt d'organe ou d'agents d'un sujet de droit international à un autre sujet[3]. Elle est généralement régie par un accord de mise à disposition entre le sujet

---

[1] *Contra* SICILIANOS, L.-A., « Entre multilatéralisme et unilatéralisme : l'autorisation par le conseil de sécurité de recourir à la force », *op. cit.*, p. 60 et p. 63 et SMUCLEROVA, M., *Le recours à la coercition par le Conseil de sécurité des Nations Unies*, *op. cit.*, pp. 40-41, qui qualifient l'État exécutant des résolutions coercitives du Conseil de sécurité comme agent d'exécution de ce dernier. Voy. également KELSEN, H., *The Law of the United Nations. A Critical Analysis of Its Fundamental Problems*, Londres, Stevens, 1964, p. 326, pour qui « *[r]egional organisations may act as organs of the United Nations* ».

[2] D'après JACOB, P., « Les définitions des notions d''organe' et d'agent' retenues par la CDI sont-elles opérationnelles ? », *op. cit.*, p. 29.

[3] « [L]a mise à disposition désignant la situation d'un agent qui est réputé occuper son emploi mais qui exerce ses fonctions hors du service où il a vocation à intervenir », *in* JACOB, P., *L'imputation d'un fait à l'Etat en droit international de la responsabilité*, *op.cit.*, p. 311, n.b.p. n°1382.

prêtant et le sujet d'accueil[1], lequel définit, notamment, la nature des activités à exercer par l'agent mis à disposition, ses conditions d'emploi, la durée de mise à disposition, les modalités du contrôle et de l'évaluation de ses activités et enfin, les privilèges et immunités accordés pendant l'exercice de ses fonctions[2].

429. La mise à disposition d'un agent possède comme caractéristique intrinsèque la persistance d'un lien de subordination dudit agent à son institution d'origine[3]. Elle s'entend ainsi comme un détachement partiel de personne ou entité d'une institution auprès de l'organisation internationale d'accueil. L'agent mis à disposition est dans ce cas soumis à la « double allégeance »[4] de l'organisation internationale et de l'État. Un exemple caractéristique est le contingent militaire fourni par un État lors d'opérations de maintien de la paix des Nations Unies[5] qui regroupent différents agents (tant militaires que civils) mis à disposition[6]. L'ONU n'a en effet aucun moyen militaire et doit recourir aux contingents militaires de ses États membres qui restent

---

[1] Voy. par exemple l'article 10 bis du *Statut, règlement et instructions applicables aux agents de l'OCDE de février 2021,* qui prévoit le prêt des agents de l'O.C.D.E. à d'autres institutions.

[2] Ces privilèges et immunités sont établis dans la mesure où ils leur sont nécessaires pour exercer en toute indépendance leurs fonctions. Il s'agit, en d'autres termes, des immunités qui « protègent leurs bénéficiaires dans l'exercice de leurs activités » selon le § 15 de l'Accord modèle sur le Statut des opérations de maintien de la paix, annexé au rapport du Secrétaire-Général. Voy. aussi pour exemple les paragraphes 29 et 51, Titre VI de l'Accord du 4 mai 2000 sur le statut de la MONUC en République Démocratique du Congo.

[3] CONDORELLI, L., « Le statut des forces de l'ONU et le droit international humanitaire », *op. cit.,* p. 886.

[4] *Idem.* ; JACOB, P., « Les définitions des notions d''organe' et d'agent' retenues par la CDI sont-elles opérationnelles ? », *op. cit.,* p. 24. La condition de subordination à l'État peut disparaitre, on parle alors de détachement et l'agent est strictement considérée comme agent d'une organisation internationale.

[5] CONDORELLI, L., « Le statut des forces de l'ONU et le droit international humanitaire », *op. cit.,* p. 887.

[6] Ils possèdent un statut spécifique : ils reçoivent un contrat individuel de louage spécifiant leur fonction et l'équivalent du grade auquel ils sont assimilés. Ils peuvent participer aux missions dites « établies » (Chypre, Palestine), financées par un budget régulier et dont le personnel est soumis aux mêmes règles que le reste du personnel de l'ONU, et aux missions dites « spéciales » (Angola, Nicaragua), dont le personnel a un statut spécifique avec notamment une rémunération forfaitaire. D'après PENAUD, J., (dir), *La fonction publique internationale, lexique commenté.* Paris, La documentation française, 1997, p. 108.

sous le pouvoir disciplinaire de leur commandement national[1] et le pouvoir pénal de leur État[2]. Ces « casques bleus »[3] restent donc des organes mis à la disposition de l'ONU par leur propre État[4]. Cela se matérialise par un commandement double : stratégique et opérationnelle pour l'ONU et organique pour l'État[5]. Pour chacune de ces opérations de maintien de la paix, un accord *ad hoc* entre le secrétaire général de l'ONU et l'État national place le contingent national à la disposition de l'ONU, « mais ne le soustrait pas pour autant à l'emprise de l'Etat concerné »[6]. Cette contractualisation de la mise à disposition permet alors de prévoir la répartition de la responsabilité[7]. En dehors d'une telle prise de position, la mise à disposition est considérée comme un élément d'attribution à condition que

---

[1] Ces compétences et la chaîne de commandement sont indiquées dans chaque accord *ad hoc* entre l'Etat et l'organisation. Voy. aussi *ABC des Nations Unies*, Bruxelles, Bruylant, 2012, p. 71.

[2] CONDORELLI, L., « Le statut des forces de l'ONU et le droit international humanitaire *», op. cit.,* p. 886.

[3] TAVERNIER, P., *Les casques bleus*, Paris, PUF, 1998, 126 p.

[4] Les opérations de maintien de la paix sont considérées comme des organes subsidiaires de l'ONU, voy. notamment l'article 6 du règlement de la FUNU du 20 février 1957. Les formules de ce document sont reprises dans d'autres accords postérieurs, comme par exemple aux articles 5b) et 6 du règlement de l'ONUC du 15 juillet 1963.

[5] CONDORELLI, L., « Le statut des forces de l'ONU et le droit international humanitaire », *op. cit.*, p. 887. Sur la distinction entre commandement opérationnel et stratégique et organique, voy. VOELCKEL, M., « Quelques aspects de la conduite des opérations de maintien de la paix », *A.F.D.I.,* vol. 39, 1993, pp. 65-85 ; VOELCKEL, M., « La coordination des forces d'intervention de l'ONU », *in* S.F.D.I., *le chapitre VII de la Charte des nations unies*, colloque de Rennes, Paris, Pedone, 1995, pp. 161-190.

[6] CONDORELLI, L., « Le statut des forces de l'ONU et le droit international humanitaire », *op. cit*., p. 886.

[7] Tel l'accord-type relatif aux contributions concernant les contingents militaires mis à la disposition des Nations Unies et de ses États-membres, qui dispose dans son article 9 que l'organisation est responsable envers les tiers, mais peut demander recouvrement à ses États membres en cas de « perte, [...] détérioration, le décès ou la blessure [...] dû à une négligence grave ou à une faute intentionnelle du personnel fourni par le Gouvernement », *in* Accord-type relatif aux contributions (A/50/995, annexe ; A/51/967, annexe), *cité par* GAJA, G., « Deuxième rapport sur la responsabilité des organisations internationales », doc. off., A/CN.4/541. Cela est vrai aussi pour les opérations de l'Union Européenne, voy. TSAGOURIAS, N., "The responsibility of international organizations for military missions", *in* ODELLO M., PIOTROWICZ, R., (dir.), *International Military Missions and International Law*, Brill, 2011. p. 3.

l'organisation d'accueil exerce un contrôle effectif sur le comportement de l'agent ou de l'organe auteur du comportement. Ce contrôle est la clé de l'attribution des comportements de ces agents à l'organisation. Ainsi, l'article 7 PAROI précité établit l'imputation de comportement à l'organisation internationale sur le critère du contrôle effectivement exercé par celle-ci au moment de l'acte litigieux des agents ou organes mis à sa disposition[1].

430. Dans sa décision *Berić*, la Cour E.D.H., s'appuyant sur la décision *Behrami*, qualifia la relation entre le Conseil de sécurité et les États membres autorisés comme une délégation de compétence. Puis, elle s'appuya sur l'article 5 du PAROI (devenu article 7 dans le projet de 2011) relatif à la mise à disposition, faisant ainsi nous semble-il un rapprochement entre délégation et mise à disposition, ce qui l'amena à appliquer le critère du contrôle effectif en vue de l'attribution des comportements du délégataire à l'ONU[2]. Toutefois, un tel raisonnement ne nous semble pas cohérent avec la nature de la délégation de compétence. En effet, le Conseil de sécurité avait autorisé par sa résolution 1031 la création d'une force multinationale (IFOR) chargée de la mise en œuvre de l'accord de Dayton-Paris entre la Bosnie-Herzégovine, la Croatie et la République fédérale de Yougoslavie. Il est vrai que le Conseil de sécurité conservait un contrôle général sur l'opération militaire autorisée en vertu du chapitre VII et/ou VIII de la Charte[3]. Cependant, les conditions de ce contrôle général sont plutôt

---

[1] L'objet du contrôle : selon le projet d'articles de 2011, le contrôle effectif doit porter sur le comportement et non pas l'auteur de celui-ci. Dans le cas d'une opération militaire, la question de la responsabilité lors d'une mise à disposition doit être donc analysée selon le contrôle effectif exercée sur l'opération *de quo*, voire même, selon certains auteurs, sur le comportement *de quo*. Ainsi, d'après A. THIBAULT, conseiller juridique de l'OTAN, « (l)a question qui doit être posée [...] est de savoir qui exercerait véritablement un contrôle effectif sur la conduite d'une action en particulier et non sur une opération en général », *in* « La responsabilité de l'OTAN dans les conflits armés », *in* BANNELIER, K., PISON, C., (dir.), *Le recours à la Force autorisé par le Conseil de Sécurité - Droit et responsabilité, op. cit.*

[2] C.E.D.H, décision, *Berić et autres c. Bosnie-Herzégovine*, 16 octobre 2007, n° 36357/04 et autres § 27.

[3] Ce contrôle global est fonction des objectifs et de la durée de l'opération tels que précisés dans les résolutions. Or, le libellé et le contenu de celles-ci ne sont pas toujours très précis. Un exemple d'autorisation/délégation imprécise est contenu dans la résolution 678 (1990), relative à une force multinationale autorisée, dont l'objectif était non seulement de faire respecter et appliquer la résolution 660 (1990) et « toutes les résolutions pertinentes ultérieures », mais aussi « de rétablir la paix et la sécurité

limitées pour ce qui est de la surveillance du déroulement de l'opération et de son exécution sur le terrain. Le délégataire de l'ONU doit en effet seulement respecter les conditions d'engagement fixées par le Conseil de sécurité, et l'informer[1] des mesures qui sont prises en vertu de ses résolutions[2]. En outre, en pratique, ces rapports d'informations ne sont

internationales dans la région » (doc. off. S/RES/ 678 (1990) § 2), ce qui semblait conférer aux Etats autorisés un pouvoir d'appréciation quasiment illimité quant aux mesures à prendre. Pour une critique de cette résolution, voy. le procès-verbal de la 2963ème séance du 29 novembre 1990 entre les membres du Conseil de sécurité présents, doc. off. S/PV.2963. Les conséquences d'un libellé imprécis peuvent alors être dramatiques. Ainsi, récemment, suite à l'adoption de la résolution 1973 (2011) autorisant « les États Membres [...] agissant à titre national ou dans le cadre d'organismes ou d'accords régionaux, à prendre au besoin toutes mesures nécessaires pour faire respecter l'interdiction de vol imposée [par la même résolution] » (S /RES/1973 (2011) § 8) et ainsi à instaurer une « zone d'exclusion aérienne » au-dessus de la Libye, les bombardements de l'OTAN, qui ont duré durant sept mois, ont entraîné la mort et les blessures de très nombreux civils libyens qui n'étaient pas impliqués dans les combats (d'après Amnesty International, « Libye les victimes oubliées des frappes de l'OTAN », mars 2012, disponible en ligne : https://www.amnesty.org/download/Documents/24000/mde190032012fr.pdf). Un autre exemple est l'opération 'Tempête du désert' autorisée par la résolution 678 (1990), qui a conduit à des abus des forces autorisées, et qui durant sept années, fut utilisée pour bombarder l'Irak, CAICEDO, J. J., *La répartition de la responsabilité internationale entre les organisations internationales et leurs Etats membres*, thèse, Paris I, 2005, p. 288.

[1] GESLIN, A., « Le pouvoir d'habilitation du Conseil de sécurité : la délégation des pouvoirs du Conseil aux organisations internationales », *op. cit.,* p. 495. Voy. pour exemples, S/RES/1671 (2006), concernant l'opération de l'UE en R.D.C., dans laquelle le Conseil de sécurité « prie l'UE de faire rapport régulièrement » (§ 15) ; S/RES/ 1973 (2011) à propos de l'interdiction de vol au-dessus de la Lybie : « *Décide* que les États Membres concernés devront informer immédiatement le Secrétaire général et le Secrétaire général de la Ligue des États arabes des mesures prises en vertu des pouvoirs qu'ils tirent » (§ 11) et « *Prie* le Secrétaire général de l'informer immédiatement de toute mesure prise par les États Membres concernés [...] et de lui faire rapport dans les sept jours et puis tous les mois sur la mise en œuvre de la présente résolution » (§12).Une seule exception à ce contrôle très général est l'« opération hybride » Union Africaine/ONU au Darfour (MINUAD), dont la mise en place a été autorisée par la résolution 1769 (2007) où l'ONU a fourni les structures d'appui, de commandement et de contrôle, selon les modalités prévues dans le rapport du Secrétaire général de l'ONU et du président de la Commission de l'Union Africaine (doc. off. S/2007/307/ Rev.1 et S/2007/307/Rev.1/Add.1, 5 juin 2007).

[2] Même si le Conseil ne demandait pas expressément aux États (ou aux organisations régionales) de lui soumettre des rapports, cette obligation existerait malgré tout, en vertu d'une application de l'article 54 de la Charte des Nations Unies, selon lequel le « Conseil de sécurité doit, en tout temps, être tenu pleinement au courant de toute

pas suffisamment détaillés et peuvent minimiser les difficultés réelles auxquelles peut se heurter l'opération[1]. Ainsi, comme l'exprime le rapporteur spécial devant la C.D.I., « [o]n ne peut dire que les forces autorisées sont placées à la disposition de l'Organisation des Nations Unies »[2].

La même conclusion s'impose *in extenso* pour toute délégation qui ne peut valoir mise à la disposition de l'organisation délégante les agents ou organes du délégataire.

Paragraphe 2. L'absence de prise en compte de la délégation dans l'attribution de la responsabilité

431. L'absence de la délégation comme critère d'attribution d'un comportement d'après le projet de 2011 s'accorde, selon la doctrine, avec l'essentiel de la pratique judiciaire internationale, pour laquelle la délégation « n'entraîne pas de basculement de l'attribution »[3]. La délégation de compétence vaudrait, néanmoins, en tant que mécanisme *ad hoc* d'attribution de responsabilité[4] à l'organisation internationale délégante conduisant alors à un « basculement de responsabilité »[5]. Ainsi, les comportements illicites resteraient attribués au délégataire, mais pourraient engager la responsabilité de l'organisation internationale délégante comme dans une sorte de responsabilité pour fait d'autrui[6]. En ce sens, le projet de 2011 reconnaît l'existence d'une

---

action entreprise ou envisagée, en vertu d'accords régionaux ou par des organismes régionaux, pour le maintien de la paix et de la sécurité internationales ». Cette obligation d'information est en outre une condition de la délégation (se rapporter à la partie concernant le contrôle de la délégation par le Conseil de sécurité).

[1] A propos de l'imprécision des faits dans ces rapports, voy. SICILIANOS, L.-A., « Entre multilatéralisme et unilatéralisme : l'autorisation par le conseil de sécurité de recourir à la force », *op. cit.,* pp. 157-162.

[2] GAJA, G., « Deuxième rapport sur la responsabilité des organisations internationales », 2 avril, 2004, doc. off., A/CN.4/541 § 32.

[3] JACOB, P., *L'imputation d'un fait à l'Etat en droit international de la responsabilité, op. cit.,* p. 329.

[4] D'après les termes de D'ASPREMONT, J., « The Law of International Responsibility and Multilayered Institutional Veils : the Case of Authorized Regional Peace-Enforcement Operations », *op. cit.*, p. 221.

[5] JACOB, P., *L'imputation d'un fait à l'Etat en droit international de la responsabilité, op. cit.,* p. 329.

[6] Une responsabilité du fait d'autrui, appelé également une responsabilité indirecte, « n'existe que lorsqu'une personne juridique encourt une responsabilité du fait d'une autre personne juridique », d'après SALMON, J., *La responsabilité internationale,*

responsabilité indirecte de l'organisation internationale dans son Chapitre IV de la deuxième partie[1] qui établit la responsabilité d'une organisation internationale, pour des actes d'un autre État ou d'une autre organisation internationale. L'organisation est, dans ce cas, responsable, non parce qu'elle a commis le fait illicite, mais parce qu'elle a permis sa réalisation par autrui[2]. Sont ainsi prévus comme critères d'attribution de responsabilité : « Aide ou assistance dans la commission du fait internationalement illicite »[3] ; « Directives et contrôle dans la commission du fait internationalement illicite »[4] ; « Contrainte exercée sur un État ou une autre organisation internationale »[5] et enfin, – et sur ce point la Commission innove – le « contournement des obligations internationales par l'intermédiaire des décisions et autorisations adressées aux membres » de l'organisation[6].

432. Il est approprié de déterminer si la délégation peut être incluse dans ce chapitre IV du PAROI. Toutefois, il n'est pas nécessaire de se pencher sur tous ses articles. Il en va ainsi de l'article 16 relatif à la contrainte, à exclure naturellement de l'analyse, la délégation étant un accord de volonté entre le délégant et son délégataire. De même, l'étude de l'article 14 PAROI n'a pas lieu d'être, la délégation ne pouvant être, sauf à trahir le concept même de délégation, qualifiée d'aide ou d'assistance tel que le préconise l'article[7]. En conséquence, seule l'analyse des articles 15 (A) et 17 (B) du projet d'articles de 2011 reste véritablement pertinente.

Fascicule 1, Bruxelles, Presses Universitaires de Bruxelles, 3ème éd., 1979-1980, 94+Annexe, p. 79.

[1] Intitulé : « Responsabilité d'une organisation internationale à raison du fait d'un État ou d'une autre organisation internationale ».

[2] Voy. en ce sens, les commentaires sous Chapitre IV du PAROI, *Annuaire de la C.D.I.*, 2011, vol. II, deuxième partie, p. 64 § 2. On utilise l'expression 'responsabilité pour autrui' qui correspond « [aux]cas dans lesquels la personne qui « répond » de l'acte n'est pas celle qui a posé ce dernier [...], une personne répond pour une autre personne qui lui est *extérieure* », *in* REUTER, P., *La responsabilité internationale. Problèmes choisis*, Cours de doctorat 1955-1956, Paris, Cujas, reproduit *in* REUTER, P., *Le développement de l'ordre juridique international. Ecrits de droit international*, Paris, Economica, 1995, pp. 377-560, p. 408.

[3] Article 14 PAROI.

[4] Article 15 PAROI.

[5] Article 16 PAROI.

[6] Article 17 PAROI.

[7] Il est cependant possible de trouver une application de l'article 14 lorsque la délégation est exercée en même temps par le délégant et son délégataire.

A. Inapplicabilité de l'article 15 PAROI à la délégation

433. L'article 15 PAROI prévoit la possibilité d'attribution de la responsabilité, lorsqu'une organisation internationale exerce sa direction ou son contrôle sur l'auteur d'un fait internationalement illicite :

> « [u]ne organisation internationale qui donne des directives à un État ou à une autre organisation internationale et qui exerce un contrôle dans la commission du fait internationalement illicite par cet État ou cette organisation est internationalement responsable de ce fait dans le cas où:
>
> a) La première organisation agit ainsi en connaissance des circonstances du fait internationalement illicite ; et
>
> b) Le fait serait internationalement illicite s'il était commis par cette organisation ».

434. La délégation de compétence comporte, il est vrai, au moins en théorie, la possibilité de donner des directives à son délégataire et aussi de contrôler ses comportements. Peut-on alors, par ces éléments, en déduire que la délégation entre dans le cadre de l'article 15 PAROI ?

435. Rappelons la conception étroite des termes de direction et de contrôle auxquels se réfère la C.D.I. [1]. L'expression « exerce un contrôle » renvoie « à l'exercice d'une domination sur un comportement illicite et non simplement à l'exercice d'une surveillance, et encore moins à une simple influence ou à un simple vœu »[2]. La formule « donne des directives » n'est ni une « incitation [ni une] suggestion : elle sous-entend une direction effective opérationnelle »[3].

436. Une délégation de compétence n'aboutit toutefois pas à une direction étroite du délégataire. En effet, on l'a vu, l'organisation internationale exerce le plus souvent un contrôle seulement superficiel de l'agissement de son délégataire sur le terrain, caractère superficiel fondé sur l'encadrement préétabli dans l'acte de délégation et sa relation de confiance avec le délégataire[4]. Nous avons également vu que le délégataire de l'organisation internationale dispose très souvent

---

[1] MÖLDNER, M., "Responsibility of International Organizations – Introducing the ILC's DARIO", *op. cit.*, p. 313.

[2] Commentaire sous article 15, *Annuaire de la C.D.I.*, 2011, vol. II, deuxième partie, p. 66 § 4.

[3] *Idem.*

[4] Pour une discussion détaillée de la notion de contrôle du délégant, voy. *supra,* Partie II, Chapitre II.

d'une large marge d'appréciation dans la mise en œuvre des compétences déléguées[1]. Nous retrouvons donc la même difficulté à l'application de cette disposition que pour l'article 7[2]. Cette relative « liberté » de délégataire écarterait, en conséquence, l'utilisation de l'article 15 PAROI pour engager la responsabilité d'une organisation internationale délégante si les notions de directive et de contrôle citées dans l'article devaient valoir obligations et dépendance entre l'organisation internationale et son destinataire.

437. Un autre argument conduit à exclure la délégation hors du domaine d'application de l'article 15 PAROI. Celui-ci prévoit en effet deux conditions cumulatives pour son application, à savoir que : « a) La première organisation agit ainsi en connaissance des circonstances du fait internationalement illicite ; et b) Le fait serait internationalement illicite s'il était commis par cette organisation »[3].

438. L'article 15 PAROI exige, non une simple connaissance de la commission du fait illicite, mais celle des circonstances entourant l'acte qui suggère une intention de l'organisation internationale à ce que le comportement soit effectivement commis bien qu'internationalement illicite [4]. Autrement dit, il doit y avoir une volonté de l'organisation internationale de se soustraire à ses obligations. Cet élément d'intentionnalité dans l'application de l'article 15 PAROI réduit d'autant plus sa portée. Il signifie qu'il faut, et bien entendu le prouver, un objectif malveillant à la délégation pour que l'article 15 PAROI soit appliqué.

439. Cette exigence d'intentionnalité de la C.D.I. peut paraître quelque peu étonnante alors qu'elle ne ressort nullement de la jurisprudence sur laquelle la Commission prétend s'appuyer concrètement. Elle l'est d'autant plus étonnante que l'insertion de cet élément subjectif s'oppose à la conception générale du droit de la responsabilité internationale dégagée dans le cadre de ses travaux. En

---

[1] Voy. *supra,* Partie II, Chapitre I.

[2] Voy. *infra.*

[3] Ces mêmes formulations sont reprises pour l'article 14 relatif à l'aide ou assistance dans la commission du fait internationalement illicite.

[4] Cette exigence est déduite des commentaires sous l'article 14 du PAROI et article 16 ARE de 2001. Voy, également MÖLDNER, M., "Responsibility of International Organizations – Introducing the ILC's DARIO", *op. cit.*, p. 313 : "*Also here, mere knowledge would not be enough, instead there must be an intention by the international organization and internationally wrongful conduct must actually be committed*".

outre, elle restreint l'application de plusieurs dispositions du régime de la responsabilité internationale des organisations[1].

B. Inapplicabilité de l'article 17 PAROI à la délégation

440. La C.D.I. a prévu à l'article 17 de son Projet de 2011 deux autres situations permettant l'attribution de la responsabilité à une organisation internationale :

> « 1. Une organisation internationale engage sa responsabilité internationale si elle contourne une de ses obligations internationales en adoptant une décision obligeant des États ou des organisations internationales membres à commettre un fait qui serait internationalement illicite s'il avait été commis par elle.
> 2. Une organisation internationale engage sa responsabilité internationale si elle contourne une de ses obligations internationales en autorisant des États ou des organisations internationales membres à commettre un fait qui serait internationalement illicite s'il avait été commis par elle et [que] le fait en question est commis en raison de cette autorisation.
> 3. Les paragraphes 1 et 2 s'appliquent, que le fait en question soit ou non internationalement illicite pour l'État ou l'organisation internationale membres à qui s'adressent la décision ou l'autorisation »[2].

441. Le premier paragraphe de cette disposition, exclusivement consacré aux décisions obligatoires de l'organisation internationale, ne sera pas objet d'analyse ici. En effet, nous l'avons déjà souligné, la délégation de compétence est de nature conventionnelle et suppose donc une acceptation de celle-ci par le potentiel délégataire.

442. Le deuxième paragraphe de l'article 17 nous semble se rapprocher d'une délégation de compétence. Nous nous sommes demandé ici si la délégation de compétence peut être un critère d'attribution de responsabilité en vertu du paragraphe 2 de l'article 17 PAROI. Bien que cette disposition mentionne l' « autorisation », certains commentaires émanant de la délégation autrichienne ont rapidement adapté la terminologie de cet article pour l'appliquer à la délégation de compétence. La délégation autrichienne a ainsi affirmé que « l'organisation internationale ne devrait pas pouvoir échapper à sa

---

[1] Voy. en ce sens les articles 14 à 17 PAROI.
[2] Article 17 PAROI.

responsabilité en déléguant »[1]. Cette affirmation rappelle les principes du droit international coutumier relatifs aux États[2]. En effet, à plusieurs occasions par le passé, la Cour E.D.H. a appliqué le principe selon lequel « [l'État] ne saurait se soustraire à sa responsabilité en déléguant ses obligations à des organismes privés ou à des particuliers »[3]. Cette formulation a été utilisée pour la première fois dans l'affaire *Costello-Roberts c. Royaume-Uni* le 25 mars 1993, lorsque le Royaume-Uni a été tenu pour responsable de ne pas avoir agi face à une punition corporelle infligée à un jeune garçon par le directeur d'une école privée. Elle a été reprise dans l'affaire *Storck c/ Allemagne*, qui portait sur le placement répété d'unc jeune fille dans une institution psychiatrique privée à la demande de son père. Dans cette affaire, la Cour E.D.H. a déclaré que « [l'État] ne peut pas se décharger entièrement de sa responsabilité en déléguant ses obligations dans [le domaine de la santé] à des organismes privés ou à des particuliers »[4]. Ce même principe a

---

[1] Documents officiels de l'Assemblée générale, Sixième Commission, cinquante-neuvième session, 22ème séance, doc. off., A/C.6/59/SR.22 § 24, *cité par* la C.D.I., commentaires sous l'article 17, *Annuaire de la C.D.I.*, 2011, vol. II, deuxième partie, p. 68 § 1.

[2] « [...] il importe d'éviter que l'Etat puisse se soustraire dans certaines circonstances à la responsabilité internationale uniquement parce qu'il a confié en partie l'exercice de certaines prérogatives à des entités séparées de l'appareil étatique proprement dit. La C.D.I. croit pouvoir conclure pour sa part à l'existence, en la matière, d'une règle déjà établie », *in Annuaire de la CDI.*, 1974, vol. II, 1ère Partie, doc. off., A/CN.4/SER.A/1974/Add.l (Part 1), p. 293 § 17.

[3] C.E.D.H., arrêt *Costello-Roberts c. Royaume*-Uni du 25 mars 1993, Requête n° 13134/87 § 27 ; C.E.D.H., arrêt *Van der Mussele c. Belgique*, du 23 novembre 1983, série A n° 70, pp. 14-15, par 28-30 ; C.E.D.H., 16 juin 2005, *Storck c/ Allemagne*, Rec. C.E.D.H. 2005, V, n° 61603/00 ; C.E.D.H., *O'Keeffe c. Irlande*, arrêt du 28 janvier 2014, Requête no 35810/09 § 150 ; voy. aussi la thèse défendue par la Turquie et qui ne semble pas être mise en cause par la Cour dans l'affaire, *Chypre c. Turquie*, Req n° 25781/94, 10 mai 2001 § 71, qui précise que « même si le droit international ne reconnaît à la Turquie aucun titre à l'égard de la partie nord de Chypre, la Turquie est bien juridiquement responsable de cette région au regard de la Convention, étant donné le contrôle militaire et économique global qu'elle y exerce. Il veut pour preuve de ce contrôle, non seulement global mais aussi exclusif sur la zone occupée, le pouvoir incontestable qu'a la Turquie de dicter le cours des événements dans la zone occupée. [Le gouvernement turque rajoute qu'] un Etat partie à la Convention ne saurait se soustraire à sa responsabilité quant aux violations de la Convention, et d'ailleurs du droit international en général, en déléguant ses pouvoirs à une administration subordonnée et illégale [...].».

[4] C.E.D.H, 16 juin 2005, *Storck c/ Allemagne*, Rec. C.E.D.H 2005, V, n° 61603/00 § 103.

également été adopté par le Tribunal arbitral de l'ALENA[1] concernant les accords commerciaux internationaux, qui a affirmé que « *a Party cannot avoid its obligations by delegating its authority to bodies outside the core gouvernement* »[2]. En somme, cette jurisprudence établit clairement que la délégation de compétence ne doit pas servir d'échappatoire à la responsabilité en vertu du droit international.

443. Si à première vue, le paragraphe 2 de l'article 17 semble applicable en cas de délégation de compétence par une organisation internationale, une analyse détaillée de cette disposition rend son application difficile voire impossible à la délégation. En effet, d'après cette disposition, la délégation de compétence par une organisation internationale pourrait être un critère d'attribution, mais uniquement, et il s'agit d'une restriction de taille pour l'opération d'attribution, si elle permet au délégant de « contourne[r] une de ses obligations internationales ». Autrement dit, seule une autorisation ou une délégation de mauvaise foi, ayant pour objet ou pour effet de permettre la réalisation de comportement en violation des obligations de l'organisation internationale délégante, permet d'appliquer l'article 17 § 2 du PAROI[3]. En ce sens, le professeur Jean d'Aspremont écrit, à propos de cet article, que : « *As far as the conditions of applicability of Article 17 relate to the authorizing organization, it must be pointed out that the conditions set by Article 17 are so strict that they jeopardize the usefulness of the whole provision. First, it must be established that there is an intention on the part of the international organization to take advantage of the separate legal personality of its members in order to avoid compliance with an international obligation* »[4].

444. En outre, la C.D.I. limite la portée de sa disposition aux délégations adressées à des États ou à des organisations

---

[1] Tribunal constitué sur le fondement de la section B du Chapitre 11 de l'Accord de libre-échange Nord-Américain (ALENA).

[2] *United Parcel Service of America Inc. C. Gouvernement du Canada*, sentence du 22 novembre 2002, p. 8 § 17.

[3] Il est à noter que l'intitulé même de l'article 17 nous laisse comprendre que cette disposition, dans sa totalité, est prévue pour lutter contre le contournement des obligations de l'organisation internationales par voie de décision obligatoire ou autorisation.

[4] D'ASPREMONT, "The Law of International Responsibility and Multilayered Institutional Veils : The Case of Authorized Regional Peace-Enforcement Operations", *op. cit.*, p. 223.

internationales[1]. Les délégations à destination d'entités ou personnes privées ne sont pas couvertes par cette disposition[2].

445. L'article 17 PAROI restreint enfin sa portée aux seuls membres de l'organisation délégante, ce qui exclut une large gamme de délégations à des entités non membres de l'organisation, telles que observées en pratique. Le choix *a priori* du délégataire pourrait, ou empêcherait ainsi, en cas de comportement illicite de celui-ci ayant conduit au contournement volontaire des obligations de l'organisation délégante, d'engager la responsabilité de ce dernier sur le fondement de l'article 17§ 2 PAROI.

446. Conclusion. Lors des débats se rapportant aux articles portant sur l'engagement de la responsabilité des organisations internationales[3], le Professeur D. Momtaz avait interrogé le rapporteur G. Gaja « sur le fait que la question de la délégation de pouvoirs des organisations internationales aux organisations régionales [n'était] pas soulevée dans la section du rapport qui vise les questions liées à l'attribution » [4]. La question est d'importance selon lui, puisque les « délégations de pouvoirs coercitifs du Conseil de sécurité aux Etats et organisations régionales [sont conférées] par de nombreuses résolutions ». Le professeur G. Gaja avait alors répondu que : « (l)a question de l'autorisation de recourir à la force et de la délégation de pouvoirs [...] devra être examinée en temps opportun »[5]. Si, finalement, le recours à la force autorisé a pu être évoqué par la Commission, la délégation – dans son ensemble – n'a pas été prise en considération. Il n'est cependant pas question d'ignorer les effets d'une délégation en droit de responsabilité.

---

[1] Le Chapitre IV de la deuxième partie du PAROI est intitulé ainsi : « Responsabilité d'une organisation internationale à raison du fait d'un état ou d'une autre organisation internationale ».

[2] En effet, même si les personnes privées ont pu être qualifiées de sujets de droit international, le domaine de la responsabilité internationale ne reconnaît que les États et les organisations internationales comme sujet de droit capables de comportements illicites. Cette restriction ne doit cependant pas préjuger de la possibilité d'une délégation de compétence à une personne privée.

[3] Comptes rendus analytiques des séances de la seconde partie de la 54ème session, doc.off. A/CN.4/SR.2740, reproduit *in A.C.D.I,* 2002, vol. I, point 29. p. 205.

[4] *Idem.*

[5] *Idem.*

Section II. Esquisse d'un régime de responsabilité pour la délégation de compétence

447. Précédemment, il a été observé que la délégation de compétence par une organisation internationale n'était pas prise en compte dans le processus d'attribution, tel que codifié par la C.D.I dans son Projet de 2011. Toutefois, un tel constat ne doit pas nous empêcher d'explorer la possibilité qu'une organisation internationale délégante puisse engager sa responsabilité internationale lorsqu'elle délègue une partie de ses compétences à un sujet ou entité qui lui est extérieur(e). Nous avons délibérément restreint l'objet de cette section à la responsabilité de l'organisation internationale délégante, sans traiter celle de son délégataire. La raison est double. Premièrement, résoudre la question de la responsabilité de l'organisation délégante pour le comportement de son délégataire permet en même temps de résoudre la question de la responsabilité de ce dernier pour les mêmes faits. Deuxièmement, une personne privée délégataire d'une organisation internationale ne voit pas sa responsabilité mise en cause aux termes des projets de 2001 et de 2011 de la C.D.I.[1]. Pour autant, la responsabilité internationale ou contractuelle du délégataire sera évoquée si nécessaire et pour autant qu'elle clarifie notre étude.

448. Deux hypothèses principales peuvent permettre l'engagement de la responsabilité internationale d'une organisation internationale délégante du fait de la délégation d'une partie de ses compétences à un sujet externe : un manquement de sa part à ses obligations issues de la délégation (Paragraphe 1) ; un comportement illicite de son délégataire (Paragraphe 2). Hors de ces deux hypothèses, l'organisation délégante pourrait engager sa responsabilité internationale à titre résiduel (Paragraphe 3).

Paragraphe 1. Responsabilité de l'organisation internationale pour manquement à ses obligations nées de l'accord de délégation

449. L'accord de délégation est le fondement d'une double série d'obligations opposables à l'organisation internationale délégante. La première série d'obligations est celle qui lui incombent comme cocontractant. La seconde est celle qui lui reviennent suite aux accords conclus en son nom par son délégataire, vis-à-vis des tiers.

[1] Voy. en ce sens l'article 50 PAROI ainsi que les commentaires de la Commission sous cet article.

L'organisation internationale délégante peut ainsi engager sa responsabilité internationale pour la violation de l'une ou l'autre. Dans ces deux cas, le délégataire est exempt de toute faute ; l'organisation internationale assume l'exclusivité de la responsabilité internationale.

450. Violation des obligations de cocontractant. Un accord de délégation, du fait de sa nature conventionnelle, est régi par le principe *pacta sunt servanda,* qui signifie que toute convention doit être respectée par les parties[1]. Partant de cette affirmation, toute violation de l'accord de délégation engage la responsabilité de l'organisation internationale délégante vis-à-vis de son délégataire[2].

451. Ainsi, un accord de délégation qui prévoit que l'organisation internationale délégante s'abstienne d'agir dans l'exercice de la compétence déléguée pendant son exercice par le délégataire, peut engager la responsabilité de celle-ci si elle exerce ladite compétence en violation du cet accord. Une telle hypothèse a été prévue pour la délégation de compétence à l'occasion des traités de protectorat international[3] ou encore dans les traités d'Unions douanières[4]. Si cette obligation d'abstention n'est généralement pas envisagée dans la pratique de la délégation par les organisations internationales, rien n'empêche un accord de délégation de l'inclure de telle façon que sa violation engagerait la responsabilité de l'organisation délégante. Le régime général de la responsabilité internationale, tel qu'il est prévu par les articles du Projet de 2011, s'applique ici : « [t]out fait

---

[1] Article 26 des Conventions de Vienne sur le droit des traités de 1969 et de 1986. Pour une application de ce principe aux relations contractuelles internationales, voy. notamment, *Saudi Arabia v. Aramco* Arbitrage ad hoc, Award, 23 août 1958, ILR., vol. 25, p. 117, sp. pp. 151-152 ; *Sapphire International Petroleums Ltd. v. National Iranian Oil Company*, Arbitral Award 15 mars 1963, Pierre Cavin, arbitre unique § 7 ; *Texaco v. Libya Texaco Overseas Petroleum Co. and California Asiatic Oil Company v. Libya,* Sentence arbitrale au fond, 19 janvier 1977, René-Jean Dupuy, arbitre unique § 51.

[2] Il s'agit d'une responsabilité internationale dans le cas où le destinataire de la délégation est un sujet de droit international ou d'une responsabilité contractuelle dans le cas le sujet est une entité ou personne privée.

[3] DAOUDI, R., *La représentation en droit international public*, *op. cit.,* pp. 269-270. Voy. également, le traité de Fès du 30 mars 1912 qui prévoit, dans son article VI § 2, l'obligation du Maroc, sujet délégant, de s'abstenir de conclure des accords internationaux, compétence déléguée à la France, avant l'assentiment de ce dernier.

[4] Voy. l'article 8 §1 du traité d'Union douanière entre la Suisse et le Liechtenstein du 29 mars 1923 : « Pendant la durée du présent traité, la Principauté de Liechtenstein ne conclura, de son propre chef, aucun traité de commerce et de douane avec un Etat tiers ».

internationalement illicite d'un sujet de droit international engage sa responsabilité internationale ».

452. Lorsque le délégataire de l'organisation internationale est une personne privée, l'engagement de la responsabilité est établi en cas de violation du contrat de délégation. Il s'agit alors d'une responsabilité contractuelle de l'organisation délégante vis-à-vis de son délégataire. En effet, le principe *pacta sunt servanda* est applicable aux contrats de délégation conclus par l'organisation internationale avec des personnes privées comme à tout contrat. Ainsi la sentence *Sapphire* déclara-t-elle que : « [c]'est un principe fondamental du droit, constamment proclamé par les juridictions internationales, que les engagements contractuels doivent être respectés. La règle *pacta sunt servanda* est la base même de toute relation contractuelle »[1].

453. Violation des engagements conclus par le délégataire pour le délégant. L'hypothèse selon laquelle un sujet de droit international peut déléguer sa compétence pour négocier et conclure des accords internationaux est bien établie en droit international[2]. Cette pratique a longtemps été courante dans le domaine des traités entre États[3] et est également applicable en droit des organisations internationales, notamment dans la pratique des Nations Unies[4] et de l'Union

[1] *Sapphire International Petroleums Ltd. v. National Iranian Oil Company*, Arbitral Award 15 mars 1963, Pierre Cavin, arbitre unique § 7.

[2] Voy. en ce sens, CREMONA, M., « Making Treaties and Other International Agreements : The European Union », *in* BRADLEY, C. A., (dir.), *The Oxford Handbook of Comparative Foreign Relations Law*, Oxford, Oxford University Press, 2019, 856 p., pp. 239-256, p. 252.

[3] Cette pratique de délégation de compétence de conclure des traités par un État pour le compte d'un autre a fait l'objet d'une discussion devant la C.D.I. Ainsi, Fitzmaurice a reconnu, dans son rapport à la C.D.I., cette hypothèse de délégation : « [l]'État tiers n'est pas originairement partie au traité est tenu par ses dispositions : [...] b. si les dispositions du traité lui sont étendues par le truchement d'un autre État auquel il a délégué le droit d'agir en son nom pour conclure des traités », *in* Droit des traités, Cinquième rapport de Sir Gerald Fitzmaurice, rapporteur spécial, doc. off., A/CN.4/130, 1960, *Annuaire de la C.D.I.,* 1960, vol. II, pp. 64-102, p. 75. Voy. également, Troisième rapport sur le droit des traités, par Sir Humphrey Waldock, doc. off., A/CN.4/167 and Add.1-3, *Annuaire de la C.D.I.,* 1964, vol. II, pp. 1-67, p. 13.

[4] Voy. à propos de la pratique de l'ONU, DUPUY, R.-J., « L'application des règles du droit international général des traités aux accords conclus par les Organisations internationales (Quatorzième Commission). Rapports provisoire et définitif », 20 mars 1972, *Annuaire de l'I.D.I.,* tome 55, 1973, pp. 297-298.

européenne[1]. Une délégation de compétence peut prendre différentes formes, notamment la délégation de pouvoir pour négocier, signer ou adopter un traité par le délégataire[2] au nom et pour le compte de l'organisation internationale délégante[3]. Dans ce cas, la délégation s'apparente à la technique de la représentation internationale[4], car le délégataire peut être investi de la compétence de conclure un accord spécifique, voire une série d'accords, au nom et pour le compte de son délégant[5]. Tous les accords conclus par le délégataire sont alors considérés comme s'ils avaient été conclus par l'organisation internationale délégante[6]. Par conséquent, ces accords peuvent créer de nouvelles obligations pour l'organisation délégante, qui doit s'y conformer. En cas de violation de ces accords, la responsabilité internationale de ladite organisation est engagée à l'égard du cocontractant de son délégataire. De plus, elle est seule responsable de la non-exécution de ces accords[7]. Il est important de noter que cette

---

[1] Voy. par exemple, la Convention monétaire entre la République italienne, au nom de la Communauté européenne, et la République de Saint-Marin, *J.O.C.E.*, n° C 209/1 du 27 juillet 2001 ; la Convention monétaire entre la République italienne, au nom de la Communauté européenne, et l'État de la Cité du Vatican, représenté par le Saint-Siège, *J.O.C.E.*, n° C 299 du 25 octobre 2001 ; la Convention monétaire entre la République française, au nom de la Communauté européenne, et la Principauté de Monaco, *J.O.C.E.*, n° L 142 du 31 mai 2002.

[2] Dans ce cas le délégataire ne peut être qu'un sujet de droit international ayant la capacité de conclure des traités en son nom propre, donc État ou organisation, afin de pouvoir conclure des traités au nom et pour le compte de l'organisation internationale délégante.

[3] A propos de la « *délégation de l'exercice de la compétence de traiter par l'organe qui est investi* », voy. DUPUY, R.-J., « L'application des règles du droit international général des traités aux accords conclus par les Organisations internationales (Quatorzième Commission). Rapports provisoire et définitif », *op. cit.*

[4] SERENI, A. P., « La représentation en droit international », *op. cit.*; DAOUDI, R., *La représentation en droit international public, op. cit.*; ABOU-EL-WAFA, A., *A manuel on the law of international organizations*, Cairo, Dar-Al-Nahda Al Arabia, 1997, 407 p., p. 310.

[5] DUPUY, R.-J., « L'application des règles du droit international général des traités aux accords conclus par les Organisations internationales (Quatorzième Commission). Rapports provisoire et définitif », *op. cit.*

[6] FITZMAURICE, doc. off., A/CN.4/130, 1960, Annuaire de la C.D.I., 1960, vol. II, pp. 64-102, p. 75 ; ABOU-EL-WAFA, A., Recherches sur les traités conclus par les organisations internationales inter SE ou avec des États : Contribution à l'étude d'une théorie de l'acte juridique en droit international public, op. cit., pp. 37-40.

[7] En ce sens déjà, DAOUDI, R., *La représentation en droit international public, op. cit.*, p. 272.

solution n'est applicable que si le délégataire agit conformément à la délégation qui lui a été confiée et dans le respect de ses limites[1].

Paragraphe 2. Responsabilité de l'organisation délégante pour le comportement de son délégataire

454. Le comportement du délégataire, s'il s'avère contraire au droit international, pourrait entraîner la responsabilité de l'organisation délégante. Nous identifions trois possibilités distinctes. La première concerne le contrôle effectivement exercé sur l'action du délégataire au moment de la réalisation de l'acte illicite (A). La deuxième fait référence au manquement à l'obligation de vigilance de l'organisation internationale délégante (B). La troisième et ultime possibilité correspond à une reconnaissance ou acceptation par l'organisation du comportement illicite de son délégataire comme étant le sien (C).

A. Attribution en fonction du contrôle effectif exercé par l'organisation délégante

455. Le contrôle effectif est un premier élément d'attribution de comportement illicite à une organisation internationale. En effet, il est d'ores et déjà admis, à la fois par la doctrine et la jurisprudence, que le contrôle effectif exercé par un sujet de droit international sur le comportement d'un autre sujet justifie, indépendamment du lien entre les deux sujets, l'attribution dudit comportement au sujet premier[2]. Cela pourrait tout à fait justifier la mise en cause d'une organisation internationale délégante pour le comportement de son délégataire.

456. Si un contrôle effectif des activités du délégataire est difficilement concevable dans la pratique de délégation, il est toutefois possible, au moins en théorie, d'envisager des situations de contrôle effectif sur les comportements du délégataire de l'organisation. En effet, la lecture des arguments d'irresponsabilité de l'organisation

---

[1] Voy. la décision d'un tribunal danois du 22 mars 1924 confirmé par la décision de la Cour suprême du Danemark du 31 mars 1925, *Liwschitz, Joseph v. Danish Ministry of Foreign Affairs, Annual Digest of International Law Cases*, 1925-1926, cas n° 165, p. 226, *cité par* DAOUDI, R., *La représentation en droit international public*, Paris, *op. cit.*, pp. 273-274.

[2] Voy. COUVEINHES-MATSUMOTO, F., *L'effectivité en droit international*, Bruxelles, Bruylant, 2014, 692 p., p. 424 : « [d]ans tous ces cas, les critères de principe semblent être celui des fonctions exercées par l'organe au moment des faits, et surtout celui du contrôle effectivement exercé sur lui au même moment. Le critère du statut formel de l'auteur du comportement litigieux, s'il est parfois mentionné, apparaît nettement subsidiaire par rapport à ceux-ci ».

permet de déduire *a contrario* ceux de sa responsabilité. Ainsi, il est admis que l'ONU n'est pas tenue pour responsable d'exactions commises lors des opérations autorisées/déléguées[1]. La C.D.I. explique cette position par l'absence d'un contrôle effectif exercé par l'ONU sur les comportements des contingents militaires des États et organisations délégataires. Selon elle, « le comportement des forces militaires d'États ou d'organisations internationales n'est pas attribuable à l'Organisation des Nations Unies lorsque le Conseil de sécurité autorise des États ou des organisations internationales à prendre les mesures nécessaires en dehors d'une chaîne de commandement reliant ces forces aux Nations Unies »[2]. Il est vrai que la Cour E.D.H. ne partage pas ce raisonnement dans la mesure où elle avait établi, dans l'affaire *Behrami,* un lien direct entre délégation et attribution en précisant que « la KFOR exerce des pouvoirs que le Conseil de sécurité lui a légalement délégués en vertu du chapitre VII, [...] l'action litigieuse est, en principe, « attribuable » à l'ONU »[3]. Ainsi, la Cour E.D.H. semblait d'avis qu'un contrôle global suffit à l'attribution des comportements du délégataire à l'organisation délégante[4], admettant ainsi *a fortiori* l'attribution du comportement en cas de contrôle effectif[5].

---

[1] Voy. MOULIER, I., TAXIL, B., « L'engagement de la Responsabilité de l'organisation internationale », *in* LAGRANGE, E., SOREL, J-M., *Traité de droit des organisations internationales*, *op.cit.*, pp. 1013-1041, p. 1023.

[2] *Projet d'articles sur la responsabilité des organisations internationales et commentaires y relatifs,* Commentaire général du Chapitre II « Attribution d'un comportement à une organisation internationale », *Annuaire de la C.D.I.*, 2011, vol. II, deuxième partie, p. 53 § 5.

[3] C.E.D.H., *Behrami et Behrami c. France et Saramati c. France, Allemagne et Norvège, op. cit.* § 141.

[4] La Cour suivait alors l'avis de Dan Sarooshi datant de 1999 pour qui la délégation conduit à la responsabilité de l'ONU, voy. SAROOSHI D., *The United Nations and the development of collective security : the delegation by the UN Security Council of its chapter VII powers*, Oxford, Oxford Univ. Press, 1999, p. 165. Pour une critique de la position adoptée par la Cour en ayant suivi la thèse de D. Sarooshi, voy. KLEIN, P., « Responsabilité pour les faits commis dans le cadre d'opérations de paix et étendue du pouvoir de contrôle de la Cour européenne des droits de l'homme : quelques considérations critiques sur l'arrêt *Behrami et Saramati* », *A.F.D.I.,* 2007, vol. 53, pp. 43-64, p. 55.

[5] Le critère du contrôle effectif a été utilisé aux fins de l'imputation de comportement des contingents militaires composant la KFOR et mis à disposition de l'OTAN par les États (C.E.D.H., *Behrami et Behrami c. France et Saramati c. France, Allemagne et Norvège, op. cit.* § 135). Elle confirme ainsi le critère de contrôle effectif choisi par la C.D.I. dans l'article 7 PAROI.

457. Le contrôle exercé par l'organisation internationale doit toutefois être démontré *in concreto* et ne saurait être présumé du seul fait de la délégation. En effet, celle-ci n'entraîne pas *ipso facto* un contrôle effectif des comportements du délégataire permettant l'engagement de la responsabilité de son délégant. Le degré du contrôle exigé aux fins de l'attribution des comportements du délégataire à l'organisation internationale délégante doit permettre de démontrer un réel lien de subordination entre l'auteur du fait incriminé et l'organisation délégante.

B. Manquement de l'organisation à son obligation de diligence

458. La *due diligence*[1], désigne le devoir de diligence attendu d'un sujet de droit[2]. Ce devoir a d'abord connu un essor international dans le domaine de la protection diplomatique[3] et se trouve aujourd'hui particulièrement présent en matière de droits de l'homme[4] et de droit de l'environnement[5]. Sa portée s'est étendue au point qu'il est présenté comme un principe général de droit international[6]. Il permet que

---

[1] Voy. pour application, *Réclamations des États-Unis d'Amérique contre la Grande-Bretagne relatives à l'Alabama*, 14 septembre 1872, *R.S.A.*, vol. XXIX, pp. 125-134. La jurisprudence de la Chambre des Lords, pose cette obligation comme un principe de droit anglais, dans sa décision *Donoghue v Stevenson,* 26 mai 1932.

[2] KOIVUROVA, T., « Due Diligence », *Max Planck Encyclopedia of Public International Law*, 2010 § 1 : "*Due diligence is an obligation of conduct on the part of a subject of law*".

[3] Voy. CAUBET, Ch. G., « Le droit international en quête d'une responsabilité pour les dommages résultant d'activités qu'il n'interdit pas », *A.F.D.I.,* vol. 29, 1983. pp. 99-120; HESSBRUEGGE, Jan Arno, « The historical development of the doctrine of attribution and due diligence in international law », *N.Y.U.J.I.L.P.*, vol. 36, 2004, pp. 265-306; BARNIDGE, R., "The Due Diligence Principle Under International Law", *International Community Law Review,* vol. 8-1, 2006, pp. 81-121.

[4] RASPAIL, H. « *Due diligence* et droits de l'Homme », *in* S.F.D.I., *Le standard de due diligence et la responsabilité internationale*, Paris, Pedone, 2018, 340 p., pp. 108-133.

[5] MALJEAN-DUBOIS, S., « Les obligations de diligence dans la pratique : la protection de l'environnement », *in* SFDI., *Le standard de due diligence et la responsabilité internationale, journée d'études franco-italienne du Mans*, *op. cit.,* pp. 145-162.

[6] CONDORELLI, L., « The imutability to states of acts of international terrorism », *Israel Yearbook on Human Rights*, 1989, pp. 233-246, p. 241 ; OUEDRAOGO, A., « La due diligence en droit international : de la règle de la neutralité au principe général », *Revue générale de droit*, vol. 42, n°2, 2012, pp. 641–683, p. 644 § 4, qui démontre que la *due diligence* est devenue un principe général du droit international ; KOIVUROVA, T., « Due Diligence », *Max Planck Encyclopedia of Public*

certains actes qui ne sont pas imputables à un État puissent néanmoins à engager sa responsabilité sur la base d'un manquement à son devoir de vigilance[1]. Les organisations internationales, en tant que sujets de droit international, sont titulaires de droits et d'obligations issus de l'ordre juridique international[2], dont « [...] l'obligation de vigilance que le droit international coutumier fait traditionnellement peser sur les États »[3].

459. En droit international, la « diligence due » doit se concevoir pour tout sujet de droit comme une nécessité de mettre en œuvre tous les moyens à disposition pour empêcher la violation des règles qui seraient lui opposables et de « veiller à ce que des activités qui se déroulent sous son contrôle ne portent pas atteinte aux droits d'un autre sujet de droit international »[4]. Cette vigilance est requise pour l'organisation internationale lors de l'exercice de ses compétences, même en cas de délégation de ces dernières[5]. L'organisation délégante a ainsi le devoir d'agir selon ses moyens pour empêcher la violation de ses obligations par ses représentants ou toute personne agissant pour son compte[6]. Le T.I.D.M. a souligné les conséquences d'un

---

International Law, 2012, vol. III., pp. 236- 246, p. 236. *Contra,* PISILLO MAZZESCHHI, R., « Le chemin étrange de la due diligence : d'un concept mystérieux à un concept surévalué », *in* S.F.D.I., *Le standard de due diligence et la responsabilité internationale*, *op. cit.*, pp. 323-337, sp. pp. 332-336.

[1] Voy. par exemple l'engagement de la responsabilité internationale d'un État à l'occasion des actes terroristes des individus présents sur son territoire. Le Professeur Condorelli résume une telle situation comme suit : « *The mere fact that the perpetrator of the terrorist act is not a State agent (i.e., neither a de jure nor a de facto organ) does not exclude the possibility that a given State is deemed internationally responsible on another basis, i.e., if it is proved that that State has violated the international obligation to prevent the perpetration of the act and/or to prosecute its author, in accordance with the basic principle of international law of "due diligence"* », *in* CONDORELLI, L., « The imutability to states of acts of international terrorism », *op. cit.*, p. 240.

[2] C.I.J., *Interprétation de l'accord OMS/Égypte, Rec.*, pp. 89-90 § 37.

[3] KLEIN, P., « Les institutions financières internationales et les droits de la personne », *R.B.D.I.*, 1999/1, pp. 97-114, p. 112 ; FORTEAU, M., « Organisations internationales et sources du droit », *in* LAGRANGE, E., SOREL, J-M., *Traité de droit des organisations internationales*, *op.cit.*, pp. 257-285, p. 270.

[4] KLEIN, P., « Les institutions financières internationales et les droits de la personne », *op. cit.*, p. 112.

[5] *Idem.*

[6] *Idem.* Il est possible de distinguer entre l'obligation de vigilance permettant l'engagement de la responsabilité internationale, du standard de *due diligence* attendu

manquement à ce devoir, dans son *avis consultatif soumis par la Commission sous-régionale des pêches (C.S.R.P.)* : « la responsabilité d'une organisation internationale qui, dans une matière relevant de sa compétence, contracte une obligation dont l'exécution dépend du comportement de ses Etats membres, peut être engagée si [...] l'organisation a manqué à son obligation de « diligence due »[1]. De ce point de vue, l'obligation de vigilance se situe ou équivaut à une obligation pour le délégant d'exercer un contrôle général sur le comportement de son délégataire[2] au moment de la mise en œuvre des compétences déléguées. Rappelons que l'I.L.A. a également affirmé qu'une organisation internationale délégante peut engager sa

de l'organisation délégante. Dans le premier, la responsabilité internationale est engagée pour faute de l'organisation délégante. Dans le second, seul l'*accountability* de l'organisation internationale est mis en cause. En effet, un standard de *due diligence* désigne un comportement attendu en vue de la bonne gestion des compétences déléguées et de la minimisation des risques de violation des obligations primaires de l'organisation internationale délégante. La diligence due, en termes de standard, de l'organisation internationale délégante pourrait se concrétiser en une vigilance, en amont, lors du choix du délégataire et de la rédaction de l'accord de délégation ou en aval en cas de violation du droit international par le délégataire, par des enquêtes voire des sanctions des auteurs de la violation. En ce sens, voy. LAGRANGE, E., « La responsabilité des organisations internationales pour violation d'une obligation de diligence », *in* S.F.D.I., *Le standard de due diligence et la responsabilité internationale, journée d'études franco-italienne du Mans*, *op. cit.*, pp.189-229, p. 217. Pour un exemple cité par l'auteur, voy. l'article 13.2 du *Memorandum of Understanding entre les Nations Unies et l'Union Africaine concernant le soutien de l'UNMIS à l'AMIS (African union Mission in the Sudan)* et son commentaire par PERGANTIS, V., « UN – AU partnerships in international peace and security and issues of responsability allocation in cases of UN support to regional missions », *I.O.L.R.,* 2016, p. 89 et p. 95. L'organisation internationale tenue seulement d'un standard de diligence n'impliquant pas de réelles obligations juridiques et ne permettant donc pas d'engager sa responsabilité internationale, verra seulement son *accountability* pouvoir être mise en cause.

[1] T.I.D.M., *Demande d'avis consultatif soumise par la Commission sous-régionale des pêches (CSRP)*, affaire n° 21, avis consultatif du 2 avril 2015 § 168. Le Professeur Lagrange précise à ce propos que selon la signification donnée aux termes d'« exécution dépendante », à savoir, délégation, autorisation, habilitation ou injonction, l'obligation de *due diligence* pourrait différer, LAGRANGE, E., « La responsabilité des organisations internationales pour violation d'une obligation de diligence », *op. cit.*, p. 217.

[2] Sur cette obligation, voy. *supra,* chapitre 2 relatif au contrôle.

responsabilité internationale pour manquement : « *[...] to exercise sufficient control or supervision* »[1].

460. Le manquement à ce contrôle constituerait donc une négligence de l'organisation délégante permettant d'engager sa responsabilité internationale. Le Professeur L. Condorelli a affirmé, à propos des opérations de recours à la force déléguées par le Conseil de sécurité, que l'on doit « veiller à ce que l'emploi de la force par les Etats membres (voire par les organisations régionales) se fasse dans le strict respect de toutes les règles pertinentes »[2] et que « d'éventuelles infractions (imputables à un autre sujet de droit international et non [...] à l'ONU) pourraient mettre en évidence [une omission] de l'ONU – violant une obligation de diligence due – qui lui serait, cette fois-ci, parfaitement imputable »[3]. Ce n'est donc pas le comportement de l'organisation internationale qui serait seul en cause mais un ensemble d'éléments dont il ferait partie, « [...] une série d'actions ou d'omissions, définie dans son ensemble comme illicite »[4], qui serait alors le fondement d'une responsabilité internationale comme prévu dans l'article 13 AROI relatif à la violation constituée par un fait composite[5].

---

[1] I.L.A., "Accountability of international organisations", *Conférence de New Delhi, op. cit.* p. 800. Le 'contrôle' évoqué par l'I.L.A. peut être considéré comme faisant partie de l'obligation de due diligence, LAGRANGE, E., « La responsabilité des organisations internationales pour violation d'une obligation de diligence », *op. cit.*, p. 217.

[2] CONDORELLI, L., *cité par* LAGRANGE, E., « La responsabilité des organisations internationales pour violation d'une obligation de diligence », *op. cit.*, p. 220.

[3] *Idem*. La « diligence due » est assimilée au devoir de vigilance.

[4] Article 13 PAROI. Cet article, comme le fait observé le Professeur E. Lagrange, « s'adapte apparemment bien à la violation d'obligation de diligence en raison du comportement d'ensemble de l'organisation », *in* LAGRANGE, E., « La responsabilité des organisations internationales pour violation d'une obligation de diligence », *op. cit.*, p. 219.

[5] Article 13 AROI : « 1. La violation d'une obligation internationale par une organisation internationale à raison d'une série d'actions ou d'omissions, définie dans son ensemble comme illicite, a lieu quand se produit l'action ou l'omission qui, conjuguée aux autres actions ou omissions, suffit à constituer le fait illicite. 2. Dans un tel cas, la violation s'étend sur toute la période débutant avec la première action ou omission de la série et dure aussi longtemps que les actions ou omissions se répètent et restent non conformes à l'obligation internationale. »

C. L'auto-attribution par l'organisation des comportements de son délégataire

461. L'hypothèse d'une responsabilité par adoption du comportement d'un autre sujet ou entité a été prévue par le projet de la C.D.I. dans ses travaux relatifs à la responsabilité internationale des États[1]. D'après la Commission, « [u]n État pourrait ultérieurement faire sien ou ratifier un comportement qui autrement ne lui serait pas attribuable ; s'il en allait ainsi, il n'y a aucune raison pour qu'il ne soit pas considéré comme responsable de ce comportement. [...] »[2]. Cette hypothèse, codifiée par l'article 11 de son projet de 2001, a été transposée presque à l'identique aux organisations internationales dans le projet de la Commission de 2011. Ainsi, l'article 9 de ce projet dispose que : « [u]n comportement qui n'est pas attribuable à une organisation internationale selon les articles 6 à 8 est néanmoins considéré comme un fait de cette organisation d'après le droit international si et dans la mesure où cette organisation reconnaît et adopte ledit comportement comme étant sien »[3].

---

[1] Voy. Premier rapport sur la responsabilité des États, par M. James Crawford, rapporteur spécial, doc. off., A/CN.4/490 et Add. 1 à 7, *A.C.D.I.,* 1998, Vol. II, Partie 1, pp. 58-59.

[2] Premier rapport sur la responsabilité des États, par M. James Crawford, rapporteur spécial, doc. off., A/CN.4/490 et Add. 1 à 7, *A.C.D.I.,* 1998, Vol. II, Partie 1, p. 58 § 278. Pour une application pratique de cette disposition, voy. la jurisprudence citée par la C.D.I. dans ses commentaires sous l'article 11, *Annuaire de la C.D.I.*, 2001, vol. II, deuxième partie, pp. 55-56. Voy. également, International Arbitral Tribunal (CPA), *In the Matter of Arbitration under Chapter Eleven of the North American Free Trade Agreement and the UNCITRAL Rules of 1976 between William Ralph Clayton, William Richard Clayton, Douglas Clayton, Daniel Clayton and Bilcon of Delaware, inc. and Government of Canada, award on jurisdiction and liability*, affaire n° 2009-04), 17 mars 2015 §§ 321 à 324.

[3] Il est vrai que cet article 9 du projet de 2011 trouve sa place dans le Chapitre II de la deuxième Partie, relatif à l'attribution de comportent et non à l'attribution de responsabilité, mais la C.D.I. a émis des doutes : « [d]ans la pratique, tant des États que des organisations internationales, il est des cas où l'on ne voit pas très bien si ce qu'implique la reconnaissance est l'attribution d'un comportement ou celle de la responsabilité. La chose n'est pas du tout sûre [...] », *in* Commentaire sous article 9, *Annuaire de la C.D.I.*, 2011, vol. II, partie 2, p. 61 § 3.

462. Ce principe d'attribution appliqué aux États[1] vaut donc également pour les organisations internationales[2] et on doit ainsi envisager la possibilité qu'une organisation internationale délégante reconnaisse et adopte le comportement de son délégataire comme le sien propre. Son application en matière de délégation se justifie par la finalité de l'opération, à savoir l'agissement d'une entité pour le compte d'une autre. La délégation, en effet, si elle accorde un certain pouvoir discrétionnaire au délégataire, a pour résultat des actes qui auraient pu être ceux du délégant s'il avait agi lui-même. L'organisation délégante est donc libre de s'attribuer le comportement de son délégataire indépendamment de toute évaluation extérieure et de critères préétablis. Ce moyen d'attribution est sans conteste subjectif comme l'attestent les termes choisis par la C.D.I.[3].

463. Une telle hypothèse soulève des interrogations relatives à la forme et au moment de l'adoption des comportements du délégataire par l'organisation délégante. Celle-ci peut adopter le comportement de son délégataire soit avant sa réalisation, soit postérieurement.

464. Adoption *ex ante*. Il Il n'est pas exclu que l'organisation internationale délégante puisse convenir, que ce soit dans l'accord initial de délégation ou dans un accord ultérieur avec son délégataire, de reconnaître et d'adopter les comportements de ce dernier comme étant les siens et d'assumer, en conséquence, sa responsabilité en cas

---

[1] Voy. article 11 du projet de 2001. Pour une critique de cette disposition, voy. JACOB, P., *L'imputation d'un fait à l'Etat en droit international de la responsabilité*, *op. cit.*, pp. 446-449.

[2] D'après la C.D.I. : « Il n'y a apparemment pas de raison de principe qui s'oppose à l'application aux organisations internationales du critère d'attribution fondé sur la reconnaissance et l'adoption », *in* commentaire sous article 9 § 5. La jurisprudence avait déjà pleinement admis une telle possibilité. Par exemple, la *décision relative à l'exception d'incompétence du Tribunal soulevée par la défense*, 9 octobre 2002. Dans cette affaire, la Chambre de première instance du T.P.I.Y. avait examiné, afin d'attribuer des comportements à la SFOR, si celle-ci avait reconnu ou adopté lesdites comportements : « La question est donc de savoir si [...] on peut considérer que la SFOR a « reconnu et adopté » le comportement des inconnus « comme étant sien » », affaire n° IT- 94-2-PT. § 64.

[3] Commentaire sous article 9, *Annuaire de la C.D.I.*, 2011, vol. II, deuxième partie, p. 61 § 1 : « Le projet d'article 9 concerne le cas où une organisation internationale « reconnaît et adopte » comme sien un certain comportement qui ne lui serait pas attribuable en application des projets d'article précédents. L'attribution repose alors sur l'attitude prise par l'organisation à l'égard d'un certain comportement ». Cette attribution des actes du délégataire peut avoir une finalité stratégique ou politique pour le délégant comme pour le délégataire.

d'illicéité de ces comportements. Toutefois, de tels accords ne sauraient avoir pour effet de priver un tiers d'agir contre le délégataire responsable d'après les règles générales du droit de la responsabilité internationale[1].

465. Adoption *ex post*. L'adoption *ex post* dont il est question ici fait référence à une reconnaissance formulée après qu'une violation des obligations internationales de l'organisation ait été commise par son délégataire. Cette forme d'adoption est distincte de celle d'une délégation dite *ex post* dont nous avons réfuté l'existence et la validité[2]. Aucune illustration pratique de la délégation ne vient encore appuyer l'éventualité d'une reconnaissance/adoption de comportements d'un délégataire de l'organisation *a posteriori*[3]. Cependant, en théorie, cette possibilité ne peut être rejetée.

Dans tous les cas, et quels que soient le moment et la forme de l'adoption des comportements du délégataire, il convient de souligner que seuls les comportements reconnus par l'organisation délégante lui sont alors attribuables, conformément à l'article 9 du PAROI[4]. De plus,

---

[1] Voy. en ce sens, mais à propos des accords entre les organisations internationales ou les États de détachement, et une organisation internationale d'accueil, Commentaire sous article 7, *Annuaire de la C.D.I.*, 2011, vol. II, deuxième partie, p. 55 § 3 : « [l]'organisation ou l'État de détachement peut conclure un accord avec l'organisation d'accueil sur la mise à la disposition de cette dernière d'un organe ou d'un agent qu'elle ou il lui prête. Cet accord pourra dire quel État ou quelle organisation serait responsable du comportement de cet organe ou agent. Selon l'accord type sur les contributions en ce qui concerne les contingents militaires mis à la disposition de l'Organisation des Nations Unies par l'un de ses États Membres, l'Organisation est considérée comme responsable envers les tiers, mais elle a un droit de recouvrement auprès de l'État fournissant la contribution dans les cas où « la perte, la détérioration, le décès ou la blessure est dû à une négligence grave ou à une faute intentionnelle du personnel fourni par le Gouvernement ». Ce texte ne traite apparemment que de la répartition des responsabilités, non de l'attribution du comportement. En tout état de cause, ce type d'accord n'est pas probant, parce qu'il ne régit que les relations entre l'État, ou l'organisation qui fournit des ressources, et l'organisation d'accueil, et il ne saurait donc avoir pour effet de priver un tiers d'aucun droit que celui-ci pourrait détenir à l'égard de l'État ou de l'organisation qui est responsable d'après les règles générales ».

[2] Voy. *supra,* Partie I, Chapitre 3, Section 1, Paragraphe 1.

[3] « Cette nouvelle disposition ne semble pas traduire la pratique internationale », *in* JACOB, P., *L'imputation d'un fait à l'Etat en droit international de la responsabilité*, *op. cit.*, p. 447.

[4] « Si et dans la mesure où cette organisation reconnaît et adopte ledit comportement comme étant sien ».

cette adoption ou reconnaissance doit être « claire et non équivoque »[1] pour permettre l'attribution de ces comportements à l'organisation délégante. Par exemple, dans l'affaire *Dragan Nikolic*[2], le T.P.I.Y., tout en admettant le principe de l'attribution de responsabilité par reconnaissance ou adoption du comportement tel que codifié à l'article 11 du PARE[3], a rejeté toute adoption de ce comportement par la SFOR[4].

466. Enfin, il convient de préciser que lorsque les comportements du délégataire, adoptés par l'organisation délégante, ne sont pas contraires aux obligations internationales de cette dernière, toute reconnaissance ou adoption « équivaudrait à une acceptation de réparer le fait illicite d'autrui »[5].

Paragraphe 3. Responsabilité à titre résiduel de l'organisation délégante

467. Même en l'absence de faute ou d'attribution de comportement spécifique, il est envisageable d'engager la responsabilité internationale de l'organisation délégante pour les actes de son délégataire. Dans ce

---

[1] Commentaires sous l'article 11 du projet de 2001, *Annuaire de la C.D.I.*, 2001, vol. II, deuxième partie, p. 56 § 8 : « le fait de reconnaître et de faire sien, qu'il se manifeste oralement ou sous forme d'un comportement, doit être clair et sans équivoque ». Voy. également le Premier rapport sur la responsabilité des États, par M. James Crawford, rapporteur spécial, doc. off., A/CN.4/490 et Add. 1 à 7, *A.C.D.I.,* 1998, Vol. II, Partie 1, p. 59 § 281.

[2] T.P.I.Y., *Décision relative à l'exception d'incompétence du Tribunal soulevée par la défense*, Procureur c/ Dragan Nikolic, 9 octobre 2002, affaire n° IT- 94-2-PT.

[3] *Idem* § 60-63.

[4] *Ibid.* § 64 : « [l]a question est donc de savoir si, sur la base des faits présumés, on peut considérer que la SFOR a « reconnu *et* adopté » le comportement des inconnus « comme étant sien ». Il faut à nouveau souligner, dans ce contexte, que l'on ne peut déduire des faits présumés que la SFOR ait été d'une quelconque façon, directement ou indirectement, impliquée dans l'arrestation de l'accusé en RFY ou dans son transfert sur le territoire de la Bosnie-Herzégovine, pas plus qu'il n'a été affirmé ni suggéré en aucune façon que la SFOR aurait ordonné, dirigé ou supervisé ces actes. Des faits présumés, on peut seulement conclure que l'accusé a été remis à une unité de la SFOR après avoir été arrêté en RFY par des inconnus et emmené sur le territoire de la Bosnie-Herzégovine. Du point de vue de la SFOR, l'accusé est entré en contact avec elle dans le cadre de l'exécution de tâches lui incombant. En vertu de sa mission ainsi que de l'article 29 du Statut et de l'article 59 *bis* du Règlement, elle était tenue d'en avertir l'Accusation et de remettre l'accusé à ses représentants. De ces faits, la Chambre de première instance peut aisément conclure qu'il n'y a eu ni collusion ni implication officielle de la SFOR dans les faits illégaux qui auraient été commis ».

[5] Commentaires sous l'article 11 du projet de 2001, *Annuaire de la C.D.I.*, 2001, vol. II, deuxième partie, p. 56 § 7.

contexte, nous parlons d'une responsabilité à titre résiduel. Cette responsabilité ne serait applicable qu'en cas de défaillance du délégataire de l'organisation, et elle ne pourrait être invoquée que lorsque la responsabilité de l'organisation internationale ne peut être engagée selon les cas précédemment évoqués : l'organisation ne contrôle pas effectivement les comportements de son délégataire, qu'elle ne les a pas endossées comme étant les siens et qu'elle a exercé une vigilance raisonnable sur les comportements de son délégataire. La responsabilité résiduelle servirait ainsi à permettre aux tiers d'intenter une action contre l'organisation délégante[1].

468. Le fondement de cette responsabilité reposerait sur la volonté d'équité déjà énoncée par la doctrine[2]. Le fait générateur serait ainsi le comportement du délégataire entraînant une violation des obligations internationales de l'organisation délégante.

469. L'interdiction de se soustraire à ses obligations par délégation. Le principe de l'interdiction de se soustraire à ses obligations par le biais de la délégation semble refléter le droit international coutumier relatif aux États[3]. C'est dans ce contexte que l'I.L.A. avait déclaré dans son rapport final sur la Responsabilité des Organisations Internationales : *« 1. When a State or a group of States acts under a delegation or authorisation by an IO of powers or functions conferred on the IO by its constituent instruments, the*

---

[1] En ce sens, mais à propos de la responsabilité subsidiaire des États pour les comportements des organisations internationales dont ils sont membres, l'IDI avait définit le terme de responsabilité subsidiaire comme suit : « [p]ar "responsabilité subsidiaire" on entend la responsabilité qui permet aux tiers qui ont une réclamation juridique à l'égard d'une organisation internationale d'intenter une action contre les Etats membres en cas de défaillance de l'organisation et seulement dans ce cas », *in* Article 2, lettre b) § ii, de la résolution de l'I.D.I., « Les conséquences juridiques pour les États membres de l'inexécution par des organisations internationales de leurs obligations envers des tiers », Session de Lisbonne, 1995, Cinquième Commission, Rapporteur : Mme Rosalyn Higgins, *A.I.D.I.,* 1996, vol. 66-II, p. 444-453.

[2] FINCK, F., *L'imputabilité dans le droit de la responsabilité internationale, Essai sur la commission d'un fait illicite par un Etat ou une organsiation internationale*, Thèse, Starsbourg, 2011, p. 252.

[3] *Annuaire de la CDI.*, 1974, vol. II, 1ère Partie, doc. off., A/CN.4/SER.A/1974/Add.l (Part 1), p. 293 § 17. Voy. également, Cour E.D.H., arrêt *Costello-Roberts c. Royaume*-Uni du 25 mars 1993, Requête n° 13134/87 § 27 ; C.E.D.H., arrêt *Van der Mussele c. Belgique*, du 23 novembre 1983, série A n° 70, pp. 14-15, par 28-30 ; C.E.D.H., 16 juin 2005, *Storck c/ Allemagne*, Rec. C.E.D.H. 2005, V, n° 61603/00 ; C.E.D.H., *O'Keeffe c. Irlande*, arrêt du 28 janvier 2014, Requête no 35810/09 § 150.

international legal responsibility of the IO remains unaffected »[1]. Ce principe est, nous semble-il, d'application *mutatis mutandis* aux organisations internationales. Le fondement théorique et logique de cette extension aux organisations internationales réside dans leur obligation d'exercer leurs compétences en respectant les obligations internationales qui leur incombent. Par conséquent, les organisations internationales ne peuvent se soustraire à leurs obligations en recourant, dans l'exercice de leurs fonctions, à des acteurs externes[2]. C'est également la raison d'être de l'article 17 du projet de 2011, bien que sa rédaction définitive se soit éloignée de cet objectif. En effet, la C.D.I. et son rapporteur l'ont explicitement mentionné lors des débats sur l'article 17 AROI : « l'organisation internationale ne devrait pas pouvoir se soustraire à sa responsabilité par voie de délégation »[3]. Par conséquent, la responsabilité de l'organisation délégante doit être engagée si la délégation conduit à un manquement à ses obligations internationales.

---

[1] I.L.A., "Accountability of International Organisations", *Rapport final, Conférence de Berlin, op. cit.*, pp. 30- 31. Voy. également, I.L.A., "Accountability of international organisations", *Conférence de New Delhi, op. cit.*, p. 800 : « *An IO cannot transfer its legal responsibility for the exercise of a power to a delegatee, as such responsibility cannot be considered to be part of or within the original powers, but is external to the actual exercise of such powers* ». Il est à noter cependant que l'I.L.A. distingue entre délégation et autorisation et que la responsabilité, en cas d'autorisation, de tout acte illégal commis lors de l'exécution de cette autorisation incombe aux États destinataires : « *1) In the case of an authorization granted by an IO to a State or a group of States volunteering to carry out particular tasks or operations, the primary responsibility for any illegal act committed in the course of the execution of such authorization rests with those States. 2) In the case of an authorization granted by an IO to a State or a group of States volunteering to carry out particular tasks or operations, the primary responsibility for any claims of default on contract obligations with third parties and which is the direct result of the execution of such authorisation rests with those States* », *in ibid.*, p. 801. Une telle distinction a cependant disparue dans le rapport final, dans lequel les termes délégation et autorisation semblent être utilisés comme synonymes, voy. I.L.A., "Accountability of international organisations", *Conférence de Berlin, Rapport final, op. cit.*, p. 204.

[2] LAGRANGE, E., « La responsabilité des organisations internationales pour violation d'une obligation de du due diligence », *op. cit.*, p. 216 : « l'organisation ne peut se défausser complètement de ses propres responsabilités sur ses exécutants et partenaires ».

[3] Documents officiels de l'Assemblée générale, Sixième Commission, cinquante-neuvième session, 22ème séance, doc. off., A/C.6/59/SR.22 § 24, cité par la C.D.I., commentaires sous l'article 17 § 1.

470. Toutefois, pour engager la responsabilité internationale de l'organisation délégante en raison du comportement illicite de son délégataire, certaines conditions doivent être remplies. Il est essentiel que ce comportement puisse être attribué au délégataire de l'organisation, qu'il ait été effectué dans le cadre de l'exercice des compétences déléguées, et qu'il ait violé les obligations internationales de l'organisation délégante[1]. En d'autres termes, le délégant ne peut pas s'exonérer de ses obligations, même s'il n'est pas l'auteur du comportement en question, dès lors que ce comportement constitue une violation de ses obligations internationales. Cette responsabilité résiduelle revêt une importance considérable, notamment lorsque le délégataire de l'organisation internationale est une entité privée dont la responsabilité internationale ne peut être recherchée pour défaut de personnalité dans l'ordre international.

---

[1] Ainsi, les comportements *ultra vires* ne peuvent conduire à engager l'organisation délégante à réparation. En effet, « *An IO is no longer responsible when States have acted ultra vires the powers delegated to them* », *in* I.L.A., "Accountability of international organisations", *Conférence de New Delhi, op. cit.*, p. 800. Voy. également SAROOSHI, D., *The United Nations and the development of collective security : the delegation by the UN Security Council of its chapter VII powers, op. cit.*, p. 165; CAICEDO, J.J., *La répartition de la responsabilité internationale entre les organisations internationales et leurs Etats membres*, *op. cit.*, pp. 290-291.

CONCLUSION DE LA SECONDE PARTIE

471. La réalisation de la délégation de compétence produit plusieurs effets.

472. L'effet premier de la délégation est d'habiliter un sujet ou une entité à agir en son nom et/ou pour son compte. Une telle habilitation ne saurait toutefois conduire à substituer le délégataire à l'organisation délégante ni dans ses obligations, ni dans ses droits et privilèges. Cette constatation rend difficile la détermination du droit applicable au délégataire de l'organisation internationale. L'organisation internationale peut néanmoins explicitement prévoir l'opposabilité d'un *corpus* juridique à son délégataire lors de la réalisation de la délégation. En outre, le délégataire ne peut pas se soustraire à ses propres obligations internationales au nom de la délégation qui lui a été confiée par l'organisation. Un tel principe permet ainsi de renforcer l'état de droit qui doit être observé lors de l'exécution de la délégation.

473. Un autre effet de la délégation serait d'établir un droit de contrôle sur le comportement du délégataire de l'organisation internationale. L'efficacité de ce contrôle souffre toutefois de limites liées notamment à des circonstances juridiques et politiques rendant son exercice difficile, voire inexistant dans certain cas.

474. L'effet ultime est que la délégation de compétence ne conduit pas à un quelconque transfert de responsabilité et ne saurait soustraire l'organisation délégante à sa responsabilité. L'organisation internationale ne peut s'exempter de sa responsabilité « [*in*] *passing the buck* »[1] à d'autres sujets. Les mises en cause du délégant peuvent être partagées avec l'auteur de l'acte si son comportement est fautif, sinon c'est bien l'organisation qui supporte seule la charge de la responsabilité. Toutes les perspectives explorées dans notre argumentaire sont associées afin de bâtir un régime juridique abouti, tel que sa « complexité [...] reflète donc à peu près exactement l'aspect protéiforme de[s] relations »[2] entre délégant et délégataire.

---

[1] Pour reprendre les termes de Carsten HOPPE, "Passing the Buck : State Responsibility for Private Military Companies", *E.J.I.L.*, vol. 19, n° 5, 2008, pp. 989–1014.

[2] LAUGIER, J. P., *Contribution à la théorie générale de la responsabilité des organisations internationales*, thèse, Université d'Aix-Marseille, 1973, 560 p, p. 539.

CONCLUSION GÉNÉRALE

475. La délégation est familière au chercheur en droit interne. Elle est omniprésente en droit public et en droit privé. Elle constitue un moyen par lequel une personne ou une entité confie à une autre l'exercice d'une partie de ses compétences, permettant ainsi à la seconde d'agir au nom et/ou pour le compte de la première.

476. La délégation de compétence par une organisation internationale est un procédé paradoxal, notamment au regard de la règle de compétence d'attribution qui gouverne le droit des organisations internationales. En outre, le principe de la compétence d'attribution des organisations internationales a pu amener certains auteurs à penser que la compétence d'une organisation internationale ne peut être déléguée : « [p]arce que les compétences sont d'attribution, il n'appartient pas à l'organisation d'en transférer la jouissance ou l'exercice à un tiers quel qu'il en soit, Etat ou organisation »[1]. Cette affirmation rejoint le principe d'indisponibilité des compétences selon lequel « toute autorité investie d'une compétence ne peut en disposer à sa guise et doit en principe l'exercer elle-même, sauf texte contraire »[2]. Cependant, un refus strict de délégation risque d'entraver considérablement l'action de l'organisation internationale. La délégation par l'organisation internationale est ainsi une technique parfois indispensable pour pallier l'absence de moyens à sa disposition en vue de l'exercice de ses compétences, et une méthode de décentralisation de l'ordre juridique international permettant de consolider l'idée d'une solidarité internationale entre les différents acteurs de droit international.

477. « [L]a règle de droit [étant] par essence un phénomène social »[3], la règle juridique régissant la délégation de compétence par une organisation internationale ne peut être identique à ce qui est connu dans le droit interne relatif à la délégation de compétence. La caractérisation de ce mécanisme, officialisé dans le cadre des relations internes aux organisations internationales, est débattue en doctrine et en jurisprudence internationale, mais reste le plus souvent restreinte au

---

1 VERHOEVEN, J., *Droit international public, op. cit.*, p. 242.

2 MAILLOT, J-M., « L'indisponibilité des compétences en droit public français », *op. cit.*, p. 4.

3 BERGEL, J-L., *Théorie générale du droit*, Paris, Dalloz, 5ème éd., 2012, 399 p., p. 185.

seul recours à la force délégué par le Conseil de sécurité. Nous avons tenté d'élargir le champ d'étude en identifiant les principes qui fondent l'existence de toutes les délégations par les organisations internationales et leurs effets communs.

478. L'établissement d'une délégation en droit des organisations internationales est régi par plusieurs conditions : la compétence préalable de l'organisation délégante pour faire ce qu'elle décide de faire faire, sa compétence pour habiliter une autre entité à faire cette chose, l'incompétence du délégataire en la matière, la *délégabilité* de l'objet, l'acceptation de la délégation par le délégataire et la compétence de ce dernier de recevoir ladite délégation. Les effets consistent en l'habilitation du délégataire à agir au nom et pour le compte de l'organisation, en un contrôle du comportement de son délégataire et dans le déclenchement d'un régime de responsabilité de l'organisation délégante en cas de faute de sa part ou de celle de son délégataire. Tous ces éléments se déduisent de la pratique des délégations examinées et s'accordent parfaitement avec les grands principes du droit des organisations internationales.

479. La pratique de délégation permet de jouer un rôle important non seulement dans l'exercice de la compétence de l'organisation, mais, au-delà dans le développement du droit international général. Les autorisations de recourir à la force sur le fondement du Chapitre VII trouvent un fondement juridique dans la pratique du Conseil qui est devenue une règle coutumière permettant de fonder la compétence d'habilitation du Conseil de manière implicite. Notre essai de caractériser le régime de responsabilité des organisations en cas de délégation en est une autre preuve. Cet essai n'apporte certainement qu'un résultat liminaire qu'il faudrait affiner par l'utilisation des documentations auxquelles l'accès nous a été difficile, tels les contrats conclus avec l'A.I.F.M., voire impossible, s'agissant des contrats avec les E.M.S.P., et qui pourtant concernent des exercices qui sont de nature à engager la responsabilité de l'organisation. Nous sommes notamment loin encore de la concrétisation de la responsabilité de l'organisation internationale pour délégation, d'autant plus que celle établie sur les fondements du PAROI de 2011 est déjà perçue comme difficile. Ainsi, quand bien même l'acte accompli est attribuable à l'organisation internationale d'après les AROI, encore faut-il des voies de recours efficacement ouvertes. Si, de prime abord, les renvois à des juridictions internationales ou arbitrales semblent être de bonnes solutions, il s'avère que, les restrictions imposées *rationae personae* limitent concrètement leur efficacité. Pour autant, ces organisations, l'ONU en particulier, ne devraient pas tenter d'atténuer leur responsabilité au risque de se discréditer et de porter atteinte à leur légitimité internationale.

480. Le faible nombre de cas de délégation étudié dans cette ouvrage ne préjuge pas du développement de ce mécanisme dans le futur ; si l'essor se poursuit, il serait peut-être plus sage de cesser de considérer la délégation comme un mécanisme d'exception mais plutôt comme une technique ordinaire d'exercice de compétences de l'organisation internationale. Il faudrait alors encourager la prescription de la délégation dans l'acte constitutif des organisations internationales et en détailler le régime. S'il en était ainsi, le paradoxe [1] qui est de faire exercer par ceux-là même qui ont transféré à une organisation des compétences pour qu'elle exerce à leur place disparaitraît aussitôt à partir du moment où la finalité de la délégation éclairerait son utilisation. Nous pensons notamment que ce mécanisme de délégation doit être pleinement inclus et discuté comme tel dans le débat relatif aux réformes des Nations Unies, en particulier concernant le système de la sécurité collective mais aussi dans les relations entre les différentes agences de l'ONU[2].

481. Il nous semble d'ores et déjà possible de dresser des traits communs à toute délégation de compétence entreprise par une organisation internationale. Nous proposons, en aval de la conclusion générale de cette étude, un projet de conclusions codifiant la pratique et les principes gouvernant la délégation de compétence par une organisation internationale, permettant ainsi de rendre visible le résultat de notre étude, et partant, notre contribution à l'éclaircissement de la notion de délégation en droit international.

---

[1] Un tel paradoxe est déjà observé par MANIN, Ph., « La substitution des Etats à l'organisation », *op. cit.*, p. 161.

[2] Sur la nécessité et l'urgence d'une réforme des Nations Unies et de ses agences, voy. LE ROY, A., « Le rôle des Nations Unies dans la paix et la sécurité mondiales », *in* S.I.D.I., *Il futuro delle organizzazioni internazionali/L'avenir des organisations internationales*, Napoli, Editoriale scientifica, 2015, 637 p., pp. 591-599.

Projet de conclusions

Section I. Champ d'application du présent projet de conclusions

Conclusion 1. Le présent projet de conclusions porte sur la délégation de compétence effectuée par une organisation internationale à un destinataire qui lui est extérieur.

Section II. Définitions

Conclusion 2. Aux fins du présent projet de conclusions,

a. On entend par « délégation » le procédé qui permet à une organisation internationale de conférer une partie de ses compétences à un sujet ou une entité extérieure, l'habilitant à agir en son nom et/ou pour son compte.
b. L'expression « organisation internationale » s'entend de toute organisation instituée par un traité ou un autre instrument régi par le droit international et dotée d'une personnalité juridique internationale propre. Une organisation internationale peut comprendre parmi ses membres des États et des entités autres que des États[1].
c. On entend par « délégataire » le sujet ou l'entité qui a accepté la délégation qui lui a été confiée par une organisation internationale.

Section III. L'établissement de la délégation

Conclusion 3. L'habilitation de l'organisation à déléguer une compétence.

a. Une organisation internationale peut déléguer une partie de ses compétences à un sujet ou une entité qui lui est extérieur(e).
b. L'habilitation à déléguer une compétence peut être explicitement prévue par le droit de l'organisation ou déduite des fonctions conférées à celle-ci.

---

[1] Définition adoptée par la C.D.I. dans son projet de 2011.

Conclusion 4. L'objet de la délégation

a. La délégation ne peut porter que sur une compétence appartenant à l'organisation internationale.

b. La délégation ne peut porter que sur une compétence susceptible de faire l'objet d'une délégation. La détermination d'une telle possibilité se fait en fonction des règles de l'organisation internationale délégante.

c. En l'absence d'une disposition explicite, toute compétence d'une organisation internationale peut faire l'objet d'une délégation à condition :

   i. Qu'une telle délégation ne soit pas prohibée par le droit de l'organisation internationale ou par le droit international, et ;

   ii. Qu'une telle délégation ne remette pas en cause l'équilibre institutionnel de l'organisation délégante.

d. En tout état de cause, une délégation ne peut porter sur la totalité des compétences de l'organisation internationale.

Conclusion 5. Le délégataire

a. Le bénéficiaire d'une délégation de compétence d'une organisation internationale peut être un État, une autre organisation internationale ou toute entité ayant la capacité nécessaire.

b. La capacité d'être bénéficiaire d'une délégation de compétence est déterminée en fonction de l'ordre juridique de l'entité délégataire et de l'ordre juridique international.

Conclusion 6. L'accord de délégation

a. La délégation de compétence ne se présume pas. L'organisation internationale délégante doit explicitement formuler sa volonté de déléguer une partie de ses compétences. Cette volonté est exprimée selon les règles de l'organisation.

b. L'accord de délégation doit avoir pour objet une compétence bien déterminée.

c. L'accord de délégation devrait préciser la durée exacte de la délégation.

d. Le délégataire doit accepter la délégation soit par voie conventionnelle, soit par toute autre manifestation de volonté.

Section IV. Effets de la délégation

Conclusion 7. La délégation habilite l'entité délégataire à agir au nom et/ou pour le compte de l'organisation internationale délégante.

Conclusion 8. Sauf disposition contraire, une délégation n'a pas pour effet de substituer le délégataire à l'organisation internationale délégante, ni dans ses obligations ni dans ses privilèges et immunités.

Conclusion 9. Le droit applicable à la délégation est déterminé selon la nature des compétences déléguées et la qualité du délégataire. En tout état de cause, il comprend les normes pertinentes de droit international, du droit de l'organisation délégante et le droit interne du délégataire.

Conclusion 10. L'organisation internationale délégante exerce un contrôle sur le délégataire. Ce contrôle devrait être expressément prévu dans l'accord. Il peut être institutionnel ou juridictionnel.

Conclusion 11. Mesures à prendre à l'issue du contrôle

a. Sauf disposition contraire, l'organisation internationale délégante peut à tout moment révoquer unilatéralement son délégataire.

b. L'organisation délégante et son délégataire peuvent à tout moment s'entendre pour réviser la délégation. En cas de désaccord, l'organisation délégante peut révoquer la délégation.

c. En tout état de cause, la révocation et la révision doivent observer l'obligation de bonne foi.

Section V. La responsabilité internationale de l'organisation délégante en raison de la délégation

Conclusion 12. Une organisation internationale ne saurait se soustraire à ses propres obligations du fait de la délégation d'une partie de ses compétences à une entité externe.

Conclusion 13. L'organisation internationale délégante engage sa responsabilité internationale en raison d'une délégation de compétence dans les cas suivants :

a. En cas de violation de ses propres obligations internationales par l'édiction d'un acte de délégation.

b. En cas de comportement fautif du délégataire lors de l'exécution de la délégation et du manque de vigilance de l'organisation.

c. En cas de comportement fautif du délégataire lors de l'exécution de la délégation et du manque de contrôle effectif de l'organisation.

d. En cas de reconnaissance ou acceptation du comportement fautif du délégataire comme étant le sien.

Section VI. Règlement des différends

Conclusion 14. Les accords de délégation devraient prévoir les mécanismes de règlement de différends résultant de l'application de ces accords. Le délégataire devrait mettre en place des mécanismes indépendants chargés d'examiner les allégations portées contre lui par des individus pour la violation des droits de la personne.

BIBLIOGRAPHIE SÉLECTIVE

La bibliographie suivante a été considérablement réduite dans le cadre de la publication. Une bibliographie complète des documents officiels, des traités et des ouvrages est disponible dans la thèse de doctorat de l'auteur, aux pages 338 à 414.

Ouvrages :

A.F.D.A., *La compétence. Acte du colloque organisé les 12 et 13 juin 2008 par l'AFDA,* Paris, Litec, 2008, 271 p.

ABOU-EL-WAFA, A., *Recherches sur les traités conclus par les organisations internationales inter se ou avec des États : (Contribution à l'étude d'une théorie de l'acte juridique en droit international public),* thèse, Université de Lyon III, 1981, 523 p.

BANNELIER, K. PISON, C. (dir.), *Le recours à la Force autorisé par le Conseil de Sécurité - Droit et responsabilité,* Paris, Pedone, 2014, 282 p.

BOISSON de CHAZOURNES, L., « Les relations entre organisations régionales et organisation universelle », *R.C.A.D.I.,* vol. 347, 2010, pp. 83-406.

BOUTANT, C.-A., *Les mandats internationaux*, thèse, Université de Paris, 1936, 255 p.

CAICEDO, J. J., *La répartition de la responsabilité internationale entre les organisations internationales et leurs Etats membres*, thèse, Paris 1, 2005, 689 p.

CHARPENTIER, J., « Le contrôle par les organisations internationales de l'exécution des obligations des États », *R.C.A.D.I.*, vol. 182, 1983, pp. 139-245.

CLARKE, L., *Public-private partnerships and responsibility under international law, a global health perspective*, New York, Routledge, 2014, 252 p.

COMBACAU, J., *Le pouvoir de sanction de l'ONU : étude théorique de la coercition non militaire*, Paris, Pedone, 1974, 394 p.

CORTEN, O., *Le droit contre la guerre. L'interdiction du recours à la force en droit international contemporain*, Paris, Pedone, 2ème éd., 2014, 932 p.

COUSTON, M., *Droit de la sécurité internationale*, Bruxelles, Larcier, 2016, 345 p.

DAOUDI, R., *La représentation en droit international public,* Paris, L.G.D.J., 1980, 405 p.

DE WET, E., *The Chapter VII powers of the United Nations security Council*, Oxford, Hart Publishing, 2004, 413 p.

DIENA, G., « Les mandats internationaux », *R.C.A.D.I.*, vol. 5, 1924, pp. 210-264.

DUPUY, R.-J., « Le droit des relations entre les organisations internationales », R.C.A.D.I., vol. 100, 1960, pp. 457-587.

FAVRE, A.-Ch., MARTENET, V., POLTIER, E., (dir.), *La délégation d'activités étatiques au secteur privé*, Schulthess Editions romandes, 2016, 316 p.

GAUTIER, Y., *La délégation en droit communautaire*, thèse, Université Robert Schuman de Strasbourg, 7 janvier 1995, 538 + XXXI p.

JACOB, P., *L'imputation d'un fait à l'Etat en droit international de la responsabilité*, thèse, Université de Rennes 1, 2010, 454 + LXXV p.

JANMYR, M., *Protecting civilians in refugee camps : unable and unwilling states, UNHCR and international responsibility*, Leiden, Martinus Nijhoff, 2014, 400 p.

KLEIN, P., *La responsabilité des organisations internationales dans les ordres juridiques internes et en droit des gens*, Bruxelles, Bruylant, 1998, 673 p.

KOLB, R., *Ius contra bellum : le droit international relatif au maintien de la paix*, Bruxelles, Bruylant, & Bale, Helbing Lichtenhahn, 2ème éd., 2009, 435 p.

KOPELMANAS, L., « Le contrôle international », *R.C.A.D.I.*, 1950, vol. 77, pp. 55-149.

KREIPE, N., *Les autorisations données par le Conseil de sécurité des Nations Unies à des mesures militaires*, Paris, L.G.D.J., 2009, 321 p.

KUIJPER., P. J., « Delegation and International Organizations », *R.C.A.D.I.*, vol. 462, 2022, pp. 9-239.

LAGRANGE, Ph., *La sous-traitance de la gestion coercitive des crises par le Conseil de sécurité des Nations Unies*, thèse, Université de Poitiers, 1999, 899 p.

LUDWICZAK, M., *La délégation internationale de la compétence pénale*, Genève, Paris, Schulthess, L.G.D.J., 2013, 505 p.

MAISL, H., *Recherches sur la notion de délégation de compétence en droit public*, thèse, Université Paris II, 1972, 468 p.

MIDOUN, M., *La délégation en droit administratif*, Tunis, Centre d'étude, de recherches et de publications de la faculté de droit et des sciences politiques et économiques de Tunis, 1979, 110 p.

PEYRO LIOPIS, A., *Force, ONU et organisations régionales : répartition des responsabilités en matière coercitive*, Bruxelles, Bruylant, 2012, 520 p.

PLENET, E., *Vers la création d'une prison internationale, L'exécution des peines prononcées par les juridictions pénales internationales*, Paris, L'Harmattan, 2010, 519 p.

PREZAS, *L'administration de collectivités territoriales par les Nations Unies : étude de la substitution de l'organisation internationale à l'État dans l'exercice des pouvoirs de gouvernement*, Paris, L.G.D.J., 2012, 548 p.

REICH, M. R., (dir.*), Public-private partnerships for public health*, Cambridge, Harvard University Press, 2002, 205 p.

REINISCH, A., *The Privileges and Immunities of International Organizations in Domestic Courts International Law in Domestic Legal Orders*, Oxford, Oxford University Press, 2013, 376 p.

S.F.D.I., *Le standard de due diligence et la responsabilité internationale*, Paris, Pedone, 2018, 340 p.

S.F.D.I., *Les métamorphoses de la sécurité collective, Droit, Pratique et enjeux stratégiques, Journée Franco-Tunisienne*, Paris, Pedone, 2005, 280 p.

S.F.D.I./I.I.D.H., *La soumission des organisations internationales aux normes internationales relatives aux droits de l'homme*, Paris, Pedone, 2009, 142 p.

SAROOSHI, D., (dir.), *Remedies and Responsibility for the Actions of International Organizations / Mesures de réparation et responsabilité à raison des actes des organisations internationales*, Leiden/Boston, Martinus Nijhoff Publishers, 2014, 702 p.

SAROOSHI, D., *The United Nations and the development of collective security : the delegation by the UN Securtiy Council of its chapter VII powers*, Oxford, Oxford University Press, 1999, 311 p.

SERENI, A. P., « La représentation en droit international », *R.C.A.D.I.*, 1948, vol., 73, pp. 69-162.

SICILIANOS, L-A., « Entre multilatéralisme et unilatéralisme : l'autorisation par le Conseil de sécurité de recourir à la force », *R.C.A.D.I.*, vol. 339, 2008, pp. 9-436.

THOME, N., *Les pouvoir du Conseil de sécurité au regard de la pratique récente du Chapitre VII de la Charte des Nations Unies*, Aix-en-Provence, PUAM, 2005, 438 p.

UBEDA-SAILLARD, M., *La coopération des États avec les juridictions pénales internationales*, thèse, Université de Paris Ouest, Nanterre-La Défense, 2009, 797 p.

VEDOVATO, G., « Les accords de tutelle », *R.C.A.D.I.*, vol. 76, 1950, pp. 609-700.

VILLANI, U., « Les rapports entre l'ONU et les organisations régionales dans le domaine du maintien de la paix », *R.C.A.D.I.*, vol. 290, 2001, pp. 225-436.

ZILEMENOS, C., *Substitution et délégation en droit administratif français,* Paris, L.G.D.J., 1964, 68 p.

Articles :

BANNELIER, K., CHRISTAKIS, T., « Acteur vigilant ou spectateur impuissant ? Le contrôle exercé par le Conseil de sécurité sur les États autorisés à recourir à la force », *R.B.D.I.*, 2004/2, pp. 498-527.

BLOKKER, N., « Is the Authorization Authorized? Powers and Practice of the UN Security Council to Authorize the Use of Force by "Coalitions of the Able and Willing"», *E.J.I.L*, 2000, vol. 11, n° 3, pp. 541-568.

BROWNLIE, I., « State responsibility : the problem of delegation », *in* GINTHER K. et *al.* (dir.), *Völkerrecht zwischen normativen Anspruch un politischer realität. Festchrift fur Karl Zemanek, Berlin, Dunchet & Humbolt,* 1994, pp. 299-306.

CHAUMONT, Ch., « la signification du principe de spécialité des organisations internationales », *in Mélanges offerts à Henri Rolin*, Paris, Pedone, 1964, pp. 55-66.

DAILLIER, P., « Les nouveaux modes de coopération », *in* GHERARI, H., SZUREK, S., (dir.), *L'émergence de la société internationale : vers la privatisation du droit international ?*, Paris, Pedone, 2003, 350 p., pp. 275-299.

DE HOOGH, A. J.J., "Attribution or Delegation of (Legislative) Power by the Security Council? The Case of the United Nations Transitional Administration in East Timor (UNTAET)", *International Peacekeeping*, Vol. 7, 2001, pp. 1-41.

DE WET, E., « The relationship between the Security Council and regional organizations during enforcement action under Chapter VII of the United Nations », *N.J.I.L.*, vol. 71, n° 1, 2002, pp. 1-37.

GESLIN, A., « Le pouvoir d'habilitation du conseil de sécurité : la délégation des pouvoirs du conseil de sécurité aux organisations internationales », *R.B.D.I.*, 2004, pp. 484-497.

GROSHENS, J.-C., « La délégation administrative de compétence », *Rec. Dalloz*, 1958, chroniques, pp. 197-204.

LAGRANGE, Ph., « Le Conseil de sécurité et l'autorisation de prendre toutes les mesures nécessaires », *Les annales de droit*, n°1, 2007, pp. 199-257.

LODGE, M., « L'autorité internationale des fonds marins et l'exploitation minière des grands fonds marins », *Chronique ONU*, vol. 54, n° 1&2, 2017.

MAILLOT, J.-M., « L'indisponibilité des compétences en droit public français », *L.P.A.*, n° 194, 28 septembre 2004, pp. 3-14.

MANIN, Ph., « La substitution des Etats à l'organisation », *in* S.F.D.I., *Les Organisations internationales contemporaines. Crise, mutation, développement*, Paris, Pedone, 1988, pp. 161-175.

MEZZLAMA, F., OUEDRAOGO, L.-D., « Le secteur privé et le système des Nations Unies : participation et coopération », *Corps commun d'inspection*, 1999, doc. off., JIU/REP/99/6.

MOMTAZ, D., « La délégation par le Conseil de sécurité de l'exécution de ses actions coercitives aux organisations régionales », *A.F.D.I.*, 1997, vol. 43, pp. 105-115.

REUTER, P., « Les organes subsidiaires des organisations internationales », *in Hommage d'une génération de juristes au Président Basdevant*, Paris, Pedone, 1960, 1960, pp. 415-440.

SERENI, A. P., "Agency in International Law", *A.J.I.L.*, Vol. 34, n°4, 1940, pp. 638-660.

SICILIANOS, L.-A., « L'autorisation par le Conseil de sécurité de recourir à la force : une tentative d'évaluation », *R.G.D.I.P.*, 2002-1, pp. 5-50.

VIRALLY, M., « Les actes unilatéraux des organisations internationales », *in* BEDJAOUI, M., (dir.), *Droit international : Bilan et perspectives*, Paris, Pedone, 1991, pp. 253-276.

TABLE DES MATIÈRES

Structures éditoriales du groupe L'Harmattan

L'Harmattan Italie
Via degli Artisti, 15
10124 Torino
harmattan.italia@gmail.com

L'Harmattan Hongrie
Kossuth l. u. 14-16.
1053 Budapest
harmattan@harmattan.hu

L'Harmattan Sénégal
10 VDN en face Mermoz
BP 45034 Dakar-Fann
senharmattan@gmail.com

L'Harmattan Cameroun
TSINGA/FECAFOOT
BP 11486 Yaoundé
inkoukam@gmail.com

L'Harmattan Burkina Faso
Achille Somé – tengnule@hotmail.fr

L'Harmattan Guinée
Almamya, rue KA 028 OKB Agency
BP 3470 Conakry
harmattanguinee@yahoo.fr

L'Harmattan RDC
185, avenue Nyangwe
Commune de Lingwala – Kinshasa
matangilamusadila@yahoo.fr

L'Harmattan Congo
219, avenue Nelson Mandela
BP 2874 Brazzaville
harmattan.congo@yahoo.fr

L'Harmattan Mali
ACI 2000 - Immeuble Mgr Jean Marie Cisse
Bureau 10
BP 145 Bamako-Mali
mali@harmattan.fr

L'Harmattan Togo
Djidjole – Lomé
Maison Amela
face EPP BATOME
ddamela@aol.com

L'Harmattan Côte d'Ivoire
Résidence Karl – Cité des Arts
Abidjan-Cocody
03 BP 1588 Abidjan
espace_harmattan.ci@hotmail.fr

Nos librairies en France

Librairie internationale
16, rue des Écoles
75005 Paris
librairie.internationale@harmattan.fr
01 40 46 79 11
www.librairieharmattan.com

Librairie des savoirs
21, rue des Écoles
75005 Paris
librairie.sh@harmattan.fr
01 46 34 13 71
www.librairieharmattansh.com

Librairie Le Lucernaire
53, rue Notre-Dame-des-Champs
75006 Paris
librairie@lucernaire.fr
01 42 22 67 13

www.ingramcontent.com/pod-product-compliance
Lightning Source LLC
LaVergne TN
LVHW011155061026
849535LV00003B/740